LE

MERVEILLEUX

DANS

LE JANSÉNISME, LE MAGNÉTISME,

LE MÉTHODISME ET LE BAPTISME AMÉRICAINS,

L'ÉPIDÉMIE DE MORZINE, LE SPIRITISME.

L'auteur et l'éditeur déclarent réserver leurs droits de reproduction à l'étranger.

Ce volume a été déposé au ministère de l'intérieur (direction de la librairie) en février 1865.

PARIS. — TYPOGRAPHIE HENRI PLON, RUE GARANCIÈRE, 8.

LE
MERVEILLEUX

DANS

LE JANSÉNISME, LE MAGNÉTISME,
LE MÉTHODISME ET LE BAPTISME AMÉRICAINS,
L'ÉPIDÉMIE DE MORZINE, LE SPIRITISME

RECHERCHES NOUVELLES

PAR

HIPPOLYTE BLANC

PARIS
HENRI PLON, IMPRIMEUR-ÉDITEUR
RUE GARANCIÈRE, 8

—

1865

Tous droits réservés.

INTRODUCTION.

Notre époque est, sans contredit, une de celles où le merveilleux s'est produit avec le plus d'éclat et sur une plus vaste échelle. Aux convulsions jansénistes ont succédé, pour ainsi dire coup sur coup, le mesmérisme, le magnétisme, les convulsions observées dans le méthodisme et le baptisme américains, l'épidémie de Morzine et les manifestations spirites.

Nous nous sommes proposé d'étudier les preuves de la réalité de tous ces phénomènes, leurs points de ressemblance, la valeur des explications qu'en a données la science.

Avant tout, il fallait remonter aux sources originales, et, en rapportant les faits tels qu'ils se sont passés, préciser leur caractère et leur nature. Cette méthode est loin d'avoir été toujours suivie, et nous avons même surpris en flagrant délit d'altération ou de suppression de texte plus d'un auteur, dont nous critiquons les théories. Mais nous ne pensons pas qu'on puisse, en matière d'histoire, substituer ses propres appréciations aux relations des écrivains contemporains ou les plus rapprochés des événements, lorsque leurs récits sont corroborés de preuves qui en garantissent la réalité. Il nous a semblé d'ailleurs qu'au moment où l'attention est appelée sur le merveilleux, ce serait rendre un véritable service que de réunir sous un format peu volumineux le texte *vrai* de ces récits qui sont disséminés dans des ouvrages pour la plupart considérables et fort rares aujourd'hui.

En ce qui touche les convulsionnaires jansénistes, nous avons été assez heureux pour pouvoir ajouter une page curieuse et ignorée à leur histoire. Généralement on perd leur trace dès les premières années du siècle; mais des recherches opiniâtres nous ont permis d'en suivre l'existence jusqu'en l'année 1842.

Nous n'avons épargné aucune démarche pour nous procurer certains documents relatifs au magnétisme. Tous ceux qui se sont occupés de cette grave question ont entendu parler des procès-verbaux des expériences *officielles* de magnétisation faites par ordre de l'Académie royale de médecine en 1820, à l'Hôtel-Dieu de Paris; procès-verbaux signés par Georget, Ferrus, Bertrand, Récamier, Fouquier, par M. Rostan, etc., c'est-à-dire par les sommités médicales de l'époque. On lit partout que les *originaux* de ces pièces importantes auraient été déposés chez M. Dubois, notaire, rue Feydeau, à Paris. Les expériences ayant eu lieu en 1820, et M. Dubois étant effectivement alors notaire, rue

Feydeau, le dépôt, s'il a été fait, n'a pu être opéré qu'à la même époque. Nous nous sommes donc rendu chez le successeur actuel de M. Dubois [1] pour demander communication des pièces. Accueilli avec l'obligeance la plus parfaite, nous avons parcouru le répertoire de l'étude pour les années 1820, 1821 et 1822, mais vainement, hélas! Il n'y a nulle trace du dépôt, et nous n'avons pu, à notre grand regret, puiser à cette source *originale*. Regret très-vif, car nous y eussions peut-être trouvé la relation de faits autrement précieux au point de vue où nous nous sommes placé, que ceux qui ont été publiés dans différents ouvrages.

Une méthode uniforme a présidé à notre travail pour chacun des sujets qui composent son ensemble, savoir : citer les faits, rapporter les preuves de leur réalité, discuter les explications qui en ont été fournies. Nous n'avons pas hésité à relater certaines scènes d'immoralité qui ne se rencontrent que trop souvent dans les manifestations du merveilleux, parce qu'il y a là, selon nous, un signe évident d'étroite parenté entre elles qu'il importait de remarquer. D'ailleurs on juge des choses par leur valeur morale, on ne pouvait donc dédaigner de regarder ce côté de la question. Enfin, nous avons réuni dans un chapitre final les traits de ressemblance, les analogies des différents phénomènes; mieux encore, nous avons constaté l'*identité absolue* qui les relie entre eux et les ramène à une commune origine.

---

[1] Aujourd'hui rue de la Chaussée-d'Antin.

Point fort essentiel à mettre en lumière : car prouver l'existence de cette *cause unique* des prodiges observés, c'est faire comprendre pourquoi, dans leur repro- duction, ils ne sont modifiés ni par les temps ni par le milieu où ils éclatent; une même cause devant toujours amener les mêmes effets. Secondement, cette *unité* est *a priori* une preuve de l'insuffisance des nombreux systèmes scientifiques émis sur le merveilleux, parce qu'il ne saurait y avoir *deux* manières d'expliquer ce qui est *un*.

Tantôt, en effet, on a recours à l'hallucination, au délire, à la supercherie, pour donner la raison d'être du merveilleux, sans faire attention que, dans ces hypothèses, ce ne sont plus les *acteurs* qui seraient hallucinés, qui auraient le délire, etc., mais bien leurs témoins (témoins souvent hostiles), puisque ce sont eux qui affirment la réalité des prodiges. Tantôt c'est l'hystérie qu'on représente comme étant leur cause déterminante. On a même tellement insisté à cet égard, que nous avons cru devoir insister aussi pour démontrer le vide d'une pareille explication. Nous avons donc exposé, d'après les autorités les plus compétentes, ce que c'est que l'hystérie, et comparant ensuite les accidents de cette maladie aux phénomènes observés parmi les convulsionnaires jansénistes, ou autres de *même famille,* il résulte de ce rapprochement que l'hys- térie n'a rien de commun avec les convulsions *spéciales* dont il est ici question. L'hystérie, en effet, ne procure ni le don de l'éloquence, ni le don de révélation, ni celui de l'invulnérabilité du corps humain.

Étudiées en les dégageant de l'apprêt et du langage scientifique qui les enveloppe, ces théories du monde savant confondent par leur insuffisance, tranchons le mot, par leur nullité. Il n'en saurait être autrement, puisque la science est incapable d'expliquer ce qui est le renversement même des données de la science. La physique ou la physiologie peuvent-elles, par exemple, donner la raison d'être de l'invulnérabilité du corps humain observée dans l'épidémie de Saint-Médard? La science voit dans le merveilleux un problème importun dont l'inconnu l'effraye par la grandeur, par la persistance, par l'étrangeté de ses actes, et, voulant néanmoins en finir avec cet ennemi, elle ne trouve rien de mieux que d'essayer de le réduire aux proportions les plus vulgaires. Pour cela, altérations ou suppressions de textes, naïvetés d'interprétation, rien ne coûte à ses représentants. Jusque-là que l'un d'eux, par exemple, a proposé comme une solution, pour expliquer le spiritisme, la théorie qui consiste à *découvrir* sa raison d'être dans la..... ventriloquie!!...

Il est grand temps d'examiner en face et d'étudier avec soin la nature et l'origine des phénomènes qui nous débordent de toutes parts, et qui ne sont que la répétition des prodiges observés dans tous les âges. Quant à nous, un examen consciencieux de ces graves questions nous a conduit à formuler les conclusions suivantes :

1.° Des phénomènes prodigieux se sont produits parmi les convulsionnaires jansénistes, parmi les méthodistes et les baptistes américains, et se produisent aujourd'hui dans l'épidémie de Morzine, au sein du magnétisme et dans le spiritisme;

2° Ces phénomènes sont certains;

3° Leur identité de nature atteste une origine commune;

4° La physique et la physiologie sont incapables de les expliquer.

LE MERVEILLEUX

DANS

LE JANSÉNISME, LE MAGNÉTISME,
LE MÉTHODISME ET LE BAPTISME AMÉRICAINS,
L'ÉPIDÉMIE DE MORZINE, LE SPIRITISME.

LE MERVEILLEUX

DANS

LE JANSÉNISME, LE MAGNÉTISME,
L'ÉPIDÉMIE DE MORZINE, LE SPIRITISME, ETC.

LIVRE PREMIER.

JANSÉNISME.

CHAPITRE PREMIER.

De l'origine et de la persistance du merveilleux au sein du jansénisme. — Caractère des phénomènes observés dans l'épidémie des
convulsionnaires jansénistes. — Les convulsions. — Les secours.
— Exposé des faits. — Preuves de la réalité des phénomènes.

SECTION PREMIÈRE.

De l'origine et de la persistance du merveilleux
au sein du jansénisme[1].

§ Ier.

L'ÉCOLE DE PORT-ROYAL ENGENDRE LE JANSÉNISME, QUI SE RÉPAND
D'ABORD DANS LES CLASSES LETTRÉES.

Les principes de la réforme protestante, en accordant au
libre examen de chacun le droit de décider sur les matières
religieuses, provoquèrent dès la première moitié du dix-
septième siècle, au point de vue dogmatique et doctrinal,
une réaction qui fut le berceau du jansénisme. La réforme

---

[1] Les ouvrages cités sont indiqués dans la bibliographie placée à
la fin du volume. Nous ne donnerons, par abréviation, que les noms
d'auteurs, sans répéter chaque fois les titres d'ouvrages.

1

avait dénaturé toutes les notions du libre arbitre, de la grâce et de la prédestination : ce fut sur la prédestination, sur la grâce et sur le libre arbitre que disserta la nouvelle école, école illustre qui eut pour chefs Nicole, Arnaud, Pascal, et qui est restée célèbre dans l'histoire non-seulement par le talent de ses défenseurs, mais par le nom du lieu qui leur servit d'asile, Port-Royal. Nous esquisserons ici en peu de mots ce qu'était ce monastère dont la renommée ne fut si grande que parce que la vie du jansénisme se mêla à la sienne : disons plutôt, parce que le jansénisme naquit dans son sein.

Port-Royal était une abbaye de religieuses bernardines fondée en 1204 par une dame de la maison de-Montmorency, et située près de Chevreuse à cinq lieues de Paris. Les Papes lui accordèrent différents priviléges dans le but de la soustraire en partie à la juridiction épiscopale et de la protéger contre la cupidité. Le relâchement qui s'introduisit à la longue dans l'ordre austère de Cîteaux gagna aussi Port-Royal. Vers la fin du seizième siècle, la règle était presque oubliée, lorsqu'une abbesse de dix-sept ans, dont la vocation pouvait sembler douteuse, Angélique Arnaud, se proposa d'y établir la réforme (1608). Douée de beaucoup de persévérance, la mère Angélique en vint à bout en moins de cinq ans (1613). Ce retour à la règle primitive de l'ordre fit grand bruit et donna le signal de la réforme des monastères d'hommes et de femmes qui suivaient la règle de Saint-Bernard. La régénération de Port-Royal ayant eu pour résultat de faire accroître considérablement le nombre des religieuses, il fallut étendre l'établissement. Angélique Arnaud trouva dans l'opulence de sa famille les ressources qui lui étaient nécessaires. Une maison fut achetée au faubourg Saint-Jacques, à Paris, et agrandie ; puis, avec l'agrément de l'archevêque de Paris et celui du roi, on y transféra toute la communauté en 1626. Cette nouvelle maison reçut le nom de *Port-Royal de Paris*, pour la distinguer de l'ancienne, qui fut appelée *Port-Royal des Champs*, et où il ne resta plus qu'un chapelain chargé de dire la messe et d'administrer les sacrements aux domestiques.

La solitude de Port-Royal des Champs semblait ainsi vouée à l'oubli lorsqu'elle acquit tout à coup une éclatante célébrité. Comme par enchantement, elle se peupla de solitaires qui renoncèrent au monde et vinrent y vivre dans le recueillement. Dès 1637, Antoine Lemaître, avocat éloquent, neveu de la mère Angélique, s'était retiré, à l'âge de vingt-neuf ou trente ans, près de Port-Royal de Paris pour fuir le monde. Quelques jeunes gens animés du même esprit se réunirent successivement à lui : Arnaud d'Andilly, le fameux Antoine Arnaud, tous deux frères de la mère Angélique, Claude de Sainte-Marthe, Nicole, le Nain de Tillemont, le célèbre Lancelot, les quatre frères d'Antoine Lemaître, dont l'un, connu sous le nom de Sacy, traduisit la Bible et commenta les Écritures, et enfin Pascal. Les choses étaient ainsi, lorsqu'un des membres de cette société, Duverger de Hauranne, abbé de Saint-Cyran, se rendit suspect en émettant des opinions qui semblaient renouveler le *quiétisme*[1]. Il fut emprisonné et le contrecoup de sa disgrâce résonna jusqu'à Port-Royal de Paris. Ses amis durent se séparer, mais l'année d'après (1638), on leur permit de se réunir à Port-Royal des Champs. Là

---

[1] On sait que le quiétisme ne date pas de madame Guyon et de Fénelon, mais qu'on en trouve la trace dans le quatrième siècle de l'Église. Voir Bergier, *Diction. de théologie*, article *Quiétisme*; édit. de 1829.

leur vie se partagea entre la prière, l'étude et le travail des mains. Ils fondèrent une école où furent reçus un grand nombre de jeunes gens des familles les plus distinguées, et pour lesquels ils publièrent ces excellentes méthodes connues sous le nom de Méthodes de Port-Royal. Mais l'enseignement n'absorba pas tous leurs instants, et ils se livrèrent à une polémique fort vive sur différents sujets religieux à l'ordre du jour. De leur côté, les religieuses de Port-Royal augmentèrent de telle sorte la réputation de la maison par leur charité pour les pauvres, qu'hommes et femmes du plus haut rang se déterminèrent à se réunir à d'aussi saintes gens pour passer ensemble leur vie dans la retraite. Pendant ce temps, le docteur Arnaud publia en 1643 un livre sur la *fréquente communion*, dont les dispositions firent accuser Port-Royal par les jésuites de ne pas croire à l'Eucharistie, de ne prier ni la sainte Vierge ni les saints. L'archevêque de Paris condamna le livre en 1651 ; mais les jésuites, loin de s'arrêter devant cette condamnation, enchérirent sur leurs premières dénonciations, et, de leur côté, les hôtes de Port-Royal, comme pour les justifier, fournirent un motif aux attaques dont ils étaient l'objet. Quel que fût leur génie ou leur supériorité, cela n'empêchait pas, en effet, le terrain choisi par eux pour lutter contre leurs adversaires d'être fort glissant ; nous voulons parler des sujets qui servaient de thèmes à leurs écrits : la grâce, le libre arbitre, etc. A chaque pas, ils s'exposaient à ne pouvoir résister au penchant de la nature humaine, qui est d'outrer les principes, risquant ainsi d'être entraînés aux plus monstrueuses conséquences. Tentation dangereuse et toujours fatale ! Enivrés par d'ardentes convictions, ils tombèrent dans l'excès opposé à celui qu'ils combattaient, et le rare mérite de savoir se contenir,

qui ne devrait jamais abandonner quiconque prétend dogma-
tiser, leur fit défaut. A la même époque, un docteur resté
célèbre dans l'histoire des schismes religieux, et qui
avait sur la grâce les mêmes théories que Port-Royal, en
était arrivé à professer expressément le fatalisme et la
négation de la liberté humaine. Ce docteur était évêque
d'Ypres, il s'appelait Jansen ou plutôt Jansénius, selon le
langage scolastique du temps. Il exposa sa doctrine dans
un livre intitulé *l'Augustinus*, qui, publié en France
en 1641, deux ans après la mort de son auteur, fut répandu
parmi les jeunes théologiens de France par l'abbé de
Saint-Cyran, qui avait été l'ami de Jansénius. Mais le pape
Urbain VIII condamna cet ouvrage le 6 mars 1642.
Alors deux partis se dessinèrent nettement. D'un côté,
étaient les jésuites qui défendaient le principe de la liberté
humaine, de l'autre, Port-Royal qui se déclara pour Jansénius et sa doctrine; à compter de ce jour, le jansénisme,
qui existait en fait depuis longues années, reçut son nom.

Nous n'entrerons pas ici dans les détails des interminables débats qui s'ouvrirent aussitôt; nous les indiquerons
le plus brièvement possible. L'*Augustinus* fut examiné
en Sorbonne, et sept propositions, réduites plus tard à cinq,
en furent extraites et déclarées hérétiques [1]. De là naquirent
entre les deux partis des discussions fort vives que le pape
Clément IX calma par sa déclaration de 1668. Toutefois

---

1. Ces cinq propositions étaient les suivantes :

1° Quelques commandements de Dieu sont impossibles à des hommes
justes qui veulent les accomplir, et qui font à cet effet des efforts selon
les forces présentes qu'ils ont; la grâce qui les leur rendrait possibles
leur manque;

2° Dans l'état de nature tombée, on ne résiste jamais à la grâce
intérieure;

3° Dans l'état de nature tombée, pour mériter ou démériter, l'on

certains chefs jansénistes, plus opiniâtres que les autres,
ne voulurent pas se rétracter; ils se retirèrent à Bruxelles
d'abord, à Amsterdam ensuite, où ils formèrent une petite
Église. L'un d'eux, le P. Quesnel, publia dès 1671 un
livre intitulé *Réflexions morales sur le Nouveau Testament*, et qui reproduisait l'*Augustinus*. La publication
de ce livre ranima les discussions et les querelles passées,
et elles allèrent en grandissant chaque année. A défaut
des illustres solitaires qui étaient morts, on trouve en 1708
les religieuses de Port-Royal qui, fidèles aux traditions
du passé, continuent leur hostilité contre l'Église romaine.
Obligées enfin par le cardinal de Paris de se soumettre aux
décisions du Saint-Siége sur les points de doctrine en discussion depuis la naissance du jansénisme, elles signèrent
une rétractation que leurs réserves rendaient illusoires.
Cette résistance motiva leur suppression (1710); on les
enleva de Port-Royal des Champs, et on les transféra à
Port-Royal de Paris. L'église et les bâtiments de Port-
Royal des Champs furent démolis; on n'y laissa pas pierre
sur pierre, et un an après (1712), on alla jusqu'à exhumer
les corps du cimetière et à faire passer la charrue sur l'emplacement du monastère, dont on voulait effacer jusqu'au
souvenir. Mais cet acte d'autorité ne fit pas renaître la paix
religieuse. L'agitation continua plus vive que jamais, et enfin
la lutte ouverte éclata lorsque Louis XIV voulut faire rece-

n'a pas besoin d'une liberté exempte de nécessités; il suffit d'avoir
une liberté exempte de coaction ou de contrainte:

4° Les semi-pélagiens admettaient la nécessité d'une grâce préve-
nante pour toutes les bonnes œuvres, même pour le commencement
de la foi; mais ils étaient hérétiques en ce qu'ils pensaient que la
volonté de l'homme pouvait s'y soumettre ou y résister;

5° C'est une erreur semi-pélagienne de dire que Jésus-Christ est
mort et a répandu son sang pour tous les hommes. (Bergier, *Dict. de
théologie*, art. *Jansénisme;* édit. de 1829.)

voir en France (1713) la fameuse bulle *Unigenitus*, que Clément XI venait de rendre pour condamner l'ouvrage du P. Quesnel, dont nous avons parlé plus haut.

Furieux, le parti janséniste prétendit en neutraliser les effets. Quatre prélats : MM. de la Broux, évêque de Mirepoix ; Soanen, évêque de Senez ; Colbert, évêque de Montpellier ; de l'Angle, évêque de Boulogne, formèrent en pleine Sorbonne (5 mars 1717) *appel* de la bulle au prochain concile. Clément XI condamna solennellement leur appel. Mais, nonobstant sa condamnation, la résistance janséniste s'organisa. Le cardinal de Noailles, archevêque de Paris, et seize évêques avec lui se joignirent aux *appelants*.

L'irritation prit des proportions telles que le Régent, le voluptueux Régent, dut donner son attention aux affaires ecclésiastiques, et se préoccuper du soin de trancher les difficultés dont le menaçait le renouvellement des querelles religieuses. L'occasion d'agir se présenta. On était à l'époque où Law et son système absorbaient l'opinion publique ; le cardinal Dubois, premier ministre, sut profiter de cette circonstance favorable pour faire recevoir la bulle par le parlement et par le grand conseil, et pour publier un corps de doctrine nommé *la Constitution*, qu'acceptèrent le cardinal de Noailles et plusieurs évêques. Mais tous les opposants ne se rendirent pas, et l'un des *appelants* les plus exagérés, l'évêque de Senez, publia une instruction pastorale contre la bulle, qu'il qualifiait de *décret monstrueux*. La violence de ses opinions fit déposer le prélat, dans un concile tenu à Embrun en 1727.

§ II.

LES CONVULSIONS ÉCLATENT PARMI LES JANSÉNISTES APRÈS LA MORT DU DIACRE PARIS.

La levée de boucliers d'une partie du clergé contre Rome avait opéré une scission profonde parmi les laïques de toute la France. Le jansénisme s'était rapidement répandu dans les différentes classes de la population, et en ce qui touche la ville de Paris seule, Barbier nous apprend en maints endroits que *tout y était janséniste*[1], *hommes, femmes et petits enfants*[2]; qu'elle était *janséniste de la tête aux pieds*[3]. C'est-à-dire que le parti des *appelants*, qui avait le parlement pour lui, était fort nombreux, parti riche, grâce à la *boîte à Perrette*[4], et qui pouvait beaucoup. Sur ces entrefaites, un diacre de l'église Saint-Médard à Paris, qui passait pour un saint dans son quartier, mourut, le 1er mai 1727, des jeûnes et des macérations qu'il s'était imposés, et fut inhumé le lendemain dans le cimetière situé derrière le maître-autel

[1] Tome III, p. 45.
[2] Tome II, p. 54.
[3] Tome II, p. 202.
[4] C'était la caisse où puisait pour subvenir à ses dépenses le parti qui s'appela plus tard le jansénisme. Cette boîte tire son nom de la servante de Nicole, que son maître avait rendue la première dépositaire des fonds dont il avait fourni lui-même la plus grande partie, et elle a passé, toujours par des fidéicommis, en des mains sûres. Elle s'élevait en 1778, à la mort de M. Rouillé des Filletières, sans cesse alimentée par des dons volontaires, à onze cent mille livres!... Les héritiers de M. des Filletières voulurent s'en emparer et plaidèrent contre les légataires; mais ils furent déboutés de leurs prétentions. La boîte à Perrette a traversé toutes nos révolutions. Administrée vers 1840 par M. X., homme d'affaires à Paris, elle passa entre les mains de son fils, qui, s'en étant servi pour des besoins personnels, se la vit enlever. Aujourd'hui elle est confiée à M. Y., dont la dévotion à l'*œuvre* ne laisse, dit-on, rien à désirer.

de ladite église [1]. Ce diacre, nommé Pâris, était fils d'un conseiller au parlement. Peu intelligent, très-opiniâtre, affectant une humilité profonde qui lui fit toujours refuser la prêtrise, Pâris était dévoué aux pauvres; il aimait à les instruire et leur tricotait des bas; *janséniste d'ailleurs dans toutes les formes* [2], il pratiquait, à l'exemple de plusieurs jansénistes célèbres ses devanciers, des austérités extraordinaires. En 1717 il avait, un des premiers, *appelé* de la bulle avec les quatre évêques dont nous avons parlé, et, comme eux aussi, il avait renouvelé son appel en 1720. Ces sentiments ne l'abandonnèrent jamais. A la fin de sa vie, avant de recevoir les derniers sacrements, « il voulut, dit Salgues [3], renouveler son appel au futur concile et paraître devant Dieu avec cet

---

[1] L'éditeur du journal de Barbier (publié en 1857) assure que les restes de Pâris, exhumés du cimetière Saint-Médard, sont encore aujourd'hui conservés à Paris dans une ancienne famille janséniste. (Tome II, p. 65, *note*.) — A propos de cette exhumation, on lit dans un ouvrage janséniste (*Extraits d'un recueil de discours de piété*, etc., tome III, p. 431, *note*) : « Il était réservé à notre siècle de voir exhumer, ainsi qu'on l'a fait au mois de janvier 1807, le corps du bienheureux diacre Pâris, que les plus fanatiques persécuteurs, et même les révolutionnaires, avaient jusque-là respecté. L'on sait que cette exhumation se fit d'une manière indigne, et pour la convenance particulière de M. Bert**, qui mit en œuvre les ouvriers. Mais quel fruit a-t-il retiré d'une aussi odieuse profanation? C'est à ceux qui l'ont assisté dans sa dernière maladie de nous dire quelles ont été ses angoisses à la mort. Ce que l'on n'a pu cacher au public, c'est qu'à son enterrement, où assistaient, selon l'usage, un nombre d'ecclésiastiques de diverses paroisses, toute l'église Saint-Médard était infectée à un point que l'on avait peine à se rappeler qu'aucun cadavre en putréfaction eût exhalé une si fétide odeur. Longtemps avant lui, le P. Coëffrel, curé de la même paroisse, avait été empêché, par des oppositions juridiques, de commettre la même profanation sur le corps du bienheureux diacre. L'on peut voir en détail, dans les mémoires du temps, quelle a été aussi, en 1740, la funeste fin de cet ennemi des saints du Seigneur. »

[2] Barbier, tome II, p. 65.

[3] Tome I, p. 254.

appel entre les mains. Il était si faible qu'il ne put pas
le rédiger, il se contenta donc, avant de recevoir l'Ex-
trême-Onction, de renouveler ses sentiments sur la bulle
Unigenitus. »

Un an environ après la mort de Pâris, vers la fin de
mars 1728, on posa sur la place où il était inhumé une
tombe en marbre noir. Cette tombe, qui était destinée à
faire tant de bruit, reposait sur quatre dés de pierre élevés
d'un pied au-dessus du sol du cimetière. Aussitôt après la
mort du diacre elle devint l'objet d'une grande vénération
de la part des malheureux que Pâris avait secourus pendant sa vie. Ils s'y assemblèrent, ils y firent des neuvaines,
et bientôt on apprit que des miracles s'y opéraient. Les
jansénistes, qui voulaient autoriser leur appel au concile par
des miracles, s'empressèrent de s'approprier ceux du cimetière Saint-Médard. Le premier eut lieu en faveur d'un
fripier nommé Léro. Cet homme avait à la jambe gauche
plusieurs ulcères qu'aucun médecin n'avait pu guérir; en
désespoir de cause, il se rendit à Saint-Médard, y fit une
neuvaine et, la neuvaine achevée, cet homme qui avait eu
beaucoup de peine à marcher pour se rendre sur la tombe de
Pâris se leva et s'en alla. Il n'en fallait pas davantage
pour attirer une armée d'impotents à Saint-Médard : ils
s'y rendirent donc de tous les coins de Paris, et ce fut à
qui se procurerait un morceau du lit ou des habits du *bienheureux* diacre, ainsi que le qualifiaient les *appelants.*
Depuis lors, des cures quelquefois complètes, mais en
nombre toujours suffisant pour entretenir la piété des
fidèles, continuèrent à se produire d'une manière paisible.
Le diacre Pâris ne fut d'ailleurs pas seul à jouir du
privilége de faire des cures miraculeuses, plusieurs *saints*
jansénistes eurent un don égal au sien. Mais ce privi-

lége n'aurait pas suffi à donner la célébrité au tombeau de Pâris, si les *convulsions*[1] ne s'y étaient ajoutées. Elles commencèrent en la personne d'Aimée Pivert, le 12 juillet 1731. Une sourde-muette de Versailles en eut pour la première fois le 16 août, et l'abbé de Bescherand à la fin du même mois[2]. A dater de cette époque, elles devinrent très-communes, et au bout de quelques mois le nombre des convulsionnaires connu s'élevait à huit cents.

§ III.

LES CONVULSIONS EXCITENT LA CURIOSITÉ. — NAISSANCE DES SECOURS. — CORRUPTION DES CONVULSIONNAIRES.

A la même époque (juillet 1731), M. de Vintimille, archevêque de Paris, défendit d'honorer le tombeau de Pâris, de dire des messes à son intention et de lui rendre un culte religieux, ce qui n'empêcha pas une affluence extraordinaire de se transporter au cimetière Saint-Médard, soit pour *convulsionner*[3], soit pour voir *convulsionner*. Dès cinq heures du matin les carrosses étaient

---

[1] Les convulsions provoquèrent une scission dans le parti janséniste. Au début, elles furent admises et prônées par tous; plus tard, lorsque la conduite des convulsionnaires donna lieu de penser que les convulsions manifestaient un *certain mélange* dans l'œuvre, une partie des jansénistes les repoussa. Cette division a toujours continué depuis. Toutefois, nous ferons remarquer que les jansénistes partisans des convulsions sont logiques; les autres ne le sont pas. En effet, les jansénistes avaient besoin de miracles, non pour justifier leur culte, qui, en réalité, n'était pas substantiellement distinct de celui de l'Église catholique; mais pour montrer que, tout en soutenant des doctrines réprouvées par le pape et l'immense majorité des évêques, ils n'avaient pas cessé d'appartenir à l'Église catholique, qu'ils reconnaissaient comme seule véritable. Donc les jansénistes partisans des convulsions sont seuls conséquents avec eux-mêmes.

[2] *Recherche de la vérité*, p. 5.

[3] Expression dont on se servait alors.

aux portes. Tous les rangs de la société, depuis le manant
jusqu'aux princes du sang [1], fournissaient leur contingent
de visiteurs à cet étrange spectacle. Le cimetière était
plein de convulsionnaires, ainsi que les rues et les cabarets
voisins où ils allaient se rafraîchir. Les uns miaulaient,
les autres criaient, aboyaient, sifflaient, hurlaient, tous
se tordaient dans les plus horribles convulsions. On voyait
des femmes marcher sur la tête, sans souci de la moindre
pudeur; d'autres, étendues sur le sol, demandaient aux
spectateurs de leur frapper le ventre, de leur piétiner le
corps, de les presser, de leur donner des coups de poing [2];
car, dans cette singulière épidémie, les convulsionnaires ne
pouvaient être soulagés si on ne leur donnait les *secours*,
c'est-à-dire si on ne les faisait passer par d'effroyables tortures. Un auteur [3] nous apprend que quatre mille hommes
se sont appliqués sans relâche à administrer les *secours
meurtriers* [4] à cinq ou six cents filles.

La nouveauté du spectacle attira, on le comprend, tout
Paris à Saint-Médard. Mais les jansénistes ne se bornèrent
pas à satisfaire la curiosité publique : ils se livrèrent immédiatement à une active propagande. Carré de Montgeron,
conseiller au parlement, un des plus fervents partisans de
Pâris, se fit l'apologiste de l'œuvre des convulsions, et,
tandis que le parlement était exilé à Pontoise, il composa
un ouvrage pour expliquer, défendre et vulgariser la connaissance des merveilles opérées par les convulsionnaires.
Puis il se rendit à Versailles et osa offrir son ouvrage à
Louis XV. Le monarque accepta cet hommage; mais le

---

[1] Le comte de Clermont, prince du sang, y alla en décembre 1731.
[2] C'est le commencement des *secours*.
[3] Montgeron, II, p. 29.
[4] Voir ci-après sections II et III.

lendemain l'audacieuse démarche de l'auteur reçut sa récompense. Montgeron fut incarcéré pour le reste de ses jours à Valence d'abord, à Viviers ensuite. Pendant sa captivité, qui dura dix-sept ans, il ne perdit rien de sa foi janséniste : loin de là, car il employa son temps à ajouter deux volumes au premier. Ce qui parut alors et pendant plusieurs années d'écrits pour ou contre les convulsions est prodigieux. Jamais discussion n'avait été plus vive. Chaque parti appelait la théologie à son aide pour terrasser ses adversaires, et les jansénistes, qui avaient de plus pour eux les phénomènes de Saint-Médard, entendaient écraser les *molinistes*[1], comme on disait, par un argument sans réplique : ils crièrent bien haut que leurs miracles venaient du ciel en droite ligne. Étaient-ils dans le vrai? « Ce qui est certain, répond Barbier, c'est qu'il y a dix ou douze filles (convulsionnaires) grosses, et que ces chefs de doctrine et de prédiction engagent les femmes du peuple qui ont cédé à la persuasion de leur livrer elles-mêmes leurs filles, ce qu'elles font en vue de Dieu[2]. » Ce genre de scandale alla en grossissant, et le gouvernement ayant constaté que le concours du peuple était *devenu une occasion continuelle de discours licencieux, de vols et de libertinage*, ordonna, le 27 janvier 1732[3], la fermeture du cimetière, fermeture

[1] On désignait sous le nom de *molinistes* les partisans des théories opposées à celles de Jansénius. Ce nom leur venait du jésuite espagnol Molina, auteur de plusieurs ouvrages, et entre autres de celui intitulé *Accord de la grâce et du libre arbitre*, qui renferme un système entièrement contraire à celui de Jansénius, ce qui fit que l'école de Port-Royal représenta comme *molinistes* tous ceux qui ne partageaient pas leur doctrine à eux.

[2] Tome II, page 527.

[3] En voici le texte : « *Ordonnance portant que la porte du petit cimetière de la paroisse de Saint-Médard sera et demeurera fermée.* Sa Majesté étant informée de tout ce qui s'est passé et de tout ce qui se passe encore journellement dans l'un des cimetières de la

qui eut lieu le surlendemain, 29 janvier. Un plaisant écrivit en gros caractères sur la porte ces vers si connus :

> De par le Roi, défense à Dieu
> De faire miracle en ce lieu.

Chassés du cimetière Saint-Médard, les jansénistes ne poursuivaient pas moins l'œuvre des convulsions, lorsqu'une ordonnance du 17 février 1733 [1], défendit aux convulsionnaires de se donner en spectacle en public,

paroisse de Saint-Médard et notamment à l'occasion des mouvements et agitations prétendues involontaires de différents particuliers qui affectent de s'y donner en spectacle, Sa Majesté aurait jugé à propos de donner ses ordres pour en faire arrêter plusieurs et les faire examiner par un nombre considérable de médecins et chirurgiens, pour en dresser leur rapport et porter leur jugement sur la cause et la nature desdits mouvements et agitations ; ce qui ayant été exécuté, lesdits médecins et chirurgiens ont attesté et déclaré unanimement que lesdits mouvements n'ont rien de convulsif ni de surnaturel, et qu'ils sont entièrement volontaires de la part desdits particuliers ; d'où il résulte qu'on a cherché manifestement à faire illusion et à surprendre la crédulité du peuple. Sa Majesté a jugé nécessaire de faire absolument cesser un tel scandale, et le concours du peuple, qui est devenu d'ailleurs une occasion continuelle de discours licencieux, de vols et de libertinage ; et Elle s'est portée d'autant plus volontiers à prendre cette résolution, qu'Elle empêchera par là toute contravention et désobéissance au mandement donné par le sieur archevêque de Paris le 15 juillet dernier. Vu les rapports en date des 11, 15, 17, 18, 19 et 23 janvier, signés par les médecins et chirurgiens y dénommés, Sa Majesté a ordonné et ordonne que la porte du petit cimetière de la paroisse de Saint-Médard sera et demeurera toujours fermée ; fait défense de l'ouvrir, si ce n'est pour cause d'inhumation ; et défend pareillement à toutes personnes, de quelque état et qualité qu'elles soient, de s'assembler dans les rues qui environnent ledit cimetière et autres rues, places ou maisons, le tout à peine de désobéissance, même de punition exemplaire, s'il y échet. Versailles, 27 janvier 1732. »

[1] Nous en donnons le texte : « *Ordonnance du roi, du 17 février 1733, contre les prétendus convulsionnaires.* De par le Roi, Sa Majesté étant informée que depuis l'ordonnance qu'elle a rendue le 27 janvier 1732 pour faire fermer le petit cimetière de Saint-Médard, plusieurs personnes, par un dérèglement d'imagination ou par un esprit d'imposture, se prétendent attaquées de convulsions, et qu'elles se donnent même en spectacle dans les maisons particulières, pour abuser de la

même dans des réunions particulières. Défense illusoire!
la police put bien arrêter d'un seul coup trois cents convulsionnaires et les enfermer à Vincennes; mais l'épidémie n'en fit pas moins explosion. « A peine eut-on
interdit l'entrée du cimetière, raconte Montgeron, que
les prodiges se multiplièrent. Un peu de terre recueillie
auprès de l'illustre tombeau fit éclater les plus merveilleuses guérisons dans tous les quartiers de Paris et
jusque dans les provinces [1]. » L'envoi de cette terre les
propagea, en effet, dans plusieurs villes, notamment à
Troyes, à Corbeil et à Montpellier. On remarqua que
d'autres églises et leurs cimetières participaient aux mêmes
effets que le cimetière et l'église Saint-Médard; l'église Saint-
Séverin à Paris, notamment, que choisissaient de préférence
pour se faire inhumer les *appelants* les plus déterminés.

crédulité du peuple et faire naître un fanatisme déjà trop semblable,
par de chimériques prophéties, à celuy qu'on a vu dans d'autres
temps; et comme rien n'est plus important que d'arrêter par les
voyes les plus efficaces et les plus promptes de pareils excès, toujours dangereux pour la religion et contraires à toutes les lois de la
police, qui ont été faites pour empêcher toute sorte de concours du
peuple et d'assemblées illicites; Sa Majesté a cru devoir encore
interposer son autorité sur un sujet aussi important pour la tranquillité publique, et marquer de nouveau toute son indignation contre
les auteurs d'un pareil scandale : A CES CAUSES, Sa Majesté a fait très-
expresses inhibitions et défenses à toutes personnes se prétendant
attaquées de convulsions de se donner en spectacle au public, ny
même de souffrir dans leurs maisons, dans leurs chambres ou autres
lieux, aucun concours ou assemblées à peine d'un emprisonnement
de leurs personnes, et d'être poursuivies extraordinairement comme
séducteurs et perturbateurs du repos public. Défend pareillement à
tous ses sujets, sous peine de désobéissance, d'aller voir ni visiter
lesdites personnes, sous prétexte d'être témoins de leurs prétendues
convulsions; enjoint Sa Majesté au sieur Hérault, conseiller d'État,
lieutenant général de police de la ville, prévôté et vicomté de Paris,
et aux sieurs intendants dans les provinces, de faire toutes les dili-
gences nécessaires pour l'exécution de la présente ordonnance, qui
sera lue, publiée et affichée partout où besoin sera, à ce que personne n'en ignore. Fait à Marly, etc. »

[1] Tome II, p. 58.

§ IV.

LES CONVULSIONS SE PROPAGENT. — MORT DU FILS DE LOUIS XV.

La fureur des convulsions gagna bientôt tous les rangs de la société. Le clergé resté catholique *romain* s'opposa vainement à l'envahissement des prestiges jansénistes [1]; l'élan était donné. On vit jusqu'à des femmes distinguées par la naissance et par l'esprit se réunir, sous la dénomination significative de *dames de la grâce*, pour faire une active propagande de l'œuvre des convulsions. La police eut beau surveiller, traquer les convulsionnaires; rien ne les arrêta : ils changèrent de quartier, augmentèrent leurs prosélytes et s'assemblèrent jusque chez des personnes du plus haut rang.

Aux convulsions, comme nous l'avons dit, se joignirent les *secours* que les femmes et les filles ne demandaient qu'aux hommes. Ceux qui les administraient prenaient le titre de *frères secoureurs* [2]. Il y eut d'abord les *petits* et les *grands secours* [3]; puis, après la fermeture du cimetière Saint-Médard, on usa des *secours meurtriers*.

Ce ne fut d'ailleurs pas par l'unité d'un même esprit que les convulsionnaires se firent remarquer. Ils se divisèrent en plusieurs sectes, et l'on distingua celle des *augustiniens* ou *élisiens*, ou de l'*Agneau sans tache*, dans laquelle le frère Augustin, se couchant sur une table dans la posture attribuée

---

[1] En février 1739, le Pape déclara Pâris hérétique et schismatique.

[2] Entre eux, les convulsionnaires se donnaient le nom de *frère* et de *sœur*.

[3] Dès 1732, et à la suite de plusieurs conférences, les docteurs de Sorbonne condamnèrent les grands secours comme illicites et contraires au cinquième commandement du Décalogue.

à l'Agneau sans tache, se faisait adorer comme tel ; on chantait des hymnes, des oraisons, et on lui rendait les honneurs dus à ce titre [1]. Il y avait la secte des *vaillantistes* qui tirait son nom de l'abbé Vaillant, prêtre du diocèse de Troyes, lequel prétendait être Élie en personne ressuscité pour convertir les juifs et la cour de Rome. Il y avait encore les *mélangistes*, les *discernants*, les *margoullistes*, les *figuristes*. Ces sectes couvraient en général d'effroyables turpitudes sous prétexte de piété, et furent, pour ce motif, dénoncées en janvier 1735 au parlement par le procureur général.

Un fait donnera l'idée de l'ardeur des jansénistes, quand il s'agissait de propager l'emploi de la terre prise au tombeau du diacre Pâris. Écoutons Proyart [2] :

« L'an 1733, le duc d'Anjou, fils de la reine Marie Leckzinska, jeune prince alors dans sa troisième année, se trouvant non pas malade, mais incommodé, ils (les jansénistes) imaginèrent que le moment était venu où il fallait enfin triompher de l'incrédulité de la mère par un prodige opéré en faveur du fils. Pleins de confiance en la vertu du diacre Pâris, ils regardent le succès comme infaillible : ils s'adressent à une des femmes qui servent le jeune prince, la gagnent et lui proposent, comme chose qui ne peut souffrir de difficulté, d'opérer la guérison subite de son auguste malade. Cette femme y consent : elle en met une seconde dans le secret de la bonne œuvre, et, toutes deux de concert, elles subornent deux gardes du corps, qui doivent favoriser l'entrée de l'appartement du duc d'Anjou à l'agent miraculeux de sa future guérison. Alors un sujet initié aux mystères des convulsionnaires est introduit secrètement,

---

[1] Barbier, II, p. 525.
[2] *Vie de la reine*, p. 305.

qui remet aux garde-malade une provision de terre extraite
du tombeau de Pâris, avec la recette pour en faire usage
jusqu'à parfaite guérison. Point de retard : on s'empresse
d'administrer à l'enfant une première et une seconde pilule,
qui n'opèrent pas sensiblement. On double la dose; l'incommodité prend aussitôt un caractère de maladie. On continue le régime, la maladie empire. Le malade pleure,
s'agite, éprouve des mouvements convulsifs. Ces accidents
inquiètent peu ceux qui les provoquent; ils s'en félicitent,
au contraire : c'est sans doute que le spécifique opère et
que le miracle commence. Toutes les boissons et les potions
que l'on présente à l'enfant sont assaisonnées de terre, et
l'on a grand soin qu'il épuise la coupe jusqu'à la lie. Cependant tous les remèdes qu'on peut lui administrer restent
sans effet; et, en peu de jours, il est réduit à l'agonie.
N'importe, en cet état encore le fanatisme ne cesse de lui
ingérer de la terre, jusqu'à ce qu'il en soit étouffé. Le
lendemain de la mort du prince, tous les gens de l'art
qui ont suivi sa maladie s'assemblent, empressés d'en
découvrir la cause interne qui a échappé à toutes leurs
observations.

» On fait l'ouverture du corps : les signes apparents
indiquent bientôt que le siége du mal était dans les intestins. Et, en effet, on les trouve remplis de terre. Les
médecins le voient, se regardent dans l'étonnement et
ne savent pas s'ils doivent en croire leurs yeux. Vaincus
par l'évidence néanmoins, ils cherchent à expliquer le phénomène. Il n'y avait pas de terre dans la chambre du
malade; on ne l'avait pas conduit dans le parc, où il aurait
pu en trouver; y eût-il été conduit, il ne pouvait pas
y être seul; et, enfin, eût-il eu sous la main la terre à
discrétion, resterait encore à expliquer comment il aurait

pu violenter la nature, jusqu'à en prendre en quantité suffisante pour s'étouffer. Le résultat de ces considérations
est qu'il faut faire subir un interrogatoire aux femmes qui
servaient le jeune prince.

» On les mande, on les presse, on les intimide; enfin le
mystère janséniste se découvre, et la reine a la douleur
d'apprendre que son fils est mort pour n'avoir pu digérer
la terre du cimetière de Saint-Médard. Les femmes et les
deux gardes du corps qui avaient coopéré à ce pieux assas-
sinat furent chassés de la cour; mais on ne chercha point
à découvrir d'autres coupables; et la reine, étouffant par la
religion le cri de la nature, conjura le Seigneur d'accepter
la mort de son fils comme un sacrifice d'expiation pour
tous les outrages faits par l'hérésie à la raison et à son
auteur. »

§ V.

AGITATIONS CAUSÉES PAR LE JANSÉNISME. — CESSATION APPARENTE DE L'OEUVRE DES CONVULSIONS.

Les convulsionnaires jansénistes, poursuivis par la justice,
étaient obligés de se cacher. Mais le silence ne convenait
pas au parti : il entendait faire parler de lui. Dans ce but,
les jansénistes prétendirent, eux que le Pape avait condamnés, obliger les prêtres catholiques *romains* à leur donner
les sacrements. Cette prétention ayant amené le clergé
non janséniste à exiger de quiconque les demandait une
soumission préalable à la bulle *Unigenitus,* les jansénistes
s'élevèrent avec violence contre cette mesure à laquelle ils
ne s'attendaient pas, et la question du refus des sacrements
devint pendant de longues années le sujet de récrimi-
nations, de troubles et de réclamations. Le parlement,
qui était janséniste, condamna les mandements des

évêques qui n'étaient pas d'accord avec les exigences des jansénistes [1].

Pendant ce temps et malgré les défenses de l'autorité, les assemblées de convulsionnaires se réunirent chez les plus grands personnages de l'époque [2]. De temps à autre la police faisait quelques captures; mais le zèle janséniste ne se ralentissait pas, et, si un oubli apparent semble couvrir l'œuvre des convulsions de 1740 à 1760, elles ne cessèrent pourtant pas un instant.

Cette *occultation* coïncide avec le milieu du dix-huitième siècle, époque remarquable dans l'histoire de la France, car alors finissent ces disputes interminables sur les ergoteries jansénistes pour faire place à une guerre d'une autre nature : la lutte s'engage désormais entre le scepticisme et la foi chrétienne. Que s'était-il passé pour que le silence se fît tout à coup autour de l'*œuvre des convulsions?* Le voici. En s'attaquant à Rome, le jansénisme avait ébranlé la foi religieuse du pays, et, avec la foi, le respect de l'autorité et de tout ce qui constitue la force du pouvoir. Aussi vit-on, dès son origine, apparaître à ses côtés les philosophes, dont les écrits, dirigés en apparence contre la puissance ecclésiastique, entamaient cependant les droits du souverain. Les philosophes, en effet, qui aspiraient à l'émancipation religieuse et politique de la société, sentaient que les disputes jansénistes, en jetant le trouble dans les consciences et les convictions, apportaient un élément de succès futur à leurs doctrines : ils se hâtèrent donc de les soutenir. Voltaire, quoique aussi peu porté pour le jansénisme que pour l'Église

[1] Le premier mandement pour le refus des sacrements émane de Mgr de la Mothe, évêque d'Amiens; il est de décembre 1746.
[2] Barbier, VII, p. 252.

catholique, ne dissimulait pas sa joie des mesures contra-
dictoires, des ridicules compromis proposés par les jansénistes pour faire accueillir leur doctrine à Rome. Un autre
auxiliaire se joignit aussi aux philosophes, ce fut le parlement, qui, prédisposé par ses anciennes luttes contre l'influence temporelle de l'Église, était presque en totalité
janséniste, et donna son concours à la cause. Tels étaient
les appuis avec lesquels les jansénistes ouvrirent leur cam-
pagne contre la bulle *Unigenitus*. Mais à l'époque où il
s'agissait de la recevoir en France (1713), ils ne prirent
pas garde que, depuis le commencement du dix-huitième
siècle surtout, les philosophes avaient imprégné les classes
lettrées d'incrédulité rationaliste, et que le libertinage,
fruit de leur enseignement, avait fait de déplorables ravages
du sommet au bas de l'échelle sociale. Avec un peu moins
d'orgueil, ils auraient vu que ces deux éléments désorga-
nisateurs, en s'attaquant à l'influence de la religion, les
minaient aussi. Mais une morgue séculaire fermait leurs
yeux, et ils ne comprirent pas que la décadence morale de
l'époque dont il s'agit (1715-1733) devait être le tombeau de toute foi religieuse. C'est pourquoi lorsqu'ils
crurent en finir, par les miracles des convulsionnaires, avec
les *molinistes*, il se trouva qu'il ne fut plus question ni de
molinistes ni de jansénistes. En vain réclamèrent-ils
contre le gouvernement qui poursuivait les convulsionnaires. Leur temps, comme affaire publique, était passé.
Les philosophes restaient seuls sur pied, recherchés,
choyés et adorés par la multitude. Ceux-ci avaient bien
calculé leur coup. En flattant la révolte janséniste contre
Rome, ils avaient ruiné tout à leur aise le vieil édifice religieux de la France, et en prêchant le matérialisme et
les jouissances sensuelles, ils avaient rendu sa chute inévi-

table et leur règne assuré pour le jour où l'on serait las de débats et de joug religieux. Ce jour vint : on sait leurs succès. Trois périodes bien distinctes divisent cette partie de l'histoire de notre pays. Obscurs auxiliaires d'abord du jansénisme, les philosophes le servent et l'exploitent jusqu'au jour où ils se substituent à lui; puis, continuant leur œuvre de concert avec le parlement, ils s'attaquent corps à corps à la doctrine religieuse; enfin, aidés par l'opinion publique, par la faiblesse d'un pouvoir déconsidéré, par la connivence des dépositaires de l'autorité à tous les degrés [1], ils inaugurent la Révolution, dont l'un des premiers actes est d'instituer l'Église constitutionnelle église officielle de la nation. Ils ont donc incontestablement adopté, poursuivi et amendé, en se l'appropriant, le but et le plan des jansénistes.

§ VI.

CONTINUATION DES CONVULSIONS ET DES PRODIGES JANSÉNISTES DE 1760 JUSQU'A LA RÉVOLUTION. — PROHIBITION DES GRANDS SECOURS.

On comprend maintenant pourquoi l'attention publique se détourna des convulsions; mais cela ne veut pas dire que les convulsions cessèrent. Nous les retrouvons aussi vivaces que jamais en 1759 et 1760. A cette époque, les assemblées de convulsionnaires de Paris sont fréquentées par d'Alembert et la Condamine : d'où l'on peut conclure que le genre de spectacle était de nature à piquer la

---

[1] En voici un exemple. Quand, en 1759, on suspendit pour la seconde fois la publication de l'*Encyclopédie*, Malesherbes, le directeur de la librairie, ordonna la saisie des papiers de Diderot. Néanmoins, comme ils étaient philosophes tous deux, Malesherbes avait eu soin de prévenir Diderot vingt-quatre heures à l'avance. Diderot de remercier, mais de gémir sur l'impossibilité de cacher des papiers si embarrassants. « Envoyez-les chez moi, répond Malesherbes, on » ne viendra pas les y chercher. » En tout temps et partout, cela s'appelle trahir son devoir; alors, c'était une *niche* faite aux jésuites.

curiosité des savants. La *Correspondance littéraire* de Grimm fournit à cet égard de précieux documents. Ce sont des procès-verbaux de scènes de crucifiement rédigés avec le plus grand soin par le célèbre la Condamine en 1759[1]. « Tout ce qu'on lit à ce sujet dans la correspondance de Grimm, dit Salgues[2], est de la plus exacte vérité. Je l'ai souvent entendu raconter par du Doyer lui-même. » Du Doyer avait assisté avec la Condamine aux scènes de crucifiement. Les relations que ces deux écrivains nous ont laissées à cet égard font juger des perfectionnements apportés par les jansénistes dans le choix et l'administration des *secours meurtriers*.

Obligé de s'entourer du plus grand mystère pour échapper aux recherches de la police, les convulsionnaires formaient plusieurs bandes ayant chacune un directeur à sa tête, directeur qui était le plus souvent un ecclésiastique, témoin le P. Timothée et le P. Cottu. De Labarre, avocat au parlement de Rouen, était aussi un ardent chef d'école convulsionniste. C'est avec lui que du Doyer de Gastel eut la conversation rapportée dans Grimm[3]. — « Nous avons, disait de Labarre, une sœur qui avale de la cendre, du tabac et des excréments délayés dans du vinaigre, et elle rend du lait.... — Je le sais, répondit du Doyer, et on voit plusieurs fioles de ce lait chez M. le Paige[4], avocat, un de ceux que le parlement a choisis

---

[1] Voir plus loin, section III, p. 96 et suivantes.
[2] Tome I, p. 344.
[3] Tome II, p. 384 et 385.
[4] Ce le Paige était un janséniste outré; pour faciliter l'accouchement de sa femme, qui était grosse, il lui avait donné bon nombre de coups de bûche. Elle accoucha, mais mourut huit jours après. Ce qui fit dire au P. Cottu : « Elle est accouchée fort heureusement; les *secours* ont produit leur effet; si elle est morte ensuite, ce n'est pas la faute des bûches. »

pour examiner l'*Encyclopédie*. — Je fais, reprit M. de la
Barre, des opérations qui coûtent à la nature; mais il faut
sacrifier sa répugnance; quelquefois je fais des incisions
cruciales à la langue; d'autres fois, par le moyen d'un
tourniquet, je mets la sœur Marie en presse : c'est moi
qui ai inventé cette machine; les frères étaient trop fatigués de presser cette sœur, et ne la pressaient pas assez
fort; enfin, rebuté de voir que ce *secours* n'était pas
donné comme il faut, il me vint en pensée de faire un
tourniquet. Outre ces *secours*, nous avons les crucifiements. »

Les filles qui dans ces terribles épreuves jouaient le
rôle d'*actrices*, comme dit Barbier [1], sœur Françoise, sœur
Sion, sœur Rachel, sœur Félicité, sœur Madelon, ont
laissé leurs noms à l'histoire. C'est de cette sœur Françoise que Grimm nous apprend [2] qu'en 1757 « elle avait
ordonné qu'on coupât sur elle sa robe avec des rasoirs;
dans plusieurs endroits, le rasoir coupa la robe, la chemise
et la peau; dans d'autres, il coupa seulement la robe
et la chemise; dans quelques-uns, la robe seule; dans
d'autres enfin, quelques efforts qu'on fît, la robe ne put être
entamée. »

Lorsque la fin de sœur Françoise approcha, elle dit au
moment de sa mort : « Voici la grande convulsion, Dieu
soit loué, tout finit. » « Elle avait, raconte Salgues [3], d'un
côté de son lit, un médecin nommé Grandelas, de l'autre,
le P. Cottu. Ce saint directeur, persuadé que pour la tirer
d'affaire il ne fallait que quelques coups de bûche, courut

---

[1] Tome II, p. 168 à 174.—Celles qui se réunissaient chez de Labarre
furent poursuivies et condamnées (1764) à trois années de réclusion
dans l'Hôpital général.

[2] Tome III, p. 29.

[3] Tome I, p. 310.

en chercher une, et se disposait à soulager la malade. Le médecin s'y opposa, le P. Cottu se fâcha : « Monsieur, » lui dit-il, je vous le mets sur la conscience, en trois » coups de bûche, je la sauvais; vous en répondrez devant » Dieu. » La pauvre fille mourut un quart d'heure après. « Que ne m'a-t-on laissé faire ! disait le P. Cottu; la » pauvre fille pouvait encore édifier le monde et *nous ser-* » *vir* pendant dix ans !... »

Malgré cette ferveur janséniste, qui n'avait rien perdu de sa séve première, et bien qu'un décret rigoureux dé-fendît autant que possible l'entrée des assemblées de con-vulsionnaires aux profanes, on savait ce qui s'y passait; c'est pourquoi le parlement, en 1762, prohiba les *grands secours* comme pouvant être dangereux [1], preuve mani-feste qu'on continuait à les administrer.

A dater de cette époque, les crucifiements parurent cesser à Paris; mais il n'en fut pas de même en province. On imprima en 1787 la relation d'un crucifiement opéré le 12 octobre de cette année dans l'église de Fareins, près de Trévoux, et que Grégoire raconte de la manière suivante [2] : « Un nommé Bonjour, curé à Fareins (département de l'Ain), après huit ans d'exercice régulier de ses fonctions, vint tout à coup déclarer au prône qu'il ne se croyait plus digne de continuer ses fonctions et surtout de participer au sacrement de l'Eucharistie, et dès ce moment il cessa de dire la messe. Il y assistait en affectant une grande piété... Bientôt on entendit parler de miracles... Un petit couteau enfoncé jusqu'au manche dans la jambe d'une fille, et il n'en était résulté aucun mal, ou plutôt il l'avait guérie d'une douleur... Quelque temps auparavant, une autre

---

[1] Grégoire, tome II, p. 137.
[2] *Id.*, tome II, p. 168 à 171 et p. 174.

fille ayant fait des instances réitérées au curé pour qu'il la crucifiât, et que par là elle eût plus de ressemblance à Jésus-Christ, le crucifiement eut lieu à l'église, dans la chapelle de la Sainte-Vierge, un vendredi, à trois heures après midi, en présence des deux frères Bonjour, du P. Caffe, dominicain, et de dix à douze personnes des deux sexes, qui formaient le petit nombre de leurs adeptes. Ces miracles produisirent l'effet qu'ils en attendaient, ils leur attirèrent un grand nombre de prosélytes, surtout en filles et femmes. Elles se rassemblaient dans une grange pendant la nuit, sans *lumière*, et leur prêtre s'y rendait *par la fenêtre*. On entendait qu'il leur distribuait des coups à tort et à travers, et qu'elles en exprimaient leur satisfaction par des cris de joie. Elles l'appelaient toutes du nom de *mon petit papa*, et même isolément elles le poursuivaient en le priant de leur distribuer quelques coups de bâton, qui leur faisaient un merveilleux effet. Elles semblaient languir lorsqu'elles en étaient privées pendant quelque temps, et manifestaient par des soupirs le désir d'être fustigées par leur *petit papa*; elles en cherchaient l'occasion, et se trouvaient heureuses lorsqu'elles avaient reçu cette faveur... » Tous ces faits et d'autres ayant motivé la réclusion de Bonjour dans un couvent, Bonjour se sauve, vient à Paris, où il est rejoint par la fille crucifiée et une autre prophétesse. « Il soumet la crucifiée, continue Grégoire, à de nouvelles épreuves. Elle est envoyée à Port-Royal, pieds nus, au mois de janvier, avec cinq clous plantés dans chaque talon. Elle avait passé tout un carême sans manger autre chose qu'*une rôtie de fiente humaine chaque matin*.... Le fait du crucifiement est bien constaté par le procès-verbal du grand vicaire envoyé sur les lieux pour instruire; ceux de la *rôtie* et du voyage à Port-Royal avec les clous dans les talons le sont dans l'interrogatoire par l'un des juges du tribunal de Trévoux. »

Il résulte de ce dernier passage que les *secours meurtriers* n'avaient pas encore cessé à Paris en 1787. Les guérisons miraculeuses obtenues au nom des *appelants*, et principalement du diacre Pâris, y continuaient ainsi que dans les provinces à la même époque [1]. Quant aux convulsions, elles ne cessèrent pas avant la Révolution [2]; il est même remarquable qu'elles servirent de sujet à une controverse très-animée de 1784 à 1788 [3], ce qui ne pourrait s'expliquer sans leur existence *actuelle* pendant cette période de temps. D'ailleurs tous les autres modes de manifestations du merveilleux [4] alors en vogue les auraient fait passer sous silence, si les miracles jansénistes ne s'étaient produits en même temps aussi avec une intensité nouvelle.

§ VII.

DES PRODIGES JANSÉNISTES DEPUIS LA RÉVOLUTION JUSQU'A NOS JOURS.

La Révolution ayant trouvé le couvent de Port-Royal encore subsistant, Port-Royal devint propriété nationale (1790), et on le convertit bientôt en prison sous le nom de *Port-Libre :* désignation tout à fait dans le goût de l'époque [5]. Grégoire nous apprend que les orages politiques dispersèrent pendant quelques années les auteurs

[1] Figuier, tome I, p. 396.

[2] *Extraits,* etc., t. II, p. 342; tome III, p. 53 et 68; tome IV, p. 143.

[3] Grégoire, tome II, p. 157. — *Extraits,* etc., tome I, p. 74.

[4] Nous voulons parler des pratiques de l'illuminisme, du mesmérisme, etc., etc.

[5] L'ancien couvent de Port-Royal de Paris, connu sous le nom de *la Bourbe,* sert aujourd'hui d'hospice d'accouchement.

des controverses qui eurent lieu de 1784 à 1788 sur les
convulsions, et amortirent leur zèle ; mais bientôt ils rentrèrent dans l'arène. Sur toute cette époque et les années
qui la suivirent, nous trouvons dans ce même historien des
renseignements fort intéressants. « Plusieurs d'entre ces
auteurs, dit-il[1], prétendirent qu'une mission secrète du
prophète Élie, annoncée dès l'an 1761, avait eu lieu à
Paris en 1774. Quelques écrits, en 1792, se répandirent
sur l'enlèvement et la captivité de *Silas ;* son alliance avec
la veuve connue sous le nom de la Colombe ; la naissance,
le 18 août de cette même année 1792, d'un enfant mys-
rieux portant le nom d'Israël, et qui, parmi les affidés,
devint un signal de contradiction.... Ce qu'on vient de
lire prouve que le convulsionnisme est encore existant, quoique affaibli.. Il a des partisans dans différentes villes, Paris,
Pontoise, Lyon, les environs de cette dernière ville, et
surtout le Forez. Si du moins tous n'avaient conservé que
les petitesses et les folies de leurs devanciers ; mais des
ecclésiastiques respectables, que leur ministère met à portée de recueillir des renseignements positifs, assurent que,
dans ces réunions, on allie quelquefois ce que la religion
a de plus sacré avec ce que la débauche a de plus grossier. A ce témoignage, on joint l'aveu de plusieurs personnes de l'autre sexe, qui, ayant fréquenté ces assemblées clandestines, ont été révoltées par le libertinage
hideux dont elles étaient souillées : ces excès ont dessillé
les yeux[2]. Dans l'ouvrage intitulé *Extraits,* on déclare

---

[1] Grégoire, tome II, p. 157.
[2] C'est ce qui fait dire à l'éditeur des *Extraits,* qui n'est certes
pas suspect en pareille matière :
« On connaît les excès honteux et détestables dans lesquels sont
tombés certains *instruments* (c'est-à-dire les convulsionnaires), surtout depuis la révolution. Quelle humiliation pour les bons et véri-

que l'œuvre, dans le temps actuel[1], paraît presque entièrement livrée à l'empire du démon, et que les *bonnes con*-vulsions ont cessé; ainsi s'expriment les défenseurs du convulsionisme, qui appellent leur parti l'*Œuvre de la Croix*, commencée, disent-ils, en 1745. Ils ont des cahiers mystérieux qui circulent entre les mains des adeptes. — Ils ajoutent que l'œuvre est double, et que, mal à propos, confondant ce qui est divin avec ce qui est diabolique, on imprime à tout le sceau du ridicule pour l'envelopper dans la même proscription... Dans ce parti se trouvent, plus qu'on ne pense, des personnes d'une piété exemplaire et d'une science étendue. »

Un des premiers soins des jansénistes après la Révolution a été de racheter le terrain de Port-Royal des Champs avec les fonds provenant de la *boîte à Perrette*, et d'y faire construire dès le commencement de ce siècle une chapelle[2]. Qu'on ne soit pas surpris de cette prédilection pour un lieu si célèbre : Port-Royal est la terre sainte du jansénisme, et toutes les affections des jansénistes sont pour le berceau de leur doctrine. C'est à la même époque que l'on peut rapporter certains nouveaux fractionnements survenus dans l'ensemble du jansénisme. Il y avait :

Les *fareinistes* qu'on trouvait aux environs de Saint-Étienne, de Lyon et sur les bords de la Saône. Désignés dans le Charolais sous le nom de *blancs,* ils faisaient des pèlerinages sur de hautes montagnes, dans des lieux écartés, près des chapelles tombant en ruine[3];

tables instruments de l'*œuvre*, qui existeront à l'époque annoncée par la sœur, s'il faut qu'ils soient confondus avec des misérables et des abominables comme sont, par exemple, ceux de la secte de M. B**r! » (Tome I, p. 89, *note*.)

[1] En 1822, année de la publication de l'ouvrage.
[2] *Encyclop. du dix-neuvième siècle;* art. *Port-Royal.*
[3] Grégoire, tome II, p. 180.

Les *Amis de la vérité*, autre nuance de convulsion-
nistes, étaient établis à Lyon et dans la Bresse. Ils fondèrent pendant la Révolution une colonie à Toulouse. Nous
lisons dans l'auteur de l'*Histoire des sectes religieuses* [1]
que cette colonie se maintint avec grande ferveur tout le
temps du premier empire ; qu'elle fut en correspondance
suivie avec Lyon, qu'elle en recevait par l'intermédiaire
de M. l'abbé Melchior de Forbin, ancien vicaire général
d'Aix, les bulletins d'une convulsionnaire dont les extases
se sont prolongées jusque vers la fin de la Restauration. A
Lyon et dans ses environs, l'association se montra plus
vivace et plus nombreuse. Elle y était née avant la Révolution au sein des partisans des convulsions, elle paraissait
y subsister encore vers 1828. Le concordat de 1801
divisa les Amis de la vérité de Lyon : les uns le reje-
tèrent, les autres s'y soumirent en conservant leurs opinions particulières. Les premiers avaient une convulsionnaire nommée *sœur Marie* qui anathématisait à la fois et
l'Église concordataire et Bonaparte, durant sa plus grande
puissance [2].

On ne saurait nier que le jansénisme, comme le dit Grégoire, ne soit arrivé jusque sous la Restauration avec ses
aspirations et son culte tels qu'ils existaient au dix-huitième
siècle : si cela n'était pas, aurait-on réédité en 1822 les
Extraits d'un recueil de discours de piété fait par la
sœur Holda [3], de 1750 à la fin de 1786, et dans lequel se
trouve une prière au bienheureux diacre François Pâris ?
La réédition et la nature du livre prouvent l'existence des
adorateurs.

---

[1] Grégoire, tome II, p. 188.
[2] *Id.*, tome II, p. 190.
[3] Mademoiselle Fronteau, fille d'un tapissier de Paris.

Parvenus à l'époque où nous laisse Grégoire, c'est-à-dire vers 1830, les documents historiques s'arrêtent, mais non les convulsions. C'est donc aux témoins oculaires qu'il faut s'adresser, à ceux qui sont au courant des affaires secrètes du jansénisme qu'il faut recourir, pour connaître ce qui s'est passé depuis. La difficulté était de les trouver. D'une part, les jansénistes qui ont conservé un culte rigoureux pour le bienheureux diacre s'enveloppent du plus impénétrable mystère; de l'autre, la fraction janséniste qui réprouve les convulsions se garde bien de prêter la main à tout ce qui permettrait d'en dévoiler la continuité. Mais heureusement pour la vérité, il est des âmes qui, dégoûtées des doctrines jansénistes, ont abandonné l'*œuvre*[1]. Celles-là n'ont plus aucune raison de taire ce qu'elles ont vu.

[1] Il est de notoriété publique, par exemple, que d'anciennes sœurs de la communauté de Sainte-Marthe sont sorties de cette association religieuse, soit pour rentrer dans le monde, soit pour fonder une nouvelle communauté connue à Paris sous le nom de *Sœurs de Sainte-Marie*. S. S. Pie IX accorda, le 15 août 1847, aux sœurs de Sainte-Marie, un bref pour les féliciter d'avoir *abjuré les hérésies de Jansénius*. — On lit dans *l'Ami de la religion* (n° du 15 juillet 1848, tome CXXXVIII, p. 149) les lignes suivantes, qui ont trait à la scission dont nous parlons :

« Parmi les communautés invitées à la cérémonie funèbre de Mgr l'archevêque de Paris (Mgr Affre), le public remarquait quelques femmes âgées en *bonnet rond*. C'était la communauté dite de Sainte-Marthe, dont le saint archevêque défunt avait eu tant à se plaindre, comme ses illustres prédécesseurs. Elles s'étaient spontanément rendues au lieu de la réunion. D'après cette démarche, on doit espérer que la mort, les prières de leur pasteur dans le ciel, l'exemple de leurs anciennes compagnes, rentrées si heureusement dans le sein de l'Église, et rendues à sa tendresse, *ad catholicæ Ecclesiæ sinum complexumque rediisse*, selon l'expression du bref de Pie IX, achèveront l'œuvre de leur conversion, si laborieusement poursuivie par la charité pastorale. Les quelques anciennes sœurs de Sainte-Marthe, *abjurant les erreurs jansénistes*, adhéreront enfin aux condamnations renouvelées par tous les Papes et les Archevêques de Paris, c'est-à-dire l'Église, contre les ouvrages de Quesnel et autres sectaires, qui les ont perfidement égarées jusqu'à ce jour. Elles

Voici donc les renseignements que nous avons obtenus [1] :

Sous le premier Empire et pendant la Restauration, les *secours* ne cessèrent pas un instant à Paris. On les y donnait à peu près tous les huit jours. A ces deux époques, mademoiselle X., qui tenait un pensionnat de jeunes demoiselles dans le quartier Saint-Martin, était une convulsionnaire remarquable. Elle céda son établissement à une autre convulsionnaire, mademoiselle W., qui le transporta plus tard dans le quartier de la rue des Lombards.

De 1825 à 1838, les convulsionnaires se réunissaient à Paris chez mademoiselle X., qui demeurait dans la paroisse Saint-Étienne du Mont.

En 1834, la femme d'un magistrat, madame Y., qui était toujours malade, mourut dans un lit dont le fond était garni de bûches qui avaient servi à donner les secours, et, si les domestiques de cette dame peuvent être crus, ceux-ci affirment lui avoir donné avec ces mêmes bûches les secours pendant ses crises.

Vers 1835, une dame Z. conduisait sa fille, alors âgée de vingt à vingt-cinq ans, pour recevoir les secours dans les trois rues où on les donnait à cette époque à Paris; c'est-à-dire rue de la Calandre, rue de la Juiverie et rue Saint-Jacques.

Les bûches avec lesquelles on administrait les secours devenaient, comme aux beaux jours des prodiges jansé-

comprendront enfin qu'on ne saurait être dans l'Église malgré l'Église, dont elles suivent si minutieusement les offices et les devoirs extérieurs. Une telle profession ne suffit pas pour être catholique, quoiqu'on le paraisse; elle devient un piége pour les jeunes novices et les personnes peu instruites, lesquelles, croyant entrer dans une congrégation religieuse, se trouvent affiliées à une secte plusieurs fois condamnée depuis cent ans. »

[1] Des initiales de convention couvrent forcément le récit des faits qui vont suivre.

nistes, des objets de sainteté, et c'est à ce titre que M. X.,
à l'exemple de madame Y., couchait, dit-on, à Port-
Royal des Champs, sur un lit dont le fond était remplacé
par les bûches en question.

En 1841, à Villers-le-Bel, près Paris, une convulsionnaire se précipitait au pas de course du fond de son appartement contre l'angle d'une cheminée de marbre qu'elle
choquait de toute la force de son impulsion avec l'une de ses
tempes, et cela à diverses reprises de suite, sans blessure ni
sensation douloureuse. Villers-le-Bel renfermait alors beaucoup de convulsionnaires dont l'invulnérabilité pendant les
convulsions était un phénomène qui se répétait à chaque
instant.

Aux époques dont nous parlons, les secours étaient donnés
par des hommes aux convulsionnaires de l'un et de l'autre
sexe, et les réunions comptaient parfois jusqu'à soixante
personnes.

C'est encore dans le courant des années 1830 à 1842
qu'un reliquaire magnifique [1], provenant de la succession
d'une dame janséniste aussi riche qu'elle était opiniâtre dans
ses idées, fut donné par M. Z. à une femme aujourd'hui
décédée dont le nom est resté célèbre. Ce reliquaire se
distinguait autant par la somptuosité de son ornementation
que par la nature de certaines reliques qu'il renfermait et
qu'on ne se serait jamais attendu à y trouver. En effet,

---

[1] C'est ce même reliquaire sans doute dont les annales modernes
jansénistes ont enregistré le prodige suivant. On raconte que, transporté chez la demoiselle X., paroissienne de Saint-Étienne du Mont
à Paris, dont nous avons déjà parlé, il se trouva trop large pour entrer dans le *sanctuaire* qui lui était réservé ; mais il se serait RÉTRÉCI
pour reprendre, une fois la porte franchie, ses dimensions accoutu-
mées. Depuis, nul ne fut admis dans le lieu où reposa momentané-
ment le reliquaire, sans des témoignages de respect et d'adoration
dignes d'un si vénérable objet.

au-dessus d'une des cases on lisait ces mots : « *Prépuce d'Arnaud d'Andilly.* » Ce précieux reliquaire fut emporté par la personne qui l'avait reçu de M. Z. dans un village des environs de Paris, cher aux dévots jansénistes. Qu'est-il devenu à sa mort? Est-il resté le patrimoine de la famille de cette femme? Nous l'ignorons.

Dans les réunions dont il s'agit, qui avaient lieu à Paris, les actes de la plus effroyable débauche auraient été pratiqués par les assistants. Ces turpitudes rappellent ce qu'a dit Grégoire, que *dans ces réunions on allie quelquefois ce que la religion a de plus sacré avec ce que la débauche a de plus grossier* [1] : Longtemps avant Grégoire, Hecquet parlant de la corruption des convulsionnaires ne citait-il pas l'exemple d'une fille qui, sollicitant un prêtre, ne rougissait pas de s'offrir à lui *pour faire des enfants de fornication* [2] ?

Nous n'avons pu pousser plus avant nos découvertes sur la durée des convulsions. Mais on tombera d'accord avec nous, après avoir lu ce qui précède, qu'elles doivent continuer aujourd'hui. Par le temps de spiritisme qui court, peut-on douter que le merveilleux n'essaye de raviver, de galvaniser par ses prestiges une *doctrine* qui lui dut tant d'éclat et de bruit? Tout se réunit pour démontrer que l'*œuvre* poursuit sa carrière, et n'y aurait-il que ce fait de la création, pendant ces dernières années, dans la presse périodique, d'un organe destiné à la soutenir, à ranimer la foi des faibles, que ce fait suffirait pour établir que le jansénisme n'est pas mort, et que les convulsions qui en sont le corollaire obligé doivent se produire à huis clos comme il y a cent ans. N'a-t-on pas lancé naguère dans le public

[1] Voir plus haut, p. 28.
[2] Hecquet, première partie, p. 170.

(juin 1862) des prospectus pour faire *appel à la charité
des amis de Port-Royal des Champs*, afin d'obtenir
des ressources qui permettent de perpétuer *le souvenir le
plus longtemps possible de ce lieu si respectable?* N'y
est-il pas dit que *si les propriétaires se sont décidés à
faire cet appel aux amis de Port-Royal, c'est parce
que leur intention* BIEN PRONONCÉE *est de ne* JAMAIS
VENDRE *cette propriété, et de faire en sorte que leurs
successeurs ne la vendent pas non plus, et* MÊME NE
PUISSENT L'ALIÉNER? Pourquoi ce souci? Quelle importance actuelle peut-justifier cette affection pour une localité
à toujours privée de ceux qui ont fait jadis sa renommée?
Donc le jansénisme vit aujourd'hui aussi bien qu'au dix-
huitième siècle. En ce qui touche les convulsions, d'autres
que nous seront-ils plus heureux dans leurs recherches
pour constater leur durée jusqu'à nos jours? Nous le dési-
rons vivement. Au point de vue philosophique, au point
de vue de la science, rien n'est plus curieux à étudier que
cette persistance de phénomènes qu'une doctrine engendra
et qui auraient dû disparaître le jour où cette doctrine
cessa de faire partie de la vie publique de la nation.

En quoi donc consistaient les prodiges jansénistes qui
ont résisté aux répressions légales ou judiciaires dont ils
furent l'objet, qui ont traversé sans altération les révolutions politiques, les transformations sociales que le pays a
éprouvées dans un laps de cent trente années? C'est ce
que nous allons examiner.

SECTION DEUXIÈME.

Caractère des phénomènes observés dans l'épidémie des convulsionnaires jansénistes. — Les convulsions. — Les secours.

Chaque épidémie a son caractère propre, sa nature particulière. Lorsque nous nous sommes occupé de celle des Camisards [1], nous avons fait remarquer que les phénomènes spirituels dominaient. Ici, au contraire, l'épidémie convulsive présente un caractère tout spécial d'étrangeté dans l'ordre des phénomènes physiques : *le corps humain demeure invulnérable* au milieu des supplices les plus effrayants et les plus variés. Cela ne veut pas dire pourtant que les phénomènes spirituels soient inconnus parmi les convulsionnaires jansénistes, loin de là ; mais, physiques ou spirituels, ces phénomènes sont précédés et accompagnés de *convulsions*.

A. — *Des convulsions.*

§ Ier.

ELLES NAISSENT AU TOMBEAU DU DIACRE PARIS.

De même que parmi les Camisards les convulsions dénotaient la présence de l'Esprit chez l'Inspiré, de même les convulsions sont ici le signe extérieur de l'*invulnérabilité* d'emprunt et momentanée acquise au convulsionnaire. En effet, hors de l'*accès* le sectateur de Pâris redevient un simple mortel sujet à toutes les imperfections de la nature humaine et notamment à la vulnérabilité.

Ces convulsions *spéciales* naquirent au tombeau du

[1] Voir *De l'inspiration des camisards*, p. 46 à 67. Paris, Henri Plon, 1859.

diacre. Des malades qui touchèrent le marbre de la tombe
ou s'étendirent dessus les éprouvèrent les premiers; puis la
terre et les reliques de Pâris les procurèrent. Ainsi, on les
obtenait en buvant de l'eau dans laquelle on avait délayé
de la terre du cimetière Saint-Médard et des cimetières où
l'on enterrait de fervents jansénistes.

§ II.

ELLES SONT COMMUNICABLES.

Les convulsions devinrent rapidement transmissibles.
Hecquet, médecin au dernier siècle, nous apprend qu'on
les contractait si facilement qu'il suffisait de *voir ou
de toucher des convulsionnaires pour les prendre* [1]. Le
contact des reliques de saints jansénistes déterminait aussi
leur explosion [2].

Elles étaient accompagnées de hurlements, de contorsions, de sauts violents, d'élancements du corps en l'air,
comme chez la veuve Thévenet [3], de rotation périodique,
comme chez Fontaine [4], etc., etc. Elles atteignaient les
enfants de l'âge le plus tendre [5] aussi bien que les vieillards, les malades qui demandaient leur guérison au diacre,
aussi bien que les oisifs, les curieux, les sceptiques, les
anticonvulsionnistes qui allaient voir *convulsionner*.
Les femmes en éprouvèrent ensuite dans leur famille.
On trouvait des convulsionnaires de toute sorte « de
condition, de tempérament, des riches et des pauvres,
des gens de lettres et des ignorants, des ecclésiastiques,

---

[1] *Le naturalisme des convulsions,* p. 173.
[2] Voir plus loin, p. 69.
[3] Voir chapitre II.
[4] Voir page 64.
[5] Montgeron, *Idée de l'œuvre des convulsions,* II, p. 58.

des religieux, des officiers, des marchands [1], etc. »
« Mais il faut convenir, dit Montgeron [2], qu'en général
Dieu a choisi les convulsionnaires dans le commun du
peuple; que de jeunes enfants, principalement des filles,
en ont composé le plus grand nombre; que presque tous
avaient vécu jusque-là dans l'ignorance et l'obscurité; que
plusieurs étaient disgraciés de la nature, qu'il y en
avait qui, hors de leur état surnaturel, paraissaient même
imbéciles. »

§. III.

EXTASES DES CONVULSIONNAIRES.

Les convulsions étaient encore accompagnées d'*extases*,
d'*état de mort* et d'*état d'enfance* : « Dans ces extases,
celles du moins qui sont marquées aux traits les plus propres
à faire juger du principe qui les produit, les convulsionnaires
sont frappés tout à coup par l'aspect imprévu de quelque
objet dont la vue les ravit ordinairement de joie. Ils dar-
dent avec avidité leurs regards et leurs mains en haut; ils
s'élancent vers le ciel : ils semblent vouloir y voler. A les
voir absorbés ensuite dans une contemplation profonde, on
dirait qu'ils admirent les beautés célestes. Leur visage est
animé d'un feu vif et brillant, et leurs yeux, qu'on ne peut
faire fermer tant que dure l'extase, demeurent toujours
immobiles, ouverts et fixés sur ce qui les occupe. Ils sont
en quelque sorte transfigurés; ils paraissent tout autres. Ceux
mêmes qui hors de cet état ont quelque chose en eux de bas
et de rebutant changent si fort qu'à peine sont-ils recon-
naissables; mais leur éclat alors n'a rien qui n'édifie, rien qui

---

[1] *Recherche de la vérité*, p. 8.
[2] *Idée de l'œuvre des convulsions*, tome II, p. 58.

n'inspire la piété, rien qui ne porte à Dieu... C'est assez souvent pendant ces extases que plusieurs convulsionnaires font leurs plus beaux discours et leurs principales prédictions, qu'ils parlent des langues étrangères, qu'ils découvrent les secrets des cœurs, et même qu'ils font quelquefois une partie de leurs représentations [1]. »

§ IV.

LES CONVULSIONNAIRES TOMBENT DANS UN ÉTAT SIMULANT LA MORT.

L'état de mort [2] « est une espèce d'extase où le convulsionnaire, dont l'âme se trouve comme entièrement absorbée par quelque vision, perd quelquefois totalement l'usage de tous ses sens, et d'autres fois seulement en partie. Quelques convulsionnaires sont restés deux ou même trois jours de suite les yeux ouverts sans aucun mouvement, ayant le visage très-pâle, tout le corps insensible, immobile et roide comme celui d'un mort, et pendant ce temps-là ne donnaient aucun autre signe de vie qu'une respiration très-faible et presque imperceptible, mais la plupart des convulsionnaires n'ont pas eu ces sortes d'extases d'une manière si forte : plusieurs, quoiqu'ils restassent immobiles pendant plus d'un jour, n'ont pas continuellement cessé de voir ni d'entendre, et n'ont pas perdu entièrement toute sensibilité : et quoique leurs membres devinssent fort roides dans certains moments, quelquefois peu après ils ne l'étaient presque plus ou point du tout. » Dans cet état quelques convulsionnaires qu'on piquait d'une manière très-inhumaine ne le sentaient point.

[1] Montgeron, *Idée de l'état des convulsionnaires*, tome II, p. 48.
[2] *Id., id.,* tome II, p. 86 et 87.

§ V.

LES CONVULSIONNAIRES TOMBENT DANS UN ÉTAT SIMULANT L'ENFANCE.

« A l'égard de l'*état d'enfance*, dit Montgeron[1], je crois qu'il faut distinguer les petitesses et les badineries que de jeunes convulsionnaires peuvent faire de leur propre mouvement, d'avec un état d'enfance dont le principe est involontaire. Il est certain qu'outre les puérilités que font quelques convulsionnaires peut-être par leur propre penchant et en suivant leur inclination et leur goût, il y a un état surnaturel d'enfance où plusieurs convulsionnaires, même d'un âge très-mûr, et quelques-uns d'un caractère très-grave et très-sérieux, se trouvent quelquefois... On voit un air enfantin se répandre tout à coup sur leurs visages, dans leurs gestes, dans le ton de leur voix, dans l'attitude de leur corps, dans toutes leurs façons d'agir ; et quoique l'instinct de leurs convulsions leur fasse faire alors des raisonnements à la manière des enfants, par rapport aux termes dont ils se servent, et à la façon simple, innocente et timide avec laquelle ils énoncent leurs pensées, néanmoins cet instinct leur fait souvent dire tout bonnement des vérités très-fortes, très-hardies, très-frappantes, et sont instructives sur tout ce qui se passe aujourd'hui dans l'Église et même parmi les *appelants*. Souvent dans cet état ils ont besoin des secours les plus violents et les plus terribles... C'est aussi en cet état que plusieurs convulsionnaires ont été instruits surnaturellement du secret des consciences, et qu'ils ont pris à part des personnes qu'ils ne connaissaient pas, à qui ils ont développé les replis les plus profonds de leur intérieur... Enfin c'est en cet état que quelques convulsionnaires ont fait des prédictions particulières. »

---

[1] *Idée de l'état des convulsionnaires*, tome II, p. 88.

§ VI.

L'IDÉE RELIGIEUSE IMPRIME UNE DIRECTION PARTICULIÈRE AUX CONVULSIONS.

Pour bien apprécier le caractère des convulsions de Saint-Médard, il importe de connaître l'influence que la pensée religieuse exerça sur leur direction. L'idée dominante parmi les jansénistes était que l'Église de Rome, déchue de sa vertu originelle, devait être ramenée par eux à la pureté des temps primitifs, en détruisant surtout les *monstruosités* qu'ils attribuaient à la bulle *Unigenitus*. Mais pour autoriser cette mission aux yeux des masses, il leur fallait, on le devine, de ces phénomènes qui frappent l'imagination. Les convulsions les servirent à souhait. Ils proclamèrent qu'elles étaient le signe du mandat que leur avait confié le Tout-Puissant et que l'on assistait à une sorte de *réeffusion* du Saint-Esprit sur les Apôtres. Écoutez Montgeron : « Il est visible, dit-il[1], que le phénomène extraordinaire qui paraît aujourd'hui dans l'Église, auquel on a donné assez improprement le nom de convulsions, sur le fondement unique des premiers symptômes par lesquels il a commencé à se faire voir, il est visible, dis-je, que ce phénomène a de grands rapports avec l'œuvre de l'effusion du Saint-Esprit, quoiqu'il soit dans un degré beaucoup plus bas et bien moins parfait que cette œuvre.

« Je crois pouvoir le définir un état surnaturel, accompagné souvent de prodiges où un grand nombre de personnes que Dieu a toutes attachées à la cause de l'Appel se trouvent en certains temps, sans cependant, du moins la plupart, perdre entièrement leur liberté ni l'usage de leur raison, si ce n'est dans des états singuliers et extraordinaires,

---

[1] Montgeron, *Idée de l'état des convulsionnaires*, tome II, p. 4.

dont je rendrai compte en faisant le détail de tous les différents états où les convulsionnaires passent successivement. »

L'œuvre des convulsions fut donc symbolique : les convulsionnaires étaient censés indiquer ce qui devait arriver
incessamment à l'Église et ce qui était relatif à la venue du
prophète Élie [1] : c'était ce qu'ils appelaient faire des *représentations*. Ordinairement ils figuraient les supplices que
souffriraient les fidèles après la venue du prophète, ou bien
divers mystères de Jésus-Christ, ses souffrances, son agonie, sa mort. Or, pendant que les convulsionnaires repré-
sentaient la passion du Christ étendues et les bras en
croix, on voyait la pâleur de la mort s'étendre sur leur
visage, des rougeurs ou autres marques se produire précisément aux endroits où les mains de Jésus-Christ ont été
percées par des clous [2]. Les convulsionnaires éprouvaient
dans ces endroits des impressions douloureuses qu'elles
conservaient même après qu'elles étaient revenues à leur
état ordinaire; mais, ainsi que nous le dirons bientôt,
l'ignorance se produisant au sortir de la crise, elles ne
pouvaient se rappeler ce qu'elles avaient fait pendant leurs
convulsions, et ne savaient s'expliquer la cause de ces douleurs. Une des dévotions de Montgeron, dit dom Lataste [3],
était de mettre une fille dans un cercueil, de lui couvrir
tout le corps, à l'exception de la tête, de terre pétrie avec
de l'argile et du sable; de verser ensuite sur elle quarante-
quatre pots de fort vinaigre, auxquels il en ajoutait d'autres
de temps en temps; et tout cela pour figurer l'Église
ensevelie dans l'amertume.

Ajoutons que si les convulsions étaient issues du jansé-

[1] Montgeron, *Idée de l'état des convulsionnaires*, tome II, p. 27.
[2] *Id., id.*, p. 29.
[3] Note du tome II, p. 1146.

nisme, le jansénisme, en retour, trouva dans les convulsions un puissant auxiliaire à sa croisade contre Rome. « Quiconque devenait convulsionnaire se trouvait aussitôt intimement lié à la cause de l'Appel par une impression surnaturelle de cet état... qui le forçait de dévoiler au public les égarements où la bulle *Unigenitus* pouvait précipiter[1]. » Particularité aussi curieuse qu'importante ; car elle dénote que la convulsionnaire perdait désormais sa volonté (en matière religieuse du moins) et ne pouvait avoir que celle que les convulsions *inspiraient*.

§ VII.

LES CONVULSIONNAIRES ONT LE DON DE L'INTELLIGENCE, DE L'ÉLOQUENCE, DE RÉVÉLATION ET DES LANGUES.

Les convulsions n'auraient pas suffi pour produire l'émotion qu'elles causèrent, si elles n'avaient été accompagnées de certains phénomènes que nous allons rapporter. Les uns étaient intellectuels, les autres appartenaient à l'ordre physique.

Parmi les phénomènes intellectuels observés chez les convulsionnaires on remarque le don de l'*intelligence*, de l'*éloquence* et de *révélation*. « Il est de notoriété publique, dit Montgeron[2], que les convulsionnaires, en général, ont beaucoup plus d'esprit, de pénétration et d'intelligence lorsqu'ils sont en convulsions que dans leur état naturel. On voit jusqu'à des jeunes filles extrêmement timides, dont le fond n'est qu'*ignorance, stupidité*, basse naissance, qui, dès qu'elles sont en convulsions, *parlent néanmoins avec feu, élégance et grandeur*, de la corruption de l'homme par le péché originel ; de la nécessité

---

[1] Montgeron, *Idée de l'état des convulsionnaires*, tome II, p. 67.
[2] *Id., id.*, tome II, p. 17.

de la grâce du Sauveur pour s'en relever et faire sainte-
ment ses actions; du devoir de demander continuellement
à Dieu cette grâce toute gratuite de sa part; de l'obliga-
tion indispensable de faire toutes nos œuvres en vue de lui
plaire; du besoin que nous avons de réparer par de dignes
fruits de pénitence celles qui sont mortes par le défaut de
ce principe; de toutes les autres vérités de la foi et de la
morale chrétienne condamnées dans la bulle, et combattues
par le grand nombre; du ministère d'iniquité qui s'opère
au milieu de l'Église à la faveur de cette Constitution; en
un mot, de tout ce qui concerne et intéresse la religion. »
Ailleurs le même historien précise davantage ce phénomène. « Il est, dit-il[1], à la connaissance de tous ceux qui
ont suivi l'œuvre des convulsions, qu'il y a un très-grand
nombre de discours d'une beauté parfaite; que ceux et
celles qui les faisaient étaient pour la plupart des personnes
sans éducation, sans étude, sans aucun talent naturel; et
que dans ce nombre même il y a des *enfants* de treize,
quatorze et quinze ans, qui ont fait pendant fort longtemps, *sans manquer un seul jour,* des discours *très-
profonds, très-frappants et très-sublimes,* qui duraient
souvent plus d'une heure, sur les points les plus intéressants. » Et ailleurs encore : « Tout à coup on a vu cette
troupe d'*idiots repousser avec force* tout ce qui s'élève
contre la science de Dieu. On les a entendus avec joie et
surprise *parler magnifiquement* sur tout ce qui intéresse
la pureté de la foi qu'on s'efforce d'obscurcir, et prononcer
des *discours véhéments* dans lesquels ils ont fait sentir par
les traits les plus vifs et de la manière la plus claire l'importance des vérités condamnées par la bulle... On a vu cette
multitude d'*enfants, d'ignorants, d'imbéciles* s'écrier de

[1] *Idée de l'œuvre des convulsions,* p. 64.

toutes parts, plusieurs dans un style *sublime* et figuré, rempli de passages et d'expressions de l'Écriture sainte[1]. »

Au surplus, ce n'était pas volontairement, mais *forcément* que les convulsionnaires prononçaient leurs discours : « Il leur arrive souvent, dit Montgeron[2], que leur bouche prononce une suite de paroles indépendamment de leur volonté ; en sorte qu'ils s'écoutent eux-mêmes comme font les assistants, et qu'ils n'ont de connaissance de ce qu'ils disent qu'à mesure qu'ils le prononcent. » Nouveau trait de ressemblance encore avec les *inspirés* des Cévennes de 1700. Le célèbre convulsionnaire Fontaine prononçait *d'une manière forcée la plus grande partie de ses discours ; de façon qu'il sentait qu'une puissance supérieure remuait sa bouche et formait ses paroles sans que sa volonté eût besoin d'y contribuer*[3].

Quant au don de *prédiction*, les jansénistes ont vainement prétendu le posséder : ce don leur fit défaut. Le prophète Élie, dont ils ne cessaient d'annoncer la venue prochaine, suivant la promesse de l'Évangile, n'a pas encore paru. Malgré cette déconvenue, il n'en reste pas moins étrange que la prédiction relative à l'apparition d'Élie ait été faite par tous les convulsionnaires à la fois, sans qu'on puisse constater leur entente préalable sur ce point. Autre preuve qu'on leur *faisait dire* ce à quoi ils ne pensaient nullement.

Mais si le don de prédiction manqua, on n'en peut dire autant de celui de *révélation* et peut-être de celui des *langues*. « Les partisans ou les adversaires des convulsions

---

[1] Montgeron, II, p. 58.

[2] *Idée de l'état des convulsionnaires*, tome II, p. 64.

[3] *Idem*, p. 80. — C'est ce que l'on appelle aujourd'hui *speaking mediums*, médiums parlants.

ont attesté ou avoué, dit Montgeron [1], que plusieurs convulsionnaires parlent en extase des langues inconnues et
étrangères, dont il est visible qu'ils comprennent alors le
sens,... et qu'ils révèlent des choses très-cachées, même
les secrets des cœurs. » Sur ce dernier point, les auteurs
les plus hostiles aux convulsions ont confirmé le fait avancé
par Montgeron et, ne pouvant l'expliquer, l'attribuèrent
à Satan.

§ VIII.

ILS PRATIQUENT LA SUCCION DES PLAIES.

L'*instinct* des convulsions portait les convulsionnaires
à sucer les plaies des malades. « Ils pansent, dit Poncet [2],
des écrouelles ouvertes, pleines de pus et horribles à
voir. Ils les *lèchent;* ils en attirent le pus avec la langue;
ils les sucent jusqu'à ce qu'ils aient parfaitement nettoyé les
plaies; ils *l'avalent* sans en recevoir aucune incommodité;
ils lavent les linges qui ont servi de compresses dans de
l'eau qu'ils *boivent ensuite.* Il y en a plusieurs qui, avant
d'entreprendre ces horribles pansements, en ont toute
l'horreur que nous en aurions nous-mêmes si nous étions
condamnés à le faire; mais.... cette horreur passe aussitôt
qu'ils sont déterminés à obéir. »

§ IX.

PÉNITENCES QUE S'IMPOSENT LES CONVULSIONNAIRES. — MACÉRATIONS. JEUNES.

Cet instinct les portait encore à s'imposer de rigoureuses
pénitences, parmi lesquelles le jeûne a joué un rôle important. Une convulsionnaire, pendant plusieurs années, ne

---

[1] *Idée de l'état des convulsionnaires*, tome II, p. 54 et 57.
[2] Lettre VIIe, p. 151.

mangeait, durant le carême et l'avent, que les samedis et
les dimanches. Une autre, pendant tout un carême, ne
mangea chaque jour pour toute nourriture qu'un panais
cru. « Plusieurs ont passé des neuf et onze jours sans boire
ni manger, pendant lesquels on les gardait à vue ; et quoiqu'ils aient souffert, du moins pour la plupart, toutes les
rigueurs d'une soif brûlante et d'une faim qui les dévorait,
néanmoins on remarquait avec admiration que leurs forces
n'en étaient point diminuées, et que leur santé n'en souffrait aucune altération [1]. »

Or, pour quelques-uns, ces pénitences étaient forcées,
de telle sorte que la bouche du convulsionnaire tournait ou
se fermait malgré lui lorsqu'il voulait y porter quelque
chose avant le jour et l'heure où il lui était permis de manger ; ou bien encore s'il avait mis quelque aliment ou
quelque boisson dans sa bouche, il ne pouvait l'avaler, quels
que fussent d'ailleurs ses efforts. Ce phénomène, *un des
plus importants et des mieux constatés*, suivant un
médecin moderne [2], a présenté cette particularité que les
convulsionnaires, ignorant après la crise ce qui leur avait été
recommandé pendant sa durée, consentaient parfois, sur
les instances de leurs proches, à rompre ces terribles jeûnes ;
mais *alors leur gosier se resserrait et se fermait de telle
sorte qu'il ne leur était pas possible d'y faire entrer
une seule goutte d'eau* [3].

Entre autres pénitences on peut citer encore les suivantes.
Certains convulsionnaires couvraient leurs corps d'instruments de fer hérissés de pointes ; même les enfants de douze

---

[1] Montgeron, *Idée de l'état des convulsionnaires*, tome II, p. 45,
77 et 84.

[2] Bertrand, *Du magnétisme animal*, p. 383.

[3] Montgeron, *Idée de l'état des convulsionnaires*, tome II, p. 46.

à treize ans et *plusieurs d'une jeunesse plus tendre*[1]. Gabrielle Moler, une convulsionnaire célèbre et de race juive, est restée pendant plusieurs hivers à Paris, une grande partie des nuits, couchée dans une espèce de fosse toute remplie d'eau à demi glacée[2].

§ X.

LES OBJETS PERDAIENT PARFOIS LEUR PESANTEUR POUR CEUX QUI DONNAIENT LES SECOURS.

En 1737, Jeanne Moler, étant en convulsion, demande que sa sœur lui donne des secours avec une pierre pesant de soixante à soixante-dix livres. Celle-ci, *faible* et *délicate*, hésite d'abord; mais sur une nouvelle injonction de Jeanne, « elle fait le signe de la croix, et sur-le-champ elle se trouve en état de soulever la pierre avec la plus grande facilité.... Elle en frappe la convulsionnaire sur la poitrine autant de fois et aussi longtemps qu'elle l'exige. Mais s'é-tant amusée à soulever cette pierre en l'air après que la convulsionnaire lui eut dit : « C'est assez ! » Dieu lui ôta tout à coup la force surnaturelle qu'il lui avait donnée, et aussitôt la pierre l'entraîna et lui blessa deux doigts[3]. »

§ XI.

LES CONVULSIONNAIRES LISENT LES YEUX FERMÉS, MORDENT, ABOIENT, AVALENT DES CHARBONS ENFLAMMÉS, ETC., PRIENT EN FAISANT LA CULBUTE.

Aux effets généraux dont il vient d'être question s'en joignaient d'accidentels ou de bizarres : il y avait des convulsionnaires qui *lisaient les yeux fermés et bandés*, et

---

[1] Montgeron, II, p. 82.
[2] *Id.*, III, p. 733.
[3] *Id.*, III, p. 848.

qui se servaient de l'*odorat pour distinguer les lettres* [1]. On en remarquait qui *battaient*, *mordaient* ou qui voulaient battre ou mordre; plusieurs ne parlaient qu'en *tutoyant* [2]. D'autres encore imitaient le chant du coq et le cri d'autres animaux [3]; d'autres aboyaient. Une convulsionnaire, la dame Lopin, femme d'un petit marchand de vin de Châblis, aboyait et reçut le surnom d'*aboyeuse*. « Elle est la première, lit-on dans le journal historique des convulsions [4], qui ait eu le grand don d'aboyer non-seulement comme un dogue, mais aussi comme un petit chien. » D'autres avalaient des charbons ardents *sans en être aucunement incommodés, quoiqu'ils n'usassent pour cela d'aucun préparatif* [5]. La fille Nicette ou Denise·Régné est restée célèbre en ce genre, car elle en *mangeait jusqu'à vingt par jour* [6]. D'autres encore *avalaient les livres reliés du Nouveau Testament* [7]. Quelques-unes célébraient la messe, d'autres confessaient, etc. Une convulsionnaire surnommée *l'invisible* chantait les louanges de Dieu en faisant la culbute.

§ XII.

SANTÉ NON ALTÉRÉE PAR LES CONVULSIONS.

Une circonstance fort digne d'attention, c'est que la santé des convulsionnaires, comme celle des Camisards, n'était nullement altérée par les accidents physiques que nous avons rapportés. « Les convulsions avaient cela de

---

[1] Dom Lataste, II, p. 856.

[2] De Lan, *Dissertation théologique,* p. 72.

[3] *Id., id.,* p. 71.

[4] *Id., id.,* page 71.

[5] *Recherche de la vérité,* p. 24.

[6] Montgeron,·tome III, p. 46. — J. de Barbier, mars 1733.

[7] *Naturalisme des convulsions,* première partie, p. 96. Cité par Dulaure, VII, p. 39.

particulier, raconte Montgeron [1], que les convulsionnaires, loin d'être fatigués des mouvements violents qu'ils viennent d'éprouver, se trouvent *plus de santé, de force et de vigueur* qu'ils n'en avaient auparavant. La plupart ne sont point du tout échauffés dans le temps même que leur corps est agité par les mouvements les plus impétueux. »

§ XIII.

IGNORANCE DU PASSÉ AU SORTIR DE LA CRISE.

Enfin une particularité commune à toutes les épidémies de la nature de celle qui nous occupe se manifesta aussi parmi les convulsionnaires jansénistes : nous voulons parler de l'ignorance où elles se trouvaient au sortir de la crise sur ce qu'elles avaient dit ou fait pendant sa durée. Seulement cette ignorance eut chez les jansénistes un caractère intermittent. C'est encore Montgeron qui va nous l'apprendre. « J'ai déjà observé, dit-il, que c'est dans le plus fort de leurs extases que plusieurs convulsionnaires font ces discours en langue inconnue ou étrangère ; je dois ajouter qu'ils n'en comprennent eux-mêmes le sens que dans l'instant et à mesure qu'ils les prononcent, et qu'ils ne s'en ressouviennent plus, du moins que d'une manière générale, aussitôt que leurs discours sont finis [2]. » Toutefois il ajoute que plusieurs convulsionnaires se ressouviennent *très-distinctement* des endroits de leurs discours qu'ils avaient *prononcés forcément* [3].

[1] Tome II, p. 27.
[2] *Idée de l'état des convulsionnaires,* tome II, p. 54.
[3] *Id.,* p. 80.

Il y a sûrement de quoi piquer la curiosité par tout ce que nous venons de rapporter de l'épidémie de Saint-Médard. Mais si extraordinaires que soient ces phénomènes, ce n'est pas à eux que s'est attaché le retentissement. La célébrité reste acquise aux *secours* demandés et reçus par les convulsionnaires, et principalement à leur *invulnérabilité*.

B. — *Des secours, ou moyens de soulagement employés dans les convulsions.*

Comment des convulsions arriva-t-on aux grands secours, ou secours meurtriers ? Le voici. L'Église romaine était gangrenée et corrompue, *au dire des jansénistes*, et ils prétendaient avoir mission de la ramener à la pureté des premiers temps. Dans ce but, Dieu voulut que le spectacle des convulsions excitât la surprise, l'étonnement et l'admiration, parce qu'il avait résolu d'y attirer une grande multitude de spectateurs, et qu'il prédisposât à recevoir le prophète Élie, dont la venue était prochaine. Toutefois cela ne suffisant point encore pour convaincre les incrédules, Dieu rendit impassible et invulnérable le corps de plusieurs convulsionnaires, afin de manifester ainsi clairement son dessein par un miracle surprenant. Telle aurait été, suivant Montgeron[1], l'origine des secours et des secours meurtriers.

§ Ier.

LES VIOLENCES EXERCÉES SUR LE CORPS DES CONVULSIONNAIRES CONSTITUENT LES SECOURS. — COUPS DE BUCHES, DE MARTEAUX DE FER, ETC.

On entendait par *secours* les violences exercées par les frères secoureurs sur le corps des convulsionnaires, pour

---

[1] Tome II, p. 37.

les soulager pendant leurs convulsions. « Trois ou quatre
mille hommes, et peut-être le double, s'appliquaient
sans relâche à administrer les secours à cinq ou six cents
filles[1]. » Il y avait les *petits secours*, qui consistaient en
des coups de poing et de légers coups de bûches, des
piétinements, des pressions, des secousses, des tiraille-
ments, des balancements, puis venaient les *grands
secours* ou *secours meurtriers*. Le passage suivant de
Montgeron va nous en donner une idée : « Un grand nombre
d'enfants, et surtout une troupe de jeunes filles de l'âge de
douze jusqu'à vingt et vingt-cinq ans, la plupart infirmes....
demandent avec les plus vives instances qu'on les frappe
violemment sur le sein, sur l'estomac, sur les côtes, sur
le dos, sur les hanches, et quelquefois même sur la tête,
avec des instruments aussi durs et aussi pesants que le
sont des marteaux, des chenets et des pilons de fer du
poids de trente, quarante, cinquante et soixante livres ;
des pierres du poids de vingt à trente livres ; des bûches
de chêne d'une pareille pesanteur. D'autres prient qu'on
leur tiraille les mamelles avec des pelles coupantes appli-
quées au-dessus et au-dessous, et de fortes et larges
tenailles de fer dont les pinces saisissent le sein, le pressent
et le tordent avec un tel effort que quelquefois leurs branches
en sont faussées[2]. D'autres fois elles prient qu'on leur

---

[1] Montgeron, II. p. 60.

[2] Ces manifestations rappellent des faits modernes dont tout Paris
a été témoin, il y a quatre ou cinq ans, pendant le séjour de
M. Regazzoni dans cette ville. Ce célèbre magnétiseur, se plaçant à
trois mètres de cinq ou six jeunes filles dont il avait découvert préa-
lablement le sein, lequel était reconnu par tous les assistants pour
petit, mou, flasque et pendant, magnétisait le sein par des passes
(forcément à distance), et déterminait en moins de *cinq secondes* le
grossissement, le durcissement, l'érection et la complète insensibilité de l'organe. Un des témoins compare la dureté du sein ainsi produite à celle du marbre, et telle était sa complète insensibilité, que

donne à bras raccourci sur l'estomac des coups d'épées fort pointues. Souvent elles se font appliquer avec force la pointe de ces épées sur la gorge, sur les joues et sur les yeux. D'autre part des hommes forts et vigoureux précipitent sur ces tendres corps ces énormes instruments, avec une violence capable de briser, de déchirer, de mettre en pièces les corps les plus durs [1]. »

On voit par ce passage la passion des convulsionnaires pour les secours et surtout pour les grands secours ; ajoutons qu'ils ne les demandaient pas toujours pour être soulagés : il en est qui s'en sont fait donner de *très-effrayants sans aucun besoin* [2].

§ II.

DURETÉ DE LA TÊTE D'UNE CONVULSIONNAIRE. — INCOMBUSTIBILITÉ.

Le genre des secours variait avec le caprice des convulsionnaires. Ces faits sont admis, reconnus et constatés par les partisans et par les adversaires des convulsions : l'historien n'a que l'embarras du choix. On peut en juger par les deux exemples suivants : « J'ai vu, dit un témoin, une fille s'élancer en se heurtant la tête contre un mur avec tant de violence que tout le bâtiment en tremblait. Un jour elle cassa même d'un coup de tête une table de marbre sans se faire la moindre meurtrissure [3]. » Une autre, sur-

le magnétiseur frappait dessus à grands coups de poing sans déterminer la moindre douleur. Une personne de notre connaissance particulière a pu, le lendemain d'une de ces expériences, produire les mêmes effets sur l'une des femmes magnétisées la veille par M. Regazzoni. Il est digne de remarque que les changements produits par le magnétiseur (grossissement, durcissement, érection et insensibilité) persistaient jusqu'à la démagnétisation du sujet.

[1] Montgeron, tome III, p. 686.
[2] *Id.*, tome II, p. 60.
[3] *Réflexions*, etc., p. 530 ; *Entretien sur les miracles*, p. 447. — Cité par D. Lataste, tome II, p. 869.

nommée *la Salamandre*, se jouait de l'ardeur du feu. Un ami de Montgeron avait pu « faire cuire des pommes et durcir des œufs en les pendant au cou des convulsionnaires qui plongeaient leur tête dans les flammes[1]. » Certaines convulsionnaires se couchaient le long d'un foyer allumé; dans la même position que *celle où l'on met une viande qu'on veut faire rôtir;* et si on « s'avisait alors de mettre un écran entre le feu et le visage des convulsionnaires, elles ne manquaient pas de se plaindre aussitôt qu'on les brûlait, et elles en ressentaient réellement la douleur[2]. »

§ III.

ON DONNE AUSSI LES SECOURS AVEC DES COUPS D'ÉPÉE, DE TRINGLE, DE BROCHE.

Néanmoins il y avait certains secours spéciaux auxquels on revenait de préférence et que, pour ce motif, nous devons indiquer. Tels étaient le *secours des épées,* dont nous venons de parler, celui *des tringles et des broches;* secours que l'on donnait en pointant ces instruments de toute la force de celui qui les tenait sur les différentes parties du corps des convulsionnaires, notamment sur les yeux.

§ IV.

LA PRESSION DU CORPS ENTRE DES PLANCHES OU UN TOURNIQUET CONSTITUE UN AUTRE GENRE DE SECOURS.

« On étendait sur la convulsionnaire couchée à terre une planche qui la couvrait entièrement et sur laquelle montaient autant d'hommes qu'elle en pouvait contenir. On en a souvent vu plus de vingt réunis à la fois sur cette planche.

[1] Montgeron, III, p. 706.
[2] *Id.*, III, p. 707.

Cependant la convulsionnaire non-seulement n'en était point oppressée, mais souvent elle ne trouvait pas que cela fût encore assez pesant pour faire passer le gonflement qu'elle ressentait dans ses muscles [1]. » Rappelons que la planche ayant été insuffisante, Labarre inventa le *tourni-quet* [2], pour mettre en presse les sœurs que les frères ne pouvaient presser suffisamment.

§ V.

CE QU'UNE CONVULSIONNAIRE APPELAIT LE BISCUIT ET LE SUCRE D'ORGE.

Une convulsionnaire, la Salamandre, celle qui supportait si vaillamment l'épreuve du feu, se mettait en arc au milieu de la chambre soutenue par les reins sur la pointe d'un bâton auquel on donnait le nom de sucre d'orge. Dans cette posture elle criait : Biscuit! biscuit! C'était une pierre pesant environ cinquante livres, attachée à une corde qui passait par une poulie fixée au plancher de la chambre. Élevée jusqu'à la poulie, on la laissait tomber sur l'estomac de la fille, à plusieurs reprises, ses reins portant toujours sur le sucre d'orge... « Non-seulement, ajoute Montgeron, la peau, les chairs de cette fille n'en ont pas reçu la moindre atteinte, n'en ont pas souffert la moindre douleur... L'épiderme n'en a seulement pas été effleuré, puisque la convulsionnaire criait sans cesse : « Plus fort! plus » fort!... » Ce qui voulait dire qu'on élevât la pierre encore plus haut, afin que l'impétuosité de sa chute fût augmentée, et qu'elle donnât une plus grande force aux coups [3]. »

[1] Montgeron, tome II, p. 47.
[2] Voir plus haut, p. 24.
[3] Montgeron, tome II, p. 49 et 50.

§ VI.

CAILLOU PRÉCIPITÉ SUR LA POITRINE DES CONVULSIONNAIRES.

Cette épreuve se pratiquait ainsi : « Celui qui frappait avec le caillou, dont le poids n'était pas moindre de vingt-deux livres [1], commençait par s'agenouiller près de la convulsionnaire, qui était couchée sur le plancher. Il élevait ce caillou à peu près aussi haut qu'il le pouvait; après quelques légères épreuves, il le précipitait ensuite de toutes ses forces sur la poitrine de la convulsionnaire ; et il lui en donnait ainsi cent coups de suite. A chaque coup la chambre était ébranlée; le plancher tremblait et les spectateurs ne pouvaient s'empêcher de frémir en entendant le bruit épouvantable que faisaient les coups en frappant le sein de la fille [2]. »

§ VII.

UN SCEPTIQUE ADMINISTRE LES SECOURS.

On peut juger par ce qui précède de ce qu'étaient les secours meurtriers, et si réellement ils méritaient ce nom. On conçoit aussi l'impression qu'ils devaient produire sur les assistants. Il paraissait si invraisemblable que le corps humain pût résister à de pareils assauts « qu'un grand physicien... un philosophe... au récit de ces faits, soutint qu'ils ne pouvaient être vrais, parce qu'ils étaient physiquement impossibles selon lui. Il objectait, entre autres choses, que la flexibilité, la mollesse et toutes les autres qualités qui composent essentiellement la nature de la peau et des chairs sont diamétralement incompatibles avec une force et une consistance si extraordinaires... On le laisse faire ses démons-

---

[1] Ce caillou venait de Port-Royal. (*Dict. des sciences médicales*, art. *Convulsionnaire*.)

[2] Montgeron, II, p. 47.

trations anatomiques, étaler toutes ses preuves, et à la fin,
pour toute réponse, on lui dit : Venez voir et éprouver
vous-même la vérité des faits. Il accourt, et dès la première vue il est saisi d'étonnement; il doute s'il doit croire
ses yeux; il demande à administrer lui-même les *secours*...
On lui met aussitôt entre les mains les instruments de fer
les plus forts et les plus assommants, il ne s'épargne pas, il
frappe avec la dernière violence, il enfonce dans les chairs
l'instrument dont il est armé, il le fait pénétrer jusqu'au
fond des entrailles. Cependant la convulsionnaire rit de
tous ses vains efforts, tous les coups qu'il lui porte ne servent qu'à lui faire du bien sans laisser la moindre impression, la moindre trace, le moindre vestige, non-seulement
dans les chairs, mais même sur l'épiderme de la peau [1]. »

§ VIII.

LES FEMMES SE SIGNALENT DANS CES ÉPREUVES.

Ordinairement pour les recevoir les femmes (car se sont
elles qui ont brillé dans ce genre d'exercice) passaient une
robe, dite robe de convulsionnaire, robe longue destinée
à préserver la décence. On pouvait frapper ensuite ou
tirailler la patiente impunément jusqu'au moment où elle
disait : *Assez;* alors il fallait cesser, car l'invulnérabilité disparaissait comme par enchantement. Ce que certaines convulsionnaires ont reçu de secours meurtriers
est à peine croyable. « Plusieurs ont eu pendant des mois
entiers des convulsions qui exigeaient de *trente à quarante mille coups de bûche sur le corps* [2]. »

Les femmes ou filles ne les demandaient qu'aux hommes,

<hr>

[1] Montgeron, II, p. 47.
[2] Dom Lataste, II, p. 869.

se mettant dans une toilette plus ou moins en désordre, entre leurs bras, pour faire passer leurs mouvements convulsifs.

Les juifs paraissent s'être signalés dans ces épreuves. « On sait à n'en point douter, raconte Montgeron, que plusieurs convulsionnaires à grands secours sont de race juive [1]. »

§ IX.

SOUFFRANCE DES CONVULSIONNAIRES A QUI ON REFUSE LES SECOURS.

Enfin pour compléter les notions qui précèdent, ajoutons que les convulsionnaires auxquels on refusait les secours réclamés par eux souffraient de cette privation. « Tous ceux qui ont suivi l'œuvre des convulsions sont témoins que presque tous les convulsionnaires à qui on a refusé les violents secours qu'ils demandaient en ont souffert de vives douleurs, du moins les premiers jours; que quelques-uns sont tombés en une espèce de paralysie; et que plusieurs autres ont enflé prodigieusement à la vue de ceux qui refusaient si impitoyablement de leur rendre le service dont ils avaient un si pressant besoin [2]. Poncet, qui n'était pas partisan des convulsions, est non moins affirmatif :

« Il est certain, dit-il, que les convulsionnaires souffraient d'excessives douleurs lorsqu'on leur refusait les secours; le fait est certain, on ne saurait le dissimuler [3]. »

A l'appui de ces observations, Montgeron rapporte le trait suivant : Une enfant à qui on les refuse devient *comme une masse informe; ses membres étaient déboîtés et contour-*

[1] Tome III, p. 733, *note.*
[2] Montgeron, II, p. 71.
[3] Lettre de Poncet à M. Legros, du 2 août 1738, citée par Montgeron, III, p. 848.

nés, toutes ses jointures disloquées... le pouls retiré, la respiration évanouie... le visage noir comme un chapeau. On s'empresse de lui donner les violents secours qu'elle avait demandés, ce qu'il fallut faire *longtemps avant que l'enfant reprît connaissance* [1].

§ X.

CEUX QUI ADMINISTRENT LES SECOURS SONT SOUVENT INVULNÉRABLES.

Enfin, d'après le même auteur que nous citerons encore ici, cette propriété d'invulnérabilité qui a rendu célèbres les convulsionnaires de Saint-Médard se serait étendue aux individus qui *donnaient* les grands secours. « On voit continuellement depuis plusieurs années, dit-il, que ceux qui donnent les grands secours ne souffrent aucune douleur lorsqu'ils font des chutes, quand ils se cognent... Tout cela se passe en présence de tant de personnes qu'on ne peut le révoquer en doute [2]. »

RÉSUMÉ.

En résumant ce que nous avons rapporté dans le présent chapitre on voit donc :

1° Que les convulsions naissent au tombeau de Pâris et se propagent par la vertu de ses reliques, de la terre du cimetière où il est inhumé et de la terre des cimetières où étaient enterrés de fervents jansénistes ;

2° Que pendant les convulsions l'invulnérabilité la plus absolue défend le corps humain contre les supplices les plus épouvantables ;

3° Que pendant les convulsions aussi les facultés intel-

[1] Tome III, p. 848.
[2] Tome II, p. 64.

lectuelles les plus étendues, le don de l'éloquence, celui de
la musique, comme nous allons le voir, peuvent se produire chez des ignorants, des imbéciles ou des idiots; mais
que l'ignorance reparaît au sortir de la crise;

4° Que les convulsions sont épidémiques et contagieuses;

5° Que la santé des convulsionnaires soumis aux secours
meurtriers n'éprouve aucune altération.

SECTION TROISIÈME.

*Exposé des faits recueillis dans l'épidémie des convul-
sionnaires jansénistes de Saint-Médard. — Phénomènes intellectuels. — Phénomènes nerveux. —
Phénomènes de jeûne. — Phénomènes concernant des
objets matériels.*

Nous n'avons pas la prétention de rapporter tous les
phénomènes observés chez les convulsionnaires jansénistes.
Leur multiplicité, la diversité de leurs formes rendraient ce
travail presque impossible; il serait d'ailleurs inutile. Mais,
afin de donner l'idée exacte et complète du spectacle offert
par les convulsionnaires dans leur carrière de prodiges,
nous réunirons aux faits répétés invariablement par les
auteurs qui ont tenté de les expliquer un certain nombre
d'autres faits passés jusqu'ici sous silence, et qui sont de
nature à éclairer la question.

Les phénomènes dont il s'agit sont de deux sortes : les
uns appartiennent à l'ordre intellectuel; les autres, à l'ordre
physique.

A. — *Phénomènes intellectuels.*

Ce genre de phénomènes a été le moins nombreux de
ceux observés parmi les convulsionnaires; mais il ne laisse

pas que d'avoir présenté certaines particularités fort remarquables. Nous ne reviendrons pas sur *cette multitude
d'enfants et de petites filles dont plusieurs ne savaient
pas lire, et qui firent journellement... des discours
vraiment magnifiques... dans tout Paris* [1]; mais nous
citerons quelques traits particuliers des manifestations spirituelles qui accompagnèrent les convulsions.

§ Ier.

MUTISME. — SILENCE. — DON DES LANGUES ET DE LA MUSIQUE.

« J'ai vu une convulsionnaire, et cela est arrivé à plusieurs, qui devenait muette pendant ses convulsions... La
parole lui était rendue lorsqu'elle prenait des reliques
entre ses mains [2]. »

« Ce n'est pas seulement mademoiselle G... (Guy) qui
a des *convulsions de silence,* son frère et leur fille de boutique en ont aussi, et cela est même assez public. Un
homme de province arrivé depuis peu à Paris ayant
demandé un bon bonnetier, on lui enseigna M. G... Il y
alla et trouva dans la boutique la sœur de ce marchand;
il lui demanda des bas, elle répondit par une inclination;
le frère vint, et l'étranger lui ayant aussi demandé des
bas, il répondit de même par une inclination; la fille de
boutique étant survenue, elle fit la même chose : alors
l'acheteur, croyant qu'on se moquait de lui, sortit de la
boutique tout en colère... Ces convulsions de silence leur
duraient ordinairement trois jours [3]. »

« Il est de notoriété publique que mademoiselle Lordelot, sœur d'un avocat au parlement, qui, depuis sa nais-

---

[1] Montgeron, III, p. 733.
[2] Poncet, viie lettre, p. 127.
[3] Addition au *Journal historique,* p. 10.

sance, a toujours eu une assez grande difficulté de parler, prononce néanmoins ses discours *en langue inconnue* [1] avec toutes les grâces et la facilité possibles, malgré nombre d'aspirations et de mots tellement difficiles, que d'autres personnes ne pourraient les articuler qu'avec beaucoup de peine, et quoiqu'*elle n'ait point du tout de voix, elle chante très-mélodieusement des cantiques en cette langue.*

» Mademoiselle Dancogné, dont les convulsions sont si intéressantes, et qu'on sait aussi n'avoir jamais eu de voix, *chante* de même *parfaitement bien* des cantiques *en langue inconnue* et d'une *musique extraordinaire* qui fait l'admiration de tous ceux qui l'entendent : mais ce qui surprend encore davantage, il lui arrive souvent, dans certains temps de ces extases, d'*entendre le sens de tout ce qu'on lui dit en quelque langue qu'on lui parle*, et de répondre à tout d'une manière très-juste; c'est ce que quantité de personnes ont éprouvé [2]. »

§ II.

DON DE L'OUÏE PENDANT LA DURÉE DES GRANDS SECOURS.

Lorsqu'ils recevaient les grands secours, les convulsionnaires pouvaient acquérir, outre le don d'invulnérabilité, des propriétés toutes particulières relatives à leur état personnel. Montgeron cite l'exemple d'une fille presque

---

[1] Nous avons déjà fait (p. 45) quelques réserves à propos de la prétention au don des langues de la part des convulsionnaires. Il faut reconnaître qu'en effet ce don aurait été fort rare parmi elles. Si ce que Montgeron raconte de mademoiselle Dancogné est une preuve qu'il se soit manifesté dans leurs rangs, on n'en saurait dire autant de ce qui concerne mademoiselle Lordelot. Montgeron assure que cette demoiselle parlait une langue inconnue; mais si elle est *inconnue*, où est la preuve que cette langue soit réelle ?

[2] Montgeron, *Idée de l'état des convulsionnaires*, p. 55.

entièrement sourde qui, dans son état naturel, n'entend que lorsqu'on parle très-haut et fort près d'elle. « Cependant, ajoute-t-il, durant tout le temps qu'elle reçoit les grands secours, elle entend aussi parfaitement qu'on puisse entendre [1]. »

B. — *Phénomènes nerveux.*

Ces phénomènes se sont produits chez les enfants aussi bien que chez les adultes. Poncet [2] dit avoir vu un enfant de sept ans qui avait été *condamné* par ses convulsions à faire maigre. Or, à cet âge, ni la volonté ni l'imagination ne peuvent laisser supposer l'*intention* de rechercher une rigoureuse pénitence. Les enfants *subissaient* donc les mêmes effets que les convulsions déterminaient chez les hommes faits. Nous signalons cette particularité. Qu'on nous permette aussi, avant d'entrer en matière, d'appeler l'attention sur la troisième scène de crucifiement citée plus loin : aucun commentateur ne l'a rapportée, quoiqu'elle se trouve dans le même volume où ils ont puisé les autres. Est-ce oubli ? On en jugera.

§ Ier.

CONTAGION DES CONVULSIONS PARMI LES ENFANTS [3].

« Il y a une nourrice dans un village à douze lieues de Paris qui élevait quatre ou cinq petits enfants. Comme elle voyait qu'ils ne profitaient point, et qu'ils dépérissaient tous les jours, elle les a tous mis sous la protection de M. Pâris. Elle n'est point venue à Saint-Médard. Elle a

---

[1] Tome II, p. 53.
[2] Lettre 1re, p. 8.
[3] Voir à l'appendice (pièces A et B) le récit d'une épidémie observée parmi des enfants en Hollande, et celui du rôle joué par des enfants dans des scènes de sorcellerie en Suède.

seulement fait dire dans son pays des messes à cette intention. Tous ses enfants ont eu des convulsions. J'ai vu un
de ces enfants, qui n'avait encore que dix-huit mois,
et qui les avait depuis un an..., car il y a plusieurs enfants
qui ont eu des convulsions en conséquence de la dévotion
de leurs parents à M. Pâris [1]... »

§ II.

CONVULSIONS DÉTERMINÉES PAR UN MOT D'UN ENFANT.

L'auteur de l'*Histoire d'un voyage littéraire fait en
France en* 1733 cite à propos du chevalier Folard, dont
nous parlerons bientôt, la scène suivante : « Un autre
enfant de *quatre ans* voit un crucifix à l'opposite d'un
portrait de Jansénius ; et cet enfant, montrant avec le doigt
ces portraits, dit : *Voilà deux bons amis,* tombe aussitôt
dans les convulsions, et *excite* une dame et le chevalier
Folard à y tomber [2]. » Quel pouvoir chez une créature
aussi jeune : faire tomber en convulsions un vieux et savant
militaire [3] !... Pourquoi cette *convulsion* n'a-t-elle pas
été étudiée par les savants qui se sont occupés des convulsionnaires jansénistes ? On ne la trouve, en effet, rapportée par aucun d'eux. Qu'on nous permette de signaler
cette omission.

§ III.

CONVULSION TOURNANTE DE FONTAINE [4].

Fontaine était secrétaire des commandements de
Louis XV, et, comme la cour, opposé au parti des *appe-*

---

[1] Poncet, lettre 1re, p. 5.

[2] P. 134 dudit ouvrage.

[3] Voir plus loin, p. 71, ce que c'était que le chevalier Folard.

[4] Un exemple de convulsion tournante s'est produit de nos jours
dans le département du Haut-Rhin. Nous en donnons le récit à l'appendice (pièce C).

lants ; mais, dès 1732, il ressentait de temps en temps une si grande faiblesse dans les jambes qu'il était hors d'état de se soutenir. Au commencement de l'année 1733, invité à dîner dans une maison janséniste, sans nul doute, où se trouvait nombreuse compagnie, il se mit tout à coup à pirouetter sur lui-même avec une vitesse prodigieuse, sans pouvoir se retenir pendant plus d'une heure. Dès le premier moment de cette convulsion si singulière, il demanda un livre de piété. « Celui, dit Montgeron [1], qu'on trouva le premier sous la main et qu'on lui présenta fut un tome des *Réflexions morales* du P. Quesnel. Et quoique Fontaine ne cessât pas de tourner avec une rapidité éblouissante, il lut tout haut dans ce livre, tant que dura sa convulsion tournante, avec une facilité parfaite et un contentement inexprimable qui pénétrait jusqu'au fond de son cœur, et qui édifiait tous ceux qui étaient présents... Cette convulsion si étonnante continua pendant plus de six mois. Elle se fixa même régulièrement à deux fois par jour, dit Carré de Montgeron, et elle n'a quitté Fontaine que le 6 août 1733, dès qu'il eut achevé de lire, en tournant toujours d'une force prodigieuse, les huit tomes des *Réflexions* du P. Quesnel sur le Nouveau Testament, ce que Fontaine accompagnait de plusieurs élévations de son cœur vers Dieu.

» La convulsion tournante du matin lui prenait tous les jours précisément à neuf heures, et durait une heure et demie ou deux heures tout de suite ; celle de l'après-midi commençait à trois heures, et durait autant que celle du matin. Tous les jours Fontaine se trouvait en se levant une si grande faiblesse dans les jambes, qu'il ne lui était pas possible de se soutenir, ce qui continuait jusqu'à neuf

[1] Tome II, p. 13 et suiv.

5

heures, que sa convulsion tournante le saisissait. Pour lors son corps se posait sur une de ses jambes, qui, pendant l'heure et demie ou les deux heures que durait le tournoiement, ne quittait pas le centre où elle avait été placée, pendant que l'autre jambe décrivait un cercle avec une rapidité inconcevable, se tenant presque toujours en l'air, et posant néanmoins quelquefois très-légèrement à terre. Le tournoiement de tout le corps se faisait avec une vitesse si prodigieuse, qu'un grand nombre de personnes ont compté jusqu'à soixante tours dans une minute....

» Après que la convulsion tournante du matin était finie, Fontaine se trouvait en état de se soutenir un peu sur ses jambes; mais elles ne reprenaient toute leur vigueur qu'après celle de l'après-midi, et pour lors il se sentait dans une force et une santé parfaites jusqu'au lendemain matin.

» L'effet que l'instinct de cette convulsion fit sur son âme fut de changer tous ses sentiments par rapport à l'*Appel*...., de lui faire regarder les *Réflexions morales* du P. Quesnel comme une source de lumière, de bénédictions, de grâce, de le détacher entièrement de toutes les choses de la terre, de le porter à remettre sa commission, de lui faire donner des aumônes considérables, de se dépouiller de tout jusqu'à se réduire à l'état de pauvre pour vivre dans la retraite, l'humiliation et la pénitence la plus austère.... »

§ IV.

CONVULSION DE JEANNE THÉNARD. — ÉLANCEMENTS DU CORPS EN L'AIR. SANTÉ NON ALTÉRÉE.

« Le jour de la Toussaint 1731, Jeanne Thénard, âgée de trente ans, et qui avait l'épaule, le bras et la main droite desséchés, se mit sur la tombe de Pâris et sentit aussitôt tout son corps s'élever et *s'élancer en l'air....* Il s'élevait très-haut, quoiqu'elle fût couchée, et se retournait et s'agitait avec tant de violence, que plusieurs personnes qui la tenaient pour l'empêcher de se briser contre le marbre du tombeau ne pouvaient presque la retenir, et elle les fatiguait si fort, qu'elles étaient tout en nage et obligées de se relayer l'une l'autre à tous moments.... Elle avait senti dans le fort de ses agitations qu'elle perdait connaissance.... Pendant tout le temps que le cimetière fut ouvert, Jeanne ne manqua pas d'y aller tous les matins.... Les premiers jours ses convulsions n'éclataient que lorsqu'elle se mettait sur le tombeau ; par la suite elles continuaient sous les charniers jusqu'au soir, et pendant tout ce temps elle avait les mouvements les plus violents et lassait une infinité de personnes qui avaient la charité de la tenir..... *Aussitôt ses mouvements passés, elle était aussi tranquille, aussi fraîche, et se portait aussi bien que si elle ne les avait pas eus* [1]. »

§ V.

CONVULSIONS DE LA DEMOISELLE FOURCROY. — ÉLANCEMENTS DU CORPS EN L'AIR. — VIGUEUR DONNÉE PAR LES CONVULSIONS. — PAIX INTÉRIEURE.

La fille Fourcroy avait une ankylose au pied. « Vers le milieu de décembre 1731, je voulus, dit-elle, me faire conduire au tombeau de Pâris pour y faire mon action de grâces. Étant entrée dans le cimetière de Saint-Médard..., je fus frappée d'épouvante des cris de douleurs et des espèces de hurlements que j'entendis faire à des convulsionnaires dans le cimetière et sous le charnier, et je pensai m'en aller sans approcher de la tombe ; mais la personne qui m'accompa-

---

[1] Montgeron, II, p. 2, 3 et 4.

gnait m'ayant encouragée, je fus m'asseoir dessus....
Après y être restée environ un quart d'heure en prière,
je ressentis tout d'un coup des douleurs dans tout mon
corps, et il me prit des mouvements qui firent dire à tous
ceux qui étaient auprès de moi que les convulsions m'allaient
prendre. A ce mot de convulsions, je fus si vivement saisie
de crainte que je donnai de l'argent au suisse pour me
faire passage pour me retirer; et cette appréhension
d'avoir des convulsions me donna des forces qui ne m'é-
taient pas ordinaires pour sortir au plus vite du cimetière....
Néanmoins, le 20 mars 1732, au soir, me sentant
prête à rendre l'âme, la peur de la mort que je voyais
si proche l'emporta enfin sur la peur d'avoir des convulsions. Je priai qu'on m'allât chercher de la *terre* du tombeau de M. de Pâris, pour en mettre dans le vin dont, de
temps en temps, l'on me faisait avaler quelques gouttes, et je
déclarai que je commencerais une neuvaine. Le 24, à midi, on
me fit prendre quelques gouttes de vin où l'on avait mis de
la terre, et je me mis en prière pour commencer ma neuvaine. Presque dans le moment il me prit un grand frisson
et peu après une grande agitation dans tous mes membres,
qui me faisait élancer *tout le corps en l'air et me donnait une force* que je ne m'étais *jamais sentie,* au point
que plusieurs personnes ensemble avaient de la peine à
me retenir. Dans le cours de ces mouvements violents, je
perdis connaissance. Aussitôt qu'ils furent passés et que
j'eus repris mes sens, je sentis une tranquillité et une
paix intérieure que je n'avais jamais éprouvées, et que
j'aurais bien de la peine à décrire, quoique je l'aie ressentie
très-souvent depuis à la suite de mes convulsions[1]. »

[1] Montgeron, II, p. 6 à 40.

§ VI.

CONVULSION AU CONTACT DES RELIQUES DE *SAINTS* JANSÉNISTES.

On lit dans D. Lataste[1] : « Le père Boyer, autrefois de
l'oratoire, au moyen de la ceinture de Pâris dont il est
dépositaire, a eu souvent la consolation de produire des
agitations violentes, en plusieurs personnes à qui il l'appliquait, comme il a eu par là le plaisir d'en rendre
plusieurs aveugles, sourdes ou muettes. « Un magistrat
» fort connu fit une épreuve semblable, et elle lui réussit.
» Il s'approcha de Charlotte, et lui ayant fait toucher,
» sans qu'on s'en aperçût, un petit paquet dans lequel il
» y avait plusieurs morceaux des habits et chemises de
» M. Pâris, aussitôt elle tomba en convulsion... »

« Le père de la demoiselle Giroust, conduit par une
semblable curiosité, eut la même satisfaction[2]. Instruit
que sa fille ayant ramassé naturellement un papier plié,
qu'elle trouva à terre, fut dans le moment saisie d'agitations violentes, dont le bruit se fit entendre jusque dans
la boutique, et ayant remarqué que dès qu'il lui eut arraché
ce papier, où il trouva des reliques du bienheureux Pâris,
elle devint tranquille et dans son état naturel, il résolut
d'éprouver encore le grand mérite de ces reliques. Pour
cela, le lendemain de grand matin, il va au lit de sa fille
qui dormait tranquillement et pose sur elle, sans l'éveiller,
les reliques qui s'étaient trouvées dans le papier. A l'instant
même elle fut agitée comme la veille, se plia et replia
diverses fois, formant un cercle de son corps. Il retira les

---

[1] Certificat de M. Titan, etc., en faveur du miracle de Charlotte
Regnault, p. 24, cité par D. Lataste, II, p. 864.

[2] Relation de la maladie et de la guérison de Marie-Élisabeth
Giroust, p. 3, 4 et 13, cité par D. Lataste, II, p. 864.

reliques, et elle devint tranquille sans s'être éveillée. Il réitéra deux fois la même épreuve... et les deux fois elle eut la même issue. Huit mois après, une demoiselle ayant fait baiser à la même fille un bonnet de laine qui avait servi à Pâris, elle fut à l'instant agitée de convulsions plus violentes que jamais, pendant trois heures de suite. »

§ VII.

CONVULSION DE LA DEMOISELLE GIROUST. — FRAYEUR QU'ELLE INSPIRE AUX ASSISTANTS. — LA CONVULSIONNAIRE PRÉDIT SA GUÉRISON.

« Un fait encore plus remarquable vient s'offrir à ma mémoire ; c'est la guérison de la demoiselle Giroust. En voici l'histoire : « Le 26 août 1732, vers onze heures du soir, » notre fille étant en convulsion et sur les épaules d'une » personne de notre compagnie.... cette personne, ne pou- » vant plus la supporter à cause de ses violentes agitations, » la jeta sur notre lit; alors les convulsions furent si fortes, » et accompagnées de si grands cris, ce qui n'était jamais » arrivé, que tous les assistants en furent saisis de frayeur » et de crainte : son corps se pliait et repliait à chaque » instant, ses yeux devinrent étincelants et rouges comme » du sang. Nous étions tous autour du lit, et après quel- » ques minutes dans cet état violent, nous l'entendîmes » prononcer d'une voix extraordinaire, forte et perçante, » ces paroles : « Je suis guérie, » qu'elle répéta deux » fois. Au moment même ses convulsions cessèrent, et » elle se mit sur son séant. Revenue à elle, et ayant » recouvré sa pleine connaissance, elle nous dit encore » tranquillement. « Ha ! je suis guérie. » Nous fûmes tous » remplis d'une grande joie, et nous lui demandâmes avec » empressement quelle preuve elle avait de sa guérison. » J'ai ressenti tout à coup, répondit-elle, d'effroyables

» douleurs dans mon estomac, et comme si une boule eût
» monté dans ma gorge et fût redescendue dans mon
» estomac, où elle a crevé avec une telle violence, que j'ai
» cru que mon corps se déchirait en deux ; et dès qu'elle a
» été crevée, j'ai entendu en dedans de moi, comme une
» voix forte et perçante, qui a dit deux ou trois fois : Je suis
» guérie, ce qui m'a causé une grande surprise ; mais je ne
» sais si j'ai crié comme vous me le dites, et je ne sens
» plus aucun mal. » Depuis cette guérison miraculeuse notre
» fille n'a ressenti aucun accident de maladie ni infirmité,
» et elle a toujours joui d'une santé parfaite [1]. »

§ VIII.

CONVULSIONS DU CHEVALIER FOLARD. — ELLES LE PRENNENT
A UN POINT DÉTERMINÉ DE SES PRIÈRES. — CHANT, PLEURS,
SAUTS DE CARPE. — IMPOSSIBILITÉ D'ENTRER DANS UNE ÉGLISE.

Le chevalier Folard, né d'une famille noble du comtat
d'Avignon, était un militaire distingué, un tacticien célèbre.
Il se signala dans la guerre de la succession, servit sous le
duc de Vendôme en Italie et fut blessé grièvement à la
bataille de Cassano en 1705. Il figura dans toutes les
batailles livrées aux soldats de Marlborough et d'Eugène.
On lui doit un ouvrage fort estimé, *les Commentaires sur
Polybe*. Folard donna dans le parti janséniste et fut un des
convulsionnaires les plus remarquables. L'auteur de l'*Histoire d'un voyage littéraire fait en France en 1733* [2]
nous a laissé sur ce point les curieux détails qu'on va lire :

« ...... Le chevalier Folard ne parle plus de littérature ; son unique occupation est de prier, de lire des livres
de piété, de fréquenter les maisons de convulsionnaires et

---

[1] Relation de la maladie et de la guérison miraculeuse de Marie-
Élisabeth Giroust, p. 7, cité par Lataste, II, p. 968.

[2] Page 132.

d'aller à la piste des prodiges... Le chevalier Folard, qui
prie sans cesse, récite par conséquent les vêpres chaque
jour. Quand il est au cantique des vêpres, c'est-à-dire au
magnificat, il ne peut jamais le commencer. Les convulsions le prennent aussitôt, tout d'un coup il se laisse
tomber; étend ses bras en croix sur le carreau. Là, il reste
comme immobile. Ensuite il chante; et c'est ce qu'il fait
fréquemment. C'est une psalmodie qui n'est point aisée à
définir. S'il prie, c'est en chantant; si l'on se recommande
à ses prières, aussitôt il se met à chanter. Dans d'autres
moments il pleure. Après avoir pleuré, il se met tout à coup
à parler par monosyllabes; c'est un vrai baragouin où personne n'entend goutte. Quelques-uns disent qu'il parle en
langue esclavonne dans ces moments; mais je crois que personne n'y entend rien. Il sort quelquefois de son oreille un
son qui se fait entendre aux quatre coins de la chambre.
Ce fait paraît tout à fait singulier. Une autre fois on le
verra placé sur un fauteuil, ses pieds simplement accrochés
par un des bras du siége, pendant que tout le reste du
corps est dans un mouvement fort rapide. Il fait aller son
corps comme une carpe qui saute. Cela paraît bien fort et
bien surprenant dans un homme âgé, infirme et couvert de
blessures. Il bat beaucoup des mains. Quand il ouvre les
yeux, il déclare qu'il n'y voit pas, qu'il est dans les ténèbres; mais quand il les ferme, il dit qu'il se trouve dans
une lumière éclatante, et on le voit tressaillir de joie, tant
il est content. Quand les dames se recommandent à ses
prières, il prend le bout de leur robe et s'en frotte, par
dessus son habit, le tour du cœur. Quand ce sont des
ecclésiastiques, il prend le bout de leur soutane, et il s'en
frotte le cœur pareillement, mais par-dessous la veste. Il
s'en frotte aussi les oreilles et quelques autres endroits du

corps. Il faut remarquer que tout cela se passe sans connaissance de sa part, sans voir ni entendre. Il s'attache comme une corde au cou, et, après avoir fait semblant de se secouer, il devient comme immobile. Il chante beaucoup; il arrive même souvent qu'il chante une grande partie de la nuit. Sur la fin de sa convulsion, il chante et dit en finissant : « *Il me semble que je chante.* » C'est alors qu'il revient à lui-même et que ses convulsions finissent. On dit de lui, mais c'est ce que je n'ai point vu, qu'il ne peut pas entrer dans l'église de la Madeleine, sa paroisse. Sitôt qu'il s'approche de la porte il se sent repoussé par une main invisible; d'autres m'ont dit qu'il s'imagine voir un spectre qui se présente à lui et qui le fait reculer. »

§ IX.

EXEMPLE DE LA SUCCION DES PLAIES.

Nous trouvons dans Montgeron[1] le récit de cette scène remplie de détails rebutants. « On apporte, dit-il, aux pieds d'une convulsionnaire une petite fille pâle, étique, et qui paraît moribonde. Aussitôt que la convulsionnaire l'aperçoit, la joie se peint sur son visage; elle est intérieurement instruite par l'instinct de sa convulsion que cette jeune fille a une jambe pourrie par des écrouelles; elle le déclare aux assistants, et elle remercie le Seigneur avec de vives actions de grâces de ce qu'il lui commande de la panser. Elle prend avec empressement la jambe de cette petite fille; elle ôte toutes les bandes dont elle est enveloppée; elle lève enfin un linge tout imbibé d'un jus rougeâtre et gluant, qui découle sans cesse d'un grand nombre de trous qui percent cette jambe de tous les côtés. Plu-

[1] *Idée de l'état des convulsionnaires,* tome II, p. 24.

sieurs de ces trous sont si larges et si profonds qu'ils font
apercevoir l'os, dont la noirceur est un signe certain qu'il est
aussi corrompu que les chairs. Aussitôt tout l'air de la
chambre est infecté d'une puanteur insupportable. Le cœur
de tous ceux qui y sont se soulève; cette jambe leur paraît
plutôt celle d'un cadavre à demi pourri que d'un corps vivant. La convulsionnaire pâlit elle-même à la vue d'un
objet si affreux et si dégoûtant. Elle ne peut s'empêcher de
reculer d'horreur. Tout son corps frémit et tremble lorsqu'elle pense qu'il lui est ordonné de sucer toutes ces
plaies. Elle paraît incertaine si elle pourra se résoudre
à obéir. Ses yeux versent des pleurs; son âme est toute
troublée; tous ses mouvements font connaître le combat
qui se passe dans elle. Enfin, élevant ses regards vers le
ciel, elle s'écrie (Ici la convulsionnaire adresse à Dieu
une prière qu'elle termine par cette invocation au diacre
Paris.): Je suis une de vos servantes, je porte vos livrées;
votre nom est gravé dans mon cœur; obtenez du Tout-
Puissant que la force de sa grâce surmonte ma faiblesse.
— On voit en ce moment le visage de la convulsionnaire
reprendre ses couleurs naturelles; le calme paraît avoir
succédé au trouble qui l'agitait; elle s'approche de la jambe
infecte dont les chairs tombent en pourriture; elle y présente sa bouche, mais aussitôt elle la retire; elle n'est
pas encore maîtresse de son cœur; elle a besoin de jeter
quelques regards vers le ciel. Enfin pour forcer la résistance qu'elle sent en elle-même, elle prend tout à coup
le parti de précipiter sa bouche ouverte sur la plus large
des plaies. Dès qu'elle a commencé une première fois à
la sucer, elle paraît n'y avoir plus de peine; et ses prières
ne sont plus que des actions de grâces de ce qu'il a plu au
Seigneur de lui faire vaincre sa faiblesse.... La petite

fille, après avoir été pansée de cette façon pendant
quelque temps, a été enfin parfaitement guérie de ses
écrouelles. »

§ X.

LE CHEVALIER DEYDÉ ET LA SŒUR DE LA CROIX. — ÉPILEPSIE. —
ÉTOURDISSEMENT. — BRAS DESSÉCHÉ. — MAIN ESTROPIÉE. —
GUÉRISON.

« Le chevalier Deydé, capitaine réformé de cavalerie...,
dès sa tendre jeunesse avait ressenti quelques petits mouvements épileptiques ; mais en 1705, après la guérison
de deux blessures qu'il avait reçues au siége de Barcelone,
cette terrible maladie se déclara tout à fait par des
attaques complètes, où il perdait connaissance, tombait à
terre, s'agitait avec violence, et écumait prodigieusement
par la bouche. Ce fut en vain qu'il consulta les plus grands
médecins du royaume ; tous les remèdes qu'ils lui indi-
quèrent ne purent le guérir. Outre ces attaques complètes
où il ne manquait jamais de tomber une ou deux fois
par mois, il en avait souvent d'incomplètes. A cette épouvantable maladie se joignirent bientôt une grande palpi-
tation de cœur aussitôt qu'il marchait, un mal d'estomac
continuel, et des vapeurs d'une force extraordinaire accompagnées de maux de tête d'une violence insupportable
qui lui rendaient souvent tout le visage bouffi.... Il y avait
déjà dix-huit ans que le chevalier Deydé était dans un état
si déplorable de toutes façons, lorsqu'en 1733 un procès
l'obligea à venir à Paris. En cette année.... il devint sujet
journellement à de si grands étourdissements, qu'il lui semblait que tout tournait autour de lui, et aussitôt il était
près de tomber.... Dieu le conduisit comme par la main
chez quelques convulsionnaires où il lui fit trouver la gué-

rison de tous ses maux. La sœur Angélique, appelée communément Liquette, fut la première qui lui annonça sa guérison future dans une extase qu'elle eut le 17 octobre 1733. Aussitôt elle lui mit sur l'estomac des reliques du bienheureux M. de Pâris, et elle lui fit boire de l'eau avec de la terre de son célèbre tombeau; et à la fin de son extase, elle tomba dans une attaque d'épilepsie incomplète... Ce n'était pas néanmoins du ministère de cette convulsionnaire que Dieu avait résolu de se servir pour opérer le miracle qu'il lui avait fait prédire. Les pansements qu'elle lui fit pendant quelque temps en lui donnant à boire de l'eau et de la terre, et en faisant pour lui de fort belles prières en extase, ne lui procurèrent que quelques petits soulagements sans le guérir d'aucun de ses maux; et elle lui fit connaître elle-même par un signe qu'il serait guéri par deux autres convulsionnaires.... La Providence le conduisit chez la petite sœur Jeanne, qui, *ayant pris ses étourdissements,* lui assura avec une pleine assurance, (*sic*) le 2 ou 3 décembre 1733, qu'il n'en aurait plus à l'avenir, et en effet depuis ce jour-là il en fut entièrement délivré.... Dans le temps que M. le chevalier Deydé assistait aux convulsions de la sœur Jeanne, il vit venir chez elle la sœur de la Croix, convulsionnaire.... par le ministère de qui Dieu a fait plusieurs miracles à l'invocation du bienheureux M. Desangins, curé de Calais, et chassé de sa cure à cause de son attachement à l'Appel. Car cette vertueuse fille n'est pas convulsionnaire du saint diacre, mais de ce saint curé qui a été confesseur de M. de Pâris. Elle avait un bras desséché et une main si horriblement contrefaite, et dont les doigts étaient si estropiés qu'elle ne pouvait en faire usage. En cet état, étant alors âgée de quarante ans, elle fait plusieurs prières sur le

tombeau du bienheureux M. Desangins à Saint-Séverin,
où il lui prit des convulsions qui furent bientôt suivies du
rétablissement parfait de ses membres perclus. En peu de
jours son bras desséché se regarnit de chairs ; sa main si
difforme, et dont les os étaient tous contrefaits, reprit une
forme naturelle ; en sorte que depuis ce temps elle s'en
sert très-adroitement, et qu'il n'est pas même resté de
vestiges de la figure hideuse qu'elle avait avant d'être
guérie. Tous ceux qui ont vu cette fille avant sa guérison
sont témoins de ce miracle ; le desséchement de son bras
et la difformité extrême de sa main étant des objets trop
frappants pour n'avoir pas été aperçus. Je citerai entre
autres témoins M. Peyrat, accoucheur de la reine. Cet
illustre chirurgien.... fut si étonné de sa guérison qu'il ne
put alors s'empêcher de reconnaître qu'elle était un miracle
incontestable.... Ce fut par le ministère de cette sœur de
la Croix qu'il plut au Tout-Puissant de guérir M. le chevalier Deydé de tout le reste de ses maux. Elle lui déclara
en convulsion, le 11 décembre 1733, que le saint diacre
M. de Pâris, après avoir demandé à Dieu de le délivrer de
ses étourdissements journaliers, le renvoyait au saint
prêtre M. Desangins pour obtenir par son intercession la
guérison du surplus de toutes ses maladies ; et que le
bienheureux M. Desangins l'avait chargée, quoique la
plus indigne des convulsionnaires, de le panser avec ses
reliques, et avec de la terre prise sur son tombeau. Ce
pansement coûta cher à la sœur de la Croix, mais sans en
être attristée. *Elle prit généralement toutes les maladies* de M. le chevalier Deydé, dont elle eut tous les
symptômes, entre autres *elle tomba plusieurs fois en
épilepsie complète.* Tous ses membres se roidissaient de
la même façon que ceux du chevalier. Elle écumait par

la bouche d'une manière prodigieuse, et n'était soulagée, non plus que lui, que par des vomissements d'une violence extrême qui lui faisaient jeter une quantité prodigieuse de bile et de glaires.... Cette vertueuse fille fit même de son propre mouvement, je dis sans y être poussée par l'instinct de la convulsion, un jeûne de neuf jours au pain et à l'eau, pour obtenir par l'intercession du bienheureux M. Desangins, non-seulement la guérison parfaite du chevalier Deydé; mais encore qu'il plût au Créateur des vertus d'augmenter de plus en plus par l'efficacité de sa grâce les impressions qu'il avait déjà commencé de faire sur son âme et dans son cœur.... La sœur de la Croix obtint du Tout-Puissant tout ce qu'elle lui demandait pour le chevalier Deydé. Il recouvra la santé la plus entière, la plus parfaite et la plus robuste, comme il est très-visible par la vie dure qu'il mène depuis ce temps-là [1]. »

§ XI.

GUÉRISON DU CANCER DE MADELEINE DURAND.

Madeleine Durand, enfant de douze à treize ans, affligée depuis sa tendre enfance d'une tumeur carcinomateuse dans la bouche, d'un volume et d'une disposition tels que l'ingurgitation des aliments, étant fort difficile, devenait par cela même insuffisante, et que cette fille était réduite à un état de maigreur extrême. Les chirurgiens de la ville d'Orléans, où elle habitait, l'avaient déclarée incurable, et le célèbre Ledran, lui-même, n'osa tenter l'extirpation de la tumeur. « Privée de toute ressource humaine, elle a recours au saint diacre, dit Montgeron [2], et Dieu lui donne aussi-

---

[1] Montgeron, *Idée de l'œuvre des convulsions*, tome II, p. 102.
[2] *Des secours meurtriers*, tome II, p. 92.

tôt des gages de la miséricorde qu'il a dessein de lui faire :
il lui tend tout à coup un peu de force; peu après il lui
envoie des convulsions; il lui fait prédire par une autre convulsionnaire et ensuite par sa propre bouche sa guérison
miraculeuse, il lui fait déclarer qu'il lui fera faire sur elle-
même des opérations très-cruelles par le moyen desquelles il
a résolu de la guérir; enfin il lui fait marquer les jours et
jusqu'aux heures de ces opérations meurtrières. »

Maintenant que nous savons de quoi il s'agit, nous allons
extraire des pièces justificatives fournies par Montgeron
les détails relatifs aux opérations que Madeleine Durand
exécuta sur elle-même *à plusieurs reprises différentes*
pour se débarrasser de sa tumeur. Les procès-verbaux d'où
ils sont tirés sont signés, entre autres personnes, par des
chirurgiens et des médecins, par Arouet, frère de Voltaire,
par un président de la cour des aides, par un conseiller de
la grand'chambre, etc.

Disons d'abord que Madeleine se signala non seulement
par le prodige dont on va lire le récit, mais *par la beauté et
la sublimité des discours* qu'elle prononçait en convulsion.
C'est M. de Voigny, président de la cour des aides, qui en
rend témoignage [1]. Madeleine Durand annonçant à l'avance
*les opérations qu'elle devait se faire, il s'y trouvait un
grand nombre de témoins* [2]; or, un jour, « après être tombée
en convulsions, elle demanda des ciseaux, et plusieurs personnes, entre autres des chirurgiens qui étaient présents
pour voir l'opération, lui en donnèrent. Elle les examina les
uns après les autres, et refusa ceux des chirurgiens qui les
avaient fait remettre par d'autres. Après donc qu'elle eut

[1] Montgeron, *Pièces justificatives du miracle opéré sur Madeleine
Durand*, tome II, p. 15.
[2] *Id.*, p. 14.

choisi une paire, elle fit son opération et coupa dans sa
bouche un morceau de chair assez gros; et en même
temps le sang sortit en assez grande quantité [1]. » Un autre
jour, en choisissant des ciseaux, « elle se plaignait qu'ils
lui brûlaient les doigts; elle les laissa même tomber
sur elle en secouant les doigts et marquant par une aspira-
tion très-vive l'impression que lui faisait la chaleur qu'elle
sentait. Elle continua cependant d'en vouloir choisir, mais
elle n'y touchait que comme quelqu'un qui touche à un
charbon ardent. Il se trouva deux paires de ces ciseaux qui
parurent la brûler plus que les autres; elle les préféra et
s'en est affectivement servie pour son opération et pour
plusieurs autres qu'elle s'est faites successivement environ de
quinze jours en quinze jours... Je dois encore observer un
autre fait assez important. Cette enfant ne pouvait pas facilement couper son cancer dans l'intérieur de sa bouche par
la difficulté qu'elle avait de l'ouvrir. Pour surmonter cet
obstacle, elle écorchait ce cancer avec ses ongles; et quand
elle en avait déchiré un morceau ou quelques parcelles,
elle les tirait de sa bouche avec ses doigts et les coupait.
Par cette action elle se trouvait avoir le dedans de la bouche
tout écorché et plein de sang; cependant l'instant d'après
qu'elle s'était lavé la bouche avec de l'eau du puits de
M. de Pâris, il ne sortait plus de sang de la plaie. Un
autre fait qui n'est pas moins singulier est que j'ai vu cette
enfant, deux heures après s'être ainsi lavé le dedans de la
bouche, manger de la salade sans ressentir aucune douleur,
quoique personne en cet état ne puisse supporter les impressions du sel et du vinaigre [2]. » Un autre témoin con-

---

[1] Montgeron, *Pièces justificatives du miracle opéré sur Madeleine Durand*, tome II, p. 19.
[2] *Id.*, p. 12 et 13.

firme ce dernier passage et nous apprend que, « lorsqu'elle
ne put plus atteindre facilement avec les ciseaux cette
excrescence de chair, elle se frottait de toute sa force
la joue sur le carreau pour la faire descendre, *puis
elle la déchirait avec ses ongles* et se mettait la bouche
toute en sang avec des ciseaux. Ce fait a été vu par plusieurs chirurgiens, qui avaient déclaré son mal incurable,
et qui étaient aussi surpris que les autres de la manière
dont cette enfant se pansait [1]. »

Un autre témoin raconte encore qu'après avoir coupé
« avec une grande facilité un morceau gros comme le bout
du doigt », elle ne fit pas dans la suite l'opération *avec la
même facilité;* « car, quoiqu'elle eût continué de choisir
les meilleurs ciseaux, elle avait néanmoins beaucoup de
peine à couper, et l'on entendait les ciseaux crier dessous,
de même que si on eût haché ou coupé quelque chose d'extrêmement dur, ce qui faisait encore plus de peine à entendre
qu'à voir [2].... Néanmoins, malgré la peine qu'elle avait à
se couper, comme nous venons de le dire, car quelquefois
elle était obligée de le *hacher* (son cancer) *à plusieurs
reprises,* on remarquait toutes les fois en elle beaucoup de
joie [3]. » Ce dernier trait a surpris d'autres témoins, car
l'un d'eux dit de son côté que « cette petite fille faisait
cette cruelle opération avec un air de joie qui rassurait la
plupart des spectateurs, dont quelques-uns frémissaient en
la voyant faire [4] ». Enfin Madeleine opérait « avec tant de
force, qu'elle cassa un jour devant moi une paire de ciseaux

---

[1] Montgeron, *Pièces justificatives du miracle opéré sur Madeleine
Durand,* tome II, p. 23 et 24.

[2] *Id.*, p. 21.

[3] *Id.*, p. 22.

[4] *Id.*, p. 14.

dans sa bouche[1] ». Quelque danger que présentât un pareil
traitement, l'hémorragie était arrêtée comme par enchantement par l'application de l'eau du puits de Pâris. « Aussitôt que le morceau qu'elle coupait était tombé dans un
gobelet ou une soucoupe qu'elle tenait au-dessous de sa
bouche pour recevoir le sang, elle prenait un autre gobelet
où il y avait de l'eau du puits de M. de Pâris, et en faisait
tomber quelques gouttes sur la coupure qu'elle venait de
se faire. Dans le moment cette coupure se séchait sans
qu'il en sortît rien davantage ; elle paraissait recouverte
aussitôt par un glacé clair et vermeil, dans lequel il n'y
avait aucune marque de sang caillé ni desséché. J'ai vu
plusieurs chirurgiens qui ont été présents à ce prodige, et
qui en furent si étonnés qu'ils confessèrent publiquement
que cela était d'autant plus évidemment surnaturel, qu'il
n'était presque pas possible d'arrêter l'hémorragie quand
on coupait dans un cancer[2]. » Enfin Madeleine, après avoir
commencé ses opérations le 24 mai 1733, fut *entièrement
guérie* à la fin de la même année.[3]

§ XII.

CONVULSIONS DE LA DAMÉ THÉVENET. — CONTORSIONS. — ÉLANCEMENTS
DU CORPS EN L'AIR. — DIVINATION. — ACTES INDÉCENTS. — SOUF-
FRANCE A CAUSE DE MESSES DITES POUR ELLE. — GUÉRISON A LA
SUITE D'UN ACTE DE FOI A L'ÉGLISE CATHOLIQUE ROMAINE.

Nous devrions placer ici la relation des *convulsions de
la dame Thévenet,* une des plus intéressantes assurément
de l'épidémie de Saint-Médard ; mais obligé de comparer
le texte du récit que dom Lataste nous a laissé de cette

---

[1] Montgeron, *Pièces justificatives du miracle opéré sur Madeleine
Durand,* tome II, p. 10 et 15.

[2] *Id.,* p. 15 et 16.

[3] *Id.,* p. 15 et 16.

convulsion, avec celui que des commentateurs modernes ont cru devoir donner sur le même sujet, et pour ne pas répéter, nous avons dû insérer cette relation plus loin. On la trouvera ci-après, chapitre II.

§ XIII.

GRAND SECOURS DEMANDÉ PAR UN ENFANT. — TIRAILLEMENT.

« A la fin de 1732..., on me mena voir... un enfant en jaquette, qui pouvait avoir trois ou quatre ans, et qui à cet âge se faisait donner d'étonnants secours.... Sa mère ... fut à Saint-Médard pour demander la conversion de son mari. Comme elle ne pouvait laisser son enfant seul à la maison, elle le porta avec elle. Cet enfant y fut saisi de convulsions bien édifiantes.... Pendant que ses membres se contournaient et se roidissaient d'une manière surprenante, ce qui paraissait le faire beaucoup souffrir, il n'était occupé que de la conversion de son père, qu'il demandait à Dieu avec des expressions admirables, quoique dans un style d'enfant. Il le conjurait de le faire souffrir davantage, et qu'il serait content pourvu qu'il lui accordât la conversion de son père. Comme il se débattait et qu'en se roidissant il me tendait ses petites mains, je m'avisai de les lui prendre; aussitôt il me dit de les lui tirer, ce que je fis avec une autre personne; et en même temps il allongea ses pieds, en demandant qu'on les prît et les tirât bien fort : deux autres personnes le firent, de sorte que nous nous trouvâmes quatre à lui tirer chacun un membre de toutes nos forces, ce qui le soulagea [1]. »

[1] Montgeron, III, p. 786.

§ XIV.

PRESSION DU CORPS AVEC DES SANGLES ET PAR LE TOURNIQUET.

« Tout Paris a vu Charlotte Delaporte se faisant frapper et serrer les côtes d'une force si prodigieuse qu'elles auraient dû mille fois en être brisées. Couchée à terre, elle se faisait fouler aux pieds par les hommes les plus robustes; encore avaient-ils beau faire tous leurs efforts pour enfoncer les talons de leurs souliers dans ses côtes, on ne pouvait trouver moyen, de cette façon ni d'aucune autre, de les presser suffisamment à son gré [1]. » — Nous rappellerons encore, à propos de ce *secours*, le tourniquet inventé par Labarre pour mettre en presse les sœurs que les frères secoureurs ne pouvaient presser suffisamment [2].

§ XV.

COUPS DE CHENET.

Un auteur ayant imprimé qu'une jeune fille nommée Jeanne Mouler s'était fait administrer sur le ventre jusqu'à cent coups d'un chenet en fer pesant vingt-neuf ou trente livres, et qu'un *frère*, qui lui en avait donné un jour soixante, avait percé une muraille au vingt-cinquième coup, Montgeron répondit : « Je déclare sans peine que c'est moi dont parle un auteur, sous le nom d'un *frère* qui éprouva contre un mur l'effet que produisaient des coups pareils à ceux qu'il venait de donner à cette convulsionnaire.... J'avais commencé, suivant ma coutume, à ne donner d'abord à la convulsionnaire que des coups très-modérés; cependant, excité par ses plaintes, qui ne me

[1] Montgeron, tome II, p. 89.
[2] Voir plus haut, p. 24.

laissaient aucun lieu de douter que l'oppression qu'elle ressentait dans l'estomac ne pouvait être soulagée que par des coups très-violents, j'avais toujours redoublé le poids des miens ; mais ce fut en vain que j'y employai à la fin tout ce que je pus rassembler de forces. La convulsionnaire continua à se plaindre que les coups que je lui donnais étaient si faibles qu'ils ne lui procuraient aucun soulagement, et elle m'obligea de remettre le chenet entre les mains d'un grand homme fort vigoureux... Celui-ci ne ménagea rien. Instruit par l'épreuve que je venais de faire qu'on ne pouvait lui donner des coups trop violents, il lui en déchargea de si terribles, toujours dans le creux de l'estomac, qu'ils ébranlèrent le mur contre lequel elle était appuyée. La convulsionnaire se fit donner tout de suite de cette force les cent coups qu'elle avait demandés d'abord, ne comptant pour rien les soixante qu'elle avait reçus de moi... Je repris le chenet et voulus essayer contre un mur si mes coups, qu'elle trouvait si faibles et dont elle se plaignait si amèrement, n'y produiraient aucun effet. Au vingt-cinquième coup, la pierre sur laquelle je frappais, qui avait été ébranlée par les coups précédents, acheva de se briser : tout ce qui la retenait tomba de l'autre côté du mur et y fit une ouverture de plus d'un demi-pied de large [1]. »

§ XVI.

COUPS DE BUCHE. — TIRAILLEMENT.

Ces secours ont été reçus par la demoiselle Catherine Turpin. « Un des premiers secours qu'elle exigea fut d'être frappée sur le pli des reins et sur la crête des hanches... On en vint à la frapper... avec des bûches de chêne dont on avait réduit l'un des bouts en poignée, afin de le tenir plus

[1] Montgeron, II, p. 43 et 44.

aisément, et dont l'autre bout, qui était celui avec lequel
on la frappait, avait sept à huit pouces de circonférence,
en sorte que ces bûches étaient comme de petites massues;
et encore fallait-il que celui qui la frappait levât la bûche
par-dessus la tête et la fît retomber de toute sa force sur
le pli des reins ou le haut des hanches de cette fille...
Loin de la blesser, l'effet de ces secours a été que les os
de ses hanches, qui étaient d'une grosseur étonnante, qui
s'élevaient en saillie jusqu'au pli des reins... se sont peu à
peu diminués et se sont replacés des deux côtés de son
corps au-dessous des côtes, où ils devaient être naturellement.... Cette fille se faisait attacher par le cou avec une
très-forte lisière, et faisait lier les deux bouts de deux
autres lisières à chacun de ses pieds. Elle engageait ensuite
deux des spectateurs à tirer avec toute la violence qui leur
était possible les deux lisières qui tenaient à ses pieds; et
afin qu'ils fussent en état de le faire avec plus de force,
elle les priait de passer ces deux lisières en forme de ceinture autour de leurs reins, et de s'appuyer les pieds contre
une grosse pièce de bois qu'on avait placée à cet effet.
Au moyen de quoi ces messieurs tiraient en même temps
ces deux lisières *de toute la force de leurs reins et de
leurs bras*, et ainsi ils étendaient le cou de cette fille *avec
une si grande violence, qu'on entendait les os de ses
genoux et de ses cuisses craquer avec un grand bruit...*
Avant ces étonnants secours, elle était incapable de tout,
même de marcher, et présentement elle travaille, elle marche, elle agit presque comme une autre personne[1].... Quoique
Marguerite-Catherine Turpin hors de convulsion fût d'une
faiblesse extrême, néanmoins dans ses convulsions elle devenait si forte que plusieurs personnes avaient de la peine à

[1] Montgeron, III, p. 552 et 553.

la retenir.... Elle échappait des mains des hommes les
plus vigoureux, ou elle les renversait par terre, et allait
se précipiter le corps contre le plancher ou la muraille la
plus proche.... Et quoiqu'elle fatiguât extrêmement ceux
qui avaient la charité de la retenir, néanmoins elle demeurait
toujours fraîche dans ses plus grandes agitations; et aussitôt
qu'elles étaient finies, on remarquait que son pouls n'était
point du tout agité et qu'elle n'était nullement échauffée[1]. »

§ XVII.

ÉCARTELLEMENT. — COUPS. — PRESSION. — ESTRAPADE.

La fille Nicette, ou Nisette, s'est distinguée dans plusieurs
genres d'exercices; amis et ennemis des convulsions lui ont
rendu ce témoignage. On relate de cette fille « qu'elle se
faisait pendre par les pieds et demeurait ainsi suspendue
plus de trois quarts d'heure; qu'étendue sur un lit, deux
hommes qui tenaient, l'un à un bras, l'autre au côté opposé,
une forte serviette passée par-dessous les épaules de la
convulsionnaire, la relevèrent devant avec violence; et que
deux autres, lui présentant les mains devant les épaules, la
repoussèrent violemment sur le lit; ce qui fut répété
trente-quatre fois, et ce qu'on avait fait la veille deux mille
quatre cents fois; que quatre de ces hommes la tenant,
deux par les mains et deux par les pieds, tiraient chacun
de son côté, la tenant ainsi écartelée pendant deux ou trois
minutes; qu'après l'avoir mise sur une table et lui avoir lié
par-dessous le dos les mains avec les pieds, six hommes,
trois à droite et trois à gauche, frappaient fortement sur
ce tronc, pendant qu'un autre, lui prenant le cou entre les
mains, lui tenait la trachée-artère avec les deux pouces....
Cette opération dura environ une minute; après quoi la

[1] Montgeron, III, p. 7.

convulsionnaire demeura sans mouvement, la langue sortant de la bouche d'environ deux doigts, enflée et de couleur bleue.... Ensuite... avec des cordes on attacha cette fille par les bras et par les pieds à une croix ; après quoi on enleva en haut la croix, et on y tint la convulsionnaire pendant un quart d'heure [1]. »

Mais cela n'aurait rien été encore. Écoutez la suite : « Elle a été battue sur la tête avec une bûche..., puis avec quatre bûches..., s'est fait tirer les quatre membres, mais sans tordre. Ensuite deux hommes ont monté sur elle ; ensuite un seul homme sur son dos ; deux autres lui ont tiré les bras en haut...; on lui a donné l'estrapade. On lui a tiré les bras et les jambes, une personne sur l'estomac...; on l'a suspendue par les pieds..., ensuite balancée par les bras et par les jambes, un homme sur son dos. Puis on l'a tournée en broche, ensuite tirée par les quatre membres, deux personnes tirant aussi par-dessous les épaules. Ce tiraillement a duré longtemps parce qu'il n'y avait que six personnes à tirer.... Ensuite l'estrapade, la sape de la muraille à l'ordinaire ; puis on lui a tiré les bras et les jambes en tordant ; puis on l'a foulée aux pieds, quinze personnes à la fois.... Ensuite étant couchée sur un lit, deux hommes lui prenaient les pieds et les renversaient par-dessus la tête, et deux autres hommes qui étaient à sa tête les remettaient dans leur état naturel ; et ainsi trente-cinq ou quarante fois de suite [2]..... »

Telle était la manière dont la Nisette passait ses journées, et le *Journal historique,* hostile aux convulsions, a soin de nous prévenir que, *à peu de différence près, elles se ressemblent toutes.*

---

[1] Dom Lataste, tome II, p. 871, d'après les *Observations sur les convulsions,* p. 52.

[2] *Journal historique des convulsions,* p. 65.

§ XVIII.

TIRAILLEMENTS.

La fille Lacrosse se faisait « asseoir sur une chaise placée et attachée sur un lit, et une personne se place au-dessus de sa tête, et tous cinq ils tiennent ferme cette fille sur la chaise; et deux hommes lui prennent la jambe, qui est cambrée en arc, la relèvent en avant comme pour la redresser, et le font avec tant d'efforts qu'ils emportent le lit auquel la chaise est attachée, quoiqu'il y ait des personnes assises dessus pour le charger [1]. »

§ XIX.

INVULNÉRABILITÉ DES CONVULSIONNAIRES CONTRE LES COUPS D'ÉPÉE.

En 1744 la sœur Madeleine reçut le secours des épées dans l'œil. « Elle posa la pointe de l'épée sur la paupière inférieure de son œil, et ensuite sur la paupière supérieure au-dessus du globe, et elle la fit pousser ainsi. On la poussa assez fortement pour que le globe sortît au dehors d'une manière fort sensible. Cette sœur dit ce jour-là, en présence de quelques personnes qui en avaient été les témoins, que la veille, étant forcée de demander le même secours, elle avait résisté, ayant peur que son œil en souffrît; qu'à l'instant elle avait cessé d'en voir, et qu'il lui avait été dit dans sa convulsion qu'elle n'en aurait l'usage qu'après l'avoir fait frapper avec la pointe d'une épée; qu'en effet elle l'avait fait frapper avec la pointe dans tout le tour du globe, mais par-dessus les paupières, et que sur-le-champ l'œil avait été rétabli [2]. »

[1] *Journal historique*, p. 84.
[2] Montgeron, III, 720.

§ XX.

AUTRE ÉPREUVE DU SECOURS DES ÉPÉES.

« Le 31 mai 1744, sœur Félicité fait le signe de la croix, se met à genoux, met le pommeau de l'épée à terre..., se met la pointe dans la bouche, du côté gauche, entre la gencive supérieure et la joue, et s'appuie dessus cette épée si fortement, qu'on voyait sensiblement sa joue s'élever à l'endroit où portait la pointe de l'épée vers le coin intérieur de l'œil gauche, en sorte que la pointe de l'épée élevait la joue autant qu'elle pouvait l'être.... Elle remit la pointe de son épée entre sa gencive et sa lèvre supérieure au-dessous du nez, et l'y appuya si fortement que l'épée en plia et qu'on voyait sensiblement remonter vers le front et les yeux toute la partie charnue et cartilagineuse du nez, aussi bien que la partie des joues qui y touche immédiatement. Le tout dura bien dix minutes, pendant lesquelles elle riait et se réjouissait beaucoup. — Après s'être relevée de dessus l'épée, elle vint me la présenter et, à plusieurs autres personnes, faire remarquer combien elle était pointue... On regarda dans sa bouche..., il n'y avait ni sang ni écorchure, mais seulement de petits trous que la pointe de l'épée y avait laissés semblables à ceux qu'y aurait pu faire la tête d'une épingle[1]. »

§ XXI.

AUTRE ÉPREUVE DU SECOURS DES ÉPÉES.

La sœur Gabrielle Moler, cette fille juive qui a été une des convulsionnaires en grand renom, recevait, entre autres secours étonnants, le secours des épées. On lit à ce sujet dans

---

[1] Montgeron, III, p. 711.

Montgeron [1] : « Dès 1736, Gabrielle fut souvent portée par
l'instinct surnaturel qui la guide de prendre l'épée la plus
forte et la mieux affilée de toutes celles qu'avaient ses spectateurs ; puis, ayant le dos appuyé contre la muraille, elle
plaçait la pointe de l'épée au-dessus de son estomac, et elle
engageait l'homme qui lui paraissait avoir le poignet le
plus ferme et le plus vigoureux de la pousser de toutes ses
forces ; et quoique l'épée se courbât et formât une espèce
d'arc par la violence avec laquelle on la poussait, de
sorte qu'on était obligé de soutenir cette épée et de la
repousser par le milieu pour la redresser et empêcher
qu'elle ne se cassât ; néanmoins la convulsionnaire disait
toujours : Fort, fort ! Après avoir plusieurs fois recommencé cet étonnant secours, elle appliquait la pointe de
cette épée à son gosier, et la faisait pousser avec la même
violence qu'on l'avait fait dans l'estomac. Aussi la pointe
enfonçait-elle la peau dans le gosier à la profondeur de
quatre travers de doigt ; mais elle ne pouvait percer la
peau si fort qu'on la poussât, néanmoins la pointe de l'épée
s'attachait en quelque sorte à la peau ; car toutes les fois
qu'on la retirait du gosier elle attirait la peau avec elle, et
y laissait une petite rougeur qui n'était pas plus grande
que celle qu'aurait faite la pointe d'une épingle. Au reste
la convulsionnaire n'en avait pas ressenti la moindre douleur ; aussi faisait-elle réitérer plusieurs fois cette opération ; après laquelle penchant sa tête en arrière et tenant
l'épée par le milieu de la lame, elle enfonçait elle-même la
pointe de son épée dans sa bouche jusqu'à la profondeur
d'environ six pouces.... Gabrielle enfonçait ensuite par
deux fois la pointe de cette épée dans ses paupières ; mais
ses yeux étaient aussi impénétrables à cette arme si per-

[1] Tome III, p. 707.

çante que l'avait été son gosier lorsqu'elle faisait entrer
cette épée de six pouces de long dans sa bouche; n'ayant
pu percer ses yeux, elle mettait la pointe de cette épée
sous sa langue, et la poussait avec force de bas en haut;
ne pouvant la faire entrer, elle appuyait son doigt par-dessus sa langue précisément au-dessus de la pointe de l'épée;
mais quoiqu'elle recommençât à plusieurs reprises à faire
ainsi tous ses efforts comme pour se percer la langue,
elle n'en pouvait venir à bout. »

§ XXII.

LE SECOURS DES TRINGLES ET DES PELLES COUPANTES TROUVE LES CONVULSIONNAIRES INVULNÉRABLES.

Dès l'âge de douze, treize et quatorze ans, Gabrielle
Moler reçut, outre le secours des épées, ceux dont on
va lire le récit, et, dit Montgeron [1], elle les *reçut tous
dans un même jour*. Parmi les vingt et un témoins qui
ont signé le procès-verbal de ces secours, on remarque
des personnages de la plus haute distinction, tels que
milord Édouard Drumont de Perth, maréchal de camp,
M. le comte de Novion, des magistrats, des officiers du
roi, etc.

« Pour guérir l'estomac de Gabrielle on se servait de
quatre tringles de fer de la grosseur du petit doigt, et de
la longueur d'environ un pied et demi, qui avaient une tête
à peu près comme celle d'un clou de charrette, et qui se
terminaient en pointe émoussée. Gabrielle étant à terre
couchée sur le dos, quatre personnes poussaient les pointes
de ces quatre tringles de toute leur force dans le creux de
son estomac, où ces pointes s'enfonçaient de la profondeur

---

[1] Tome III, p. 702.

de trois pouces en y faisant pénétrer ses habits. Elle se
faisait ensuite appliquer sous le menton les pointes de deux
de ces tringles, et les faisait pousser par deux personnes
avec tant de violence, que sa tête était forcée de se renverser en arrière, et que son cou formait une espèce d'arc ;
et comme ces pointes enfonçaient la chair du menton dans
sa bouche et dans le haut de son gosier, elle ne pouvait
plus parler, et était obligée de s'exprimer par signes.
Néanmoins, dès que ce secours était fini, il ne restait
aucune marque de ces pointes à la peau de son menton.
Après ce secours, elle posait elle-même la pointe d'une
de ces tringles au bas de son gosier dans la fossette qui
est au-dessus de la poitrine, et une personne les enfon—
çait de toutes ses forces à plusieurs reprises.... Elle se
mettait ensuite à genoux, et faisait poser la pointe de
cette tringle directement dans le creux du gosier, immédiatement au-dessous du menton, et une autre semblable
tringle derrière sa tête, dans la fossette qui est au haut du
cou ; et aussitôt deux personnes poussaient en même
temps ces deux tringles de toutes leurs forces... ; ce qui
se réitérait plusieurs fois de suite. Mais les pointes de ces
tringles avaient beau s'enfoncer dans le gosier, elles ne
pouvaient couper ni faire aucune ouverture à la plus petite
veine d'un endroit si délicat et si tendre. Aussi ne cau-
saient-elles pas la moindre douleur à la convulsionnaire,
et ne laissaient-elles aucune trace, aucun vestige à la place
où elles s'étaient enfoncées.... »

« Gabrielle fit faire exprès quatre pelles presque droites,
dont le bas était bien plus tranchant que ne sont les pelles
ordinaires. Au surplus deux de ces pelles étaient coupées
en bas en ligne droite, ainsi qu'il est ordinaire, et le bas
des deux autres était arrondi en demi-quart de cercle.

Cette jeune convulsionnaire plaçait elle-même le tranchant
d'une des pelles arrondies immédiatement au-dessous d'une
de ses mamelles par-dessus sa robe, et le tranchant de
l'autre pelle au-dessus de cette mamelle, et les deux
autres aux deux côtés, l'une à droite et l'autre à gauche,
en sorte que sa mamelle se trouvait renfermée des quatre
côtés dans le tranchant de ces quatre pelles. Aussitôt
quatre des assistants poussaient chacun une de ces quatre
pelles avec *toute la force* qui leur était possible; mais
quoiqu'ils y fissent tous leurs efforts, suivant que leur
ordonnait la convulsionnaire, le coupant de ces pelles ne
pouvait pénétrer en aucune sorte dans la mamelle, pas
plus que si elle eût été de fer; et après que ces quatre
assistants y avaient inutilement épuisé toutes leurs forces,
Gabrielle faisait faire souvent par quelques autres des
spectateurs la même opération sur son autre mamelle. La
plupart des dames... qui se sont trouvées présentes lorsque
Gabrielle s'est fait donner ce secours si étonnant ont eu
la curiosité d'examiner son sein immédiatement après cette
opération, et elles ont toutes unanimement certifié que son
sein était alors aussi *dur qu'une pierre....*

» Après ce secours Gabrielle, couchée à terre sur le dos,
plaçait le coupant d'une de ces pelles sur le larynx de son
gosier, c'est-à-dire précisément au dessus de la trachée-
artère, et elle obligeait un des assistants de pousser ainsi
perpendiculairement cette pelle de toute sa force dans
son gosier.... Quelque violemment qu'on poussât le tranchant de cette pelle sur son cou, elle n'en recevait qu'une
impression agréable et bienfaisante; ce qui l'engageait
à faire recommencer cette opération plusieurs fois de
suite.

» Gabrielle se mettait ensuite à genoux, et faisait placer

deux tabourets à ses côtés, sur lesquels deux personnes montaient tenant chacune une des pelles arrondies, dont elles appuyaient le tranchant de toutes leurs forces sur sa tête. Souvent elle les engageait de se faire soutenir par quelques-uns des spectateurs, pour qu'elles pussent lever leurs pieds en l'air et se suspendre entièrement sur la pomme des pelles, afin que, la pesanteur de leur corps se joignant à la force de leurs bras, la pression fût plus violente; et ce poids si considérable, dont toute la force se réunissait au coupant de ces pelles posées perpendiculairement sur la tête de cette jeune convulsionnaire, était soutenu par elle à genoux sans aucune peine pendant un temps considérable; ces mêmes personnes, sans descendre de leurs tabourets, plaçaient ensuite le tranchant de chacune de ces deux pelles sur chaque épaule de la convulsionnaire toujours à genoux, et les y poussaient avec d'autant plus de force que, ces pelles étant alors plus basses que lorsqu'elles posaient sur sa tête, il leur était plus aisé d'appuyer toute la pesanteur de leur corps sur les pommes de ces pelles. Cependant Gabrielle supportait si aisément l'énorme pression du tranchant de ces deux pelles, que même de temps en temps elle se faisait une espèce de plaisir de hausser les épaules autant qu'on peut le faire; et par ce mouvement elle enlevait en l'air les deux pelles et les deux hommes qui s'appuyaient tout le corps dessus[1]. »

§ XXIII.

ÉPREUVE DE LA CHUTE SUR LA TÊTE. — ÉPREUVE A LA DEMOISELLE.

La dame Scholastique de Sainte-Foi, dite sœur Cabanne, avait des convulsions sans se faire administrer

[1] Montgeron, III, p. 702, 703.

aucun secours. En 1734 elle déclama vivement contre les
convulsionnaires qui en demandaient et contre ceux qui les
leur donnaient. Bientôt elle fut atteinte d'une espèce de
lèpre, de maux de tête insupportables et d'un abcès au
sein. « Dans cet état l'instinct de sa convulsion lui découvrit qu'elle ne guérirait point de ces maux, et qu'au contraire ils augmenteraient de plus en plus jusqu'à ce qu'elle
eût fait amende honorable de tout ce qu'elle avait dit contre
les grands secours, et qu'elle en eût reçu volontairement
elle-même les plus terribles.... Elle en a reçu qui faisaient
trembler; mais ce n'était pas encore assez.... Après avoir,
bien fait lier et garrotter toutes ses jupes à ses pieds, elle a
été obligée plusieurs fois de se faire tenir en l'air la tête en
bas et les pieds en haut, et de faire précipiter sa tête sur
le carreau à diverses reprises, de la même manière que les
paveurs emploient le pesant instrument dont ils se servent
pour enfoncer leurs pavés dans la terre [1]. »

§ XXIV.

CRUCIFIEMENTS.

On trouve dans la *Correspondance littéraire* de Grimm
le récit de ces scènes cruelles, dont la Condamine et
du Doyer de Gastel ont eux-mêmes dressé les procès-
verbaux. Toussaint, autre savant, avait assisté aussi
aux crucifiements. Quelle impression en éprouvaient ces
doctes personnages? « M. H., tout luthérien qu'il est, m'a
attesté, dit le célèbre Caraccioli, avoir été conduit, au
mois de septembre dernier, dans une maison de secouristes, et y avoir déployé toutes ses forces pour pouvoir
faire entrer son épée dans tous les endroits d'un corps
vivant, sans avoir pu jamais en venir à bout. Il m'a ajouté

[1] Montgeron, II, p. 111 et 112.

que MM. de la Condamine et Toussaint, personnages qui
ne sont pas gens à croire au hasard, avaient tout examiné
avec la plus sérieuse attention ; et qu'ils étaient demeurés
convaincus du surnaturel, *même au point d'en être
effrayés*[1]. » Laissons maintenant la parole à du Doyer
pour raconter ce qu'il a vu en juin 1759.

Épreuves et crucifiement de la sœur Françoise.

« Cette année, elle a dit en convulsion que Dieu ordonnait qu'on brûlât, le jour de la Saint-Jean, sa robe sur son
corps, avec des flambeaux de paille dont elle serait entou-
rée. » Telles furent, un jour du mois de juin 1759, les paroles
du P. Timothée, et l'assurance prophétique avec laquelle
il les prononça enflamma ma curiosité en raison de la grandeur du prodige. Je désirai que M. de la Condamine fût
témoin de ce phénomène. Je priai, avec toutes les instances
possibles, le P. Timothée de m'accorder cette grâce. Sans
doute on redoutait les yeux d'un pareil observateur ; car
on persista longtemps dans un refus opiniâtre ; cependant
on se rendit... Nous arrivâmes à quatre heures et demie du
soir chez ..., rue ... Après plusieurs détours obscurs, nous
entrâmes dans une chambre assez grande, au rez-de-chaussée ; l'assemblée était composée d'environ trente personnes. Deux chevaliers de Saint-Louis, M. le comte
d'Autray et M. le comte de F*** ; M. Sibille, directeur
des fermes ; deux médecins, M. Dubourg et M. Boutigny
Despréaux, voilà les seuls témoins qui puissent être cités. Les
autres étaient presque tous des frères et des sœurs appliqués
sans relâche au pénible et généreux emploi de secouriste.

» Après plusieurs secours vulgaires, tels que le serrement

---

[1] Cité par M. de Mirville, *Des esprits et de leurs manifest. fluid.*,
p. 472.

des reins avec la sangle et les bêches[1], la pression de la
poitrine par les pieds[2], les coups de poing bien assenés,
les baguettes[3], le biscuit[4] et quelques autres béatilles
semblables, enfin on vint aux armes.

» Représentez-vous la sœur Françoise droite, le dos
appliqué à la muraille. Cinq épées sont présentées à ceux
des assistants qui veulent la secourir; j'en offre une à M. de
la Condamine et une à M. Despréaux; tous deux la refusent modestement. Le P. Timothée, deux autres personnes, M. Dubourg et moi, nous nous mettons en devoir
de donner à la pauvre sœur les secours qu'elle demandera.
Elle prend elle-même, l'une après l'autre, les pointes de
nos épées, les place à différents points de sa poitrine sur
une ligne horizontale, à la hauteur du sternum et des dernières côtes. Elle ordonne de commencer doucement et
d'enfoncer peu à peu, on obéit; je viens enfin par gradation
jusqu'à enfoncer de toute ma force. Convaincu que la foi, la
résistance des côtes et les sages précautions de la sœur Françoise la munissent contre les accidents mortels, je veux seulement connaître jusqu'à quel degré elle est invulnérable.
J'appuie donc la poignée de mon épée contre ma poitrine pour

---

[1] *Note pour les profanes.* La sœur est à genoux; deux bêches, dont
le fer n'est point tranchant, pressent fortement les reins de la sœur,
tandis que, par un effort contraire, plusieurs personnes la tirent à
elles des deux côtés avec une sangle large et épaisse dont elle est ceinte.

[2] La sœur est dans la même situation; un secouriste assis lui
presse la poitrine de ses pieds.

[3] Les baguettes sont deux grosses bûches dont on lui donne par
devant et par derrière trente-trois coups, parce qu'il y a trente-trois
ans depuis *la fermeture du cimetière* jusqu'en 1764, que Dieu doit
opérer de grandes choses.

[4] Le biscuit est un marteau d'enclume, pesant de quinze à dix-huit
livres. Debout, appuyée contre la muraille, les bras tirés fortement, la sœur reçoit sur la poitrine cinq douzaines de coups de cet
instrument.

Ces quatre notes sont de du Doyer.

pousser avec plus de vigueur ; la sœur grince les dents, pousse et retire la lèvre inférieure avec précipitation, gémit, se plaint à chaque instant que j'appuie un peu plus ; elle fait des contorsions horribles, et toujours sa main retient avec effort mon épée. « Assez, » cria-t-elle enfin, quand elle ne put plus endurer ; et les épées étant retirées : « Il y a des *étranges* » (c'est-à-dire étrangers), dit-elle avec émotion et d'un ton de reproche. Sans doute à la manière vigoureuse dont j'avais poussé mon épée, elle avait jugé qu'il y avait quelque faux frère. On l'assura qu'il n'y avait aucun étranger. Le Saint-Esprit ne révéla pas à la sœur que j'étais le traître, et nous nous préparâmes à un nouvel exercice.

» Cet exercice consiste, non pas à appuyer, comme dans le précédent, la pointe de l'épée, mais à pointer, comme en portant une botte dans les endroits que la sœur désigne. On commence faiblement et on augmente par degrés. Je poussai d'assez bonne grâce. J'aperçus encore des contorsions et des grimaces toutes les fois que la pointe de mon épée se faisait sentir. Je voulus éviter le sternum et pointer plus bas ; mais la crainte de me trahir me retint. Ce secours ayant été suffisamment administré pour les besoins de la sœur, elle dit : *Amen*. Nous nous arrêtâmes. Elle s'accroupit et fut aussitôt dérobée aux yeux des spectateurs par un essaim officieux de sœurs qui formaient un rempart autour d'elle et lui rendaient des soins. Je ne la perdis point de vue ; je la vis glisser sa main par sa poche, sous sa robe, fouiller quelque temps sur son estomac et sur sa poitrine, comme le fait celui qui en retire quelque chose de haut en bas. M. de la Condamine, qui était près de moi et qui voit mieux qu'il n'entend, me tira par la main, et me demanda à l'oreille si je n'avais pas vu la sœur promener, faire monter et descendre sa main sous sa robe. Je

7.

fus charmé de trouver les yeux d'un bon témoin d'accord
avec les miens. Enfin, Françoise se relève pleine d'un
nouveau courage. Les autres sœurs eurent alors la complaisance de délier sa robe et son corset; leur galanterie
alla même jusqu'à écarter la chemise. J'eus le bonheur de
voir, pour la première fois de ma vie, le sein de sœur Françoise, ou plutôt la place qu'occuperait sa gorge si elle en
avait. Sa chemise était en plusieurs endroits teinte de
sang; mais je n'aperçus aucune goutte, ni aucune blessure saignante sur la peau. La piqûre de mon épée, qui
avait percé la garniture, avait sans doute suffi pour tirer
quelques gouttes de sang, mais non pour faire une plaie,
puisque la pointe, posée par elle-même, portait sur une
côte. Quoi qu'il en soit, je fis alors cette réflexion : puisque
la bienséance n'empêche pas de découvrir le sein d'une fille
de cinquante-huit ans et horriblement laide, après que les
secours de l'épée ont été administrés, ne pourrait-on pas le
découvrir auparavant et le laisser nu tandis qu'on le perce?
De plus, le P. Timothée m'a dit plusieurs fois que la sœur
ne quittait jamais son cilice ou corset de pénitence; cependant, je n'aperçois pas ce corset intérieur, je vois la peau
nue. Qu'est-ce donc que ce cilice? Serait-ce un plastron
destiné à parer ou à affaiblir les coups, et qu'on avait fait
disparaître avant de la visiter? Ajoutez à cela que, conver-
sant avec le P. Timothée et M. l'abbé Guidi, je leur avais
avoué le matin même, en présence d'un jeune secouriste,
nommé le frère Daniel, qui n'est autre chose que M. Guidi
de V..., neveu de MM. Fontaine; je leur avais avoué,
dis-je, que je doutais de la bonne foi de la sœur Françoise; que, lorsqu'on m'avait invité à toucher son sein,
j'avais senti sous la chemise un corps épais et dur qu'on
disait être un cilice, mais que je n'avais jamais senti la

peau; et, le jour même de cette conversation, on me
recommande d'arriver une demi-heure après ces trois messieurs, *de peur* (me dit le P. Timothée) d'effaroucher la
sœur Françoise par la vue de M. de la Condamine, qui
devait m'accompagner! J'obéis, et nous n'arrivons, M. de
la Condamine et moi, que lorsque la sœur est entrée en
convulsion; et ce jour même on découvre sa poitrine pour
la première fois, on viole la décence qu'on n'avait jamais
violée! Puis-je douter que la demi-heure de délai n'eût
été employée à préparer la sœur à ce nouvel examen? Tout
cela mérite quelque attention. Au reste, rendons justice à
la modestie de la sœur Françoise, elle parut gémir de la
triste violence que lui faisaient les sœurs en nous montrant
son sein; et rendons justice à tous les assistants, dont personne ne le regarda d'un œil profane.

» Les cinq épées ne devaient point encore se reposer;
elles devaient rendre aux joues de Françoise le même service qu'elles avaient rendu à la poitrine. On devait d'abord
enfoncer, ensuite pointer, tel est toujours l'ordre de la
marche. Je m'offre avec zèle, mais je suis humilié en
voyant mon offre rejetée. Dieu avait ordonné que les
sœurs auraient seules le privilége d'enfoncer les épées
dans les joues; elles obéissent, mais elles procèdent avec
si peu de foi et de courage, qu'en vérité cela me paraît un
jeu d'enfant. La peau se prêtait et pliait, mais elle n'était
point percée... En ce moment, le spectacle change; sœur
Manon, qui pour lors était en état de mort, ressuscite tout
à coup et devient elle-même une des secouristes, mais
pour quelques moments seulement. Le secours administré,
elle retombe en état de mort de la meilleure grâce du
monde. Pour nous consoler de n'avoir point enfoncé les
épées dans les joues, on nous invite à les pointer. Je n'osai

ou je ne pus prendre sur moi de pointer plus fortement
que les sœurs; malgré la légèreté de nos coups, sœur
Françoise avait le visage d'une personne qui souffre et qui
retient ses larmes. Elle disait souvent d'un ton lamentable :
« Pas si fort! plus doucement!... Prenez donc garde!
vous allez me blesser. » Il sortit assez de sang des piqûres.
On lui lava le visage avec de l'eau dans laquelle, dit-on,
est infusée de la terre du bienheureux diacre ; on l'essuie
plusieurs fois avec un linge trempé dans cette même eau
qui paraît styptique; au bout de quelque temps il ne parut
plus de sang.

» Enfin le moment arrive où *la robe de la sœur doit être
brûlée avec des flambeaux de paille dont elle sera envi-
ronnée.* Ce sont les termes de la prédiction écrite de la
main du P. Timothée, et M. de la Condamine en est dépositaire. Le P. Timothée annonce à la sœur qu'il est temps
de se mettre en prière; elle se prosterne le visage contre
terre; elle se relève, refuse la brûlure, veut remettre la
partie à la Saint-Laurent. C'était là sans doute une suggestion du malin qui voulait nous priver de cet édifiant
spectacle; je tremblais que le P. Timothée ne cédât à la
faiblesse de la sœur, d'autant plus qu'il m'avait dit le matin
que le miracle pourrait bien manquer. Cependant on
prêche sœur Françoise, on lui remontre qu'elle doit obéir
à Dieu; elle se remet de nouveau en prière; elle se relève
et, moitié de gré, moitié de force, on la fait résoudre;
mais Dieu, qui avait promis de préserver du feu son corps,
n'avait pas promis de préserver la maison. La chambre
était planchéiée; on crut donc devoir prendre des précautions. On délibéra si on mettrait la sœur dans la cheminée;
on la traîne par les pieds dans la chambre voisine; on
revient dans la première; on ôte les chenets et les pincettes

de la cheminée; plusieurs grandes pierres plates sont
posées sur le plancher; la sœur Françoise se met en prière;
elle s'étend sur le dos; une des pierres lui sert de lit; on
approche d'elle un brandon de paille; j'en allume moi-
même un autre que je place sous les reins. Je m'imagi-
nais qu'aussi tranquille que saint Laurent, dans l'extase
d'une sainte volupté, elle laisserait brûler sa robe; ou que,
telle que les enfants dans la fournaise, elle chanterait un
cantique au milieu des flammes sans en ressentir l'atteinte.
Je me trompais. Sans doute les péchés de quelques assistants arrêtèrent le prodige. Je vois la sœur s'agiter avec
le trouble d'une personne faible qui craint le feu. Tantôt
elle se dérobe à la flamme qui gagne, tantôt elle l'étouffe
en se roulant sur la paille allumée. Le succès de cette
manœuvre la rassure. Sa robe est entamée par le feu; un
frère pusillanime jette de l'eau dessus, le feu s'éteint.
M. le directeur des fermes crie au miracle; le feu se ral-
lume encore, la robe s'enflamme suivant l'ordre de Dieu.
Encore un moment, et toute la prédiction du P. Timothée
était accomplie; mais la sœur pousse des cris plaintifs et
véhéments. Un frère de peu de foi jette encore une grande
quantité d'eau : la flamme s'éteint encore une seconde fois
et la fumée nous étouffe. Mais M. Dubourg, s'approchant
de Françoise, lui dit : « Ma chère sœur, nous nous attendions que vous nous édifieriez davantage. » En vain le
P. Timothée et M. l'abbé Guidi lui représentent que Dieu
avait expressément ordonné « que sa robe fût entièrement
brûlée sur elle », elle est sourde à tous ces avis et à tous
ces reproches. On la relève, on la déshabille, on lui essaye
une robe neuve. En dépit de la prédiction, la flamme
n'avait pas consumé la vieille robe, et les bords du jupon
étaient endommagés. C'est ainsi que finit la scène du

24 juin, qui n'eut rien de la gravité imposante de quelques
autres précédentes. La sœur frémissait, grinçait des dents,
se plaignait, se tordait les bras, faisait des signes de croix,
balbutiait des mots inintelligibles. Le P. Timothée priait
saint Pâris, saint Soanen, sainte Gabrielle Moller, le saint
prophète, etc., etc. Les frères et les sœurs récitaient des
psaumes français; M. le directeur des fermes frappait des
mains, levait les yeux au ciel; les chevaliers de Saint-
Louis restèrent indifférents; les médecins examinaient
sérieusement et se faisaient des signes, en affectant de
paraître étonnés; M. de la Condamine quelquefois bâillait
tout haut ou plaisantait tout bas; pour moi je sortis médiocrement édifié et un peu surpris que Dieu n'eût pas accordé
à la sœur Françoise le don d'incombustibilité [1]. »

Voici maintenant le procès-verbal des scènes de crucifiement dressé par la Condamine lui-même :

« Le vendredi saint, 13 avril 1759, à six heures du
matin, je me suis rendu à l'adresse que m'avait indiquée
M. le baron de Gleichen, envoyé de Bareith, qui avait
obtenu d'être admis comme témoin aux opérations des
convulsionnaires, qu'ils appellent l'œuvre de Dieu. Le
jeune avocat qui devait l'introduire me prenant pour le
baron, qu'il ne connaissait pas, me recommanda beaucoup de gravité et de circonspection, et m'avertit en chemin que M. de la Condamine, que je ne pouvais connaître,
avait fait de vains efforts pour être admis à la même assemblée où nous allions, parce que, en une autre occasion, il
n'avait point paru traiter la chose assez sérieusement, ni
persuadé que ce qu'il voyait surpassait les forces de la nature.
J'assurai mon conducteur que cet exemple me servirait de
leçon et que je me comporterais d'une façon très-édifiante.

---

[1] Grimm, tome III, p. 29 à 37.

» A six heures et demie nous arrivâmes chez sœur Françoise, doyenne des convulsionnaires, qui paraît avoir cinquante-cinq ans; il y en a vingt-sept qu'elle est sujette aux
convulsions et qu'elle reçoit ce qu'on nomme des secours.
Elle a déjà été crucifiée deux fois [1], et nommément le
vendredi saint 1758, et le jour de l'Exaltation de la sainte
Croix. Elle est logée fort pauvrement dans une chambre
meublée de bergame et de chaises de paille, au second
étage sur le derrière d'une fort vilaine maison, dans un
quartier des plus fréquentés de Paris. J'y trouvai une
vingtaine de personnes rassemblées, dont neuf femmes de
tout âge, mises décemment, les unes comme de petites
bourgeoises, les autres comme des ouvrières, y compris
la maîtresse de la chambre et une jeune prosélyte de vingt-
deux ans, qu'on nomme sœur Marie, qui devait jouer un
des principaux rôles dans la scène sanglante qui se prépa-
rait. Celle-ci paraissait fort triste et inquiète; elle était
assise dans un coin de la chambre. Les autres spectateurs
étaient des hommes de tout âge et de tout état, entre
autres un grand ecclésiastique qui a la vue basse et qui
portait des lunettes concaves (le P. Guidi, actuellement
de l'Oratoire). Je reconnus quelques physionomies que
j'avais vues dans la même maison, au mois d'octobre dernier, à une pareille assemblée, où les épreuves dont je fus
alors témoin n'approchaient pas de ce que j'allais voir. Du
reste il n'y avait qui que ce fût que je connusse, hors
M. de Mérinville, conseiller au Parlement. Il entra encore
deux ou trois personnes depuis moi, entre autres deux
chevaliers de Saint-Louis, qu'on me dit être M. le marquis de Latour-du-Pin, brigadier des armées du roi, et

---

[1] On m'avait dit qu'elle avait été crucifiée vingt et une fois; cela
était faux; depuis, j'ai été mieux informé. (*Note de la Condamine.*)

M. de Janson, officier des mousquetaires. Nous étions en
tout vingt-quatre dans la chambre. Plusieurs avaient un
livre d'heures à la main et récitaient des psaumes. Quelques-uns, en entrant, s'étaient mis à genoux et avaient
fait leurs prières,

» Mon conducteur me présenta au prêtre directeur [1]. Je
le reconnus pour être le même qui présidait, il y a six
mois, à l'assemblée où je fus admis dans ce même lieu. Il
me reconnut aussi et parut surpris. Il s'approcha de mon
guide et lui parla à l'oreille. J'ai su depuis qu'il lui avait
demandé si c'était là l'étranger pour lequel il avait sollicité
une place. Mon conducteur s'excusa, en l'assurant qu'il ne
me connaissait pas et qu'il avait cru que j'étais cet étranger. Je ne fis pas semblant de m'apercevoir que tout le
monde avait les yeux sur moi; tout se calma; je ne reçus
que des politesses, et l'on eut même pour moi des atten-
tions marquées.

» Françoise était à genoux au milieu de la chambre, avec
un gros et long sarreau de toile de coutil qui descendait
plus bas que ses pieds, dans une espèce d'extase, baisant
souvent un petit crucifix qui avait, dit-on, touché aux
reliques du bienheureux Pâris. Le directeur d'une part, et
un séculier de l'autre, la frappaient sur la poitrine, sur les
côtes et sur le dos, en tournant autour d'elle avec un
faisceau d'assez grosses chaînes de fer, qui pouvaient peser
huit à dix livres. Ensuite on lui appuya les extrémités de
deux grosses bûches, l'une sur la poitrine, l'autre entre
les épaules, et on la frappa une soixantaine de fois à grands
coups avec les bûches, alternativement par devant et par
derrière. Elle se coucha sur le dos par terre; le directeur

---

[1] Le P. Cottu de l'Oratoire. Il y a deux ans qu'il est directeur de
Françoise et qu'il lui donne des secours. (*Note de la Condamine.*)

lui marcha sur le front, en passant plusieurs fois d'un côté
à l'autre : il posait le plat de la semelle et jamais le talon.
Tout cela s'appelle des *secours;* ils varient suivant le besoin
et la demande de la convulsionnaire, et on ne les lui donne
qu'à sa réquisition.

» Alors je pris un crayon et je commençai à écrire ce que
je voyais. On m'apporta une plume et de l'encre, et j'écrivis ce qui suit, à mesure que les choses se passaient.

» A sept heures Françoise s'étend sur une croix de bois
de deux pouces d'épais et d'environ six pieds et demi de
long, posée à plate terre; on l'attache à la croix avec des
lisières à la ceinture, au-dessous des genoux et vers la
cheville du pied; on lui lave la main gauche avec un petit
linge trempé dans de l'eau que l'on dit être de saint Pâris.
J'observe que les cicatrices de ses mains, qui m'avaient
paru récentes au mois d'octobre dernier, sont aujourd'hui
bien fermées. On essuie la main gauche après l'avoir humec-
tée et touchée avec une petite croix de saint Pâris, et le
directeur enfonce, en quatre ou cinq coups de marteau,
un clou de fer carré de deux pouces et demi de long, au
milieu de la paume de la main, entre les deux os du méta-
carpe qui répondent aux phalanges du troisième et du
quatrième doigt. Le clou entre de plusieurs lignes dans
le bois, ce que j'ai vérifié depuis en sondant la profondeur
du trou.

» Après un intervalle de deux minutes, le même prêtre
cloue de la même manière la main droite, qu'on mouille
ensuite avec la même eau.

» Françoise paraît souffrir beaucoup, surtout de la main
droite, mais sans faire un soupir ni aucun gémissement;
elle s'agite, et la douleur est peinte sur son visage. On
lui passe plusieurs livres et une petite planche sous le

bras pour le lui soutenir à différents endroits, et aussi la tête; on lui met un manchon sous le dos. Cependant tous les initiés à ces mystères prétendent que ces malheureuses victimes ne souffrent point et qu'elles sont soulagées par les tourments qu'elles endurent.

» On travaille longtemps à déclouer le marchepied de la croix pour le rapprocher, afin que les pieds puissent l'atteindre et y porter à plat.

» A sept heures et demie on cloue les deux pieds de Françoise sur le marchepied rapproché, avec des clous carrés de plus de trois pouces de long. Ce marchepied est soutenu par des consoles; il ne coule point de sang des blessures faites aux mains, mais seulement d'un des pieds, et en petite quantité. Les clous bouchent les plaies.

» A sept heures trois quarts on soulève la tête de la croix à trois ou quatre pieds de hauteur; quatre personnes la soutiennent ainsi pendant quelque temps; on la baisse ensuite, et on appuie le haut de la croix sur le siége d'une chaise, le pied de la croix restant à terre.

» A sept heures cinquante-cinq minutes on élève la tête de la croix plus haut, en l'appuyant contre le mur à la hauteur de quatre pieds ou quatre pieds et demi au plus.

» La jeune sœur Marie entre en convulsion. Je séparerai les articles qui la regardent.

» A huit heures un quart on retourne la croix de Françoise de haut en bas, et on l'incline en appuyant le pied de la croix contre la muraille, de la hauteur de trois pieds seulement, la tête de la croix posant sur le plancher [1]. En

---

[1] Les mesures servent à reconnaître la quantité dont la croix était inclinée, sa longueur étant connue. Lorsque la tête de la croix fut en bas pendant un quart d'heure, le pied n'était qu'à trois pieds de haut contre la muraille. On m'avait dit qu'on poserait la croix debout la tête en bas. (*Note de la Condamine.*)

cet état, on lit à haute voix la passion de l'Evangile de saint Jean, au lieu dés psaumes qu'on avait récités jusqu'alors. Cette situation a duré un quart d'heure.

» A huit heures et demie on couche la croix à plat, on délie les sangles et les bandes de lisière, dont le corps de Françoise était serré dans la précédente situation, apparemment pour que le poids de son corps ne portât pas sur les clous des bras; on lui soutient la tête et le dos avec des livres. Tous ces changements se font à mesure qu'elle les demande. On lui ceint le front d'une chaîne de fil de fer fort délié qui a des pointes, ce qui fait l'effet d'une couronne d'épines. Je la vois parler avec action. On m'a dit qu'elle déclamait en langage figuré sur les maux dont l'Église est affligée et sur les dispositions des spectateurs, dont plusieurs fermaient, disait-elle, les yeux à la lumière, et dont les autres ne les ouvraient qu'à demi.

» A huit heures trois quarts elle fait relever sa croix, la tête appuyée contre le mur, à peu près de quatre pieds ou quatre pieds et demi. En cet état, on présente à sa poitrine douze épées nues; on les appuie au-dessus de sa ceinture, toutes à la même hauteur; j'en vois plusieurs plier, entre autres celle de M. de Latour-du-Pin, qui m'en fait tâter la pointe très-aiguë. Je n'ai pas voulu être un de ceux qui présentaient les épées. Françoise a dit à l'un d'eux, de qui je tiens ce fait : « Mais laissez donc, vous allez trop fort. Ne voyez-vous pas bien que je n'ai pas de main ? » Ordinairement, quand on fait cette épreuve, la patiente place elle-même la pointe de l'épée, la tient entre la main et peut soutenir une partie de l'effort, ce qu'elle ne pouvait, ayant la main attachée. On ouvre la robe de Françoise sur sa poitrine; outre sa robe de coutil fort plissée et son casaquin intérieur, que je n'ai point manié, il y avait un mouchoir en plusieurs doubles sur l'estomac. Je tâte plus bas, j'y trouve une espèce de chaîne de fil de fer comme sa couronne, qu'on dit être un instrument de pénitence. Je ne puis m'assurer qu'il n'y ait au-dessous aucune garniture; on venait de lui ôter, par ses poches, une ceinture large de trois doigts, d'un tissu fort serré de crin en partie, semblable à une sangle de crocheteur, autre instrument, dit-on, de mortification. Cette sangle est assez souple, mais épaisse; je ne sais s'il n'y avait rien au dedans où si le seul tissu de crin ne suffit pas pour faire plier une lame. Pendant que je me suis éloigné de Françoise, on m'a dit qu'elle avait appelé le directeur en lui disant : « Père Timothée, je souffre, je n'en puis plus; frottez-moi la main. » Il a promené son doigt doucement et lentement autour du clou de la main droite.

» Depuis neuf heures un quart jusqu'à dix heures, pendant près de trois quarts d'heure, j'ai presque perdu de vue Françoise, portant toute mon attention à Marie; mais j'achèverai de suite le récit de ce qui regarde Françoise.

» A neuf heures vingt minutes elle fait reposer sa croix à plate terre.

» A neuf heures quarante minutes elle la fait relever contre le mur, le pied en avant, à quatre pieds de distance.

» A dix heures on couche Françoise attachée à sa croix; on lui ôte les clous des mains, on les arrache avec une tenaille; la douleur lui fait grincer les dents; elle tressaille sans jeter de cri. Les clous dont on s'était servi jusqu'ici pour cette opération étaient très-aigus, ronds, lisses et déliés. Aujourd'hui, pour la première fois, c'étaient des clous carrés ordinaires. J'en demande un que je conserve. Les mains, surtout la droite, saignent beaucoup; on les lave avec de l'eau pure. Elle embrasse Marie, sa prosélyte, qui venait d'être détachée de la croix, où elle est restée moins d'une demi-heure.

» A dix heures douze minutes on élève la croix de Françoise, dont les pieds étaient encore cloués; on l'appuie contre la muraille, plus haut qu'elle ne l'avait encore été, et presque debout. J'ai déjà dit que les bras étaient détachés. Les pieds portaient à plat sur le marchepied. On me donne à examiner une lame de couteau ou de poignard tranchante des deux côtés, qu'on emmanche dans un bâton long de deux à trois pieds, ce qui forme une petite lame destinée à faire à la patiente une blessure au côté, par laquelle le directeur m'a dit qu'elle perdait quelquefois deux pintes de sang. On découd sa chemise et on lui découvre la chair du côté gauche, vers la quatrième côte; elle montre du doigt où il faut faire la plaie; elle frotte l'endroit découvert avec la petite croix du bienheureux Pâris, présente elle-même la pointe de la lance en la tournant à plusieurs endroits (il est dix heures vingt-cinq minutes). Le prêtre enfonce un peu la pointe de la lame, que Françoise gouverne et tient empoignée; elle dit : *Amen.* Le prêtre retire la lance. Je juge, par la marque du sang, qu'elle est entrée de deux lignes et demie, près de trois lignes. La plaie est moins longue que celle d'une saignée; il en sort peu de sang; au lieu de trois pintes.

» A vingt-sept minutes Françoise demande à boire; on lui donne du vinaigre avec des cendres qu'elle avale après bien des signes de croix.

» A trente-cinq minutes on la recouche avec sa croix; il y avait plus de trois heures et demie qu'elle y avait été attachée. On a beaucoup de peine à arracher les clous des pieds avec une tenaille; nous sommes deux à aider le prêtre. M. de Latour-du-Pin demande un de ces clous : il

entrait dans le bois de plus de cinq lignes. Françoise éprouve
les mêmes symptômes de douleur que lorsqu'on lui a décloué
les mains.

« Je reviens à ce qui regarde la sœur Marie. »

Épreuves et crucifiement de la sœur Marie.

« Pendant que le directeur, qu'on appelle le P. Timothée, cloue les mains de Françoise, il regarde la sœur
Marie qui est assise dans un coin de la chambre. Il lui fait
signe de la tête, elle pleure. Deux femmes à ses côtés l'en-
couragent. Le prêtre s'approche d'elle et la conforte, à ce
qu'on me dit, par des passages de l'Écriture. Elle s'agenouille, se met en prière, et passe ensuite dans un cabinet prendre une robe semblable à celle de sœur Françoise.
Elle rentre dans la chambre. Vers les huit heures elle paraît
tomber en convulsion; elle s'étend sur le carreau; on lui
marche sur le ventre et sur le front, en passant d'un côté
à l'autre. Elle s'agenouille; on lui donne quelques coups
de bûche dans l'estomac et dans le dos; elle s'étend et
paraît sans connaissance.

» A huit heures quarante minutes cet état dure encore;
elle a sur la bouche une petite croix du bienheureux Pâris.
On dit dans la chambre qu'elle restera dans cet état jusqu'à dimanche à trois heures du matin. C'est, à ce que
j'ai su depuis, qu'on craignait en ce moment qu'elle n'eût
pas le courage de se faire crucifier.

» A neuf heures le prêtre paraît exhorter sœur Marie
qui a été déjà crucifiée une fois, et qui s'en souvient. Les
cicatrices sont bien fermées et à peine apparentes. On la
couche sur la croix; elle dit qu'elle a peur; on voit qu'elle
retient ses larmes; elle souffre cependant avec courage
qu'on lui cloue les mains. Au second clou des pieds et

au second coup de marteau, elle dit : « Assez! » On n'enfonce pas le clou plus avant. Les clous bouchent la blessure ; on ne voit point de sang couler [1].

» A neuf heures vingt-cinq minutes on incline sa croix, en l'appuyant contre le mur à la hauteur de quatre pieds. En cet état on lui présente un livre ; elle lit la passion de saint Jean en français à haute voix, et paraît avoir repris courage. A neuf heures quarante-cinq minutes sa voix s'affaiblit, ses yeux s'éteignent ; elle pâlit, elle dit : « Je me meurs, ôtez-moi vite ! » Tout le monde paraît effrayé. Elle se fait ôter les clous des pieds, le sang coule ; on l'étend à terre, et on ôte les clous des mains. On dit qu'elle a la colique ; on l'emmène hors de la chambre. Elle était restée attachée à la croix environ vingt-cinq minutes. J'ai remarqué qu'on ne l'avait point liée à la croix par le corps comme Françoise, apparemment parce que cette précaution était inutile pour Marie dont la croix ne devait point être retournée de haut en bas.

» A neuf heures cinquante-quatre minutes Marie rentre ; on lui bassine les pieds et les mains avec de l'eau miraculeuse du bienheureux Páris. Elle rit et paraît beaucoup plus contente de ce secours que des coups de marteau.

» A dix heures elle va trouver Françoise, à qui l'on ôtait en ce moment les clous des mains ; Françoise l'embrasse, et Marie la caresse.

» On m'a assuré que la plupart de ces pauvres créatures gagnaient leur vie du travail de leurs mains, que de pareils exercices doivent beaucoup retarder, et ne recevaient que le salaire des ouvrages auxquels on les employait ; mais il

---

[1] Cette Marie du Niau a vingt-deux ans, et est sujette à des vapeurs hystériques ; elle est fille d'un perruquier. (*Note de la Condamine.*)

n'est pas douteux que plusieurs de ceux qui les regardent comme des saintes ne pourvoient à leurs besoins.

» On m'a dit aussi que Françoise avait environ deux mille livres de rente. Elle a fait, il y a deux ou trois ans, un voyage au Mans avec le P. Cottu; elle y a passé une année et fondé ou entretenu une petite colonie de convulsionnaires.

» Il est digne de remarque qu'il n'y ait que des femmes et des filles qui se soumettent à cette cruelle opération. Ceux qui croient voir dans tout cela l'œuvre de Dieu donnent pour preuve du miracle que les victimes ne souffrent point et qu'au contraire les tourments leur sont agréables; ce serait en effet un grand prodige; mais comme je les ai vues donner des marques de la plus vive douleur, la seule merveille dont je puisse rendre témoignage, c'est de la constance et du courage que le fanatisme peut inspirer.

» Il faut se souvenir, en lisant cette relation, que l'auteur entend difficilement et qu'il a les yeux beaucoup meilleurs que les oreilles [1]. »

Épreuves et crucifiement de la sœur Rachel
et de la sœur Félicité.

Arrivons enfin à cette scène de crucifiement que les médecins ou les savants qui ont entrepris d'expliquer les phénomènes jansénistes persistent à laisser dans l'ombre.

Du Doyer, alléché sans doute par ce qu'il avait vu en 1759, et n'étant pas aussi peu sûr du prodige que le ton de sa relation et de celle de la Condamine semblerait le laisser supposer, fit toutes les démarches nécessaires pour obtenir d'assister à de nouvelles épreuves de crucifiement. Elles furent couronnées de succès.

[1] Grimm, tome III, p. 18 à 29.

« Enfin, dit-il [1], le vendredi saint 1760, je recueillis le fruit de mes deux visites. J'arrivai à deux heures un quart chez M. de Vauville (surnom de M. de la Barre), où je vis une nombreuse assemblée. Je ne reconnus que mademoiselle Biheron et M. Dubourg. Voici les noms des autres personnes, tels que M. Dubourg me les dit à la fin de la séance : la princesse de Kiuski ; le prince de Monaco ; le comte de Stahremberg ; le marquis de Bousoles ; le chevalier de Sarsfield ; le chevalier de Forbin ; M. d'Albaret, officier de marine ; M. de Vars, officier dans les troupes détachées de la marine. Outre ces profanes il y avait quatre ou cinq sœurs qui paraissaient de bas âge ; quatre frères ; un arpenteur nommé des Coutures ; M. Batissier, conseiller au Châtelet ; M. de Laure, ex-oratorien ; M. Pinault, ex-oratorien et ex-convulsionnaire (son nom de convulsionnaire était *frère Pierre*).

» La sœur Rachel et la sœur Félicité étaient en croix depuis un quart d'heure. La croix de sœur Félicité était étendue à plate terre ; celle de sœur Rachel était droite, assez inclinée pourtant pour être appuyée contre la muraille. Elle avait les mains clouées presque horizontalement, et les bras assez peu étendus pour que les muscles n'eussent pas une tension fatigante ; elle était coiffée d'un toquet de soie bleue à fleurs blanches et d'un bourrelet. Elle est laide, petite, brune, et âgée de trente-trois ans ; ses pieds et ses mains rendaient un peu de sang ; sa tête était penchée, ses yeux fermés, la pâleur de la mort peinte sur son visage. Les spectateurs voyaient couler une sueur froide qui les effrayait ; M. de Vauville s'avance, tire un mouchoir de sa poche, essuie à plusieurs reprises le visage de Rachel et nous dit pour nous rassurer qu'elle représente

[1] Grimm, mars 1760.

l'agonie de Jésus-Christ. Je m'approchai de Rachel, et je
lui demandai pourquoi elle fermait les yeux; elle me répondit qu'elle faisait *dodo*. Cet état de crise dura un quart
d'heure; peu à peu la sueur se dissipa, ainsi que la pâleur;
les yeux de Rachel s'ouvrirent : elle nous regarda d'un air
riant, bégaya quelques paroles enfantines, tutoya la
princesse de Kiuski, appela son papa. Elle adressa souvent la parole à M. Dubourg, lui disant que la Faculté
voulait expliquer ces miracles, mais qu'elle n'y entendait
rien, que Dieu la mettait sous ses *petons*. M. Dubourg lui
montra des bonbons et lui dit qu'elle n'en aurait point
puisqu'elle le grondait. Elle répondit que lorsque ses *meniches* seraient libres, elle les lui prendrait. Après toutes
ces misères, il parut que Rachel retombait en faiblesse;
elle se taisait, pâlissait. Sœur Sion dit d'un air empressé
et inquiet : « Mon cher père, il est temps de l'ôter. » M. de
Vauville s'approche, la tenaille à la main, et tire les
clous. A chaque clou qu'on arrachait, Rachel souffrait une
vive douleur; les mouvements convulsifs de son visage et
surtout de ses lèvres faisaient frissonner. La princesse de
Kiuski se cachait les yeux de ses mains. Il sortit des plaies
beaucoup de sang; on lava à plusieurs reprises les pieds
et les mains avec de l'eau tirée à la fontaine de la cuisine
par mademoiselle Biheron; enfin le sang parut étanché;
elle enveloppa chaque pied d'un linge et se chaussa. On ne
mit point de linge à ses mains. Elle est restée une heure en
croix. Cependant la croix de sœur Félicité était étendue
sur le carreau, au bas de la croix de Rachel; malgré les
avertissements et les précautions de la sœur Sion, Rachel
en marchant effleura de sa robe les doigts de Félicité qui
jeta un cri. Le visage de celle-ci était ardent et enflammé;
ses yeux étincelaient; elle gardait le silence. Elle fut sur

la croix un quart d'heure de plus que sa compagne, donna les mêmes signes de douleur quand on arracha les clous, et rendit comme elle beaucoup de sang. A peine Rachel était-elle descendue de la croix qu'elle était allée vers M. Dubourg, marchant sur les genoux, et lui avait pris les bonbons; de là, se traînant vers madame de Kiuski, elle avait appuyé sa tête sur les genoux de cette princesse, et elle lui faisait des caresses enfantines. M. de Vauville nous dit qu'elle allait dîner; qu'elle avait été le matin à pied au mont Valérien et en était revenue sans manger. Il était trois heures. Alors Rachel fit trois grands bâillements, qu'on me dit être la fin de sa convulsion. En effet, après ces bâillements, elle fut une grande fille; on lui ôta son bourrelet, on lui mit une coiffure ordinaire; elle mangea du riz au lait et des huîtres marinées. Je ne sais si elle but du vin. »

Voilà donc une fille qui, au sortir d'un supplice épouvantable, *mange du riz au lait et des huîtres marinées*, tout comme si elle venait de vaquer aux choses les plus ordinaires de la vie !... Pourquoi les médecins ou les savants n'ont-ils pas *choisi* de préférence cet exemple de crucifiement plutôt que les autres pour l'expliquer? Ne leur paraît-il pas présenter les caractères d'une observation autrement curieuse et intéressante? On conçoit sans peine l'effroi de la Condamine en assistant à ces terribles scènes dont le dénoûment devait *dérouter* l'homme de science, et peut-être n'a-t-il donné un ton légèrement railleur à ses procès-verbaux que pour venger son amour-propre froissé de n'avoir pu scientifiquement se rendre compte qu'une fille descendît de la croix et fît sans transition aucune un repas.

C. — *Phénomène d'incombustibilité.*

Le secours du feu, qui, comme les autres, avait pour objet de figurer les tourments auxquels seraient exposés les fidèles après la venue d'Élie, était reçu ainsi par la fille Sonet, dite la Salamandre. On l'enveloppait d'un drap et elle gardait un corset, un jupon et des bas. « Ainsi légèrement emmaillottée, elle criait : « *Tabous! tabous!* » ce qui voulait dire tabourets; et aussitôt deux frères portaient ces deux tabourets qui étaient de fer, à l'exception de deux planches sur lesquelles la Sonet appuyait sa tête et ses pieds; ils étaient mis dans la cheminée des deux côtés du feu, en sorte que lorsque cette fille se mettait dessus, elle était précisément au-dessus des flammes, et que, quelque grand feu qu'il y eût, non-seulement elle n'en souffrait aucune incommodité, mais même le drap dans lequel elle était enveloppée n'a jamais été endommagé ni seulement roussi, quoiqu'il fût quelquefois dans la flamme.... Ordinairement la convulsionnaire demeurait exposée au feu le temps nécessaire pour faire rôtir une pièce de mouton ou de veau[1]. » Plus tard Montgeron revient sur ce même fait, et dans son troisième volume[2] il y ajoute quelques circonstances nouvelles : « La Sonet, dit-il, appelée communément la *Salamandre,* se couchait au-dessus et même en quelque sorte dans les flammes, où elle demeurait quelquefois si longtemps qu'elle s'y endormait; et que d'autres fois elle mettait ses pieds dans un brasier ardent qui brûlait ses souliers et jusqu'à la semelle de ses bas, sans causer à ses pieds la moindre douleur[3].

[1] Montgeron, *Idée de l'état des convulsionnaires,* t. II, p. 32 et 34.
[2] P. 706.
[3] Nous croyons devoir rapporter ici les termes du procès-verbal d'une des séances dans lesquelles le secours du feu a été donné à la fille

D. — *Phénomène de jeûne.*

Fontaine, que nous avons vu exécuter une convulsion à la façon des derviches, se signala en outre par un jeûne extraordinaire. Écoutons Montgeron [1] :

« Forcé par sa convulsion de sortir de son domicile le lundi 9 mars 1739, sans pouvoir y retourner, quelques efforts qu'il pût faire, Fontaine alla, par l'effet de la même impulsion qui l'avait chassé de sa retraite, chez un solitaire de ses amis qui le reçut comme un envoyé de Dieu....

» Le lendemain matin il fut contraint d'annoncer que, tout le reste du carême, il ne prendrait qu'un repas par jour, qu'il ferait au pain et à l'eau à six heures du soir, mais que les dimanches il mangerait à dîner du potage et du pain, et au souper tout ce qui lui serait présenté, à l'exclusion du vin. Tout cela fut exactement suivi.

» Après Pâques il fut encore restreint au pain et à l'eau, sans pouvoir faire autrement, avec la liberté néanmoins de manger à midi et au soir, et d'y joindre quelquefois douze

Sonet : « Nous, etc., certifions que nous avons vu cejourd'hui, entre huit et dix heures du soir, la nommée Marie Sonet étant en convulsions, la tête sur un tabouret et les pieds sur un autre, lesdits tabourets étant entièrement dans les deux côtés d'une grande cheminée et sous le manteau d'icelle, en sorte que son corps était en l'air au-dessus du feu qui était d'une *violence extrême,* et qu'elle est restée l'espace de *trente-six minutes* en cette situation, en quatre différentes reprises, sans que le drap dans lequel elle était enveloppée, n'ayant pas d'habit, ait brûlé, quoique la flamme *passât quelquefois au-dessus;* ce qui nous a paru tout à fait surnaturel. En foi de quoi, etc.... Plus, nous certifions que, pendant que l'on signait le présent certificat, ladite Sonet s'est remise sur le feu en la manière ci-dessus énoncée, et y est restée pendant *neuf minutes,* paraissant dormir au-dessus du brasier, qui était *très-ardent,* y ayant eu quinze bûches et un cotret de brûlés pendant lesdites deux heures et quart. » (Montgeron, *Idée de l'état des convulsionnaires,* tome II, p. 32.)

[1] *Idée de l'œuvre des convulsions,* tome II, p. 78-80.

olives; ce qui dura jusqu'au 19 d'avril, que l'impression
de sa convulsion lui fit déclarer forcément qu'il passerait
quarante jours de suite sans prendre aucune nourriture,
mais sans spécifier quand commencerait ce terrible jeûne.

» L'impossibilité où il se vit dès le lendemain 20 avril
de pouvoir rien porter à sa bouche, non plus que les jours
suivants, malgré toutes ses tentations, lui fit juger que le
temps d'exécuter ce grand jeûne était déjà venu, mais il
se trompa; celui-ci qui ne dura que dix-huit jours, n'en
était que la préparation. Cependant si l'on fait attention à
tout ce qu'il a été forcé de faire dans ce jeûne si singulier,
on verra qu'il est aussi surnaturel que celui de la quaran-
taine et qu'il a été bien plus rigoureux par rapport aux effets.

» Non-seulement Fontaine a été privé de toute nourriture et boisson pendant ces dix-huit jours, mais même il
travaillait tout le jour à un ouvrage des mains... qu'il n'in-
terrompait que pour réciter les offices aux heures cano-
niales, et il était forcé encore de passer les nuits presque
entières à prier et à réciter des psaumes, jusqu'à deux
heures qu'il disait matines avec son compagnon de retraite;
ensuite de quoi, toujours entraîné par une impulsion contre
laquelle ses résistances étaient vaines, il était obligé d'aller
à une messe qui se dit à quatre heures du matin à l'église
de Saint-Eustache, dont il est assez éloigné.

» Mais ce qui l'a le plus épuisé, c'est un très-étonnant
gargarisme auquel l'instinct de sa convulsion l'a obligé
dès le cinquième jour de son jeûne, quelquefois avec du
vinaigre très-fort et tout pur qui lui enlevait la peau de la
bouche et de la langue; ce que néanmoins il fut forcé de
continuer presque sans relâche le jour et la nuit, jusqu'au
dix-huitième jour de ce jeûne où il ne lui restait plus
qu'un souffle de vie....

» Si ce tuant exercice se fût borné à l'affaiblir beaucoup en le dégageant avec effort des eaux âcres et des séro-
sités de la tête, de la poitrine, de l'estomac, et à le débarrasser.... des mauvais levains qu'il pouvait avoir, on n'en
aurait été ni surpris ni alarmé; mais ce gargarisme meur-
trier a bien produit un autre effet.... Il a détruit tout ce
qui donnait de la vigueur à son corps; il a absorbé la substance la plus spiritueuse du sang; il a consumé jusqu'à
la moelle des os, suivant que l'assurait le convulsionnaire;
et après lui avoir ôté toutes ses forces..., il l'a laissé presque
sans mouvement et sans vie.

» Tant de pertes et de fatigues, jointes à une privation
totale de nourriture et de boisson, l'exténuèrent enfin
tellement que dès le 4 mai, quinzième jour de son jeûne,
il était d'un décharnement affreux; déjà l'ardeur du
feu qui dévorait ses entrailles avait consumé le peu de
chairs qui lui étaient restées. Il n'était qu'un squelette
couvert d'une peau sèche et livide qui, étant collée sur
ses os, en représentait toute la forme. On l'eût pris volontiers pour une de ces momies d'Égypte qui ne se conservent que par leur entier desséchement.

» Depuis ce jour-là il baissait à vue d'œil; néanmoins le
lendemain 5 mai il essaya d'aller à la messe de quatre
heures, comme il avait encore fait la veille; mais il
fallut se contenter de la bonne volonté. Son ami, le voyant
si faible, ne voulut point l'abandonner dans une si péril-
leuse entreprise. Ils partirent ensemble avant trois heures
et demie du matin et ne rentrèrent qu'à plus de huit
heures, sans avoir pu faire que la moitié du chemin
de leur maison à Saint-Eustache.... Avant que le jour
fût venu, il pria deux fois son conducteur de lui ramasser dans le ruisseau, avec une tasse de cuir..., de

l'eau bourbeuse et croupie avec laquelle il se gargarisa. Lorsqu'on commençait à ouvrir les boutiques, il entra dans une maison où l'on vendait de la bière et en demanda pour se gargariser; le maître, voyant qu'il la rejetait sitôt qu'elle était dans sa bouche, frappé de sa figure étique et de voir qu'il ne pouvait presque se soutenir ni parler, le prit pour un ivrogne et le chassa honteusement.... Mais sa convulsion le contraignit malgré lui d'entrer encore dans quatre autres boutiques, à deux desquelles on le traita à peu près de même.

» Dans cet état forcé, il conservait une entière liberté d'esprit....

» M. Fontaine, de retour chez son ami, ne put plus sortir. Il avait même de la peine à se tenir sur ses jambes. Il sentit mieux qu'il n'avait fait jusque-là, mais sans en être ébranlé, le terrible état où il était. « Je suis, disait-il, une araignée desséchée; ma vie ne tient qu'à un de ses fils. » En effet, dès ce moment et encore plus le lendemain 6 mai, dix-septième jour de son jeûne, il tomba dans une extrémité désespérée, et l'impossibilité d'avaler une seule goutte d'eau subsistait toujours. Tous ceux qui le voyaient ne trouvaient plus aucun milieu entre la mort et un miracle; lui seul conservait un calme et une sécurité parfaits qu'il faisait connaître non-seulement par son air content et tranquille, mais aussi par ces paroles : « Je vivrai et ne mourrai pas, *non moriar, sed vivam* », les seules qu'il pût articuler alors et qu'il répétait souvent.

» Il les dit encore en balbutiant le 7 mai, dix-huitième jour de son jeûne, à sept heures du matin; mais peu après il parut réduit à une défaillance si complète et à un tel anéantissement, qu'enfin on n'en espérait plus rien. Plus de paroles, presque sans mouvement et sans pouls, un

visage totalement défait, des yeux éteints, un râle avant-
coureur de la mort : tout annonçait qu'elle était proche et
qu'il allait rendre le dernier soupir.... Les personnes qui
le gardaient la nuit et qui lui mettaient dans la bouche de
temps en temps quelques liqueurs qu'il rejetait aussitôt
s'aperçurent enfin que le passage se trouva tout à coup
entièrement libre....

» Dès le lendemain son directeur voulut qu'il se mît
entre les mains d'un médecin et qu'il en suivît les avis....
Voici le succès des bouillons et de tout ce qui lui fut
ordonné. Un dévoiement fâcheux et presque continuel,
une enflure prodigieuse, surtout aux jambes et aux pieds,
qu'il avait monstrueux; un visage toujours pâle et très-
bouffi; un dégoût général pour toute boisson et nourriture,
jusqu'au sel qui lui paraissait fade et au vinaigre qui lui
semblait insipide, furent les effets du règlement de vie
qu'on lui imposa pendant trois semaines; ce qui a continué dans ses autres régimes et jusqu'au moment du grand
jeûne dont il me reste à parler, à la réserve qu'il n'était
pas tout à fait si faible ni si enflé.

» Le lundi 22 juin il déclare à son lever, par l'instinct
de sa convulsion, que de ce jour-là commence son jeûne
annoncé le 19 avril, et en effet il l'exécute. Dès les premiers jours, le fruit de ce jeûne est de le guérir de toutes
ses infirmités. L'enflure, le dévoiement, tout cesse, et
ses forces reviennent de jour en jour.

» C'est dans les plus grandes chaleurs de l'été... qu'il
plaît à Dieu de priver Fontaine de toute nourriture pendant quarante jours....

» A l'égard de la boisson, il n'en a été privé que les
neuf premiers jours; le dixième, il a pu boire seulement
de l'eau toute pure et continuer ce rafraîchissement jusqu'à

la fin de ce jeûne. Au reste c'est dans l'exercice de cette pénitence si prodigieusement austère, gardant la retraite, dormant la nuit et passant le jour à prier, à écrire et à d'autres occupations, que le Très-Haut a voulu rétablir la santé de notre convulsionnaire. »

E. — *Phénomènes concernant des objets matériels.*

§ Ier.

DISPARITION D'HOSTIE.

Dans son curieux *Journal de Louis XV*, Barbier raconte le fait suivant arrivé à l'église Saint-Médard :

« On m'en a conté un (miracle) aujourd'hui des plus extraordinaires. M. Niquet, qui est le seul bon prêtre qui soit resté à Saint-Médard, c'est-à-dire janséniste, disant la messe, après avoir fait l'élévation du saint ciboire, ne trouva plus l'hostie consacrée ; il la chercha partout sur l'autel, ce qui étonna avec raison les assistants ; et enfin elle se trouva à bas sous un banc de la chapelle, au grand étonnement de tout le monde [1]. »

§ II.

CHRISTS ENSANGLANTÉS.

« C'est un fait constant, avéré et qui s'est répété une infinité de fois, qu'à la suite des prières de plusieurs instruments de l'œuvre [2], toutes les images et tableaux de Jésus-Christ attaché à la croix, les crucifix en bronze, en ivoire, etc., qui se trouvaient dans la chambre de ces mêmes instruments de l'œuvre, ont rendu très-visiblement

[1] Barbier, II, p. 357.
[2] C'est-à-dire des convulsionnaires.

du sang par les cinq plaies, et quelquefois autour de la tête. Plusieurs personnes, au moins à Paris, ont conservé religieusement de ces christs ensanglantés. Observons néanmoins que ce signe n'est pas tout à fait nouveau; car Bossuet, dans ses lettres, dit quelques mots sur un semblable prodige qu'on croyait avoir été opéré dans des temps fort antérieurs. Mais il n'a jamais été aussi fréquent que dans le siècle dernier, en divers endroits, et à la prière de différents convulsionnaires [1]. »

L'exposé des faits que nous venons de rapporter donne une idée de l'ensemble des phénomènes merveilleux observés parmi les convulsionnaires jansénistes. Les *dons* les plus variés, on vient de le voir, se sont manifestés sans relâche dans leurs rangs; mais c'est à celui d'*invulnérabilité,* comme au plus remarquable, que la célébrité restera toujours acquise. Donnons maintenant les preuves de la réalité de ces différents prodiges.

SECTION QUATRIÈME.

Preuves de la réalité des phénomènes merveilleux observés chez les convulsionnaires jansénistes.

Nous pourrions nous dispenser de rapporter les preuves de la réalité de ces phénomènes, après tout ce qu'on vient de lire ; car il n'est guère probable que le doute puisse s'élever dans l'esprit de qui que ce soit. Néanmoins, pour ne laisser prise à aucune objection, nous grouperons en faisceau celles que fournit le sujet. Elles sont de nature à

---

[1] *Extraits,* etc., tome II, p. 158, *note.*

satisfaire les esprits les plus exigeants. Les actes du gouvernement, le témoignage de la population entière de Paris et d'une grande partie de la France, le rapport des historiens, les dissertations des médecins et des savants, tout concorde pour mettre hors de discussion la réalité des prodiges dont il s'agit.

Les actes du gouvernement, disons-nous. On se souvient, en effet, que, pressé d'agir pour mettre un terme aux scandales dont les convulsions étaient la cause, le gouvernement ordonna le 27 janvier 1732 la fermeture du cimetière de Saint-Médard, laquelle eut lieu le surlendemain 29 janvier. Mais les convulsionnaires ayant continué à se réunir hors du cimetière, une autre ordonnance du 17 février 1733 leur défendit, *sous peine de désobéissance*, de se donner en spectacle au public, et interdit à qui que ce fût de les recevoir, ou d'aller les voir *convulsionner*. Or les grands secours se donnaient à cette époque. Depuis lors les assemblées furent clandestines ; de temps à autre la police en surprit quelques-unes et punit les *acteurs* et *recéleurs ;* mais les réunions ne cessèrent pas pour cela. Enfin, en 1762, le parlement prohiba les grands secours ou secours meurtriers. Voilà donc un ensemble de mesures légales dont nul ne peut récuser l'existence et qui suffisent à elles seules pour établir d'une manière irréfragable celle des prodiges jansénistes. Qui d'ailleurs à Paris n'en avait été témoin ? *La population tout entière était là pour affirmer les plus étranges* [1]. « Plusieurs de ces miracles (c'est David Hume, le sceptique Hume, qui parle) furent *prouvés immédiatement, sur les lieux*, devant des juges d'une intégrité indubitable, et attestés par des témoins accrédités, par des gens

[1] Calmeil, II, p. 373.

de distinction, dans un siècle éclairé et sur le théâtre le plus brillant qu'il y ait actuellement dans l'univers. Où trouver ailleurs une aussi prodigieuse quantité de circonstances qui concourent pour la confirmation d'un fait, et *qu'opposer à cette nuée de témoins*, si ce n'est l'*impossibilité absolue de nier* la nature miraculeuse des événements qu'ils attestent[1]? » Barbier, dans son journal, nous disait déjà (janvier 1732) : « Cette année commence avec deux opérations, *qui continuent toujours*, MALGRÉ LE GOUVERNEMENT.... La seconde est le concours et le culte que l'on rend au tombeau de M. Pâris. On comptait que cette dévotion se ralentirait d'elle-même dans les mauvais temps (il en fait actuellement de très-mauvais); cela n'y fait rien. » Enfin Dulaure, qui ne saurait être suspecté, s'exprime ainsi de son côté : « Les convulsions ont duré à Paris *trente-cinq ans....* Dans cette affaire, dont nos annales ne présentent que des exemples extrêmement rares, et n'en présentent *aucun qui lui soit pareil par son éclat et sa durée*, etc. [2] »

Si nous nous adressons aux médecins et aux savants, nous voyons que, quelle que soit leur manière d'envisager et d'expliquer les faits, AUCUN n'élève le moindre doute sur leur existence. Tels sont, au dernier siècle, le médecin Hecquet, qui a fait un traité sur le naturalisme des convulsions; Morand, le célèbre chirurgien de l'Hôtel-Dieu à Paris, qui décrit dans ses *Opuscules chirurgicaux* l'épreuve du feu subie par la sœur Sonet, appelée pour cette raison la Salamandre. Après eux vient la Condamine, qui assiste à des scènes de crucifiement dont il a per-

---

[1] *Essai philosophique sur l'entendement*, p. 10. Cité par M. de Mirville, *Des Esprits et de leurs manif. fluid.*, p. 161.

[2] *Hist. de Paris*, tome VI, p. 56.

sonnellement dressé les procès-verbaux [1]. Dans notre siècle, le docteur Montègre, rédacteur du grand *Dictionnaire des sciences médicales*, appelé à traiter l'article *Convulsionnaires*, écrit ce qui suit : « Je dois dire que, quelle que soit ma répugnance pour admettre de semblables faits, *il ne m'a pas été possible de me refuser à les recevoir.* » Or sa conviction s'était formée, comme il le dit, d'après *l'authenticité des témoignages sur lesquels ils sont fondés*, et il qualifie à cette occasion l'épreuve de la Salamandre de *scène remarquable*, non seulement pour le fait en lui-même, mais parce qu'on voit figurer au nombre des témoins qui en certifient la réalité un lord anglais qui en fut si frappé qu'il se convertit, et le frère de Voltaire, Armand Arouet, trésorier de la cour des comptes.

Plus tard, le docteur Bertrand [2] écrit à son tour : « Ces guérisons sont appuyées, dans l'ouvrage de Carré de Montgeron, sur un concours de témoignages si imposants, que les jésuites eux-mêmes, si habiles et si puissants alors, les jésuites qui avaient un si grand intérêt d'en déceler l'imposture, ne purent jamais, comme le fait très-bien remarquer le sceptique Hume, les réfuter d'une manière satisfaisante. »

M. Calmeil, médecin de la maison des aliénés de Charenton, auteur d'un ouvrage sur la *folie*, qui fait autorité parmi ses confrères, reconnaît aussi l'existence des phénomènes, non-seulement par le soin minutieux qu'il prend à les expliquer scientifiquement, mais aussi par la nuée des témoignages qui les certifient : « Se serait-on résigné, dit M. Calmeil, à croire jamais, *si la population tout entière de Paris ne l'eût affirmé,* que plus de cinq cents per-

---

[1] Voir pages 107 et suiv.
[2] *Du magnétisme animal en France,* p. 366.

témoignages qui les certifient : « Se serait-on résigné, dit M. Calmeil, à croire jamais, *si la population tout entière de Paris ne l'eût affirmé*, que plus de cinq cents personnes du sexe aient poussé la rage du fanatisme, ou la perversion de la sensibilité, au point de s'exposer à l'ardeur du feu, de se faire presser la tête entre des planches, de se faire administrer sur l'abdomen, sur les seins, sur l'épigastre, sur toutes les parties du corps, des coups de bûche, des coups de pied, des coups de pierre, des coups de barre de fer [1] ? »

Les aveux que nous venons d'enregistrer forment le *credo* de la science sur le point qui nous occupe. Un accord parfait existe, comme on le voit, entre les partisans et les adversaires du surnaturel. Tous sont unanimes sur ce point capital : LES FAITS SONT RÉELS. Il est inutile, par conséquent, que nous nous arrêtions, en présence des témoignages qui précèdent, à démontrer que tenter de nier les prodiges opérés par les convulsionnaires jansénistes, ce serait vouloir lutter contre l'*évidence*, et nous pouvons passer à l'examen des explications qu'on en a données.

[1] Tome II, p. 373.

CHAPITRE DEUXIÈME.

EXAMEN DES THÉORIES. — EXPLICATION DES FAITS MERVEILLEUX DU JANSÉNISME.

Opinion d'Hecquet, — de Montègre, — de Bertrand, — de M. Calmeil, — de M. Figuier. — Quelques mots sur l'hystérie. — Conclusion.

Deux grands systèmes sont en présence. Les uns ne voient dans les phénomènes jansénistes rien qui dépasse les forces de la nature, et ils tentent de les expliquer par le *naturalisme,* par la *physiologie,* par *un état maladif,* ce qui est toujours la même chose sous des noms différents. Les autres les attribuent à une cause de l'ordre surnaturel. On comprend que les partisans du premier système n'entreprennent pas une petite affaire, puisqu'il s'agit d'expliquer *scientifiquement* des phénomènes qui sont le renversement des données de la science.

Le premier système a pour interprètes Hecquet, médecin au dix-huitième siècle, dont l'ouvrage est encore invoqué par les savants du jour, les docteurs Montègre [1], Bertrand et M. Calmeil [2], et par M. Figuier [3]. Ces derniers, par leur science ou leur position, font autorité soit dans le corps médical, soit auprès des savants et des gens du monde.

Le second système a pour représentants tous ceux qui, les faits une fois admis, pensent que la science est incapable de les expliquer.

---

[1] Auteur de l'article *Convulsionnaire* dans le *Dictionnaire des sciences médicales.*

[2] Médecin de la maison des aliénés de Charenton.

[3] Auteur de l'*Histoire du merveilleux.*

§ Ier.

OPINION D'HECQUET.

Ce pieux médecin janséniste était au nombre de ceux qui répudiaient les convulsions. Il prétendait expliquer les phénomènes par le *naturalisme;* c'est-à-dire prouver qu'ils n'étaient dus qu'à un jeu des forces de la nature chez chaque individu. Il n'admettait pas que les convulsions tinssent aux miracles de Pâris, par la raison que voici : « Peut-il être raisonnable de penser, disait-il, que ce qui est essentiellement physique tienne à ce qui est purement spirituel, étant des choses aussi différentes les unes des autres qu'elles sont chacune d'un ordre essentiellement différent [1] ? »

Il est certain que ce qui est *essentiellement* physique ne *saurait tenir à ce qui est purement spirituel.* La proposition d'Hecquet est donc une véritable naïveté ; mais il s'agit précisément de savoir si les phénomènes présentés par les convulsionnaires étaient ou n'étaient pas *essentiellement physiques.*

Hecquet cite l'exemple d'une convulsionnaire « qui se fait mettre la tête en presse sans que le crâne en soit brisé ou aucunement endommagé », et, en présence de ce fait, il suppose que le tourniquet ne pouvait serrer au delà d'un point déterminé. Pitoyable défaite qui est démentie par l'histoire : on se souvient, en effet, que le tourniquet avait été inventé pour remplacer les frères, parce qu'ils ne pouvaient *assez presser* les sœurs. La supposition de l'auteur est donc inadmissible. Il se rejette, du reste, sur la structure du crâne, qui, étant en forme de *voûte,* est d'autant plus résistant *qu'on le presse davantage* [2].

---

[1] Hecquet, première partie, p. 4.
[2] *Id.*, deuxième partie, p. 126.

On a vu l'histoire de cette convulsionnaire qui *cassait d'un coup de tête une table de marbre* [1], et l'on nous accordera que le procédé est peu usité. Hecquet n'en est nullement surpris : « Est-ce quelque chose de surnaturel qu'une si dure tête ? » se demande-t-il. La réponse est négative, cela va sans dire ; mais devinez pourquoi ? Parce qué, entre autres causes *naturelles* de la chose, « c'est, ajoute-t-il, celle qui se trouve dans les corps de certaines nations, comme sont les Lapons et les Chinnois (*sic*), lesquels, parce qu'ils habitent les païs du monde les plus froids, ont des peaux si fermes et des os tellement compactes, que tout leur corps est comme dur. C'est donc, si l'on veut, un crâne plus dur dans la fille convulsionnaire que dans le reste des autres filles [2].... »

En voilà assez, croyons-nous, pour juger Hecquet et son système.

§ II.

OPINION DE MONTÈGRE.

M. de Montègre a rédigé l'article *Convulsionnaire* dans le grand *Dictionnaire des sciences médicales*. On peut douter que le sujet lui plût beaucoup. Amené sur le terrain des secours meurtriers, l'auteur s'exprime ainsi : « Je dois dire que, quelle que soit ma répugnance pour admettre de semblables faits, *il ne m'a pas été possible de me refuser à les recevoir.* » C'est fort bien, puisque sa conviction s'est formée, selon ce qu'il déclare, *d'après l'authenticité des témoignages sur lesquels ils sont fondés.* « Mais ces faits, continue-t-il, sont pour la plupart placés

---

[1] Voir plus haut, p. 53.
[2] Hecquet, p. 103.

uniquement dans ma mémoire, hors de rang, et sans que mon esprit *s'avise d'en tirer aucune conséquence*, d'en déduire le moindre jugement. » Si cette manière de faire est peu philosophique, en revanche elle a le mérite d'être fort commode. Ainsi pour vous, monsieur de Montègre, qui avez fait de la physiologie la base de vos études médicales, vous constatez l'invulnérabilité du corps humain dans une série d'épreuves qui auraient dû tuer les gens, et votre esprit « *s'avise* de ne tirer de ce prodige aucune conséquence, ni d'en déduire le moindre jugement »? On dirait pourtant qu'un remords de conscience s'est emparé de l'auteur : car, après avoir loué Hecquet de ce qu'il *rapporte toutes ces merveilles aux lois connues de la sensibilité et de l'organisme*, il se pose en face du problème et donne la solution suivante : « C'est donc dans un autre ordre de causes qu'il faut chercher celle des phénomènes qui nous occupent ; et *pour que cette cause ne soit point récusée*, il est nécessaire qu'elle puisse avoir agi sans exception dans tous les cas où des phénomènes semblables ont été produits ; *or, il n'en est qu'une seule* où l'on trouve ce caractère de vérité et d'universalité qui fait qu'elle convient également à tous les cas, *et cette cause est la grande loi de l'influence mutuelle et réciproque de notre moral sur notre physique et de notre physique sur notre moral ;* c'est-à-dire l'influence des organes de la pensée sur tous les autres, et au contraire celle de tous ces autres organes sur ceux de la pensée [1].... »

En d'autres termes : J'entends être invulnérable, et, en vertu de l'influence de mon moral sur mon physique, je le deviens. Mais si le procédé est si simple, pourquoi donc voyons-nous tous les jours des blessures mortelles

[1] Montègre, p. 232.

survenir à des gens qui n'ont certes pas la volonté de se blesser? Un maçon tombe de son échafaudage et se casse les membres; pourquoi *l'influence du moral sur le physique* ne le préserve-t-elle pas de cet accident, tandis que le convulsionnaire est invulnérable? Est-ce que votre esprit, monsieur de Montègre, ne s'est jamais *avisé* de tirer de la comparaison de ces *deux résultats* aucune conséquence, et d'en déduire le moindre jugement?

Concluons que la prétendue explication de M. de Montègre laisse encore le problème à résoudre.

§ III.

OPINION DE BERTRAND.

« L'invulnérabilité est le phénomène le plus caractéristique, dit Bertrand, de l'épidémie qui nous occupe [1]..... Nous ne chercherons pas à en proposer une explication. Nul doute cependant que l'état d'insensibilité complète, dans lequel se trouvaient les extatiques, ne diminuât beaucoup le danger des effroyables contusions qui auraient dû être le résultat de ces chocs violents. Mais, dira-t-on, il ne s'agit pas ici de contusion, et tout le corps de la Salamandre devait être broyé sous le poids du caillou qui tombait du plancher, ou bien la pointe du *sucre d'orge* sur lequel elle était appuyée devait la percer. Nous ferons observer que le corps de cette femme était tendu en arc, que le pieu portait sur les reins, et que la pierre ne tombait pas au point correspondant, mais sur l'estomac; que non-seulement les systèmes nerveux et musculaire devaient être dans un état tout particulier, mais que, de plus, la cavité pectorale pouvait opposer, par le mode d'inspiration

[1] *Du magnétisme animal en France*, p. 385.

de l'air, une résistance dont nous ne nous faisons pas une idée. Ajoutons que les convulsionnaires, au moment où elles supportaient leurs grands secours, étaient ordinairement dans un état réellement convulsif, par suite duquel les choses devaient se passer autrement que s'il avait été question d'un corps inerte ou même d'un corps vivant, mais en repos. » — « Quant au procédé au moyen duquel on redressait les os des convulsionnaires à coups de bûche et de caillou, ou par les poids énormes dont on les surchargeait, il présente beaucoup moins de difficulté. Le corps humain, privé de sensibilité, doit se trouver à peu près dans le cas d'un végétal, qu'on peut comprimer, presser violemment, courber ou redresser, sans que ses fonctions vitales en soient altérées. Il y a même plus, c'est qu'on peut, dans ce cas, couper ou retrancher certaines parties sans craindre de produire dans la totalité de l'individu les désordres qui, dans toute autre circonstance, pourraient résulter d'une semblable séparation [1]. »

L'entière bonne foi avec laquelle Bertrand expose qu'il n'a cherché à donner aucune explication des phénomènes de Saint-Médard ne permet pas de scruter trop à fond son opinion; sans cela on pourrait lui faire bien des observations, notamment sur la sensibilité qu'il confond avec l'invulnérabilité, sur sa comparaison avec un végétal dont on peut *couper* ou retrancher certaines parties sans redouter de trop grands désordres. Cet exemple, en effet, n'a aucun rapport avec les phénomènes des convulsionnaires, puisqu'on ne pouvait point entamer leur corps, et que c'est justement cette propriété singulière dont il fallait donner l'explication. Il suffit, pour s'en convaincre, de rappeler, à propos de la comparaison spéciale émise par

[1] *Du magnétisme animal en France,* p. 392.

Bertrand, le secours des pelles coupantes qui *ne pourraient* offenser le sein des convulsionnaires.

Bertrand, sans y prendre garde, a passé à pieds joints sur la difficulté. Son opinion nous laisse dès lors dans la même obscurité; mais, puisque ce n'est qu'une opinion hasardée, à défaut de *l'explication qu'il ne cherche pas à donner,* nous n'insisterons pas davantage.

§ IV.

OPINION DE M. CALMEIL.

Pour M. Calmeil, les convulsionnaires sont des malades, et les convulsions le résultat d'un état maladif présentant les principaux symptômes de la théomanie extato-convulsive. Il assigne dès lors pour cause des convulsions l'hystérie et le délire religieux.

« Voici en définitive, dit-il à la suite de son étude sur l'épidémie jànséniste [1], comment se peuvent résumer les données, aujourd'hui difficiles à acquérir, que l'on parvient à rassembler en dépouillant les principaux écrits qui traitent des événements survenus à Saint-Médard après la mort de Pâris. »

. . . .

« Les phénomènes musculaires offraient souvent les caractères de l'hystérie (page 393)...... Quelquefois aussi les accidents spasmodiques devaient ressembler à des secousses épileptiformes répétées. » (Page 393.)

. . . .

« Dès 1732, l'hystérie se compliqua de phénomènes extatiques, de phénomènes cataleptiformes. Un bouleversement complet commença à régner dans les principales

[1] Tome II, p. 392 à 400.

fonctions encéphaliques des convulsionnaires. Le délire de
la théomanie mit le comble à tant d'accidents nerveux...
Les plus ardents convulsionnaires *appelants*, à l'exemple
des convulsionnaires calvinistes, s'excitèrent (*sic*) le cerveau par la prière, par la privation de sommeil, par la
privation de nourriture, et il ne régna plus que du désordre
dans leurs déterminations, dans leurs jugements, dans
leurs sensations, dans leurs sentiments religieux. »

« La monomanie de ces fanatiques offrit successivement
une grande diversité dans ses modes d'expression. Les
uns, pour ne laisser aucun doute sur le renversement des
lois de la nature humaine opéré en leur faveur, et qui,
selon eux (*sic*), les rendaient invulnérables, demandèrent
des secours et des moyens de guérison à des furieux (*sic*)
qui les exposèrent mille fois à périr sous le poids des coups
qu'ils leur administrèrent... » (Page 395.)

« Quand des hommes et des femmes, infatués de leurs
perfections et de leur sainteté, pullulent par milliers dans
une cité, il faut se hâter de multiplier le nombre des asiles
que l'on réserve aux maladies de l'esprit. » (Page 400.)

Analysons la théorie de M. Calmeil. Montgeron raconte
que les convulsionnaires sortaient du commun du peuple ;
que le plus grand nombre se composait de jeunes enfants
et principalement de filles ; que presque tous avaient vécu
jusque-là dans l'ignorance et l'obscurité ; que plusieurs
étaient disgraciés de la nature ; qu'il y en avait qui, hors
de leur état surnaturel, paraissaient même imbéciles. « On
le voit, dit M. Calmeil, comme dans toutes les épidémies
convulsives jusque-là observées, la réaction des effets nerveux se faisait surtout sentir sur les sujets faibles ou valé-

tudinaires, sur des enfants, des jeunes filles très-faciles à
impressionner; sur des êtres dont l'organisation cérébrale
laissait beaucoup à désirer [1]. » Nous voudrions bien savoir
si c'est parce qu'ils étaient *très-faciles à impressionner*
que des enfants, des jeunes filles demandaient et recevaient
des secours tellement effrayants que les plus braves auraient
tremblé rien qu'à l'idée de pouvoir les subir. Ah! vous
trouvez que l'organisation cérébrale de ces êtres faibles
laissait beaucoup à désirer? Mais quelle volonté plus énergique exigez-vous de l'espèce humaine que celle qui portait
ces enfants, ces filles, à réclamer avec persistance « *des*
moyens de guérison à des furieux qui les exposèrent,
dites-vous [2], *mille fois à périr sous le poids des coups*
qu'ils leur administrèrent? » Connaissez-vous beaucoup
d'individus parmi ceux dont l'organisation cérébrale ne laisse
rien à désirer qui offrent l'exemple d'un pareil prodige?

Arrivons à l'hystérie. Il semblerait tout d'abord que les
exemples choisis par M. Calmeil auraient dû le rendre
assez réservé; car il cite entre autres la fille Bridan, qui
continua pendant vingt-deux jours à se mettre tous les
jours sur la tombe de Pâris, et chaque fois éprouva les
mêmes convulsions que la première, souvent même
plus grandes et en plus grand nombre [3]. On peut demander à M. Calmeil si c'est un caractère des maladies de se
produire à la volonté des malades dans un lieu déterminé et
rien que là, avec retour périodique mathématiquement calculé. Poursuivons. « Il est plus que présumable, dit encore
l'auteur [4], que plusieurs convulsionnaires qui entretenaient
leurs appareils nerveux dans un état permanent de surexci-

---

[1] Tome II, p. 317.
[2] *Id.*, p. 395.
[3] *Id.*, p. 321.
[4] *Id.*, p. 317.

tation finirent par succomber à des maladies cérébrales aiguës. » Voilà donc des malades, puisque vous les tenez pour tels, qui ont l'art de *s'entretenir* dans leur état maladif !... Ce n'est pas tout. Aurait-on pu penser que l'hystérie conférât le don de l'improvisation ? « Cependant, dit M. Calmeil[1], plusieurs inspirés improvisaient sans présenter les signes du raptus-extatique ; l'explosion d'une simple crise hystérique suffisait pour les jeter tout à coup dans une sorte d'accès d'exaltation intellectuelle dont l'entraînement les contraignait à donner cours à leurs idées. » C'est la thèse déjà émise par le docteur pour expliquer l'inspiration des Camisards[2]. M. Calmeil y tient. Ainsi l'hystérie rend orateur, orne du don de l'esprit les *imbéciles*, les filles extrêmement timides dont le fond n'est qu'*ignorance, stupidité, basse naissance*[3].

Si l'on se rappelle les *secours* prodigieux qu'ont reçus les convulsionnaires, on se demande depuis quand les filles recevant des coups d'épée dans les yeux sans blessure, des coups de bûche par milliers, restent invulnérables par cela seul qu'elles sont hystériques. Est-ce qu'en dehors des épidémies de Loudun, des Camisards, de Saint-Médard ou autres de même nature, M. Calmeil a jamais vu des filles invulnérables ? En connaît-il un seul exemple ? Ce mot *hystérique* est vraiment admirable ! Une fille imbécile dans son état ordinaire a le don de révélation lorsqu'elle est en convulsion[4] : elle est hystérique. En voici une autre qui ignore la musique[5], mais elle entre en convulsion ; soudain elle chante mélodieusement tant que dure son

---

[1] Tome II, p. 347.
[2] *De l'inspiration des Camisards*, p. 125 à 139.
[3] Montgeron, II, p. 48.
[4] Voir plus haut, p. 43.
[5] *Id.*, p. 62.

accès : elle est hystérique. Une autre encore : celle-là on l'écrase, on la met en presse [1], son corps résiste comme un corps d'airain : elle est hystérique. On la jette dans le feu [2], on la précipite sur le pavé [3], on lui donne l'estrapade [4], tout cela sans dommage pour elle : hystérique, toujours hystérique. Et ces *enfants* [5] qui recevaient les secours et qui restaient *invulnérables* étaient-ils hystériques aussi ? M. Calmeil connaît-il beaucoup d'enfants hysté-riques ? Ignorerait-il que l'hystérie n'a pas été constatée chez des enfants âgés de moins de *dix à quinze ans* (voir Landouzy, page 184), tandis que les grands secours étaient demandés et reçus par des enfants de TROIS ou QUATRE ANS ? (Voir ci-dessus page 83.)

(voir Landouzy, page 184) ... (Voir ci-dessus page 83.)

Quelques mots sur l'hystérie.

Quoi qu'il en soit, en présence de la persistance que mettent quelques manigraphes à attribuer à l'hystérie les phénomènes observés chez les convulsionnaires de Saint-Médard, laissons un moment M. Calmeil, et recherchons ce qu'on entend par ce mot.

Nous recourrons aux écrivains dont l'autorité en pareille matière ne sera récusée par personne, c'est-à-dire à M. Dubois (d'Amiens) [6], à Landouzy [7], à Valleix [8],

---

[1] Voir plus haut, p. 24, 54 et 84.

[2] *Id.*, p. 53.

[3] *Id.*, p. 84.

[4] *Id.*, p. 87.

[5] *Id.*, p. 52.

[6] *Histoire philosophique de l'hypocondrie et de l'hystérie*, par E. Frédéric Dubois (d'Amiens), docteur en médecine, etc., 1 vol. in-8°, Paris, Deville-Cavellin, 1833.

[7] *Traité complet de l'hystérie*, par H. Landouzy, professeur adjoint à l'école de médecine de Reims, etc., 1 vol. in-8°, Paris, J. B. et G. Baillière; Londres, H. Baillière, 1846.

[8] *Guide du médecin praticien*, Paris, J. B. Baillière, 1851, t. IV.

à Louyer-Willermay [1], à Georget [2], à M. Foville [3].

M. Dubois (d'Amiens) est l'auteur d'une histoire philosophique de *l'hystérie*, couronnée par la Société royale de
médecine de Bordeaux. C'est dans cet ouvrage que nous
rechercherons d'abord quels sont les symptômes de l'hystérie. M. Dubois (d'Amiens) les expose ainsi [4] :

« Exclusive au sexe féminin, *hysteria solis feminis propria
est*, règne pendant la période utérine de la vie, *urget intra
pubertatem et menstruorum cessationem*, — apparaît sous forme
d'attaques subites, *insultus morbi subitaneus*. — Invasion déterminée surtout par des émotions vives; elle est brusque ou
annoncée pendant quelques heures par des signes précurseurs :
gaieté ou tristesse involontaires, pleurs sans motifs, rires
presque convulsifs, soupirs profonds, crispations dans les
membres; légers tournoiements dans l'abdomen; serrements
du gosier, etc. — Les symptômes ont deux degrés.

» *Premier degré.* — Pesanteurs dans les membres; engour-
dissements; crispations plus marquées; sentiment profond
d'une constriction ascendante dans diverses parties de l'abdomen, qui est gonflé ou rétracté, *umbilicus introtrahitur* (Kampf,
196); sensation d'un corps étranger arrondi (*globus hystericus*),
hyperkinesia interdum κατ' ἐξοχὴν *in visceribus abdominalis insig-
nitur*. Serrements de poitrine; soupirs continuels; besoin in-
satiable de respirer; palpitations; dyspnées; augmentation du
serrement de poitrine; étranglement; sensation d'un corps
étranger fixé au gosier; gonflement du cou; jugulaires gon-
flées; carotides vibrantes; suffocation; hémicrânie; douleur
fixe et poignante dans une partie de la tête (*clavus hystericus*);
face animée; serrements des mâchoires; roidissement général et
volontaire des muscles locomoteurs; peu après relâchement, puis
roidissement nouveau plus ou moins prolongé; contorsions des
membres. *In paroxysmo adhuc sui conscientia remanet, convulsiones leviores esse et magis in membrorum flexione et extensione
constare solent* (Richter, cc). — Retour à la santé possible.

[1] *Traité des maladies nerveuses*, Paris, 1846, 2 vol. in-8°.
[2] *Dictionnaire de médecine*, article *Hystérie*.
[3] *Dictionnaire de médecine et de chirurgie pratiques*, Paris, 1833,
t. X, p. 345.
[4] Page 290.

» *Deuxième degré.* — Aux symptômes précédents succèdent, ou même apparaissent tout à coup les phénomènes suivants : cris douloureux et sauvages, perte incomplète de connaissance, quelquefois perte entière; face vultueuse; cou énormément gonflé; battements du cœur tumultueux et violents; contractions des muscles locomoteurs *enlevées* à la volonté; convulsions générales effrayantes; efforts extraordinaires contenus à peine par plusieurs personnes; grands mouvements de flexion et d'extension; expuition fréquente; quelquefois salive un peu mousseuse, mais point d'écume à la bouche, *neque spumat os neque intro flectuntur pollices.* Suffocation souvent imminente, *respiratio et circulatio ferè suspenduntur.* — Tantôt les malades bondissent sur leurs lits, tantôt elles offrent des roidissements presque tétaniques; quelquefois syncopes prolongées ou pertes de sentiment et de mouvement sans pâleur de la face, ni froid des extrémités; la durée des attaques peut aller à plusieurs heures. Retour prompt à la connaissance. *Post convulsiones statim ad se redeunt ægrotæ.* — Retour à la santé possible, mais rarement à une santé bien complète: *Tunc prognosis in hysteriâ quemadmodùm in morbo ferè semper adhuc immateriali et dynamico fausta.* » (Lœwenthal, 84.)

À ces traits généraux, M. Dubois (d'Amiens) en ajoute un particulier qu'il est nécessaire de noter :

« Dans l'hystérie, dit-il [1], on a quelquefois remarqué des attaques surprenantes par l'élocution comme inspirée, et par le grandiose des pensées de certaines malades; ce qui faisait dire à Diderot que, dans le délire hystérique, la femme revient sur le passé, qu'elle lit dans l'avenir, et que tous les temps lui sont présents. Rien qui se touche de plus près, ajoutait ce philosophe enthousiaste, que l'extase, les visions, les prophéties, les révélations, la poésie fougueuse et l'hystéricisme. »

Tels sont les caractères symptomatologiques assignés par M. Dubois (d'Amiens) à l'hystérie. Quels rapports ont-ils avec ce que nous avons vu chez les convulsionnaires? Où est-il question que les femmes hystériques soient, pour ce motif, ornées du don de révélation, de celui de l'intel-

[1] Page 352.

ligence ou de l'éloquence, comme cette multitude d'enfants, d'imbéciles jansénistes, qui, parce qu'ils avaient de *certaines* convulsions, faisaient des discours très-*sublimes* [1] ? Pourquoi M. Dubois (d'Amiens) ne nous dit-il pas que les hystériques sont *invulnérables* comme les convulsionnaires à grands secours ? Quel parallèle établir entre des *malades* et des gens dont la *santé n'était jamais* ALTÉRÉE, quelle que fût la violence de leurs convulsions ? On le reconnaîtra : les désordres produits par l'hystérie et les phénomènes observés chez les convulsionnaires ne présentent pas la moindre similitude.

Voyons maintenant comment s'exprime Landouzy dans son *Traité complet de l'hystérie*, ouvrage couronné par l'Académie royale de médecine de Paris.

« Pour nous, dit l'auteur [2], comme pour la plupart des pathologistes anciens et modernes, l'hystérie consiste en une névrose de l'appareil générateur de la femme, revenant par accès apyrétiques, et offrant pour symptômes principaux un sentiment pénible de strangulation, la sensation d'une boule qui remonte de l'hypogastre ou de l'épigastre à la gorge, et, souvent, des convulsions accompagnées ou non de troubles sensoriaux ou intellectuels. »

A cette définition qui exclut déjà toute affinité avec *l'état* des convulsionnaires, Landouzy ajoute la symptomatologie suivante :

« Les premiers symptômes qui se manifestent prennent leur point de départ de l'épigastre ou de l'hypogastre, sous forme d'une impression souvent sourde et obscure, rarement aiguë et manifeste. Tantôt c'est un frémissement, un fourmillement, une chaleur vive ou un froid glacial qui s'irradient du bas-ventre ou de l'épigastre au cou, tantôt la sensation d'une boule qui, s'étendant des mêmes parties et suivant le même trajet,

---

[1] Voir plus haut, p. 44.
[2] Page 16.

détermine, lorsqu'elle est parvenue à la gorge, une constriction ou une suffocation telle que la malade craint de mourir
étranglée ou *suffoquée* (ce sont les expressions généralement
employées). — En même temps surviennent des bouffées de
chaleur au visage, une douleur de tête fixe et comme téré-
brante (clou hystérique), des tintements d'oreilles, des palpitations, des crampes, des borborygmes, des coliques plus ou
moins violentes, du météorisme; quelquefois des vomissements, des éternuments, des pleurs. Ces derniers symptômes
annoncent ordinairement la fin de l'accès, qui se termine souvent par l'émission d'une urine limpide, ou par une excrétion
utérine ou vaginale plus abondante que de coutume. — Dans
cette forme non convulsive peuvent survenir des cris, la perte
complète ou incomplète de connaissance, l'extase, le somnambulisme, les idées délirantes, la syncope, et enfin tous les
autres accidents que nous étudierons plus loin, sauf les convulsions. — Réduite au contraire à son minimum d'intensité,
la forme non convulsive consiste uniquement dans un simple
paroxysme très-long ou très-court, constitué par la seule sensation plus ou moins pénible de la boule hystérique, avec
bouffées de chaleur, palpitations, pleurs, anéantissement, etc. [1] ...
— Dans la forme convulsive, les spasmes peuvent se montrer
presque immédiatement, ou graduellement, après que les autres
symptômes sont parvenus à un plus haut degré. Dans ce dernier cas, la crise suit la marche que nous venons de décrire,
sauf l'invasion des convulsions, qui surviennent en général
quand la constriction cervicale est arrivée à son maximum
d'intensité... Dans le premier cas, c'est-à-dire si les spasmes
surviennent immédiatement, la malade tombe à terre; et cette
chute est précédée ou accompagnée par un cri, la face et le cou
se tuméfient, les veines jugulaires se dessinent sous la peau,
les traits du visage sont contractés de mille manières; la suffocation et l'étranglement paraissent imminents; les yeux, les
membres et le tronc sont agités par les mouvements les plus
désordonnés et les plus violents. *Quibusdam solum oculi, aliis
lingua, aliis artus aut alia quæpiam pars convelluntur per varia
et inordinata intervalla, multaque alia symptomata comitantur,
ut deliria, mentis sensuumque læsiones tam internorum quam
externorum.* (Primerose, lib. III, cap. 7, p. 183.) — Quelquefois ces convulsions revêtent les caractères du tétanos et parti-

[1] Page 27.

cipent à toutes ses variétés; d'autres fois, on remarque une immobilité cataleptique générale, ou des phénomènes de catalepsie dans un seul membre, les autres parties du corps continuant à se convulser. — Tantôt se mordant et se frappant elle-même, tantôt frappant et repoussant les personnes qui veulent la contenir, la malade se porte constamment les mains soit à la poitrine ou au bas-ventre, comme pour indiquer un point douloureux, soit au cou et à la poitrine, comme pour arracher l'obstacle qui l'étrangle. — Outre les morsures des bras et des mains, on en voit survenir encore de très-profondes aux lèvres et à la langue, sous l'influence des convulsions maxillaires, qui amènent aussi une salive parfois assez épaisse pour paraître écumeuse. — C'est surtout dans ces accès convulsifs portés à un haut degré que se remarquent le rire et les pleurs, les cris les plus bizarres, les paroles les plus insensées, les aveux les plus compromettants, enfin la perte complète de connaissance et ces syncopes prolongées qui vont jusqu'à simuler la mort. — Du reste, les phénomènes d'expression, tels que les cris, les plaintes, les rires ou les larmes, indiquent presque à coup sûr, comme dans la forme précédente, la fin prochaine de l'accès, qui se termine presque toujours aussi par les excrétions notées plus haut [1]. »

A ces symptômes généraux, Landouzy, comme M. Dubois (d'Amiens), ajoute l'indication de certains symptômes particuliers entre lesquels nous distinguons les suivants :

« Chez d'autres malades, dit-il, ces paroxysmes s'accompagnent d'un tel désordre intellectuel, qu'elles se mordent les mains, s'arrachent les cheveux, se déchirent la chair avec les ongles, et se jettent sur tous les objets à leur portée pour les briser, ou sur les personnes qui les entourent, fût-ce leurs amies les plus chères, et même leur mère, soit pour les mordre, soit pour les frapper, soit pour mettre leurs vêtements en pièces [2]. »

Puis il parle du délire, de l'exaltation, de l'hallu-

[1] Page 28.
[2] Page 59.

cination chez les hystériques, et il s'exprime ainsi [1] :

« Le délire n'est pas rare... pendant les accès d'hystérie. Quand la maladie résulte d'une cause morale, les idées délirantes roulent ordinairement sur tout ce qui se rapporte à cette cause... D'autres fois, c'est un délire furieux, avec envie de battre, de mordre, de se sauver, de se suicider.... Dans certains cas, on constate une céphalalgie atroce, la dilatation des pupilles, la fixité du regard, des soubresauts, du coma, des symptômes apoplectiques, de la carphologie même, ou d'autres phénomènes qui pourraient en imposer, et qui en ont déjà imposé pour une méningite aiguë ou pour de graves complications. Les hallucinations, les illusions et la perversion des sens se remarquent aussi dans un assez grand nombre d'accès. Les unes aperçoivent sans cesse, pendant la crise, l'objet qui a causé leur première frayeur ; les autres accusent les sensations les plus extraordinaires, se plaignent de *cordes qui leur compriment les membres, de bêtes qui leur rongent les os*, etc., etc. — Dans quelques crises, c'est une sorte d'extase ou de somnambulisme ; dans d'autres, une exaltation qui accroît d'une manière subite et élève à un degré vraiment extraordinaire les facultés intellectuelles. »

Passant ensuite à cette circonstance que certaines malades profèrent des *jurements grossiers*, des *épithètes obscènes, langage si peu en harmonie avec leur éducation et leurs habitudes*, Landouzy [2] en rapporte l'explication donnée par ces malades elles-mêmes :

« A savoir : que plus ces expressions leur paraissent révoltantes par leur grossièreté, plus elles sont tourmentées de la crainte de les proférer, et que cette préoccupation si vive est précisément ce qui les leur met au bout de la langue, quand elles ne peuvent plus la maîtriser. »

Ailleurs, notre auteur précise le caractère des DOULEURS *hystériques* [3] :

« L'un des caractères les plus constants des douleurs hysté-

[1] Page 83.
[2] Pages 85 et 86.
[3] Page 98.

riques, c'est leur prodigieuse intensité en l'absence de symptômes locaux capables de rendre compte de la violence des
souffrances. On en aura une idée par les cris que poussent les
malades au moindre attouchement de la partie affectée, et surtout en se rappelant ces deux hystériques qui, dans l'espoir de
se débarrasser de leurs douleurs, supportent, l'une, l'amputation du genou, l'autre, deux fois l'amputation de la cuisse, la
section du nerf sciatique et l'extraction de la tête du fémur. »

Enfin, Landouzy résume de la manière suivante
l'ensemble de ces *symptômes particuliers;* on jugera
par là de leur parenté avec les phénomènes qui nous
occupent :

« Boule hystérique; constriction pharyngo-œsophagienne;
dysphagie; convulsions laryngiennes; convulsions; perte de
connaissance, syncopes; circulation sanguine; sécrétions :
gazeuse, urinaire, utérine, vaginale; ptyalisme; injection du
système capillaire cutané; sueurs; délire, exaltation, hallucination, etc.; rires, pleurs; fonctions digestives; dégagement
d'électricité; soubresauts, craquements; douleurs; douleurs
hystériformes consécutives aux lésions organiques de l'utérus;
paralysie, aphonie, dysphagie; amaurose; paralysie vésicale. »

Nous reviendrons maintenant à la question que nous
posions plus haut : Quelle ressemblance prétend-on trouver
entre les femmes hystériques et les convulsionnaires jansénistes? Quelle analogie établir entre une femme qui,
comme dans l'hystérie, cherche à arracher de son cou
l'obstacle qui l'étrangle, et la convulsionnaire qui se fait
serrer la trachée-artère au point que *la langue sort de la
bouche d'environ deux doigts, enflée et de couleur
bleue* [1]? Quelle identité trouve-t-on entre les hystériques
qui se *déchirent la chair avec les ongles,* et les convulsionnaires qui recherchent les grands secours avec volupté
et demeurent *invulnérables?* Qu'y a-t-il de commun,

---

[1] Voir ci-dessus les secours donnés à la fille Nicette, p. 88.

encore une fois, entre l'hystérique prononçant *les paroles les plus insensées,* et cette multitude d'enfants et d'imbéciles qui, doués du don de l'intelligence et de l'éloquence, font, durant leurs convulsions, des discours *très-sublimes* [1], et cela pendant des mois et des années de suite ? Quel rapport établir entre ces femmes hystériques qui se plaignent de *cordes qui leur compriment les membres, de bêtes qui leur rongent les os,* et les convulsionnaires qui recherchent les grands secours avec tant d'avidité qu'il faut leur donner de *trente à quarante mille coups de bûche* dans un mois ? Y a-t-il égalité de situation entre les hystériques qui profèrent des paroles obscènes parce que, *tourmentées de la crainte de les proférer,* cette PRÉOCCUPATION *si vive est* PRÉCISÉMENT *ce qui les leur met au bout de la langue,* et les convulsionnaires qui, en prononçant des discours, sentent qu'une *puissance supérieure remue* leur bouche et *forme* les paroles *sans que* LEUR VOLONTÉ *ait besoin d'y contribuer* [1] ? Enfin quelle similitude y a-t-il entre des femmes *malades* dont les DOULEURS *hystériques* sont telles qu'au *moindre attouchement de la partie affectée* elles poussent des cris violents, et ces autres femmes dont la *santé n'est jamais altérée* par les secours les plus MEURTRIERS ?

Non, l'hystérie n'a rien de commun avec l'état des convulsionnaires : c'est en vain que l'on cherche à établir la parité, l'analogie : les accidents observés dans les deux cas accusent la plus *entière dissemblance.*

Faudra-t-il recourir maintenant aux autres auteurs qui ont traité de l'hystérie pour s'assurer si, dans la symptomatologie de cette maladie, on pourrait trouver quelques

---

[1] Voir plus haut, p. 44.
[2] Voir ci-dessus, page 45.

points de rapprochement avec ce que l'on a vu chez les convulsionnaires? Ce serait fort inutile; consultez Valleix, qui adopte la symptomatologie de Landouzy; parcourez Louyer-Willermay, Georget, M. Foville, la question ne se déplacera pas, parce qu'elle ne peut pas être déplacée, attendu que l'hystérie est une maladie et que les convulsions des convulsionnaires ne constituent pas une maladie. Par conséquent, l'hystérie ne saurait expliquer les convulsions.

Continuation de l'examen de l'opinion de M. Calmeil.

M. Calmeil sera-t-il plus heureux avec le délire? car c'est par le délire qu'il tente d'expliquer encore les secours meurtriers. Il ne voit *dans toutes ces extravagances qu'un renforcement d'exaltation religieuse* [1], *dû aux suggestions du délire religieux* [2]. Il prétend ensuite *que la rage de l'homicide et du suicide s'était emparée d'une grande partie de la secte des appelants* [3]. Enfin, il compare les convulsionnaires à *un peuple d'épileptiques et de monomaniaques* [4], et il ajoute qu'une *affection mentale épidémique régnait parmi les appelants* [5]..., *que l'histoire de la folie religieuse fournit seule effectivement des exemples d'un pareil scandale* [6].

Mais où donc l'honorable M. Calmeil a-t-il vu cette rage du suicide et de l'homicide? Aurait-il lu assez peu attenti-

[1] Tome II, p. 370.
[2] *Id.*, p. 371.
[3] *Id.*, p. 373.
[4] *Id.*, p. 384.
[5] *Id.*, p. 384.
[6] *Id.*, p. 383.

vement *tous les auteurs* pour n'avoir pas vu qu'on ne donnait les secours meurtriers *que* parce qu'on savait les convulsionnaires *invulnérables?* C'était si peu pour les tuer, qu'on les leur administrait pour les *soulager*, et que de là leur vint le nom de *secours*. Si ces secours ont été qualifiés de *meurtriers*, ce n'est pas parce qu'ils l'étaient; mais parce que en réalité ILS AURAIENT DU L'ÊTRE si.... les convulsionnaires n'avaient été que des hystériques, que des délirants. Que vient donc faire ici ce peuple d'*épileptiques*, de *monomaniaques?* Vous savez bien que tous ces jansénistes avaient une volonté arrêtée, un but nettement déterminé qu'ils poursuivaient sans relâche, avec persévérance et surtout avec toutes les précautions possibles pour échapper aux recherches de la police, ce qui dénote une somme suffisante de calcul pour exclure toute idée d'hallucination, de monomanie, d'affection mentale.

Mais M. Calmeil ne se borne pas à professer que le délire religieux enfante les secours meurtriers; il entend encore donner la raison d'être de l'innocuité de ces secours sur le corps des convulsionnaires. Écoutons-le :

« L'énergique résistance qu'opposaient sur les convulsionnaires de Saint-Médard la peau, le tissu cellulaire, la surface du corps et des membres au choc des coups, est certainement faite pour causer de la surprise. Mais beaucoup de ces fanatiques se faisaient une grande illusion en se figurant qu'ils étaient invulnérables; car il a été vingt fois constaté que plusieurs d'entre eux offraient, à la suite des cruelles épreuves qu'ils sollicitaient, de larges ecchymoses sur les téguments et d'innombrables contusions sur les surfaces qui avaient supporté les plus rudes assauts. Du reste, les coups n'étaient jamais administrés que pendant la tourmente convulsive; alors le météorisme du ventre,

l'état de spasme de l'utérus sur les femmes, du canal alimentaire sur tous les malades; l'état de contraction, d'éréthisme, de turgescence des enveloppes charnues, des plans
musculaires qui protégent et recouvrent l'abdomen, le
thorax, les principaux troncs vasculaires, les surfaces osseuses, devaient singulièrement contribuer à atténuer, à
amortir, à annuler la violence des coups. N'est-ce pas en
plaçant, par la force de la volonté surexcitée, tout l'organisme dans des conditions d'éréthisme à peu près analogues, que les boxeurs et les athlètes se trouvent en état
de braver jusqu'à un certain point le danger de leur profession? Il est à remarquer enfin qu'on se servait, pour
frapper sur le corps des convulsionnaires, de corps ou
d'objets volumineux à surfaces plates ou arrondies, à con-
tours cylindriques et émoussés; or, l'action de pareils
agents physiques n'est pas à comparer, quant au danger
qui s'y attache, à celle des cordes, des verges, des instruments souples, flexibles, à arêtes prononcées. Au total,
le contact et l'impression répétés des coups produisaient
sur les convulsionnaires l'effet d'une sorte de massage salutaire, et rendaient moins poignantes ou moins sensibles
les tortures de l'hystérie. Il eût été préférable, sans aucun
doute, d'adopter l'usage de secours moins meurtriers; la
fureur de se signaler par un privilége comme miraculeux,
plus encore peut-être que le besoin instinctif d'un prompt
soulagement, poussait les convulsionnaires théomanes à
faire choix des moyens les plus propres à agir sur l'imagination d'une populace qui ne pouvait plus être tenue en
haleine que par de continuels tours de force [1]. »

   Eh bien! nous le demandons à quiconque a lu en quoi
consistaient les secours meurtriers et a constaté l'in-

---

[1] Tome II, p. 386.

vulnérabilité des convulsionnaires qui les recevaient, nous demandons si l'on peut tenter d'expliquer par la physiologie un phénomène aussi contraire à toutes les lois de la physiologie. Vous l'admettez, soit, puisque vous prétendez l'expliquer; mais, de grâce, ne l'expliquez pas, puisqu'il est le renversement de la science, et surtout ne parlez pas de *massage salutaire* : le public pourrait être tenté de sourire.

Quelle peut donc être la cause d'aussi singulières appréciations? Hélas! cette cause est bien simple; elle tient à l'habitude où est M. Calmeil, au lieu d'adopter les faits tels qu'ils sont, de les écourter, de les analyser, pour ramener le *texte* à une idée préconçue. Déjà nous l'avions repris sur ce point, à propos de l'épidémie des Camisards : c'est pis encore ici. On a lu plus haut, page 66, le récit des convulsions de Jeanne Thénard. M. Calmeil l'a donné aussi; mais il a supprimé les trois dernières lignes que voici : « Ses » mouvements passés, elle était aussi fraîche, aussi tran- » quille, et se portait aussi bien que si elle ne les avait pas » eus. » M. Calmeil ne connaissant point, en dehors des convulsionnaires de Saint-Médard ou des Cévennes, de malheureux sujets aux convulsions qui, à peine l'accès terminé, se portent aussi bien que s'ils ne les avaient pas eues, n'a trouvé rien de mieux que de supprimer ici ce qui aurait gêné sa théorie. Autre exemple : à l'appui de sa thèse sur l'hystérie, M. Calmeil cite la *maladie convulsive* qui précéda la guérison de la fille Giroust (voir page 70), comme présentant *le caractère hystérique bien prononcé* [1]. Mais dans ce cas *bien prononcé*, il est dit que la fille Giroust avait prédit le moment de sa guérison et avait guéri alors en effet. M. Calmeil juge convenable de supprimer

[1] Tome II, p. 323.

ce passage. Pourquoi? Passons au jeûne de Fontaine. M. Calmeil n'hésite pas à le tenir pour le résultat de ce *cruel délire qui tient de l'inspiration* [1]. Et tous ses lecteurs de répéter : *Cruel délire!* Qu'y a-t-il là d'étonnant? M. Calmeil a supprimé cette phrase de Montgeron : « Dans » cet état forcé, il (Fontaine) conservait une ENTIÈRE » LIBERTÉ D'ESPRIT. » Vous entendez, *entière liberté d'esprit!*... Mais comme il fallait absolument que Fontaine fût une victime du cruel délire, ce passage a été supprimé.

Au surplus, quand M. Calmeil ne supprime pas, il analyse, et c'est bien plus grave. Qu'on en juge par *l'observation de la femme Thévenet, l'une des plus intéressantes,* selon lui, *de* TOUTES *celles qui ont été recueillies sur les théomanes de Saint-Médard* [2]. Voici le texte tel qu'il est rapporté dans dom Lataste [3], *où M. Calmeil l'a puisé ;* nous mettons en regard le texte de M. Calmeil lui-même [4].

Convulsions de la femme Thévenet [5].

TEXTE VRAI.	TEXTE DE M. CALMEIL.
« Le 20 septembre 1734, la veuve Thévenet, étant incommodée d'une dureté d'oreilles, commença une neuvaine à Pâris à l'insçu de son curé et confesseur et à la sollicitation de la demoiselle Pressel, convulsionnaire. Elle but aussi de l'eau où elle avait fait détremper de la terre du tombeau du diacre, qui	« Le 20 de septembre 1734, la veuve Thévenet, espérant se débarrasser d'une surdité incomplète, se décida à boire, et but de l'eau tenant en suspension quelques molécules terreuses provenant de la fosse de Pâris ; le même jour, elle se servit, pour humecter son oreille, d'un linge imprégné de cette même

[1] Tome II, p. 338.
[2] *Id.*, p. 330.
[3] Tome I, p. 646 à 656.
[4] Tome II, p. 324 à 329.
[5] Voir page 82.

luiavait été donnée par une autre convulsionnaire nommée Manon ; elle trempa dans cette eau un linge qu'elle mit dans ses oreilles.

» Le 21 septembre, elle reçut de la même Manon trois livres, dont l'un a pour titre : *Manuel de piété*, et en le recevant elle se sentit soudainement frappée de terreur. Manon, pour la convaincre du mérite des convulsions, lui montra sa cuisse, qui était toute noire des coups qu'elle s'était donnés.

» La neuvaine finie avec le succès ordinaire, c'est-à-dire sans aucun succès[1], elle commence une seconde neuvaine le 29 septembre, en usant des mêmes cérémonies qu'auparavant. Pendant une des trois nuits suivantes, elle fut tout émue ; son cœur fut extrêmement agité ; elle se trouva saisie d'un étonnement et d'une frayeur non ordinaires.

» Le 1ᵉʳ octobre, elle sentit également en elle-même des choses extraordinaires qu'elle ne peut définir, et ses jambes devinrent tremblantes.

» Le 2, étant à la messe, elle éprouva de grands mouvements dans tout son corps. Revenue chez elle, elle va dans le jardin, et là sa tête s'agite sans qu'elle y ait aucune part. Elle monte dans sa chambre, où était la femme Charpentier, et elle y fait de grands mouvements de bras, de jambes et de presque

eau, et commença une neuvaine en l'honneur du feu diacre.

» Le 21 de septembre, elle se sentit frappée de terreur à la vue de trois livres de prières qui lui furent apportés par une convulsionnaire.

» Le 29, elle entreprend une seconde neuvaine en invoquant Pâris ; les nuits suivantes elle se sent agitée, émue, en proie à un saisissement et à une frayeur extraordinaires.

» Le 1ᵉʳ octobre, les dispositions nerveuses sont plus inquiétantes ; des tremblements se joignent à l'anxiété morale ; la malade annonce qu'il se passe en elle des choses qui lui semblent tout à fait étranges.

» Le 2 octobre, pendant une messe à laquelle elle assiste, elle perçoit dans toute son organisation une perturbation indéfinissable qui l'oblige à sortir dans un jardin, où sa tête commence à être secouée sans la participation de sa volonté. Aussitôt qu'on l'a ramenée dans son appartement, elle se met à faire

---

[1] Il ne faut pas oublier que dom Lataste était l'adversaire des convulsions.

tout le corps, se frappant les cuisses avec les poings fermés.

— Cette femme vient à elle pour la secourir, et elle répond qu'elle est, grâce à Dieu, convulsionnaire, mais qu'il n'en faut rien dire à son confesseur. Pendant trois quarts d'heure qu'elles sont seules ensemble, la veuve Thévenet est si violemment agitée que la femme Charpentier en a une frayeur et un frisson qui durent près de quatre heures.

» M. Mariette, frère de la veuve Thévenet, chanoine à Corbeil, arrive : on lui dit que sa sœur est malade; il monte dans sa chambre, et, dès qu'elle l'aperçoit, elle lui dit : — Mon frère, il faut rendre grâces à Dieu, j'ai le bonheur d'être convulsionnaire, se donnant cependant de grands coups sur les cuisses, le visage tout enflammé et les yeux tout à fait tournés. Effrayé de ce hideux et tragique spectacle, il veut empêcher que sa sœur continue à se frapper; mais quelque effort qu'il fasse, il ne le peut, quoiqu'elle soit d'un tempérament faible et délicat.

» Accompagné de la Charpentier, il conduit la veuve Thévenet dans le jardin pour lui faire prendre l'air, et voici un phénomène bien remarquable. Quoiqu'ils la tiennent eux deux de toutes leurs forces, elle s'élève à diverses reprises à sept ou huit pieds de haut, sautant trois fois à chaque reprise, et avec tant de force, qu'elle les emporte à la hauteur de trois pieds de terre, parlant dans ce temps-là un langage qu'on ne peut réciter.

malgré elle de violents mouvements des bras, des jambes, de toutes les parties qui sont susceptibles de mobilité, et se porte de rudes coups de poing sur les cuisses. Une femme qui cherche à la contenir est tellement impressionnée à la vue de ce spectacle, qu'elle éprouve pour son compte un long frisson nerveux.

» Un frère de la veuve Thévenet, chanoine à Corbeil, s'épuise en efforts superflus pour empêcher sa sœur de se frapper; la figure de la malade devient vultueuse, ses yeux se tournent; elle répète qu'elle a le bonheur d'être convulsionnaire; qu'il faut remercier Dieu de cette faveur, et les coups se succèdent avec rapidité.

» Dans certains moments, elle fait des sauts violents comme pour s'élever jusqu'au plafond; le désordre de ses vêtements prouve qu'elle méconnaît tous les sentiments de pudeur; les mots qu'elle prononce avec rapidité sont inintelligibles et n'appartiennent à aucune langue connue.

» Une autre circonstance qu'on a de la peine à raconter, mais qu'il n'est pas permis de taire, c'est que, dans ces élévations, ses jupes et sa chemise se repliaient par-dessus sa tête, en sorte qu'elle paraissait entièrement à nu. Tout cela dura environ un quart d'heure.

» Au sortir du jardin, on la conduit à la cuisine, où, apercevant Jean Poirier, vigneron, elle lui dit en frappant de ses mains sur ses genoux : — Tenez, mon pauvre Poirier, voilà pour vous. Après quoi elle lui dit en lui présentant son bras : Tenez, voyez si je puis m'en empêcher. Le vigneron lui prit le bras et ne put en arrêter le mouvement; ce qui le surprit beaucoup, l'ayant toujours connue pour une femme d'un grand esprit et très-sensée. On veut la faire dîner ; mais elle continue d'avoir les yeux égarés, de faire des mouvements de tête, de bras et de pieds, en disant à son père et à son frère que c'était pour leur sanctification. S'adressant ensuite à la servante : — Tu as donc peur de moi ? lui dit-elle ; et, en frappant des mains sur ses genoux avec violence et à différentes reprises, elle ajouta : — Tiens, voilà pour toi, voilà pour toi.

» On rentre dans le jardin, et voilà qu'elle recommence à faire les mêmes sauts qu'elle avait faits avant le dîner; ce qui oblige son frère à la conduire dans sa chambre et à dire qu'on la mette au lit. Étant couchée, elle qui n'avait jamais ni prononcé, ni lu, ni appris les propositions de

» On tente de lui faire prendre quelques aliments ; elle cède au besoin de parler, de s'agiter; fait mille contorsions ridicules, interpelle d'une manière familière ses voisins et ses proches, leur frappe sur les membres, les regarde d'un air égaré, recommence à leur porter de légers coups, et continue à donner tous les signes d'une exaltation cérébrale alarmante.

» On se décide à la faire mettre dans son lit; elle se prend à réciter des prières qui sont très en renom parmi les convulsionnaires de Saint-Médard, et tombe dans des attaques convulsives qui font croire à ses familiers qu'elle s'élève en l'air tout d'un bond avec ses couvertures.

Quesnel, les récita. Elle fit des sauts de tout son corps; la couverture et tout ce qui était sur elle s'éleva en même temps de la hauteur de trois ou quatre pieds, avec cette circonstance qu'on peut remarquer, que sa tête et ses pieds s'élevèrent tout ensemble, pendant lequel temps elle parlait en prêchant.

. . . .

» Sur les cinq heures du soir, Manon, convulsionnaire, servante des convulsionnaires Girard et Pressel, arriva chez la veuve Thévenet, et elles s'embrassèrent avec de grands cris de joie. Manon, se mettant à genoux, récita une oraison à Pâris..., pendant lequel temps la dame Thévenet devint encore plus furieuse. Elle sortit du lit, et se mit à sauter, s'élevant à peu près jusqu'à la hauteur du plancher. Après quoi elle fit des contorsions de tête et de bras, et ses mamelles, sortant de son corps, tournaient d'elles-mêmes et s'entortillaient comme si quelqu'un les eût tordues avec les mains : ce qui était accompagné de mouvements indécents qui lui faisaient dire qu'elle souffrait des douleurs plus aiguës que si elle mettait un enfant au monde.

» Sur les huit heures du soir arrivèrent les sœurs Girard et Pressel. Aussitôt la veuve Thévenet fait de grands sauts; la demoiselle Girard lui fait baiser une croix et quantité de petits paquets de la soutane de Pâris et de M. de Senez. Après quoi elles se mettent à sauter ensemble...

» Sur les cinq heures du même soir, Manon, convulsionnaire, servante des convulsionnaires Girard et Plessel, arriva chez la demoiselle Thévenet, et elles s'embrassèrent avec de grands cris de joie... Manon, se mettant à genoux, récita une oraison à Pâris..., pendant lequel temps la dame Thévenet devint encore plus furieuse ; elle sortit du lit et se mit à sauter, s'élevant à peu près jusqu'à la hauteur du plancher. Après quoi elle fit des contorsions de tête et des bras ; et ses mamelles, sortant de son corps, tournaient d'elles-mêmes et s'entortillaient comme si quelqu'un les eût tordues avec la main ; ce qui était accompagné de mouvements indécents qui lui faisaient dire qu'elle souffrait des douleurs plus aiguës que si elle mettait un enfant au monde.

» Vers les neuf heures, les sœurs Girard et Manon se retirèrent; mais la sœur Pressel, s'étant offerte à garder pendant la nuit la dame Thévenet, resta avec elle. Dès qu'elles furent seules, elles ne cessèrent de parler et de sauter, ce qui effraya toutes les personnes qui étaient au-dessous de leur chambre. La servante y monta vers les dix heures, et elles la chassèrent. Elle remonta pour porter un bouillon à sa maîtresse; et alors celle-ci et la Pressel, se mettant à l'embrasser, l'exhortèrent à faire une neuvaine à Pâris. Cette fille, sans prononcer aucune parole ni faire aucun signe qui marquât sa pensée, renonça intérieurement à cette dévotion, en disant en elle-même : — Ah ! Seigneur, ne permettez pas que j'aie une telle affliction. Et sur-le-champ les deux convulsionnaires lui dirent toutes deux à la fois : — Comment, tu ne veux pas une telle affliction ? Si tu savais lire, tu te rendrais à ces livres-là. Ce qui effraya tellement cette bonne fille, attendu qu'elle n'avait rien prononcé ni fait paraître, qu'elle descendit avec frayeur dans la cuisine, où elle se mit à pleurer. Le chanoine lui demanda ce qu'elle avait : — Je ne sais pas, dit-elle, mais je vois tout jaune.

» Elle remonta néanmoins quelque temps après pour porter une lampe qui sert pendant la nuit, et elle y trouva la veuve Thévenet et la Pressel couchées dans le même lit, faisant des sauts et prêchant. Elle se retira, et l'une des deux convulsion-

» La convulsionnaire Pressel, ayant réclamé la faveur de passer la nuit auprès de la veuve Thévenet, ces deux filles passèrent toute la soirée à parler, à sauter, à prêcher, à faire des actes de la dernière indécence.

naires ferma ensuite la porte au verrou.

» Le lendemain, dimanche 3 octobre, vers une heure après minuit, la servante, entendant toujours des hurlements épouvantables dans la chambre des convulsionnaires, se leva, alla au jardin, monta sur une élévation, d'où l'on aperçoit aisément ce qui se passe dans la chambre, les volets étant ouverts; et la fenêtre n'étant point couverte du rideau; elle les vit toutes deux dans la chambre nues, sans chemises, qui riaient, qui jetaient leurs bonnets de côté et d'autres, et qui allèrent ensuite se mettre dans le lit.

» Quelque temps après, la demoiselle Pressel se lève, ayant alors une chemise et une camisole; elle met la lampe sur la fenêtre et lit tout haut dans un livre, tandis que la veuve Thévenet parle de son côté et s'agite en répétant les mêmes paroles.

» A cinq heures du matin, le chanoine dit la messe pour commencer une neuvaine afin d'obtenir la délivrance de sa sœur. A sept heures, la demoiselle Pressel sortit pour aller à la messe, et la femme Charpentier monta chez la dame Thévenet; elle la trouva dans ses agitations ordinaires, faisant toutes sortes de mouvements indécents, disant qu'il n'y avait aucune partie de son corps qui ne fût agitée : tantôt c'étaient les mamelles, tantôt les yeux, tantôt la bouche; disant encore qu'elle avait ailleurs ces mêmes agitations, ce qu'elle marquait par les mouvements extérieurs

» Vers une heure après minuit, la servante, entendant toujours des hurlements dans la chambre des convulsionnaires, se leva, alla au jardin, monta sur une élévation d'où l'on aperçoit aisément ce qui se passe dans la chambre. Les volets étant ouverts et la fenêtre n'étant point couverte de rideaux, elle les vit toutes deux nues et sans chemises; qui riaient et jetaient leurs bonnets de côté et d'autre...

» Le 3 octobre, à sept heures du matin, lorsqu'on entra dans l'appartement de la veuve Thévenet, on la trouva dans ses agitations ordinaires, faisant toutes sortes de mouvements indécents, disant qu'il n'y avait aucune partie de son corps qui ne fût agitée : tantôt c'étaient les mamelles, tantôt les yeux, tantôt la bouche, disant qu'elle avait encore ailleurs ces mêmes agitations; ce qu'elle marquait par des mouvements extérieurs qu'elle faisait et qui causaient de l'horreur... — Cela ne vient point de moi, ajoutait-elle, je ne suis point maîtresse de ce que je fais et de ce que je sens.

qu'elle faisait, et qui causaient de l'horreur à cette femme. — Cela ne vient point de moi, ajoutait-elle, je ne suis point maîtresse de ce que je fais et de ce que je sens. De temps en temps elle prenait la main de la Charpentier pour lui faire voir la force de son bras, dont l'agitation était si extraordinaire que cette femme ne pouvait l'arrêter.

De temps en temps, elle prenait la main de la Charpentier pour lui faire voir la force de son bras, dont l'agitation était si extraordinaire que cette femme ne pouvait l'arrêter.

» Vers les sept heures et demie, son frère étant venu la voir, elle lui dit qu'il l'avait bien tourmentée pendant sa messe. Ensuite, couchée dans son lit, elle continua ses contorsions et ses mouvements, frappant toujours avec ses deux mains sur les mamelles et les parties secrètes du corps, en disant qu'il fallait mortifier la chair. Il sort, et elle dit à la Charpentier qu'il la fait beaucoup souffrir : car il soutenait qu'elle était possédée du démon. Pendant toute cette journée, elle sentit en elle-même de grands feux, et elle but beaucoup. Elle s'écriait même quelquefois avec force qu'elle brûlait au dedans ; et les demoiselles Pressel et Bernard répondaient d'abord que c'était l'amour de Dieu qui la brûlait.

» Pendant le cours de cette même matinée, elle continua ses contorsions et ses mouvements, frappant toujours avec ses mains sur ses mamelles et les parties secrètes de son corps, en disant qu'il fallait mortifier la chair... Pendant toute cette journée, elle sentit en elle-même de grands feux et elle but beaucoup. Elle s'écriait même quelquefois avec force qu'elle brûlait au dedans, et les demoiselles Pressel et Bernard répondaient d'abord que c'était l'amour de Dieu qui la brûlait...

» La nuit du dimanche au lundi, la servante crut, pendant quatre heures, que la veuve Thévenet allait mourir, étant sans mouvement, les dents serrées, les mains glacées et le visage aussi, ne paraissant pas avoir la moindre respiration. Étant revenue, elle eut des convulsions.

» Pendant la nuit du 3 au 4 octobre, l'on crut que la veuve Thévenet allait expirer. Pendant près de quatre heures elle resta sans mouvement, les dents serrées, le visage et les mains glacés, sans qu'on pût distinguer le souffle respiratoire ; au sortir de cette extase, elle éprouva des mouvements convulsifs.

» Le lundi, sur les six heures du matin, le chanoine dit la messe pour sa sœur; la Charpentier et la servante y assistèrent et firent en secret des prières pour elle. La servante étant de retour, la dame Thévenet lui dit : — Tu as fait tout ce que tu as pu pour me faire souffrir; tu as avec madame Charpentier invoqué la Vierge, saint Spire, saint Leu et sainte Geneviève pour me faire damner; ce qui étonne cette fille et fait beaucoup de peur à la Charpentier.

» M. Mariette alla, après son action de grâces, voir sa sœur, qui lui dit qu'il la faisait souffrir beaucoup. Comme elle se sentait très-mal, elle le pria de la confesser, ne croyant pas avoir le temps d'attendre son confesseur. Elle commença à déclarer tout haut ses péchés; mais dans l'instant ses bras et tout son corps se raidirent, la parole lui manqua, et, étant comme à l'agonie, elle fit trois soupirs semblables à ceux d'une personne qui expire. Son confesseur, M. Thiboust, arrive, et le chanoine lui dit qu'il est arrivé trop tard, que sa sœur est morte.

» M. Thiboust entre néanmoins dans sa chambre, et la dame Thévenet revient à elle, et s'écrie : Plût à Dieu qu'à la voix de la brebis le pasteur puisse revenir au bercail, et que ce qu'il voit serve à sa sanctification. Je suis une bienheureuse, une prédestinée, une convulsionnaire. M. Thiboust tâche de l'instruire; mais pendant qu'il parle, elle entre en des agitations

» Le 4 octobre, craignant elle-même une fin prochaine, elle supplia le chanoine Mariette, son frère, de la confesser, pendant qu'on irait chercher son confesseur habituel. A peine eut-elle commencé à accuser ses péchés, que les convulsions devinrent plus intenses, qu'elle perdit l'usage de la parole et qu'on crut qu'elle avait cessé d'exister. En revenant à la connaissance, elle s'écria qu'elle était une bienheureuse, une convulsionnaire, une prédestinée ! Son directeur de conscience, qui avait eu le temps d'arriver auprès d'elle, lui adressa quelques paroles pieuses. Elle entra dans des agitations si horribles, qu'il en fut effrayé. Il la vit se donner des coups de poing sur les différentes parties du corps, même sur les plus secrètes, et sauter de son lit de plus de trois pieds de haut.

si horribles qu'il en fut effrayé.
Il la vit se donner des coups de
poing sur les différentes parties
du corps, même les plus secrètes,
et sauter de son lit de plus de
trois pieds de haut.

» .... Un peu après arrivent les
demoiselles Pressel et Besnard.

» Une chose à remarquer, c'est
que lorsque les demoiselles Girard et Pressel, Manon et autres
du même parti, venaient voir la
dame Thévenet, avant qu'elles
entrassent dans la maison, elle
s'écriait : Voici mes bonnes amies
qui viennent. Ce qui étonnait
beaucoup son frère le chanoine.

» Les demoiselles Pressel et
Besnard étant entrées : Voyez-
vous, leur dit M. Thiboust, l'état
pitoyable où est réduite la dame
Thévenet par la dévotion à votre
saint ? Vantez-le tant que vous
voudrez ; cela ne vient point de
Dieu, mais du démon. — Vous
vous trompez, répondirent-elles,
ce sont des mystères. — Des
mystères ? reprit-il ; oui, des mystères de Satan. Aussitôt mademoiselle Pressel branle la tête,
les mains, les jambes et tout le
corps, comme une marionnette.
Madame Thévenet retombe aussi
en des agitations plus terribles ;
et tout cela étonnait d'autant plus
M. Thiboust qu'auparavant il
n'avait remarqué en celle-ci que
beaucoup de bon sens, de piété
et d'esprit.... Au milieu de ses
agitations, elle répétait le sens
de plusieurs propositions du P.
Quesnel....

» Le chanoine monte pour voir
sa sœur. Il la trouve comme en
léthargie, parlant de la grâce
triomphante qui agissait dans

» Le prêtre ayant dit à dessein
que c'étaient là des mystères de
Satan, la veuve Thévenet tomba
dans les attaques convulsives les
plus terribles. On vit aussitôt
une autre convulsionnaire, qui se
trouvait présente, branler la tête,
les mains, les jambes et tout le
corps, comme si ces parties
eussent appartenu à un pantin...

» Vers le milieu du jour, la
veuve Thévenet présenta tous
les signes de l'extase ; pendant
ce nouvel état, elle récite les

son cœur, et récitant des propositions du même Quesnel.

» Étant devenue plus tranquille, on la fit descendre pour dîner. Pendant qu'elle dîne, la servante va secrètement, sur l'ordre du chanoine, jeter l'eau du vase où était la terre de Pâris, et y mettre de l'eau bénite ; et, afin de n'être pas entendue, elle quitte ses souliers. Une heure après, la dame Thévenet, sans rien savoir de ce que la servante avait fait, prit son vase pour boire, et, au moment qu'elle eut bu, elle s'écria qu'on avait changé sa boisson, que cette eau était très-mauvaise.

» Dès ce moment, néanmoins, elle revint dans son bon sens, et n'eut plus de toute la journée d'autres agitations que des mouvements de tête.

(Alors on interdit l'entrée de la maison aux convulsionnaires qui étaient venus la voir.)

» Le soir, après souper, son frère lui fit faire ses prières, ce qu'il n'avait pu obtenir auparavant ; et ayant appris de la Charpentier que toutes les fois qu'elle lisait dans le livre intitulé *Manuel de piété*, ses agitations redoublaient, il le lui demanda, et elle le lui remit ; après quoi elle se coucha et passa la nuit assez tranquillement.

» Le mardi matin, 5 octobre, son frère le chanoine lui ayant représenté l'état affreux dans lequel elle était, elle se rendit totalement et ne demanda plus que son confesseur ordinaire, disant qu'autant qu'elle l'avait eu en horreur, autant elle désirait le voir. Il vient, et, en sa

propositions du livre de Quesnel et disserte sur la *grâce triomphante* qui fermente dans son cœur.

» Le soir, elle consent à remettre à son frère un *Manuel de piété* dont la lecture provoque aussitôt le retour des paroxysmes convulsifs, et la nuit du 4 au 5 est exempte d'agitation.

» Le mardi 5 octobre, dès le matin, le chanoine Mariette, son frère, lui ayant fait des représentations sur l'état affreux dans lequel elle était depuis plusieurs jours, elle se rendit totalement et ne demanda plus que son confesseur ordinaire, disant qu'autant elle l'avait eu en horreur, présence, elle remet à son frère le portrait de Pâris, deux paquets de terre de son tombeau, et un morceau du bois de son lit, qu'il jette au feu. Son confesseur lui fit renoncer à sa neuvaine à Pâris et lui fit faire profession d'être soumise à l'Église Catholique, Apostolique et Romaine, et à ses décisions. Alors elle n'eut plus ni agitations ni mouvements, ayant toujours l'esprit sain, et détestant ses premiers sentiments.

» La nuit du mardi au mercredi, elle supplie la femme Charpentier de faire pour elle des prières, parce qu'elle était dans une grave agitation, non de corps, mais d'esprit, craignant de quitter le bon parti pour prendre le mauvais. La Charpentier la rassura…. Le reste de la nuit se passa à prier Dieu et à faire des lectures spirituelles dans l'*Imitation de Jésus-Christ* et dans le livre des *Voies du salut*.

» Vers les cinq heures du matin, elle déclare à la femme Charpentier qu'elle veut aller à la messe que son frère avait promis de dire pour elle ; et cette femme s'aperçut qu'aussitôt elle tomba dans le trouble et dans des frayeurs qui l'engagèrent à la prier de temps en temps de jeter sur elle de l'eau bénite. Elle se leva, et, s'étant habillée, elle ne pouvait sortir de la chambre ; il semblait qu'une main invisible la retenait. Pour l'encourager, la Charpentier lui dit qu'elle l'accompagnerait avec de l'eau bénite ; et, à la porte de la maison, elle lui mit dans les deux mains du buis bénit trempé dans l'eau bénite.

autant elle désirait le voir. Il vint ; dès qu'il fut présent, elle remit à son frère le portrait du diacre Pâris, deux paquets de terre de son tombeau, un morceau de bois de son lit, qu'on jeta au feu ; puis elle fit profession de foi à l'Église catholique…, et elle n'éprouva plus ni agitation ni mouvements, ne conservant qu'un esprit sain.

» La nuit du 5 au 6 octobre fut marquée par la persistance de l'insomnie ; la malade, tourmentée par des scrupules religieux, obligea sa garde à prier pour elle, et elle lut elle-même plusieurs pages dans ses livres pieux.

» Vers les cinq heures du matin, elle donna des signes de frayeur, se fit asperger d'eau bénite, et éprouva une résistance difficile à vaincre, quand elle tenta de sortir de sa chambre pour se rendre à l'église, où son frère devait célébrer une messe en l'honneur de sa guérison.

» A la porte de l'église, pour surmonter la répugnance qu'elle sentait, elle s'écria : J'entrerai, j'entrerai. On jeta sur elle de l'eau bénite, et, tenant du buis bénit dans les deux mains, elle entra dans l'église, où elle fut se prosterner devant le maître-autel. Là elle adora Notre-Seigneur; elle lui demanda pardon, et fit un acte de foi en disant : Je crois à la sainte Église Catholique, Apostolique et Romaine.

» Pendant la messe, elle eut une sueur, des frayeurs et des agitations d'esprit, surtout à l'élévation de la sainte hostie. Après la messe, en montant au tombeau de saint Spire, elle se sentit repoussée; lorsqu'elle avait monté une marche, elle en redescendait trois, ce qui obligea son frère à l'aider à monter et à lui mettre la tête sur la châsse de saint Spire, où elle réitéra sa profession de foi. Depuis ce temps-là elle a été parfaitement délivrée de toute agitation de corps, et il ne lui reste qu'une grande confusion de son état précédent, dont elle n'a néanmoins qu'une idée confuse (sic), le repentir d'y avoir donné lieu par sa fausse dévotion, la crainte de retomber dans le même malheur, et une frayeur occasionnée par une vision qu'elle dit avoir eue la nuit du dimanche 3 octobre au lundi 4, dans un temps où elle ne dormait pas, n'ayant pas fermé l'œil de toute cette nuit. Cette vision consistait dans l'aspect d'un cadavre décharné, dont les yeux étaient brûlants comme du feu, et de la bouche duquel sortait une flamme ardente. »

» Un sentiment de répulsion terrible enchaîna encore sa volonté quand elle chercha à franchir le seuil du saint lieu où elle était attendue; il fallut recourir encore à des aspersions d'eau bénite pour soutenir son courage.

» Pendant la messe, elle éprouva de la transpiration et des transes mêlées de terreur. On chercha à la faire monter au tombeau d'un saint personnage très-vénéré des fidèles; elle se sentit repoussée en mettant le pied sur les marches de l'escalier; à peine avait-elle fait quelques pas en avant, qu'elle rétrogradait.

» Enfin, elle rentra dans ses habitudes de raison, ne conservant qu'une grande confusion de ce qui lui était arrivé, craignant beaucoup de retomber dans le même malheur et redoutant beaucoup aussi le retour d'une vision qui l'avait assiégée pendant la nuit du 3 au 4 octobre. Pendant cette terrible nuit, elle avait eu sous les yeux le spectacle d'un cadavre décharné dont les regards semblaient ardents comme le feu, et qui vomissait par la bouche une flamme étincelante... »

Nous venons de reproduire, sans omettre un seul guille-
met, un seul point de suspension, le texte COMPLET donné
par M. Calmeil sur l'histoire de la veuve Thévenet. Au
lecteur de juger de la nature et de la quantité des arran-
gements ou des suppressions qu'il a cru pouvoir se permettre,
et de décider, en les rapprochant de ceux que nous avons
déjà signalés pages 152 et 153, quelle valeur peut avoir une
théorie qui repose sur des faits dont le texte a subi de
telles altérations.

§ V.

OPINION DE M. FIGUIER.

M. Figuier admet très-nettement les faits : « Ceux,
dit-il, qui se sont passés en présence d'un public nombreux, qui ont même été établis juridiquement et que
l'on a voulu faire passer pour miraculeux, *ne peuvent être
révoqués en doute.* » (Tome I, page 397.) Nous allons voir
comment l'auteur entend les expliquer, mais prévenons
que M. Figuier, tout en prétendant être *toujours remonté
aux sources originales* [1], emprunte des citations de seconde
main, et met ainsi peut-être trop facilement de la fausse
monnaie en circulation [2]. Ajoutons que lorsqu'il rencontre
certaines difficultés, et le sujet en comporte, l'auteur les
esquive d'une manière habile par les artifices de style
dont il a le secret. En veut-on un exemple? Ce sera
encore cette *invulnérabilité*, véritable pierre d'achoppe-
ment dans l'épidémie de Saint-Médard, qui nous le four-
nira. De tous les phénomènes observés chez les convulsionnaires, c'est le moins expliqué, d'où le motif qui excite
les savants à vouloir se prononcer. Tenté à son tour de

[1] Voir sa préface, p. IX.
[2] Notamment l'histoire de la veuve Thévenet, qu'il a copiée dans
M. Calmeil.

donner la raison d'être de l'invulnérabilité, M. Figuier affirme qu'il va l'exposer. Mais, ne vous réjouissez pas trop de l'espoir de tenir enfin cette solution qui, toujours promise, est toujours à donner, car l'auteur parle de l'insensibilité!... et pour que le doute soit impossible, il cite, d'après Montègre, le fait « d'un boucher qui, dans un transport de colère, frappa si violemment son établi avec le poing, que la marque de ses doigts resta imprimée sur le bois; il n'avait néanmoins éprouvé aucune *sensation douloureuse* de ce coup violent [1] ».

C'est avec de tels tours d'adresse que M. Figuier croit se tirer d'affaire. Aussi une *Revue,* qui n'est certes pas suspecte de croyance au surnaturel, lui a-t-elle dit à propos de son *Histoire du merveilleux :* « Quand il craint de dire trop, de blesser une conviction ou d'avouer une opinion trop neuve, il plaisante, pirouette et passe à une autre matière; on s'amuse à le lire, on apprend des faits; mais l'énigme reste intacte. . . . . Il les rapporte seulement, mais pose à la fin de chaque récit le point d'interrogation sceptique! On voudrait, de la part d'un homme de sens droit et de science exacte, une solution raisonnée. L'embarras est grand, je le sais, car l'auteur ne veut pas combattre l'opinion des corps savants..... Mais, pour trouver la solution de ces faits merveilleux qu'il raconte si bien, il faudrait une étude plus sérieuse, un travail plus approfondi et des convictions plus arrêtées [2]. »

Il y a pourtant un point sur lequel M. Figuier est trèspositif; ce point est l'hystérie, qu'il regarde comme étant l'*affection dominante* [3] chez les filles de Saint-Médard.

---

[1] Figuier, tome I, p. 404.
[2] *La Critique française,* numéro de juin 1861.
[3] Tome I, p. 404.

Nous savons qu'en penser ; mais pour M. Figuier le fait est si certain qu'il tient qu'on les en guérissait. Savez-vous le remède ? *On en a guéri plusieurs par le mariage,* écrit-il gravement[1] !:.. « Nous avons dit (c'est M. Figuier qui parle), dans l'introduction de cet ouvrage, qu'au milieu du quinzième siècle on vit éclater en Allemagne une des plus célèbres épidémies de possédées, celle des *nonnains,* qui faisaient tous les miracles admirés depuis à Saint-Médard, et même quelques-uns de plus, qui cabriolaient, grimpaient contre les murs, PARLAIENT DES LANGUES ÉTRANGÈRES, bêlaient comme des brebis, et quelquefois se mordaient les unes les autres comme des enragées. C'est au *mariage* que l'on eut recours pour mettre fin aux *désordres* de ces convulsionnaires[2]..... » En vérité!!! Quelle idée M. Figuier se fait-il donc de ses lecteurs, pour leur débiter de pareilles théories? Parler une langue étrangère est un *désordre* dont le *mariage* guérit?

Oui, les convictions manquent à M. Figuier, comme le dit la *Revue* que nous citons plus haut, et c'est pourquoi il se retranche tantôt derrière Hecquet, dont il fait le plus grand cas, puis derrière M. Calmeil. Mais, à part la *prétention* singulière d'expliquer par la science des phénomènes qui sont le renversement de la science (n'oublions pas qu'il s'agit, entre autres prodiges, de l'*invulnérabilité du corps humain*), et qui est très-nettement formulée, une enveloppe nuageuse, insaisissable, couvre constamment ce qui semble être l'expression de la pensée de l'auteur. Au point de vue *scientifique,* son explication est nulle.

[1] Tome I, p. 401.
[2] *Id.,* p. 401.

Nous venons de passer en revue les écrivains les plus en renom dont les travaux, comme nous l'avons dit, font autorité sur le sujet qui nous occupe. Il ressort de cet examen que leurs théories ne tiennent pas devant le plus vulgaire bon sens. Débarrassées des termes techniques dont elles sont enveloppées, que reste-t-il du raisonnement qui leur sert de base? Mais si les savants de tous les temps persistent à demeurer insuffisants sur ce point, n'est-ce pas confesser l'impuissance de la science à se prononcer jamais d'une manière définitive et satisfaisante? Quant à présent, on remarquera que ce qui caractérise les partisans du *naturalisme,* quel que soit d'ailleurs le nom qui sert d'enseigne à leur système, c'est :

1° La troncation des faits ;

2° L'ingénuité, ou, si mieux on aime, la nullité de l'interprétation.

LIVRE DEUXIÈME.

MAGNÉTISME.

CHAPITRE PREMIER.

Naissance et histoire du magnétisme animal. — Exposé des faits attribués au magnétisme. — Preuve de la réalité des effets observés.

SECTION PREMIÈRE.

Naissance et histoire du magnétisme animal.

Le jansénisme avec ses convulsions avait développé le goût du merveilleux sur tous les points de la France ; il avait aussi ouvert, comme nous l'avons remarqué, la route à une école philosophique qui, s'attachant chaque jour davantage à détruire les bases sur lesquelles reposait l'ancienne société française, ruina du même coup le crédit du merveilleux janséniste, qui prétendait avoir la religion pour point de départ, et le relégua dans l'ombre. Toutefois, les pratiques du merveilleux *ostensible* [1] ne cessèrent pas pour cela, tant s'en faut ; le motif au nom duquel on les provoqua fut différent, voilà tout.

« La fin de ce siècle si incrédule, dit une dame de la cour de Louis XVI [2], est marquée de ce caractère incroyable d'amour du merveilleux (je dirais de superstition,

---

[1] On se rappelle que nous avons indiqué, page 20, les causes qui firent disparaître de la scène publique le merveilleux observé chez les convulsionnaires jansénistes.

[2] Oberkirch, tome II, p. 402.

si je n'en étais moi-même imbue, quoique malgré moi), qui dénote la société en décadence. Jamais les rose-croix, les adeptes, les prophètes, et tout ce qui s'y rapporte, ne furent aussi nombreux, aussi écoutés. La conversation roule presque uniquement sur ces matières; elles occupent toutes les têtes; elles frappent les imaginations, même les plus sérieuses. Nos successeurs ne comprendront pas comment des gens qui doutent de tout, même de Dieu, peuvent ajouter une foi complète à des présages. » Ailleurs, ce même auteur dit encore : « Une chose très-étrange à étudier, et en même temps très-vraie, c'est combien ce siècle-ci, le plus immoral qui ait existé, le plus philosophiquement fanfaron, tourne vers sa fin, non pas à la foi, mais à la crédulité, à la superstition, à l'amour du merveilleux. En regardant autour de nous, nous ne voyons que des sorciers, des adeptes, des nécromanciens et des prophètes; chacun a le sien sur lequel il compte; chacun a ses visions, ses pressentiments, et tous lugubres, tous sanglants [1]. »

En un mot, la société française abandonnait ses antiques croyances et tombait sans transition dans le culte du merveilleux [2]. C'est pourquoi, lorsque l'Allemand Mesmer parut sur la scène, avec sa *découverte* du magnétisme animal, le terrain était parfaitement disposé pour le

---

[1] Oberkirch, tome II, p. 103.

[2] Ce culte était en honneur dans le reste de l'Europe comme en France. En Allemagne, ses progrès furent si considérables que l'on aurait pu, à certains égards, croire ce pays revenu aux scènes du sabbat du moyen âge, dans lesquelles le bouc jouait un rôle connu. L'ordre des *mopses*, qui existait au temps dont nous parlons, en offrait la preuve. Selon le rituel de cet ordre, il fallait, en effet, dans les réunions, « accoler ses lèvres à la partie du chien que la » politesse nous défend de nommer ». (Gyr., *la Franc-maçonnerie dans sa véritable signification*, tome II, p. 140.)

recevoir. Mesmer appliqua le magnétisme à la guérison des malades et à la révélation des choses futures, ce qui implique le culte des Esprits, qu'on pratiquait déjà avant lui. Lorsqu'il vint à Paris, l'engouement qu'il excita tint de la rage. A peine arrivé, en 1778, il vit « son baquet magnétique entouré d'une foule curieuse, dans laquelle figuraient les hommes et les femmes les plus distingués et les plus hauts personnages de la cour. Malgré les protestations de l'académie de médecine, qui était allée jusqu'à exclure Deslon de son sein, parce qu'il avait publié un opuscule favorable à la doctrine de Mesmer, le baron de Breteuil avait offert à Mesmer, au nom de l'État, une rente viagère de vingt mille livres, et dix mille livres par an pour le loyer d'une maison dans laquelle il établirait une clinique magnétique; Maurepas avait même fini, à ce qu'il paraît, par lui offrir une terre et un château appartenant au roi, s'il voulait livrer son secret. Soit que Mesmer ne fût pas bien sûr de lui-même, soit qu'il attendît mieux encore, ces conditions ne furent pas acceptées. Il annonça qu'il quitterait la France en 1781, et ce fut avec grand'peine que la reine obtint qu'il retarderait son départ de six mois. Une souscription fut ouverte alors pour acheter la découverte de Mesmer; elle produisit trois cent quarante mille francs, mais elle ne lui fut pas payée, et une partie des souscripteurs retirèrent leurs soumissions [1]. »

Mesmer, furieux, s'éloigna de la France, laissant à Paris le docteur Deslon, son disciple et son ami, qui continua les séances magnétiques; mais, tourmenté de la renommée qu'acquérait Deslon, il revint bientôt à Paris, et ouvrit une école d'expériences où il admit près de quatre cents élèves. Cela ne suffisant pas encore pour

[1] *Encyclopédie du dix-neuvième siècle*, article MESMER.

satisfaire l'ardeur de propagande dont il était dévoré, Mesmer créa la *Société de l'harmonie universelle*, destinée à répandre la connaissance de ses procédés. Le roi nomma, le 12 mars 1784, une commission composée de cinq membres de l'Académie des sciences et de quatre médecins pour lui adresser un rapport sur le magnétisme animal : Franklin, Lavoisier, Bailly, Berthollet, d'Arcet et Guillotin, dont le nom est resté tristement célèbre, en firent partie. Quant à Mesmer, il abandonna définitivement la France avant d'avoir livré à ses élèves ce qu'il appelait son secret. Mais on était sur la voie et l'on pouvait s'en passer. Le marquis de Puységur, un des plus anciens et des plus fervents disciples du maître, fit des expérimentations dans sa terre de Buzanci, près de Soissons, et devint l'infatigable propagateur du magnétisme animal.

Depuis l'année 1778, époque de l'importation du magnétisme en France, jusqu'à nos jours, les procédés des magnétiseurs ont été fréquemment changés. Dans le principe, et alors qu'il avait peu de malades, Mesmer se mettait en rapport avec le sujet, puis il agissait sur lui au moyen de *passes*. Plus tard, lorsque sa clientèle se fut accrue et qu'il lui fallut traiter un grand nombre d'individus à la fois, il inventa le fameux *baquet*, dont le nom et le souvenir ont survécu aux progrès de ses successeurs. L'*Encyclopédie du dix-neuvième siècle* (article MAGNÉTISME ANIMAL) contient les indications suivantes sur l'usage du baquet et sur les procédés de magnétisation qui l'ont remplacé : « Une petite cuve en bois, appelée *baquet*, était élevée au milieu d'une vaste salle; son couvercle se trouvait percé d'un certain nombre de trous d'où sortaient des branches de fer coudées et mobiles. Les malades étaient

rangés pêle-mêle autour de ce baquet dans une nudité
complète, chacun ayant sa tige métallique, qu'il devait
appliquer directement sur la partie malade. Une corde
enroulée autour du corps de chacun d'eux unissait les
malades les uns aux autres. Quelquefois on formait une
seconde chaîne en les faisant communiquer entre eux par
les mains. On ajoutait presque toujours l'influence de la
musique, au moyen d'un forté-piano placé dans un coin de
la salle, et sur lequel étaient exécutés différents airs sur
des mouvements variés ; parfois les malades y joignaient
leurs voix en chantant tous en chœur. Le magnétiseur
avait dans la main une baguette de fer, longue de dix à
douze pouces, considérée comme le conducteur du fluide
magnétique, et jouissant de la propriété de le concentrer
dans sa pointe. Le son, dans le système mesmérien, était
conducteur du fluide magnétique, et pour communiquer ce
fluide au piano, il suffisait d'en approcher la baguette. L'intérieur du baquet était considéré comme le foyer du fluide magnétique. Les matières qu'il renfermait ne contenaient rien
qui fût électrique. Les mesmériens magnétisaient encore
directement au moyen de la baguette de fer promenée devant
le visage, dessus ou derrière la tête et sur les parties malades,
mais toujours en observant la direction des pôles. Il ne faut
pas croire que les hommes seuls fussent soumis à la vertu
magnétique ; on magnétisait les arbres, on les *enchantait*
pour ainsi dire ; il n'est pas même jusqu'aux corps les
plus inanimés, une bouteille, un verre, une tasse grossière
qui ne fussent habiles à contracter la vertu magnétique et
à la communiquer. Mais, vers cette époque, le magnétisme animal prit une nouvelle forme, un nouveau caractère qui fit modifier ces procédés ; M. de Puységur prétendit avoir obtenu des effets curatifs surprenants par le

seul effet de la main, et dès lors l'appareil fantastique de Mesmer fut abandonné pour s'en tenir au seul contact de la main, suivi de simples passes. M. de Puységur enrichit aussi la science d'un fait nouveau d'une grande importance par la découverte du *somnambulisme magnétique,* phénomène entrevu déjà par Pailly, mais d'une manière confuse, et qui aussitôt absorba presque exclusivement l'attention. L'abbé Faria porta plus loin encore le perfectionnement dans les procédés magnétiques, puisqu'il opérait par la seule force de la volonté, et qu'il lui suffisait pour endormir ses malades de le leur commander. D'autres ont fait mieux encore; ils ont magnétisé par la volonté sans qu'il fût besoin pour cela d'aucune manifestation extérieure. D'autres ont opéré le même prodige à des distances assez éloignées. »

Les succès obtenus par les magnétiseurs firent toujours désirer que l'Académie de médecine sanctionnât le résultat de leurs recherches, et on les vit, à différentes reprises, essayer de faire entrer le magnétisme dans le domaine de la science. Dès 1820, en effet, des expériences eurent lieu dans plusieurs hôpitaux de Paris, et les sommités médicales de l'époque, Georget, Ferrus, Bertrand, Récamier, Fouquier, M. Rostan, etc., signèrent les procès-verbaux qui constataient la réalité des phénomènes magnétiques observés par eux. C'est ainsi que l'Académie de médecine fut amenée à reprendre la question du magnétisme délaissée par elle depuis le travail de la commission instituée par Louis XVI. Elle nomma à son tour une commission [1] prise dans son sein, qui, malgré

---

[1] Cette commission était composée de MM. Bourdois, Fouquier, Guéneau de Mussy, Guersant, Itard, Husson, Leroux, Marc et Thillaye.

tous les obstacles suscités pour arrêter ses travaux, déposa
en 1831 un rapport dans lequel étaient affirmés la plupart
des résultats magnétiques. Nous donnerons plus loin le
texte de ce travail, devant les termes duquel il paraissait
bien difficile que la lumière ne se fît pas enfin sur le magnétisme, si le *parti pris* n'avait résolu d'avance d'enterrer
la question par la conspiration du silence; disons-le pourtant, l'inconstance, qui est le cachet distinctif de tous les
phénomènes de la nature de ceux dont nous nous occupons,
venait merveilleusement en aide aux négateurs du magnétisme.

L'attitude de l'Académie ne pouvait terminer, on le
comprend, la lutte entre les magnétiseurs et leurs adversaires; elle continua. En 1837, le docteur Berna ayant
voulu obtenir l'attache officielle de ce corps savant aux
expériences qu'il menait à bonne fin depuis longtemps,
une enquête eut lieu. Mais M. Berna avait compté sans le
caprice de l'agent mystérieux du magnétisme; ses expériences échouèrent devant la commission médicale chargée
de les examiner. Les opposants triomphèrent encore
une fois au sein de l'Académie. Puis, comme si un mauvais génie hostile aux magnétiseurs s'en fût mêlé, ils
triomphèrent une autre fois encore, lorsque mademoiselle
Pigeaire vint, sans succès, de Montpellier, pour disputer
le prix de trois mille francs proposé par le docteur Burdin
en faveur de quiconque lirait sans le secours des yeux.
Enfin, en 1840, on constate un nouvel échec officiel du
docteur Teste et de sa somnambule devant une commission nommée par l'Académie de médecine pour vérifier,
entre autres choses, le fait de lecture toujours sans le
secours des yeux. Depuis, les magnétiseurs ont laissé de côté
l'Académie et ses dispositions antipathiques au magnétisme.

En résumé, on trouve, au début, les savants qui *voient* les faits, mais ne veulent pas s'en occuper; plus tard, alors que les expériences sont depuis longues années répétées partout, que des médecins de la plus grande réputation, choisis par l'Académie elle-même pour étudier le magnétisme, certifient la réalité des phénomènes qu'ils ont observés, l'Académie, épouvantée du résultat probable pour la science de la constatation des faits, les couvre de son silence le plus absolu, et ne veut à aucun prix se prononcer sur le rapport de sa commission; enfin, plus tard encore, lorsque les phénomènes sont devenus tellement communs que les somnambules pullulent de tous côtés, les savants rejettent les faits comme impossibles, parce que TROIS expériences officielles n'ont pas réussi.

C'est ainsi que l'on croit vider une question sérieuse!...

Telle est, en peu de mots, l'histoire du magnétisme animal depuis son origine jusqu'à nos jours. Il nous reste à citer maintenant une page curieuse qui sert de pièce à conviction pour la partie morale de cette histoire : nous voulons parler du *Rapport secret* fait à Louis XVI sur le mesmérisme ou magnétisme animal, et rédigé par Bailly. Voici cette pièce [1] :

« Les commissaires chargés par le Roi de l'examen du magnétisme animal, en rédigeant le rapport qui doit être présenté à Sa Majesté, et qui doit peut-être devenir public, ont cru qu'il était de leur prudence de supprimer une observation qui ne doit pas être divulguée; mais ils n'ont pas dû la dissimuler au ministre de Sa Majesté : ce ministre les a chargés d'en rédiger une note destinée à être mise sous les yeux du Roi et réservée à Sa Majesté seule.

» Cette observation importante concerne les mœurs....

[1] Elle est relatée dans l'ouvrage de Bertrand, page 511.

» ..... *Ce sont toujours des hommes qui magnétisent les femmes;* les relations alors établies ne sont sans doute que celles d'une malade à l'égard de son médecin; mais ce médecin est un homme, quel que soit l'état de maladie, il ne nous dépouille point de notre sexe, il ne nous dérobe pas entièrement au pouvoir de l'autre; la maladie en peut affaiblir les impressions, sans jamais les anéantir. D'ailleurs, la plupart des femmes qui vont au magnétisme ne sont pas réellement malades; beaucoup y viennent par oisiveté et par amusement; d'autres, qui ont quelques incommodités, n'en conservent pas moins leur fraîcheur et leur force : leurs sens sont tout entiers, leur jeunesse a toute sa sensibilité. Elles ont assez de charmes pour agir sur le médecin; elles ont assez de santé pour que le médecin agisse sur elles : alors le danger est réciproque. La proximité longtemps continuée, l'attouchement indispensable, la chaleur individuelle communiquée, les regards confondus, sont les voies connues de la nature et les moyens qu'elle a préparés de tout temps pour opérer immanquablement la communication des sensations et des affections. *L'homme qui magnétise a ordinairement les genoux de la femme renfermés dans les siens;* les genoux et toutes les parties inférieures du corps sont par conséquent en contact. La main est appliquée sur les hypochondres *et quelquefois plus bas, sur les ovaires.* Le tact est donc exercé à la fois sur une *infinité de parties, et dans le voisinage des parties les plus sensibles du corps.* Souvent l'homme, ayant sa main gauche ainsi appliquée, *passe la droite derrière le corps de la femme;* le mouvement de l'un et de l'autre est de se pencher mutuellement pour favoriser ce double attouchement; la proximité devient la plus grande possible, le visage touche presque le visage, les haleines se respirent, toutes les impressions physiques se partagent instantanément, et l'attraction réciproque des sexes doit agir dans toute sa force; il n'est pas extraordinaire que les sens s'allument. L'imagination, qui agit en même temps, répand un certain désordre dans toute la machine; elle suspend le jugement, elle écarte l'attention; les femmes ne peuvent se rendre compte de ce qu'elles éprouvent, elles ignorent l'état où elles sont.

» Les médecins commissaires, présents et attentifs au traitement, ont observé avec soin ce qui s'y passe. Quand cette espèce de crise se prépare, le visage s'enflamme par degrés, l'œil devient ardent, et c'est le signe par lequel la nature annonce le désir. On voit la femme baisser la tête, *porter la main au front et aux yeux pour les couvrir;* sa pudeur habituelle veille à son insu et lui inspire le soin de se cacher. Cependant la crise continue et l'œil se trouble; c'est un signe non équivoque du désordre total des sens. Ce désordre peut n'être point aperçu par celle qui l'éprouve, mais il n'a point échappé au regard observateur des médecins. Dès que ce signe a été manifesté, les paupières deviennent humides; la respiration est courte, entrecoupée; la poitrine s'élève et s'abaisse rapidement; les convulsions s'établissent, ainsi que les mouvements précipités et brusques, ou des membres ou du corps entier. Chez les femmes vives et sensibles, le dernier degré, le terme de la plus douce des émotions, est souvent une convulsion. A cet état succèdent la langueur, l'abattement, une sorte de sommeil des sens, qui est un repos nécessaire après une forte agitation.

» La preuve que cet état de convulsion, quelque extraordinaire qu'il paraisse à ceux qui l'observent, n'a rien de pénible, n'a rien que de naturel pour celles qui l'éprouvent, c'est que, dès qu'il est cessé, il n'en reste aucune trace fâcheuse. Le souvenir n'en est pas désagréable, les femmes s'en trouvent mieux et n'ont point de répugnance à le sentir de nouveau. Comme les émotions éprouvées sont les germes des affections et des penchants, on sent pourquoi celui qui magnétise inspire tant d'attachement; attachement qui doit être plus marqué et plus vif chez les femmes que chez les hommes, tant que l'exercice du magnétisme n'est confié qu'à des hommes. Beaucoup de femmes n'ont point sans doute éprouvé ces effets, d'autres ont ignoré cette cause des effets qu'elles ont éprouvés; plus elles sont honnêtes, moins elles ont dû la soupçonner. On assure que plusieurs s'en sont aperçues et se sont retirées du traitement magnétique; mais celles qui l'ignorent ont besoin d'être préservées.

» *Le traitement magnétique ne peut être que dangereux pour les mœurs.* En se proposant de guérir des maladies qui demandent un long traitement, on excite des émotions agréables et chères, des émotions que l'on regrette, que l'on cherche à retrouver, parce qu'elles ont un charme naturel pour nous, et que physiquement elles contribuent à notre bonheur; mais moralement elles n'en sont pas moins condamnables, et elles sont d'autant plus dangereuses, qu'il est plus facile d'en prendre la douce habitude. Un état éprouvé presque en public, au milieu d'autres femmes qui semblent l'éprouver également, n'offre rien d'alarmant; on y reste, on y revient, et l'on ne s'aperçoit du danger que lorsqu'il n'est plus temps. Exposées à ce danger, les femmes fortes s'en éloignent, les faibles peuvent y perdre leurs mœurs et leur santé.

» *Signé :* FRANKLIN, BORY, LAVOISIER, BAILLY, MAJAULT, SALLIN, D'ARCET, GUILLOTIN, LEROY. Fait à Paris, le 11 août 1784. »

Cette pièce n'a pas besoin de commentaire ; aussi voyons-nous Deleuze, dans son *Histoire critique du magnétisme* (page 106), insister sur ce que, « dans la pratique du magnétisme, on ne saurait prendre *trop de précautions* pour ne point blesser la décence, et pour éviter tout procédé qui pourrait alarmer la pudeur. » C'est clair.

SECTION DEUXIÈME.

Exposé des faits attribués au magnétisme.

Nous avons expliqué dans la préface l'impossibilité où nous avons été de découvrir les procès-verbaux originaux des expériences faites en 1820 à l'Hôtel-Dieu de Paris. Par conséquent, nous ne donnerons ici que ceux que l'on trouve relatés avec guillemets dans différents ouvrages [1], regrettant toutefois de n'avoir pu faire un choix : car rien ne constate que ceux que nous ne connaissons pas ne soient précisément les plus curieux au point de vue où nous sommes placé.

Expériences magnétiques constatées officiellement par la science.

§ Ier.

PERTE DE LA VOLONTÉ, INSENSIBILITÉ [2].

« Je soussigné certifie que, le 6 janvier 1821, M. Récamier, à sa visite, m'a prié de mettre dans le sommeil magnétique le nommé *Starin*, couché au n° 8 de la salle Sainte-Madeleine ; il l'a menacé auparavant de l'application

---

[1] Ce sont les deux premiers faits qui vont suivre.
[2] Dupotet, page 93.

d'un moxa, s'il se laissait endormir ; contre la volonté du malade, moi Roboam l'ai fait passer dans le sommeil magnétique, pendant lequel M. Récamier a lui-même appliqué un moxa sur la partie antérieure un peu externe et supérieure de la cuisse droite, lequel a produit une escarre de 17 lignes de longueur et de 11 lignes de largeur ; que Starin n'a pas donné la plus légère marque de sensibilité, soit par cris, mouvements, ou variations du pouls ; qu'il n'a ressenti les douleurs résultant de l'application du moxa que lorsque je l'eus fait sortir du sommeil magnétique. Étaient présents à cette séance Mme Sainte-Monique, mère de la salle, MM. Gibert, la Peyre, Bergeret, Carquet, Truche, etc., etc. »

Autre fait présentant les mêmes caractères :

« Je soussigné certifie que, le 8 janvier, à la prière de M. Récamier, j'ai mis dans le sommeil magnétique la nommée le Roy (Lise), couchée au n° 22 de la salle Sainte-Agnès ; il l'avait auparavant menacée de l'application d'un moxa, si elle se laissait endormir. Contre la volonté de la malade, moi Roboam l'ai fait passer dans le sommeil magnétique, pendant lequel M. Gibert a brûlé de l'agaric à l'ouverture des fosses nasales, et cette fumée désagréable n'a rien produit de remarquable ; qu'ensuite M. Récamier a appliqué *lui-même,* sur la région épigastrique, un moxa qui a produit une escarre de 15 lignes de longueur sur 9 lignes de largeur ; que, pendant son application, la malade n'a pas témoigné la plus légère souffrance, soit par cris, mouvements, ou variation du pouls ; qu'elle est restée dans un état d'insensibilité parfaite ; que, sortie du sommeil, elle a témoigné beaucoup de douleur. Étaient présents à cette séance MM. Gibert, Créqui, etc.

» *Signé :* ROBOAM, docteur médecin. »

§ II.

CONVULSIONS MAGNÉTIQUES PRODUITES AVEC OU SANS PROMOTEUR APPARENT [1].

« Louise Ganot, domestique, demeurant rue du Battoir,
n° 19, entrée à l'Hôtel-Dieu le 18 juillet 1826, salle
Saint-Roch, n° 17, pour y être traitée d'une leucorrhée,
a été magnétisée par M. Dupotet les 21, 22, 23, 24, 25,
26, 27 et 28 juillet 1826; elle était, nous a-t-elle dit,
sujette à des attaques de nerfs, et, en effet, des mouvements convulsifs de la nature de ceux qui caractérisent
l'hystérie se sont constamment développés chez elle pendant toutes les séances magnétiques; ainsi les cris plaintifs, la roideur et la torsion des membres supérieurs, la
direction de la main vers l'épigastre, le renversement de
tout le corps en arrière, de manière à former un arc dont
la concavité était dans le dos, quelques minutes de sommeil
qui terminaient cette scène, tout dénotait chez cette
femme des attaques d'hystérie que l'on aurait pu croire
être occasionnées par l'influence magnétique. Nous avons
voulu savoir jusqu'à quel point l'imagination pouvait agir
sur elle; et, à la 6e séance, le 26 juillet, M. Dupotet, qui,
jusqu'alors, l'avait magnétisée, se plaça en face d'elle et à
deux pieds de distance, sans avoir de contact avec elle, sans
exercer aucune manœuvre; mais, ayant la vive intention de
produire sur elle quelques phénomènes magnétiques, l'agitation, les mouvements convulsifs, des soupirs longs et
entrecoupés, la roideur des bras ne tardèrent pas à se

---

[1] Les faits compris dans les paragraphes 2 à 8 inclusivement sont
extraits textuellement du rapport de M. Husson sur les expériences
magnétiques faites par la commission de l'Académie royale de médecine, lu dans les séances des 21 et 28 juin 1831.

manifester comme dans les séances précédentes. Le lendemain, 27, nous plaçons M. Dupotet derrière elle, et elle est
assise dans le grand fauteuil à joues dont elle s'est servie
dans les expériences précédentes. Le magnétiseur se borne
à diriger l'extrémité de ses doigts en face de la partie
moyenne de son dos, et, par conséquent, le derrière du
fauteuil est interposé entre la magnétisée et le magnétiseur. Bientôt les mouvements convulsifs des jours précédents se déclarent plus violemment, et souvent elle tourne
la tête en arrière. Elle nous dit à son réveil qu'elle a exécuté ce mouvement parce qu'il lui semblait qu'elle était
tourmentée par quelque chose qui agissait derrière elle.
Enfin, après avoir observé, les 26 et 27 juillet, le développement des phénomènes magnétiques, bien que dans un
cas il n'y eût pas eu de manœuvres, *mais seulement
l'intention,* et que dans l'autre ces manœuvres très-simples
(la direction des doigts) aient eu lieu par derrière et à
l'insu de ladite dame Ganot, nous avons voulu expérimen-
ter si les mêmes phénomènes se reproduiraient en l'absence
du magnétiseur. C'est ce qui est arrivé le 28 juillet.
Mme Ganot a été mise dans toutes les circonstances semblables à celles des autres épreuves; même heure de la
journée (5 heures et demie du matin), même local, même
silence, même fauteuil, mêmes assistants, mêmes prépara-
tifs, tout, en un mot, était comme les six jours précédents;
il ne manquait que le magnétiseur, qui était resté chez
lui; les mêmes mouvements convulsifs se sont déclarés
peut-être avec un peu moins de promptitude et de violence,
mais toujours avec le même caractère. »

§ III.

UNE PERSONNE MAGNÉTISÉE FAIT LA CONVERSATION ÉTANT
ENDORMIE. — INSENSIBILITÉ. — IGNORANCE DU PASSÉ AU
RÉVEIL.

« Vous avez tous entendu parler d'un fait qui a fixé
dans le temps l'attention de la section de chirurgie, et qui
lui a été communiqué dans la séance du 16 avril 1829 par
M. Jules Clocquet [1]. La commission a cru devoir le consigner ici comme une des preuves les moins équivoques de
la force du sommeil magnétique. Il s'agit d'une dame P...,
âgée de 64 ans, demeurant rue Saint-Denis, n° 151, qui
consulta M. Clocquet, le 8 avril 1829, pour un cancer
ulcéré qu'elle portait au sein droit depuis plusieurs années,
et qui était compliqué d'un engorgement considérable des
ganglions axillaires correspondants. M. Chapelain, médecin ordinaire de cette dame, qui la magnétisait depuis quelques mois dans l'intention, disait-il, de dissoudre l'engorgement du sein, n'avait pu obtenir d'autre résultat sinon
de produire un sommeil très-profond, pendant lequel la
sensibilité paraissait anéantie, les idées conservant toute
leur lucidité. Il proposa à M. Clocquet de l'opérer pendant
qu'elle serait plongée dans le sommeil magnétique. Ce
dernier, qui avait jugé l'opération indispensable, y consentit, et le jour fut fixé pour le dimanche suivant, 12 avril.
La veille et l'avant-veille, cette dame fut magnétisée plusieurs fois par M. Chapelain, qui la disposait, lorsqu'elle
était en somnambulisme, à supporter sans crainte l'opération, qui l'avait même amenée à en causer avec sécurité,
tandis qu'à son réveil elle en repoussait l'idée avec
horreur.

[1] Aujourd'hui membre de l'Académie des sciences.

» Le jour fixé pour l'opération, M. Clocquet, en arrivant à 10 heures et demie du matin, trouva la malade habillée et assise dans un fauteuil, dans l'attitude d'une personne paisiblement livrée au sommeil naturel. Il y avait à peu près une heure qu'elle était revenue de la messe, qu'elle entendait habituellement à la même heure. M. Chapelain l'avait mise dans le sommeil magnétique depuis son retour; la malade parla avec beaucoup de calme de l'opération qu'elle allait subir. Tout étant disposé pour l'opérer, elle se déshabilla elle-même, et s'assit sur une chaise. M. Chapelain soutint le bras droit. Le bras gauche fut laissé pendant sur le côté du corps. M. Pailloux, élève interne de l'hôpital Saint-Louis, fut chargé de présenter les instruments et de faire les ligatures. Une première incision partant du creux de l'aisselle fut dirigée au-dessus de la tumeur jusqu'à la face interne de la mamelle. La deuxième, commencée au même point, cerna la tumeur par en bas, et fut conduite à la rencontre de la première. Les ganglions engorgés furent disséqués avec précaution, à raison de leur voisinage de l'artère axillaire, et la tumeur fut extirpée. La durée de l'opération a été de dix à douze minutes.

» Pendant tout ce temps, la malade a continué à s'entretenir tranquillement avec l'opérateur, et n'a pas donné le plus léger signe de sensibilité : aucun mouvement dans les membres ou dans les traits, aucun changement dans la respiration ni dans la voix, aucune émotion, même dans le pouls, ne se sont manifestés; la malade n'a pas cessé d'être dans l'état d'abandon et d'impassibilité automatiques où elle était quelques minutes avant l'opération. On n'a pas été obligé de la contenir, on s'est borné à la soutenir. Une ligature a été appliquée sur l'artère thoracique latérale,

ouverte pendant l'extraction des ganglions : la plaie étant
réunie par des emplâtres agglutinatifs et pansée, l'opérée
fut mise au lit toujours en état de somnambulisme, dans
lequel on l'a laissée quarante-huit heures. Une heure après
l'opération, il se manifesta une légère hémorrhagie qui n'eut
pas de suite. Le premier appareil fut levé le mardi suivant 14, la plaie fut nettoyée et pansée de nouveau ; la malade
ne témoigna aucune sensibilité ni douleur ; le pouls con-
serva son rhythme habituel. Après ce pansement, M. Chapelain réveilla la malade, dont le sommeil somnambulique
durait depuis une heure avant l'opération, c'est-à-dire
depuis deux jours. Cette dame ne parut avoir aucune idée,
aucun sentiment de ce qui s'était passé ; mais, en apprenant
qu'elle avait été opérée, et voyant ses enfants autour
d'elle, elle en éprouva une très-vive émotion, que le magnétiseur fit cesser en l'endormant aussitôt. »

§ IV.

CLAIRVOYANCE. — IGNORANCE AU RÉVEIL.

« M. Petit fut magnétisé, le 15 mars 1826, par M. Dupotet, à huit heures et demie du soir, et endormi à peu près en
une minute. Le président de la commission, M. Bourdois,
s'assura que le nombre des pulsations avait, depuis qu'il
était endormi, diminué de vingt-deux par minute, et que le
pouls avait même quelque chose d'irrégulier. M. Dupotet,
après avoir mis un bandeau sur les yeux du somnambule,
dirige sur lui, à plusieurs reprises, ses doigts en pointe à
deux pieds environ de distance. Aussitôt il se manifeste
dans les mains et dans les bras vers lesquels était dirigée
l'action une contraction violente. M. Dupotet ayant également approché ses pieds de ceux de M. Petit, toujours

sans contact, celui-ci les retire avec vivacité. Il se plaint
d'éprouver dans les membres sur lesquels l'action
s'était portée une vive douleur et une chaleur brûlante.
M. Bourdois essaye de produire les mêmes effets. Il les
obtient également, mais avec moins de promptitude et à un
degré plus faible. Ce point bien établi, on s'occupe de
reconnaître la clairvoyance du somnambule. Celui-ci ayant
déclaré qu'il ne pouvait voir avec le bandeau, on le lui
retire; mais alors toute l'attention se porte à constater que
les paupières sont exactement fermées. A cet effet, on
tient presque constamment, pendant les expériences, une
lumière au-devant des yeux de M. Petit à la distance d'un
ou deux pouces; et plusieurs personnes eurent les yeux
presque continuellement fixés sur les siens. Aucune ne put
apercevoir le moindre écartement entre les paupières.
M. Ribes fit même remarquer que leurs bords étaient
superposés de manière que les cils se croisaient. On examine
aussi l'état des yeux; on les ouvre de force sans que le
somnambule s'éveille; et l'on remarque que la prunelle est
portée en bas et dirigée vers le grand angle de l'œil. Après
ces observations préliminaires, on procède à vérifier les
phénomènes de *la vision avec les yeux fermés*. M. Ribes,
membre de l'Académie, présente un catalogue qu'il tire de
sa poche. Le somnambule, après quelques efforts qui
paraissent le fatiguer, lit très-distinctement ces mots :
Lavater, il est bien difficile de connaître les hommes.
Ces derniers mots étaient imprimés en caractères très-fins.
On lui met sous les yeux un passe-port, il le reconnaît,
et le désigne sous le nom de *passe homme*. Quelques
instants après, on substitue au passe-port un port-d'armes
que l'on sait être presque en tout semblable au passe-port,
et on le lui présente du côté blanc. M. Petit peut seule-

ment reconnaître que c'est une pièce encadrée et assez semblable à la première : on le retourne. Alors, après quelques instants d'attention, il dit ce que c'est, et lit distinctement ces mots : *De par le roi,* et à gauche *port-d'armes.* On lui montre encore une lettre ouverte : il dit ne pouvoir la lire, n'entendant pas l'anglais; c'était en effet une lettre anglaise. M. Bourdois tire de sa poche une tabatière sur laquelle était un camée encadré en or. Le somnambule ne peut d'abord le voir distinctement; le cadre d'or l'éblouissait, disait-il. Quand on eut couvert le cadre avec les doigts, il dit voir l'emblème de la fidélité. Pressé de dire quel était cet emblème, il ajoute : Je vois un chien, il est comme dressé devant un autel. C'est là en effet ce qui était représenté. On lui présente une lettre fermée : il ne peut rien découvrir du contenu. Il suit seulement la direction des lignes avec le doigt : mais il lit fort bien l'adresse, quoiqu'elle contînt un nom assez difficile : à M. de Rockenstroh. Toutes ces expériences fatiguaient extrêmement M. Petit. On le laissa un instant reposer : puis, comme il aime beaucoup le jeu, on lui proposa, pour le délasser, de faire une partie de cartes. Autant les expériences de pure curiosité semblent le contrarier et le fatiguer, autant il fait avec aisance et dextérité ce qui lui fait plaisir, et ce à quoi il se porte de son propre mouvement. Un des assistants, M. Raynal, ancien inspecteur de l'université, fit avec M. Petit un cent de piquet, et perdit; celui-ci maniait les cartes avec la plus grande agilité, et sans jamais se tromper. On essaya plusieurs fois inutilement de le mettre en défaut en soustrayant ou en changeant des cartes; il comptait avec une surprenante facilité le nombre de points marqués sur la carte à marquer de son adversaire. Pendant tout ce temps on n'avait cessé

d'examiner les yeux et de tenir auprès d'eux une lumière;
on les avait toujours trouvés exactement fermés; on
remarqua que le globe de l'œil semblait néanmoins se mouvoir sous la paupière et suivre les divers mouvements des
mains. Enfin, M. Bourdois déclara que, selon toutes les
vraisemblances humaines, et autant qu'on en pouvait juger
par les sens, les paupières étaient exactement closes.
Pendant que M. Petit faisait une deuxième partie de
piquet, M. Dupotet, sur l'invitation de M. Ribes, dirigea
par derrière la main vers son coude; la contraction précédemment observée eut lieu de nouveau. Puis, sur la proposition de M. Bourdois, il le magnétisa par derrière, et
toujours à plus d'un pied de distance, dans l'intention de
l'éveiller. L'ardeur que le somnambule portait au jeu
combattait cette action, et faisait que, sans le réveiller,
elle le gênait et le contrariait. Il porta plusieurs fois la main
derrière la tête, comme s'il y souffrait. Il tomba enfin
dans un assoupissement qui paraissait être un sommeil
naturel assez léger; et quelqu'un lui ayant parlé dans cet
état, il s'éveilla comme en sursaut. Peu d'instants après,
M. Dupotet, toujours placé près de lui et à quelque distance, le plongea de nouveau dans le sommeil magnétique,
et les expériences recommencèrent. M. Dupotet, désirant
qu'il ne restât aucune ombre de doute sur la nature d'une
action physique exercée à volonté sur le somnambule,
proposa de mettre à M. Petit tel nombre de bandeaux que
l'on voudrait, et d'agir sur lui dans cet état. On lui couvrit, en effet, la figure jusqu'aux narines avec plusieurs
cravates; on tamponna avec des gants la cavité formée
par la proéminence du nez, et on recouvrit le tout d'une
cravate noire descendant en forme de voile, jusqu'au cou.
Alors on recommença de nouveau et de toutes les ma-

nières, les essais d'action à distance; et constamment les
mêmes mouvements se manifestèrent dans les parties vers
lesquelles la main ou le pied étaient dirigés. Après ces
nouvelles épreuves, M. Dupotet, ayant ôté à M. Petit ses
bandeaux, fit avec lui une partie d'*écarté* pour le distraire.
Il joua avec la même facilité qu'auparavant et gagna encore. Il mettait tant d'ardeur à son jeu qu'il resta insensible à l'influence de M. Bourdois qui essaya inutilement,
pendant qu'il jouait, d'agir sur lui par derrière, et de lui
faire exécuter un commandement volontaire.

» Après sa partie, le somnambule se leva, se promena à
travers le salon, écartant les chaises qui se trouvaient sur
son passage, et alla s'asseoir à l'écart pour se reposer
quelque temps loin des curieux et des expérimentateurs
qui l'avaient fatigué. Là M. Dupotet le réveilla à plusieurs
pieds de distance; mais ce réveil ne fut pas complet, à ce
qu'il paraît, car quelques instants après il s'assoupit; il
fallut faire de nouveaux efforts pour le réveiller complète-
ment. Éveillé, il a dit ne conserver aucun souvenir de ce
qui s'était passé pendant son sommeil. »

§ V.

PRÉDICTION. — LUCIDITÉ. — INSENSIBILITÉ. — FORCE DU CORPS
QUADRUPLÉE PENDANT LE SOMMEIL MAGNÉTIQUE. — CLAIRVOYANCE.
— GUÉRISON OBTENUE PAR LES PRESCRIPTIONS D'UN SOMNAMBULE.

« Paul Villagrand, étudiant en droit; né à Magnac-
Laval (Haute-Vienne), le 18 mai 1803, fut frappé, le
25 décembre 1825, d'une attaque d'apoplexie qui fut
suivie de la paralysie de tout le côté gauche du corps.
Après dix-sept mois de divers traitements par l'acupuncture, un séton à la nuque, douze moxas le long de la

colonne vertébrale, traitements qu'il suivit soit chez lui, soit
à la maison de santé, soit à l'hospice de perfectionnement,
et dans le cours desquels il eut deux nouvelles attaques,
fut admis le 8 avril 1827 à l'hôpital de la Charité.
Bien qu'il eût éprouvé un soulagement notable des moyens
mis en usage avant son entrée dans cet hôpital, il marchait avec des béquilles sans pouvoir s'appuyer sur le pied
gauche. Le bras du même côté exécutait bien divers mouvements, mais Paul ne pouvait le lever vers la tête. Il
y voyait à peine de l'œil droit, et il avait l'ouïe très-dure
des deux oreilles. C'est dans cet état qu'il fut confié aux
soins de notre collègue M. Fouquier, qui, outre la paralysie bien évidente, lui reconnut des symptômes d'hyper-
trophie du cœur. Pendant cinq mois, il lui administra
l'extrait alcoolique de noix vomique, le fit saigner de
temps en temps, le purgea et lui fit appliquer des vésicatoires. Le bras gauche reprit un peu de force, les maux
de tête auxquels il était sujet s'éloignèrent, et son état
resta stationnaire jusqu'au 29 août 1827, époque à laquelle il fut magnétisé pour la première fois par M. Foissac, d'après l'ordre et sous la direction de M. Fouquier.
Dans cette première séance il éprouva une sensation de
chaleur générale, puis des soubresauts dans les tendons.
Il s'étonna d'être envahi, pour ainsi dire, par une envie
de dormir, se frotta les yeux pour la dissiper, fit des efforts
visibles et infructueux pour tenir ses paupières ouvertes,
enfin sa tête tomba sur la poitrine, et il s'endormit. A
dater de ce moment, la surdité et le mal de tête cessèrent.
Ce n'est qu'à la neuvième séance que le sommeil devint
profond; et c'est à la dixième qu'il répondit par des sons
inarticulés aux questions qu'on lui adressa. Plus tard, il
annonça qu'il ne pourrait guérir qu'à l'aide du magnétisme,

et il se prescrivit la continuation des pilules d'extrait de noix vomique, des sinapismes et des bains de Baréges. Le 25 septembre, la commission se rendit à l'hôpital de la Charité, fit déshabiller le malade, et constata que le membre inférieur gauche était manifestement plus maigre que le droit, que la main droite serrait beaucoup plus fort que la gauche, que la langue, tirée hors de la bouche, était portée vers la commissure droite, et que dans la buccina-tion, la joue droite était plus bombée que la gauche. On magnétisa alors Paul, qui ne tarda pas à entrer en som-nambulisme. Il récapitula ce qui était relatif à son traite-ment, et prescrivit que dans le jour même on lui appliquât un sinapisme à chaque jambe pendant une heure et demie, que le lendemain on lui fît prendre un bain de Baréges, et qu'en sortant du bain, on lui mît des sinapismes pendant douze heures sans interruption, tantôt à une place, tantôt à une autre; que le surlendemain, après avoir pris un second bain de Baréges, on lui tirât une palette et demie de sang par le bras droit. Enfin il ajouta qu'en suivant ce traitement, le 28, c'est-à-dire trois jours après, il marche-rait sans béquilles en sortant de la séance où il dit qu'il faudrait encore le magnétiser. On suivit le traitement qu'il avait indiqué, et au jour dit, le 28 septembre, la commis-sion vint à l'hôpital de la Charité. Paul se rendit, appuyé sur ses béquilles, à la salle des conférences, où il fut magnétisé comme de coutume et mis en somnambulisme. Dans cet état, il assura qu'il retournerait à son lit sans béquilles, sans soutien. A son réveil il demanda ses béquilles; on lui répondit qu'il n'en avait plus besoin. En effet il se leva, se soutint sur la jambe paralysée, traversa la foule qui le suivait, descendit la marche de la chambre d'expé-riences, traversa la deuxième cour de la Charité, monta

deux marches, et, arrivé au bas de l'escalier, il s'assit.
Après s'être reposé deux minutes, il monta, à l'aide d'un
bras et de la rampe, les vingt-quatre marches de l'escalier
qui conduit à la salle où il couche; il alla à son lit sans
appui, s'assit encore un moment, et fit ensuite une nouvelle promenade dans la salle, au grand étonnement de
tous les malades, qui jusqu'alors l'avaient toujours vu cloué
dans son lit. A dater de ce jour, Paul ne reprit plus ses
béquilles. La commission se réunit encore le 11 octobre
suivant à l'hôpital de la Charité. On le magnétisa, et il
annonça qu'il serait complétement guéri à la fin de l'année, si on lui établissait un séton, deux pouces au-dessous
de la région du cœur. Dans cette séance on le pinça à plusieurs reprises, on lui enfonça une épingle à une ligne de
profondeur dans le sourcil et dans le poignet, sans qu'il
donnât aucun signe de sensibilité. Le 16 octobre, M. Fouquier reçut du conseil général des hospices une lettre qui
l'invitait à suspendre les expériences magnétiques qu'il
avait commencées à l'hôpital de la Charité. On fut donc
obligé d'interrompre ce traitement magnétique, dont *ce
paralysé ne pouvait*, disait-il, *assez louer l'efficacité.*
M. Foissac le fit sortir de l'hôpital, et le plaça rue des
Petits-Augustins, numéro 18, dans une chambre particulière où il continua son traitement. Le 29 du même mois,
la commission se rendit chez le malade pour examiner les
progrès de sa guérison; mais avant la magnétisation, elle
constata que la marche avait lieu sans béquilles, et qu'elle
paraissait plus assurée que dans la précédente séance.
Ensuite on lui fit essayer ses forces au dynamomètre.
Pressée par la main droite, l'aiguille marquait trente kilogrammes, et de la main gauche douze. Les deux mains
réunies la firent monter à trente et un. On le magnétisa;

13.

en quatre minutes le somnambulisme se déclara, et Paul assura qu'il serait totalement guéri le 1er janvier[1]. On essaya ses forces : la main droite fait monter l'aiguille du dynamomètre à vingt-neuf kilogrammes (un de moins qu'avant le sommeil); la main gauche (la paralysée), à vingt-six (quatorze de plus qu'avant le sommeil), et les deux mains réunies à quarante-cinq, quatorze de plus qu'auparavant. Pendant le somnambulisme, il se lève pour marcher et franchit vivement l'espace; il saute à cloche-pied sur le pied gauche. Il se met à genou sur le genou droit; il se relève en se soutenant par la main gauche sur un assistant, et en faisant porter sur le genou gauche tout le poids de son corps. Il prend et soulève M. Thillaye, le fait tourner sur lui-même, et se rassoit l'ayant sur ses genoux. Il tire de toute sa force le dynamomètre et fait monter l'échelle de traction à seize myriagrammes. Sur l'invitation qu'on lui fait de descendre l'escalier, il quitte brusquement son fauteuil, prend le bras de M. Foissac, qu'il quitte à la porte, descend et remonte les marches deux à deux, trois à trois, avec une rapidité convulsive, qu'il modère cependant quand on lui dit de les franchir une à une. Aussitôt qu'il est réveillé, il perd cette augmentation étonnante de ses forces; alors, en effet, le dynamomètre ne marque plus que trois myriagrammes trois quarts, c'est-à-dire douze et quart de moins qu'avant le réveil. Sa démarche est lente, mais assurée; il ne peut soutenir le poids de son corps sur la jambe gauche (la paralysée), et il essaye inutilement de soulever M. Foissac. Nous devons noter, Messieurs, que peu de jours avant cette dernière expérience, ce malade avait perdu deux livres et demie de sang, qu'il avait encore

---

[1] *Cette guérison arriva* en effet. (Expressions du rapport de M. Husson.)

deux vésicatoires aux jambes, un séton à la nuque, un autre à la poitrine ; vous reconnaîtrez par conséquent avec nous quelle prodigieuse augmentation de forces le magnétisme avait développée dans les organes malades, celle des organes sains restant la même, puisque pendant tout le temps qu'a duré le somnambulisme, la force totale du corps avait été plus que quadruplée. Paul renonça par la suite à tout traitement médical. Il voulut seulement qu'on se bornât à le magnétiser ; et vers la fin de l'année, comme il témoignait le désir d'être mis et maintenu pendant huit jours en somnambulisme, pour que sa guérison fût complétée le 1er janvier, il fut magnétisé le 25 décembre ; à dater de ce jour, il resta en somnambulisme jusqu'au 1er janvier. Pendant ce temps, il fut, à des intervalles inégaux, éveillé environ douze heures ; et, dans ces courts moments de réveil, on lui laissait croire qu'il n'était endormi que depuis quelques heures. Pendant tout son sommeil ses fonctions digestives se firent avec un surcroît d'activité. Il était endormi depuis trois jours, lorsque, accompagné de M. Foissac, il partit à pied le 28 décembre de la rue Mondovi, et alla trouver M. Fouquier à l'hôpital de la Charité, où il arriva à neuf heures. Il y reconnut les malades auprès desquels il était couché avant sa sortie, les élèves qui faisaient le service dans la salle, et il lut, les yeux fermés, un doigt étant appliqué sur chaque paupière, quelques mots qui lui furent présentés par M. Fouquier. Tout ce dont nous étions les témoins nous parut si étonnant que la commission voulant suivre jusqu'à la fin l'histoire de ce somnambule, se réunit de nouveau le 1er janvier chez M. Foissac, où elle trouva Paul endormi depuis le 25 décembre. Il avait supprimé quinze jours auparavant les sétons de la nuque et de la poitrine, et s'était fait éta-

blir au bras gauche un cautère qu'il devait conserver toute
la vie. Il déclarait, du reste, qu'il était guéri, qu'en ne
commettant aucune imprudence, il arriverait à un âge
avancé, et qu'il succomberait à une attaque d'apoplexie.
(Toujours endormi), il sort de chez M. Foissac, il marche
et court dans la rue d'un pas ferme et assuré; à son retour
il porte avec la plus grande facilité une personne présente
qu'il n'avait pu qu'avec peine soulever avant d'être endormi. Le 12 janvier la commission se rassembla de nouveau chez M. Foissac, où se trouvaient M. E. Lascase,
député, M. de ***, aide de camp du roi, et M. Ségalas,
membre de l'académie. M. Foissac nous annonça qu'il allait
endormir Paul, que dans cet état de somnambulisme on
lui appliquerait un doigt sur chaque œil fermé, et que,
malgré cette occlusion complète des paupières, il distin-
guerait la couleur des cartes, qu'il lirait le titre d'un
ouvrage et quelques mots ou lignes indiqués au hasard dans
le corps même de l'ouvrage. Au bout de deux minutes de
manœuvres magnétiques, Paul est endormi. Les paupières
étant tenues fermées constamment et alternativement par
MM. Fouquier, Itard, Marc et le rapporteur, on lui présente un jeu de cartes neuves, dont on brise la bande de
papier portant le timbre de la régie; on les mêle, et Paul
reconnaît facilement et successivement les rois de pique,
as de trèfle, dame de pique, neuf de trèfle, sept de carreau, dame de carreau et huit de carreau. On lui présente, ayant les paupières tenues fermées par M. Ségalas,
un volume que le rapporteur avait apporté. Il lit sur le
titre *Histoire de France* [1]. Il ne peut lire les deux lignes

---

[1] *Histoire de France depuis les Gaulois jusqu'à la mort de Louis XVI,*
par Anquetil, 13 vol. in-8°, Paris, 1817. Le passage lu par Paul est
à la page 89 du septième volume.

intermédiaires et lit sur la cinquième le nom seul *Anquetil,*
qui y est précédé de la préposition *par.* On ouvre le livre
à la page 89, et il lit à la première (*sic*) ligne onze le *nombre
de ses...* il passe le mot *troupes,* et continue. *Au moment
où on le croyait le plus occupé des plaisirs du carna-
val...* il lit également le titre courant *Louis;* mais ne peut
lire le chiffre romain qui le suit. On lui présente un papier
sur lequel on a écrit les mots *agglutination* et *magnétisme animal.* Il épèle le premier et prononce les deux
autres. Enfin on lui a présenté le procès-verbal de cette
séance, il en a lu assez distinctement la date et quelques
mots plus lisiblement écrits que d'autres. Dans toutes ces
expériences, les doigts ont été appliqués sur la totalité de
la commissure de chaque œil, en pressant de haut en bas
la paupière supérieure sur l'inférieure, et nous avons
remarqué que le globe de l'œil avait été dans un mouvement constant de rotation et paraissait se diriger vers
l'objet soumis à la vision. Le 2 février, Paul fut mis en
somnambulisme chez MM. Scribe et Brémard, négociants,
rue Saint-Honoré. Le rapporteur de la commission était
le seul membre présent à l'expérience. On ferma les paupières comme dans la précédente, et Paul lut dans l'ouvrage intitulé *les Mille et une nuits* le titre, le mot *préface* et la première ligne de cette préface, moins le mot
peu. On lui présenta aussi un volume intitulé *Lettres de
deux amies,* par Madame Campan. Il distingua sur une
estampe la figure de Napoléon, il en montra les bottes, et
dit qu'il y voyait deux femmes. Ensuite il lut couramment
les quatre premières lignes de la page 3, à l'exception du
mot *ruiner.* Enfin il reconnut sans les toucher quatre
cartes qu'on lui présenta successivement deux à deux, ce
sont le roi de pique et le huit de cœur; la dame et le roi

de trèfle. Dans une autre séance qui eut lieu le 13 mars suivant, Paul essaya inutilement de distinguer différentes cartes qu'on lui appliqua sur l'épigastre; mais il *lut* encore les yeux fermés dans un livre ouvert au hasard, et cette fois ce fut M. Jules Clocquet qui lui boucha les paupières. Le rapporteur écrivit aussi sur un morceau de papier les mots *Maximilien Robespierre,* qu'il lut également bien. »

§ VI.

ÉTAT CATALEPTIQUE ET SOMMEIL MAGNÉTIQUE PRODUITS A DISTANCE PAR LA SEULE VOLONTÉ DU MAGNÉTISEUR. — PRÉDICTION. — FUREUR.

« Pierre Cazot, âgé de vingt ans, ouvrier chapelier, né d'une mère épileptique, était sujet depuis dix ans à des attaques d'épilepsie qui se renouvelaient cinq ou six fois par semaine, lorsqu'il entra à l'hôpital de la Charité dans les premiers jours du mois d'août 1827. Il fut soumis de suite au traitement du magnétisme, s'endormit à la troisième séance, et devint somnambule à la dixième, qui eut lieu le 19 août. Ce fut alors à neuf heures du matin qu'il annonça que le jour même, à quatre heures après midi, il aurait une attaque d'épilepsie; mais qu'on pouvait la prévenir si on le magnétisait un peu auparavant. On préféra vérifier l'exactitude de sa prévision, et aucune précaution ne fut prise pour s'y opposer. On se contenta de l'observer sans qu'il s'en doutât. A une heure il fut saisi d'une violente céphalalgie; à trois heures il fut forcé de se mettre au lit; à quatre heures précises l'accès éclata. Sa durée fut de cinq minutes. Le surlendemain, Cazot étant en somnambulisme, M. Fouquier lui enfonça à l'improviste une épingle d'un pouce de long entre l'index et le pouce de la main droite; il lui perça avec la même épingle le lobe de l'oreille; on lui écarta les paupières et on frappa plusieurs fois la conjonctive avec la tête d'une épingle sans qu'il donnât le moindre signe de sensibilité. La commission se rendit à l'hôpital de la Charité le 24 août, à neuf heures du matin, pour suivre les expériences que M. Fouquier, l'un de ses membres, avait le projet de continuer sur lui. M. Foissac, qui l'avait déjà magnétisé, se plaça en face, et à six pieds de distance de Cazot; il le fixa, ne fit aucun geste avec les mains, garda le silence le plus absolu, et Cazot s'endormit en huit minutes. Trois fois on lui plaça sous le nez un flacon plein d'ammoniaque : sa figure se colora, la respiration s'accéléra, mais il ne se réveilla pas. M. Fouquier lui enfonça dans l'avant-bras une épingle d'un pouce. On lui en introduisit une autre à une profondeur de deux lignes, obliquement, sous le sternum, une troisième, obliquement aussi, à l'épigastre; une quatrième perpendiculairement dans la plante du pied. M. Guersent le pinça à l'avant-bras de manière à y laisser une ecchymose; M. Itard s'appuya sur sa cuisse de tout le poids de son corps. On chercha à provoquer le chatouille-ment en promenant sous le nez, sur les lèvres, sur les sourcils, les cils, le cou et la plante du pied, un petit morceau de papier : rien ne put le réveiller. Nous le pres-sâmes de questions.... Combien aurez-vous encore d'ac-cès? — Pendant un an. — Savez-vous s'ils seront rappro-chés les uns des autres. — Non. — En aurez-vous un ce mois-ci? — J'en aurai un lundi 27, à trois heures moins vingt minutes. — Sera-t-il fort? — Il ne le sera pas la moitié de celui qui m'a pris dernièrement. — Quel autre jour aurez-vous un autre accès? — Après un mouvement d'impatience il répond : D'aujourd'hui en quinze, c'est-à-dire le 7 septembre. — A quelle heure? — A six heures moins dix minutes du matin. — La maladie d'un des enfants de Cazot le força de sortir ce jour-là même, 24 août, de la Charité. Mais on convint de l'y faire revenir le lundi 27 au matin, pour observer l'accès qu'il avait annoncé devoir arriver le même jour, à trois heures moins vingt minutes. Le concierge ayant refusé de le recevoir lorsqu'il s'y présenta, Cazot se rendit chez M. Foissac pour se plaindre de ce refus. Ce dernier préféra, nous a-t-il dit, dissiper cet accès par le magnétisme, que d'en être seul témoin : nous n'avons pu, par conséquent, constater l'exactitude de cette prévision. Mais il nous restait encore à observer l'accès annoncé pour le 7 septembre, et M. Fouquier, qui fit entrer Cazot le 6 à l'hôpital, sous prétexte de lui donner des soins qu'il ne pouvait recevoir hors de l'établissement, le fit magnétiser dans le courant de cette journée du 6 par M. Foissac, qui l'endormit par la force seule de sa volonté et la fixité de son regard. Dans ce sommeil, Cazot répéta que le lendemain il aurait une attaque à six heures moins dix minutes, et qu'on pourrait la prévenir s'il était magnétisé un peu auparavant. A un signal convenu et donné par M. Fouquier, M. Foissac, dont Cazot ignorait la présence, le réveilla comme il l'avait endormi, par la force seule de sa volonté, malgré les questions qu'on adressait à ce somnambule, et qui n'avaient pas d'autre but que de lui cacher le moment où il devait être réveillé. Pour être témoin du second accès, la commission se réunit le 7 septembre, à six heures moins un quart du matin, dans la salle Saint-Michel de l'hôpital de la Charité. Là elle apprit que la veille, à huit heures du soir, Cazot avait été saisi d'une douleur de tête qui l'avait tourmenté toute la nuit, que cette douleur lui avait procuré la sensation d'un carillon, et qu'il avait eu des élancements dans les oreilles. A six heures moins dix minutes, nous fûmes témoins de l'accès épileptique caractérisé par la roideur et la contraction des membres, la projection répétée et saccadée de la tête en arrière, la courbure arquée du corps en arrière, la clôture convulsive des paupières, la rétraction du globe de l'œil vers le haut de l'orbite, les soupirs, les cris, l'insensibilité au pincement, le serrement de la langue entre les dents. Tout cet appareil de symptômes a duré cinq minutes, pendant lesquelles il y a eu deux rémissions de quelques secondes chacune; et ensuite il y a eu un brisement des membres et une lassitude générale. Le 10 septembre, à sept heures du soir, la commission se réunit chez M. Itard, pour continuer ses expériences sur Cazot. Ce dernier était dans le cabinet où la conversation s'est engagée et a été entretenue avec lui jusqu'à sept heures et demie, moment auquel M. Foissac, arrivé depuis lui et resté dans l'antichambre, séparé de lui par deux portes fermées, et à une distance de douze pieds, commença à le magnétiser. Trois minutes après, Cazot dit : Je crois que M. Foissac est là, car je me sens *abasourdi*. Au bout de huit minutes il était complétement endormi. On le questionne, et il assure de nouveau que de ce jour en trois semaines, le 1er octobre, il aura un accès épileptique à midi moins deux minutes. Il s'agissait d'observer avec autant de soin que nous l'avions fait le 7 septembre, l'accès épileptique qui avait été prédit pour le 1er octobre. A cet effet la commission se rendit ce même jour, à onze heures et demie, chez M. Georges, fabricant de chapeaux, rue des Ménétriers, numéro 17, où Cazot demeurait et travaillait. Nous apprîmes de ce M. Georges : que Cazot est un ouvrier très-rangé, d'une excellente conduite, et incapable, soit par la simplicité de son esprit, soit par sa moralité, de se prêter à une supercherie quelconque; que Cazot ne se sentant pas bien portant, était resté dans sa chambre et qu'il ne travaillait pas; qu'il n'avait pas eu d'accès d'épilepsie depuis celui dont la commission avait été témoin à l'hôpital de la Charité; qu'il y avait en ce moment auprès de Cazot un homme intelligent, sur la véracité et la discrétion duquel on pouvait compter; que cet homme n'a point annoncé à Cazot qu'il avait prédit une attaque pour aujourd'hui; qu'il paraît prouvé que M. Foissac a eu, depuis le 10 septembre, des relations avec ledit Cazot, sans qu'on puisse en inférer qu'il lui ait rappelé sa prédiction; et qu'au contraire ledit M. Foissac a paru attacher une très-grande importance à ce que personne ne rappelât audit Cazot sa prédiction. M. Georges monte à midi moins cinq minutes dans une pièce située au-dessous de celle où habite Cazot; une minute après, il est venu nous prévenir que l'accès avait lieu. Nous sommes tous montés à la hâte, MM. Guersent, Thillaye, Marc, Gueneau de Mussy, Itard et le rapporteur, au sixième étage, où étant arrivés, la montre d'un des commissaires marquait midi moins une minute au temps vrai. Réunis autour du lit de Cazot, nous avons trouvé l'accès épileptique caractérisé par les symptômes suivants : roideur tétanique du tronc et des membres, renversement de la tête et parfois du tronc en arrière, rétraction convulsive par en haut du globe des yeux, dont on ne voit que le blanc; injection très-prononcée de la face et du cou, contraction des mâchoires, convulsions fibrillaires partielles des muscles de l'avant-bras et du bras droit; bientôt après, opisthotonos tellement prononcé que le tronc était soulevé en arc de cercle, et que le corps n'avait d'autre appui que la tête et les pieds, lesquels mouvements se sont terminés par une brusque détente. Peu de moments après cette attaque, c'est-à-dire après une minute de relâche, un nouvel accès semblable au précédent s'est déclaré. Il y a eu des sons inarticulés, la respiration était haletante, par secousses, le larynx s'abaissant et s'élevant rapidement, et le pouls battant de cent trente-deux à cent soixante fois. Il n'y a pas eu d'écume à la bouche, ni de contraction du pouce vers la face palmaire. Au bout de six minutes, l'accès s'est terminé par des soupirs, l'affaissement des membres, l'ouverture des paupières qui lui a permis de fixer les assistants d'un air étonné, et il nous a dit être courbaturé, surtout dans le bras droit. Quoique la commission ne pût douter de l'action bien réelle que le magnétisme produisait sur Cazot, même à son insu et à une certaine distance, elle voulut encore en acquérir une preuve nouvelle. Et comme il avait été prouvé dans la dernière séance que M. Foissac avait eu avec lui des relations, dans lesquelles il aurait pu lui dire qu'il avait annoncé une attaque qui devait arriver le 1ᵉʳ octobre, la commission voulut aussi, en provoquant de nouvelles expériences sur Cazot, induire M. Foissac en erreur sur le jour où son épileptique aurait l'attaque qu'il aurait annoncée d'avance. Par ce moyen nous nous mettions à l'abri de toute espèce de connivence, à moins qu'on ne suppose qu'un homme que nous avons toujours vu probe et loyal, voulût s'entendre avec un homme sans éducation, sans intelligence, pour nous tromper. Nous avouons que nous n'avons fait ni à l'un ni à l'autre cette injure, et nous rendons la même justice à MM. Dupotet et Chapelain, dont nous avons eu plusieurs fois occasion de vous parler. La commission se réunit donc dans le cabinet de M. Bour-

dois, le 5 octobre à midi, heure à laquelle Cazot y arriva
avec son enfant. M. Foissac avait été invité à s'y rendre à
midi et demi; il arriva à l'heure dite, à l'insu de Cazot,
se retira dans le salon, sans aucune communication avec
nous. On alla cependant lui dire par une porte dérobée
que Cazot était assis sur un canapé éloigné de dix pieds
d'une porte fermée, et que la commission désirait qu'il
l'endormît et l'éveillât à cette distance, lui restant dans le
salon, et Cazot dans le cabinet. A midi trente-sept minutes,
pendant que Cazot est occupé à la conversation à laquelle
nous nous livrions, et qu'il examine les tableaux qui ornent
le cabinet, M. Foissac, placé dans la pièce voisine, commence ses manœuvres magnétiques, et nous remarquons
qu'au bout de quatre minutes Cazot clignote légèrement
les yeux, qu'il a un air inquiet, et qu'enfin il s'endort
en neuf minutes. M. Guersent, qui lui avait donné des
soins à l'hôpital des Enfants pour ses attaques d'épilepsie,
lui demande s'il le reconnaît. Réponse affirmative. M. Itard
lui demande quand il aura un autre accès? Il répond que
ce sera d'aujourd'hui en quatre semaines (le 3 novembre),
à quatre heures cinq minutes du soir. On lui demande
ensuite quand il en aura un autre; il répond, après s'être
recueilli et avoir hésité, que ce sera cinq semaines après
le précédent qu'il vient d'indiquer, le 9 décembre, à neuf
heures et demie du matin. Le procès-verbal de cette séance
ayant été lu en présence de M. Foissac pour qu'il le signât
avec nous, nous avions voulu, comme il a été dit ci-dessus,
l'induire en erreur; et en le lui lisant avant de le faire
signer aux membres de la commission, le rapporteur lut
que le premier accès de Cazot aurait lieu le dimanche
4 novembre, tandis que le malade avait annoncé qu'il
aurait lieu le samedi 3. Il le trompa également sur le

second, et M. Foissac prit note de ces fausses indications,
comme si elles étaient exactes ; mais ayant, quelques
jours après, mis Cazot en somnambulisme, ainsi qu'il
avait coutume de le faire pour dissiper ses maux de tête,
il apprit de lui que c'était le 3, et non le 4, qu'il devait
avoir son accès, et il en avertit M. Itard le 1ᵉʳ novembre,
croyant qu'il y avait eu erreur dans la rédaction de notre
procès-verbal. La commission prit, pour observer l'accès
du 3 novembre, les précautions qu'elle avait prises pour
examiner celui du 1ᵉʳ octobre ; elle se rendit à quatre heures
du soir chez M. Georges ; elle apprit de lui, de sa femme,
et d'un de ses ouvriers, que Cazot avait travaillé comme
de coutume toute la matinée jusqu'à deux heures, et
qu'en dînant il avait ressenti du mal de tête ; que cependant il était descendu pour reprendre son travail ; mais que
le mal de tête augmentant, et qu'ayant eu un étourdissement, il était remonté chez lui et s'était étendu sur son lit
où il s'est endormi. Alors MM. Bourdois, Fouquier et le
rapporteur montèrent, précédés de M. Georges, vers la
chambre de Cazot. M. Georges y entra seul et le trouva
profondément endormi, ce qu'il nous fit remarquer par la
porte qui était entr'ouverte sur l'escalier. M. Georges lui
parla haut, le remua, le secoua par le bras sans pouvoir
le réveiller, et à quatre heures six minutes, au milieu des
tentatives faites par M. Georges pour le réveiller, Cazot
a été saisi des principaux symptômes qui caractérisent un
accès d'épilepsie, et semblables en tout à ce que nous
avions observé sur lui précédemment. Le second accès
annoncé dans la séance du 6 octobre pour le 9 décembre,
c'est-à-dire deux mois auparavant, a eu lieu à neuf heures
trois quarts au lieu de neuf heures et demie, un quart
d'heure plus tard qu'il n'avait été prédit, et fut carac-

térisé par les mêmes phénomènes précurseurs et par les mêmes symptômes que ceux des 7 septembre, 1er octobre et 3 novembre. Enfin, le 11 février, Cazot fixa l'époque d'un nouvel accès au dimanche 22 avril, midi cinq minutes, et cette annonce se vérifia comme les précédentes, à cinq minutes près, c'est-à-dire l'accès arriva à midi dix minutes. Cet accès, remarquable par sa violence, par l'espèce de fureur avec laquelle Cazot se mordit la main et l'avant-bras, par les secousses brusques et répétées qui le soulevaient, durait depuis trente-cinq minutes, lorsque M. Foissac, qui était présent, le magnétisa. Bientôt l'état convulsif cessa pour faire place à un état de somnambulisme magnétique pendant lequel Cazot se leva, se mit sur une chaise et dit qu'il était très-fatigué; qu'il aurait encore deux accès : l'un de demain en neuf semaines, à six heures trois minutes (25 juin). Il ne veut pas penser au deuxième accès, parce qu'il faut songer à ce qui arrivera auparavant (à ce moment il renvoie sa femme qui était présente), et il ajoute que, environ trois semaines après l'accès du 25 juin, il deviendra fou; que sa folie durera trois jours, pendant lesquels il sera si méchant, qu'il se battra avec tout le monde, qu'il maltraitera même sa femme, son enfant, qu'on ne devra pas le laisser avec eux, et qu'il ne sait pas s'il ne tuerait pas une personne qu'il ne désigne pas. Il faudra alors le saigner de suite des deux pieds. Enfin, ajoute-t-il, je serai guéri pour le mois d'août; et une fois guéri, la maladie ne me reprendra plus, quelles que soient les circonstances qui arrivent. C'est le 22 avril que toutes ces prévisions nous sont annoncées; et deux jours après, le 24, Cazot voulant arrêter un cheval fougueux qui avait pris le mors aux dents, fut précipité contre la roue d'un cabriolet qui lui fracassa l'arcade orbi-

taire gauche, et le meurtrit horriblement. Transporté à
l'hôpital Beaujon, il y mourut le 15 mai.... Nous voyons
dans cette observation un jeune homme sujet depuis dix
ans à des attaques d'épilepsie pour lesquelles il a été successivement traité à l'hôpital des Enfants, à Saint-Louis,
et exempté du service militaire. Le magnétisme agit sur
lui, quoiqu'il ignore complétement ce qu'on lui fait. Il
devient somnambule. Les symptômes de sa maladie s'amé-
liorent; les accès diminuent de fréquence; les maux de
tête, son oppression disparaissent sous l'influence du
magnétisme; il se prescrit un traitement approprié à la
nature de son mal, et dont il se promet la guérison. Magnétisé à son insu et de loin, il tombe en somnambulisme,
en est retiré avec la même promptitude que lorsqu'il était
magnétisé de près. Enfin il indique avec une rare précision, un et deux mois d'avance, le jour et l'heure où il
doit avoir un accès d'épilepsie. Cependant, doué de la
prévision pour des accès aussi éloignés, bien plus, pour des
accès qui ne doivent jamais avoir lieu, il ne peut pas prévoir
que dans deux jours il sera frappé d'un accident mortel. »

§ VII.

ALTÉRATION DES FONCTIONS ET REFROIDISSEMENT DU CORPS HUMAIN
PENDANT LE SOMMEIL MAGNÉTIQUE. — DON DE LA SCIENCE MÉDI-
CALE DANS L'ÉTAT DE SOMNAMBULISME.

« Mademoiselle Céline Sauvage a été mise en somnambulisme en présence de la commission les 18 et 21 avril,
17 juin, 9 août, 23 décembre 1826, 13 et 17 janvier et
21 février 1827. En passant de l'état de veille à celui de
somnambulisme, elle éprouve un refroidissement de plusieurs degrés, appréciable au thermomètre; sa langue
devient sèche et rugueuse, de souple et humide qu'elle était
auparavant; son haleine, jusqu'alors douce, est fétide et

repoussante. La sensibilité est presque abolie pendant la durée de son sommeil, car elle fait six inspirations ayant sous les narines un flacon rempli d'acide hydrochlorique, et elle n'en témoigne aucune émotion. M. Marc la pince au poignet ; une aiguille à acupuncture est enfoncée de trois lignes dans la cuisse gauche ; une autre de deux lignes dans le poignet gauche. On réunit ces deux aiguilles par un conducteur galvanique ; des mouvements convulsifs très-marqués se développent dans la main, et mademoiselle Céline paraît étrangère à tout ce qu'on lui fait. Elle entend les personnes qui lui parlent de près et en la touchant, et elle n'entend pas le bruit de deux assiettes que l'on brise à côté d'elle. C'est lorsqu'elle est plongée dans cet état de somnambulisme que la commission a reconnu trois fois chez elle la faculté de discourir sur les maladies des personnes qu'elle touche, et d'indiquer les remèdes qu'il convient de leur opposer. La commission trouva parmi ses membres quelqu'un qui voulut bien se soumettre aux indications de cette somnambule. Ce fut M. Marc. Mademoiselle Céline fut priée d'examiner avec attention l'état de la santé de notre collègue. Elle appliqua la main sur le front et la région du cœur, et au bout de trois minutes elle dit que le sang se portait à la tête ; que, actuellement, M. Marc avait mal dans le côté gauche de cette cavité ; qu'il avait souvent de l'oppression, surtout après avoir mangé ; qu'il devait avoir souvent une petite toux ; que la partie inférieure de la poitrine était gorgée de sang ; que quelque chose gênait le passage des aliments ; que cette partie (et elle désignait la région de l'appendice xiphoïde) était rétrécie ; que, pour guérir M. Marc, il fallait qu'on le saignât largement ; que l'on appliquât des cataplasmes de ciguë, et que l'on fît des frictions avec du lau-

danum sur la partie inférieure de la poitrine; qu'il bût de
la limonade gommée, qu'il mangeât peu et souvent, et
qu'il ne se promenât pas immédiatement après le repas.
Il nous tardait d'apprendre de M. Marc s'il éprouvait tout
ce que cette somnambule avait annoncé. Il nous dit qu'en
effet il avait de l'oppression lorsqu'il marchait en sortant
de table; que souvent, comme elle l'annonçait, il avait
de la toux, et qu'avant l'expérience il avait mal dans le
côté gauche de la tête, mais qu'il ne ressentait aucune
gêne dans le passage des aliments. »

§ VIII.

DON DE LA SCIENCE MÉDICALE PENDANT LE SOMMEIL MAGNÉTIQUE.

« La malade était âgée de vingt-trois à vingt-cinq ans,
atteinte depuis deux ans environ d'hydropisie ascite
accompagnée d'obstructions nombreuses, les unes du
volume d'un œuf, d'autres du volume du poing, quelques-
unes du volume d'une tête d'enfant, et dont les principales
avaient leur siége dans le côté gauche du ventre. L'extérieur du ventre était inégal, bosselé, et ces inégalités
correspondaient aux obstructions dont la capacité abdomi-
nale était le siége. M. Dupuytren avait déjà pratiqué dix
ou douze fois la ponction à cette malade, et il avait toujours
retiré une grande quantité d'albumine claire, limpide,
sans odeur, sans aucun mélange. Le soulagement suivait
toujours l'emploi de ce moyen. Le rapporteur a été présent trois fois à cette opération; il fut facile à M. Dupuytren et à lui de s'assurer du volume et de la dureté de ces
tumeurs, par conséquent de reconnaître leur impuissance
pour la guérison de cette malade. Ils prescrivirent néanmoins différents remèdes, et ils attachèrent quelque impor-

tance à ce que mademoiselle.... fût mise à l'usage du lait
d'une chèvre à laquelle on ferait des frictions mercurielles.
Le 21 février 1827, le rapporteur alla chercher M. Foissac
et mademoiselle Céline, et il les conduisit dans une maison
rue du faubourg du Roule, sans leur indiquer ni le nom,
ni la demeure, ni la nature de la maladie de la personne
qu'il voulait soumettre à l'examen de la somnambule. La
malade ne parut dans la chambre où se fit l'expérience que
quand M. Foissac eut endormi mademoiselle Céline : et
alors, après avoir mis une de ses mains dans la sienne,
elle l'examina pendant huit minutes, non pas comme le
ferait un médecin en pressant l'abdomen, en le percutant,
en le scrutant dans tous les sens; mais seulement en appliquant la main à plusieurs reprises sur le ventre, la poitrine, le dos et la tête. Interrogée pour savoir d'elle ce
qu'elle avait observé chez mademoiselle...., elle répondit
que tout le ventre était malade, qu'il y avait un squirrhe
et une grande quantité d'eau du côté de la rate; que les
intestins étaient très-gonflés; qu'il y avait des poches où
des vers étaient renfermés; qu'il y avait des grosseurs du
volume d'un œuf dans lesquelles étaient contenues des
matières puriformes, et que ces grosseurs devaient être
douloureuses; qu'il y avait au bas de l'estomac une glande
engorgée de la grosseur de trois de ses doigts; que cette
glande était dans l'intérieur de l'estomac et devait nuire à
la digestion; que la maladie était ancienne, et qu'enfin
mademoiselle ... devait avoir des maux de tête. Elle con-
seilla l'usage d'une tisane de bourrache et de chiendent
nitrée, de cinq onces de suc de pariétaire pris chaque
matin, de très-peu de mercure pris dans du lait. Elle ajouta
que le lait d'une chèvre que l'on frotterait d'onguent mercuriel une demi-heure avant de la traire, conviendrait

mieux [1] ; en outre elle prescrivit des cataplasmes de fleurs
de sureau constamment appliqués sur le ventre, des frictions sur cette cavité avec de l'huile de laurier, et, à son
défaut, avec le suc de cet arbuste uni à l'huile d'amandes
douces; un lavement de décoction de kina coupé avec une
décoction émolliente. La nourriture devait consister en
viandes blanches, laitage farineux, point de citron. Elle
permettait très-peu de vin, un peu de rhum à la fleur
d'orange, ou de la liqueur de menthe poivrée. Ce traitement n'a pas été suivi, et, l'eût-il été, il n'aurait pas
empêché la malade de succomber. Elle mourut un an après.
L'ouverture du cadavre n'ayant pas été faite, on ne put
vérifier ce qu'avait dit la somnambule. Dans une circonstance délicate, où des médecins fort habiles, dont plusieurs sont membres de l'Académie, avaient prescrit un
traitement mercuriel pour un engorgement des glandes
cervicales qu'ils attribuaient à un vice vénérien, la famille
de la malade qui était soumise à ce traitement, voyant
survenir de graves accidents, voulut avoir l'avis d'une
somnambule. Le rapporteur fut appelé pour assister à cette
consultation, et il ne négligea pas de profiter de cette
nouvelle occasion d'ajouter encore à ce que la commission
avait vu. Il trouva une jeune femme, madame la C...,
ayant tout le côté droit du cou profondément engorgé par
une grande quantité de glandes rapprochées les unes des
autres. Une était ouverte et donnait issue à une matière

[1] Sans attacher une grande importance à cette singulière rencontre de la prescription faite par la somnambule de l'usage du lait
d'une chèvre frictionnée d'onguent mercuriel avec cette même prescription recommandée à la malade par MM. Dupuytren et par le rapporteur, la commission a dû consigner dans son travail cette coïncidence. Elle la présente comme un fait dont le rapporteur garantit
l'authenticité, mais dont ni elle ni lui ne peuvent donner aucune
explication. (*Note de M. Husson.*)

purulente jaunâtre. Mademoiselle Céline, que M. Foissac magnétisa en présence du rapporteur, se mit en rapport avec elle, et affirma que l'estomac avait été attaqué par une substance *comme du poison*, qu'il y avait une légère inflammation des intestins ; qu'il y avait à la partie supérieure droite du cou une maladie scrofuleuse qui avait dû être plus considérable qu'elle ne l'était à présent ; qu'en suivant un traitement adoucissant qu'elle prescrit, il y aurait de l'amélioration dans quinze jours ou trois semaines. Ce traitement consistait en quelques grains de magnésie, huit sangsues au creux de l'estomac, des décoctions de gruau, un purgatif salin toutes les semaines, deux lavements chaque jour, l'un de décoction de kina, et, immédiatement après, un autre de racines de guimauve ; des frictions d'éther sur les membres, un bain toutes les semaines ; et, pour nourriture, du laitage, des viandes légères et l'abstinence du vin. On suivit ce traitement pendant quelque temps, et il y eut une amélioration notable. Mais l'impatience de la malade, qui trouvait que le retour vers la santé n'était pas assez rapide, détermina la famille à convoquer une nouvelle réunion de médecins. Il y fut décidé que la malade serait soumise à un nouveau traitement mercuriel. Le rapporteur cessa alors de voir la malade, et apprit qu'à la suite de l'administration du mercure, elle avait eu, du côté de l'estomac, des accidents très-graves qui la conduisirent au tombeau, après deux mois de vives souffrances. Un procès-verbal d'autopsie signé par MM. Fouquier, Marjolin, Cruveilhier et Foissac, constata qu'il existait un engorgement scrofuleux ou tuberculeux des glandes du cou, deux légères cavernes remplies de pus, résultant de la fonte des tubercules au sommet de chaque poumon ; la membrane muqueuse du grand cul-de-sac de l'estomac était presque entièrement détruite. Ces messieurs constatèrent, en outre, que rien n'indiquait la présence d'une maladie vénériennè soit récente, soit ancienne. Il résulte de ces observations : 1° que dans l'état de somnambulisme, mademoiselle Céline a indiqué les maladies de trois personnes avec lesquelles on l'a mise en rapport; 2° que la déclaration de l'une, l'examen que l'on a fait de l'autre après trois ponctions, et l'autopsie de la troisième, se sont trouvés d'accord avec ce que cette somnambule avait avancé; 3° que les divers traitements qu'elle a prescrits ne sortent pas du cercle des remèdes qu'elle pouvait connaître, ni de l'ordre des choses qu'elle pouvait raisonnablement recommander; et 4° qu'elle les a appliqués avec une sorte de discernement [1]. »

Expériences magnétiques tirées de différents auteurs.

Nous venons de voir une partie des faits constatés officiellement par la science. On nous saura gré de placer ici le récit de certaines expériences qui n'ont plus l'attache officielle, il est vrai, mais dont la réalité, malgré cela, ne paraîtra pas moins positive. En effet, la science a *constaté*, entre autres phénomènes, les dons de l'intelligence, de prédiction, de lucidité, pendant le sommeil magnétique; peut-il y avoir beaucoup de prodiges plus surprenants? L'exposé qui va suivre donnera un aperçu de la variété des résultats auxquels les magnétiseurs prétendent être arrivés.

[1] *Avec discernement,* aurait dû dire le rapporteur pour rester dans le vrai.

§ Iᵉʳ.

ARBRE MAGNÉTISÉ PRODUISANT LE SOMNAMBULISME., DONNANT
L'INTELLIGENCE A UN NIAIS. — MAGNÉTISÉ NE DISANT QUE
CE QUE VEUT SON MAGNÉTISEUR.

Nous avons dit que M. de Puységur, retiré dans sa
terre de Buzancy, appliquait le magnétisme à la guérison
des malades. Il écrit à ce sujet, dans ses *Mémoires
pour servir à l'établissement du magnétisme animal,*
tome Iᵉʳ [1] : « Afin donc de pouvoir opérer sur tous ces
pauvres gens un effet plus continuel, et en même temps ne
pas m'épuiser de fatigue, j'ai pris le parti de magnétiser
un arbre, d'après les procédés que nous a indiqués
M. Mesmer ; après y avoir attaché une corde, j'ai
essayé sa vertu sur mes malades. Ce n'est qu'hier soir
que j'ai fait ma première expérience ; j'y ai fait venir mon
premier malade. Sitôt qu'il a eu mis la corde autour de
lui, il a regardé l'arbre et a dit pour toute parole, avec un
air d'étonnement qu'on ne peut rendre : *Qu'est-ce que je
vois là ?* Ensuite sa tête s'est baissée, et il est entré dans
un *somnambulisme* parfait ; au bout d'une heure, je l'ai
ramené dans sa maison, où je·lui ai rendu l'usage de ses
sens. »

Dans un autre passage [2], M. de Puységur parle aussi du
même paysan : « Quand il est dans l'état magnétique, ce n'est
plus un paysan niais, sachant à peine répondre une phrase ;
c'est un être que je ne sais pas nommer. Je n'ai pas besoin
de lui parler ; je pense devant lui et il m'entend, me
répond. Vient-il quelqu'un dans sa chambre, il le voit *si
je veux ;* il lui parle, lui dit les choses que *je veux* qu'il

[1] Cité par Bertrand, page 216.
[2] *Id.*, page 217.

lui dise, non pas toujours telles que je les lui dicte, mais telles que la vérité l'exige. Quand il veut dire plus que je ne crois prudent qu'on en entende, alors j'arrête ses idées, ses phrases, au milieu d'un mot, et je change son idée totalement. »

Plus loin, M. de Puységur continue le récit de ses expériences [1] : « Je continue de faire usage de l'heureux pouvoir que je tiens de M. Mesmer, et je le bénis tous les jours, car je suis très-utile, et j'opère bien des effets salutaires sur tous les malades des environs. Ils affluent autour de mon arbre; il y en avait ce matin plus de *cent trente*. C'est une procession perpétuelle dans le pays; j'y passe deux heures tous les matins. Mon arbre est le meilleur baquet possible; il n'y a pas une feuille qui ne communique la santé; chacun y éprouve plus ou moins de bons effets. Je n'ai qu'un regret, c'est de ne pouvoir pas toucher tout le monde; mais mon homme, ou pour mieux dire mon *intelligence*, me tranquillise; il m'apprend la conduite que je dois tenir. Suivant lui, *il n'est pas nécessaire que je touche tout le monde ; un regard, un geste, une volonté*, c'en est assez; et c'est un paysan (celui dont il vient d'être question), le plus borné du pays, qui m'apprend cela. Quand il est en crise, je ne connais rien de plus profond, de plus prudent et de plus *clairvoyant* que lui. J'en ai plusieurs autres qui approchent de son état, mais aucun ne l'égale, et cela me fâche; car, mardi prochain, adieu mon conseil; cet homme n'aura plus besoin d'être touché, et certes aucune curiosité ne m'engagera jamais à me servir de lui sans le but de sa santé et de son bien. »

[1] Cité par Bertrand, page 218.

§ II.

DON DES LANGUES PRODUIT PAR LE MAGNÉTISME.

« Pendant mon séjour à Tours, raconte M. Lafontaine [1], je magnétisai une somnambule, à qui on parlait espagnol, latin, anglais, portugais, allemand, grec, et la somnambule répondait en français à toutes les questions faites dans ces diverses langues. Mais une personne lui fit une question en hébreu, la somnambule ne répondit pas; je la pressai et lui demandai pourquoi elle ne répondait pas; elle me dit : « Mais la raison est simple : ce monsieur me dit des mots, mais il ne les comprend pas, il ne sait pas ce qu'ils veulent dire, alors je ne puis rien lui répondre, il ne pense pas. Les mots sont des signes de convention, il faut qu'ils expriment quelque chose dans la pensée de celui qui les prononce, pour qu'ils aient de la valeur; je ne m'attache pas aux mots, je ne puis les comprendre; c'est à la pensée seulement que je vois, que je puis répondre. » En effet, la personne convint qu'elle avait demandé à un israélite de ses amis de lui vouloir bien indiquer une phrase en hébreu, mais dont il n'avait pas pensé à demander le sens. »

§ III.

SOMMEIL, INSENSIBILITÉ, FUREUR, PROVOQUÉS SUR LES ANIMAUX PAR LE MAGNÉTISME.

« J'ai fait des essais sur plusieurs animaux, dit M. Lafontaine [2], et j'ai obtenu un plein succès. Le public de Paris se rappelle sans doute le chien que je présentai le 20 jan-

---

[1] Lafontaine, page 243.
[2] *Id.*, page 253.

vier 1843, dans une séance publique, salle Valentino.
C'était un petit lévrier qui m'avait été donné depuis huit
jours; quinze cents personnes se trouvaient dans la salle,
parmi lesquelles beaucoup d'incrédules et de malveillants.
Dès les premières passes que je fis pour endormir le chien,
ce fut une explosion générale de railleries et de sifflets. On
appelait l'animal, on cherchait à détourner son attention
et à empêcher l'effet de se produire. Je le tenais sur mes
genoux, d'une main je lui prenais une patte, et de l'autre
je faisais des passes de la tête au milieu du corps. Après
quelques minutes, le silence le plus profond régnait dans
la salle; on avait vu la tête du chien tomber de côté et
s'endormir profondément. Je lui cataleptisai les pattes, je
le piquai, et le chien ne donna aucun signe de sensation;
je me levai et le jetai sur le fauteuil; il resta sans faire le
plus petit mouvement : c'était un chien mort pour tous.
On lui tira un coup de pistolet dans l'oreille, rien n'indi-
qua qu'il eût entendu. On peut dresser des chiens à bien
des exercices; on peut les instruire, et nous en avons vu
de bien savants; mais il n'est pas possible de les habituer
à supporter la douleur sans qu'ils donnent signe de sensation; c'est donc réellement la paralysie que je produisis
sur ce chien par l'effet du fluide magnétique. Plusieurs
personnes vinrent lui enfoncer des épingles par tout le
corps. C'était un vrai cadavre. Je le réveillai, et aussitôt il
redevint vif, gai, comme il l'était avant, le nez en l'air,
tournant la tête à chaque bruit, à chaque appel. Ici on ne
pouvait plus douter, on ne pouvait plus croire au compé-
rage : il fallait admettre le fait physique, l'action sur les
animaux.

» A Tours, dans une ménagerie, à l'époque de la foire,
en 1840, j'essayai d'agir sur un lion, sans en prévenir per-

sonne. Je me plaçai près de sa cage et je fixai mes regards
sur les siens. Bientôt ses yeux ne purent soutenir ma vue,
ils se fermèrent ; alors je lançai le fluide d'une main sur la
tête, et j'obtins après vingt minutes un sommeil profond.
Je me hasardai alors à toucher avec toutes les précautions
possibles sa patte, qui se trouvait près des barreaux ; m'en-
hardissant, je le piquai, il ne remua pas. Convaincu que
j'avais produit l'effet voulu, je lui pris la patte et la sou-
levai ; puis je touchai la tête et j'introduisis la main dans sa
gueule. Le lion resta endormi ; je le piquai sur le nez, et
le lion ne bougea pas, au grand étonnement des personnes
présentes, qui n'osaient en croire leurs yeux. Je le réveillai : aussitôt le lion ouvrit les yeux et reprit ses allures,
qui ne donnaient certainement pas la tentation de renouveler les attouchements. . . . .

. . . . J'essayai l'action sur une hyène, mais j'obtins des
effets tout différents. Sitôt que la hyène sentit le fluide,
elle donna des signes d'inquiétude, elle n'eut plus un
moment de repos, et enfin elle arriva au paroxysme de la
fureur. Si la cage n'avait pas été solide, elle l'aurait brisée
pour fondre sur moi. Toutes les fois que j'essayai sur cette
bête, toujours la même fureur se manifesta ; et même
après deux ou trois fois, j'entrais à peine dans la ménagerie qu'aussitôt elle s'élançait sur moi. Ce fut au point que
le propriétaire me pria instamment de ne plus venir, craignant, malgré la solidité de la cage, qu'elle ne la brisât et
qu'il n'arrivât un accident. »

§ IV.

PHÉNOMÈNES D'ATTRACTION ET DE CONVULSIONS MAGNÉTIQUES [1].
SCÈNE D'IVRESSE.

Huit élèves de l'École polytechnique avaient demandé à M. Dupotet une conférence particulière pour causer avec lui du magnétisme. M. Dupotet, après quelques explications préalables, obtint sur eux les résultats suivants :

« 1° Une commotion semblable à celle du lapin frappé sur la nuque — (c'est l'expression du *sujet* que nous rapportons ici textuellement; ses jambes ont fléchi, etc.);

» 2° Le phénomène de l'attraction *invincible* (vers lui M. Dupotet), sur un second sujet retenu en vain par quatre de ses camarades;

» 3° Une pièce de cinq francs étant magnétisée sans doute à cette intention, et placée sur la cheminée, le troisième sujet a subi une fascination telle que, malgré le bruit, les conversations, etc., il n'a pu en détacher les yeux;

» 4° Celui-ci, étant assis, a décrit avec son corps la parabole exacte d'un cerceau sur sa chaise, à la volonté du magnétiseur;

» 5° Trois autres, debout et appuyés mutuellement la main sur l'épaule, ont été renversés comme frappés de la foudre;

» 6° Enfin, — le dernier, — jeune homme de vingt-cinq ans, a éprouvé tous les symptômes de l'ivresse, sa titubation, ses désordres, etc., etc......

» Cette conférence, poursuit M. Dupotet, en amena une autre... Trente-trois élèves de l'École polytechnique vinrent

[1] *Journal du magnétisme*, tome XV (année 1856), page 28 et 29.

ensemble me demander de faire sur eux quelques expériences comme celles que j'avais faites, le dimanche précédent, sur quelques-uns de leurs collègues. Le temps n'était
pas très-favorable : il faisait froid et humide ; néanmoins,
je me rendis à leurs désirs et je soumis plusieurs d'entre
eux à la magnétisation. Les premières tentatives furent
sans résultat apparent ; puis quelques-uns des magnétisés
sentirent distinctement l'action exercée sur eux, et les
magnétisations continuant, quatre d'entre eux furent vivement impressionnés. Une sorte de tétanos, accompagné de
tremblements nerveux d'un caractère particulier et indes-
criptible, s'était développé assez rapidement, et la crainte
commençait à naître chez les spectateurs. Je dus, à la
demande de ces derniers, cesser une démonstration dont le
but était déjà dépassé. On fut obligé de soutenir les
magnétisés, que je m'empressai de calmer et de rendre à
leur état naturel. Deux, entre autres, avaient été couchés
à terre par la force magnétique exercée à une distance de
plusieurs mètres. »

§ V.

CAS D'ÉPILEPSIE ET DE FOLIE DÉTERMINÉ PAR LA MAGNÉTISATION [1].

« A Manchester, le docteur N..., magnétisant un jeune
homme, produisit la folie furieuse et l'épilepsie. Il fallut
l'emporter, le hisser dans une voiture et le transporter chez
lui. Nous nous mîmes à quatre pour cette difficile opération,
et il fallut huit hommes pour le monter dans sa chambre ;
il nous renversa tous dans l'escalier ; ses forces étaient cen-
tuplées. Fort heureusement, dans ce moment, je pus
m'emparer de l'estomac et appuyer mes doigts sur l'épi-

[1] Lafontaine, page 152.

gastre; je le maintins, et nous arrivâmes dans sa chambre, où nous eûmes toutes les peines du monde à le coucher.

» Je l'endormis à force de magnétisation; alors je fus maître et des convulsions et de la folie; lorsque je le réveillai après quelques heures, la folie se représenta dans toute sa fureur; puis il y eut un accès d'épilepsie avec convulsion et écume à la bouche.

» Ce fut pendant cette crise épileptique que je parvins à l'endormir de nouveau; il m'a fallu trois jours et trois nuits, sans le quitter et le maintenir toujours dans le sommeil, pour ramener la raison et faire cesser les crises épileptiques.

» Lorsqu'il fut rétabli, je restai quelque temps sans pouvoir le magnétiser : à peine l'avais-je endormi, qu'il s'éveillait aussitôt comme s'il éprouvait une secousse violente. »

§ VI.

ÉPREUVE DE TRANSMISSION DE SENSATION.

« Je n'ai obtenu cet effet, dit M. Lafontaine[1], qu'une fois encore sur une personne magnétisée pour la première fois. Ce fut à Leeds, en Angleterre, sur un négociant (*M. Oldenbourg*), en séance publique. En dix minutes, je l'avais endormi, et quelques instants après il était arrivé au somnambulisme. Je plaçai à côté de lui le sujet dont je me servais habituellement, je lui mis une des mains dans celle de M. Oldenbourg, voulant montrer l'insensibilité sur les deux personnes, je piquai M. Oldenbourg, qui ne donna pas signe de sensation. Je piquai ensuite mon sujet, miss *Mary* : elle n'accusa pas de sensation; mais

---

[1] Page 86.

M. Oldenbourg se récria sur ce qu'on lui faisait mal, et qu'il ne voulait pas être piqué. Cependant Mary ne sentait rien lorsqu'on piquait M. Oldenbourg; lui seul avait la transmission de sensation. Je répétai plusieurs fois cette expérience, et toutes les fois que je piquai *Mary*, M. Oldenbourg se plaignait; et lorsque je le piquai lui-même, il n'accusa jamais de sensation.

» Clarisse Nau, une de mes somnambules, me présenta cet effet d'une manière bien exacte. Dans une petite séance à Tours, M. Renard, le proviseur du collége, voulant faire cette expérience d'une manière concluante, me pria de descendre dans la cour de l'hôtel. Un médecin descendit avec moi, et me pinça, me tira les cheveux, les oreilles, me piqua les jambes, et il eut l'idée de me mettre le doigt dans la bouche, ce qui me causa presque un vomissement. Pendant ce temps, Clarisse Nau éprouvait toutes les sensations et à chaque endroit où l'on me faisait souffrir. »

§ VII.

EXEMPLE DE TRANSPLANTATION DE MALADIE D'UNE JEUNE FILLE
A UNE PLANTE. — GUÉRISON DE LA JEUNE FILLE. — MORT
ET RÉSURRECTION DE LA PLANTE.

La méthode curative désignée sous le nom de *transplantation*, et par laquelle on prétendait jadis guérir en faisant passer une maladie du corps d'une personne dans celui d'une autre personne, ou dans un animal ou un végétal, a été pratiquée par les magnétiseurs. Au nombre des faits de ce genre relatés dans le *Journal du magnétisme*, on trouve le suivant, tome XV, page 537.

« Une jeune fille, mademoiselle A. V..., somnambule, prise de jalousie pour une autre somnambule, sa rivale,

quitta brusquement le salon d'expérience de son magnétiseur. Soit l'effet de la saison, soit chagrin, mademoiselle A... tomba gravement malade; une fièvre violente la
dévorait depuis plus de trois semaines, tout remède fut
impuissant à la sauver, et elle répétait sur son lit de douleur
à sa famille navrée : « Oh ! il n'y a que M. G... qui puisse
me guérir; mais je l'ai blessé en le quittant. — Et moi, je
suis convaincu, répondit son frère, qu'il viendrait... »
M. G... n'hésita pas une minute... Il trouva la malade
en proie à une fièvre intense, et la transpiration avait
inondé jusqu'au second matelas. Il la magnétisa avec foi,
force et *charité*. La jeune fille se trouvant un peu calmée,
M. G... avisa sur la fenêtre une magnifique plante de
chanvre. « Tenez-vous beaucoup à ce chanvre? dit-il à la
mère. — Moi, monsieur, je ne tiens qu'à la santé, à la
vie de ma fille ! » Alors M. G..., s'avançant vers la fenêtre,
s'approcha du chanvre, et dégagea sur lui tous les miasmes
morbides qu'il avait puisés auprès de la malade. Le lendemain, nouvelle magnétisation sur la jeune fille, dont le
mieux était déjà fort prononcé; le chanvre avait pris une
teinte jaune. Le jour suivant, mademoiselle A... est tout
à fait bien ; ce même jour, le chanvre est desséché
comme si la lave d'un volcan avait passé par là. Le
lendemain, la malade était guérie et le chanvre mort !
Madame V... dit au magnétiseur : « Tenez, monsieur, je
vais arracher ce chanvre; à quoi bon garder une plante
morte? — Non, madame, de grâce, interrompit M. G...,
laissez-moi faire mon expérience. » Alors donc le magnétiseur s'approcha du triste chanvre, dont la tige jaune était
inclinée, et dont les feuilles criaient sous les doigts comme
les feuilles mortes en décembre crient sous les pieds qui
les froissent. Il se mit à magnétiser la plante défraîchie en

sens inverse pour la dégager de tous ces miasmes pestilen-
tiels dont il l'avait saturée. Puis il se fit donner un vase
d'eau, qu'il magnétisa aussi pour lui donner une vertu bienfaisante, et en arrosa lentement et complaisamment le
chanvre flétri, ignorant ce qui en pourrait résulter. Le lendemain, les tiges étaient relevées, et les feuilles mortes
commençaient à se détacher. Le troisième jour, toutes les
vieilles feuilles étaient tombées, et le chanvre avait reverdi.
Le quatrième jour (et la malade parfaitement guérie), la
plante était admirable et luxuriante d'une repousse de
branches et de feuilles pleines de vie et d'ardeur.... Malade moi-même et charmé de ces faits, continue le narrateur, je me suis empressé de me procurer deux plantes,
que M. G... a aussi magnétisées avec le fluide et la volonté
de transplanter le mal. Ma tête se dégage, ma fièvre
diminue, mais, en revanche, le *begonia discolor* incline
ses feuilles jaunissantes, le rosier est grillé comme s'il eût
été victime d'un incendie, et j'ai la cruauté d'assister avec
plaisir aux derniers moments de mes deux fleurs désignées
à la mort. »

§ VIII.

PERVERSION DES SENS PAR LE MAGNÉTISME.

Les expériences suivantes ont été faites en Pologne,
pendant le courant de l'année 1852, par le comte de
Choiseul, un des descendants des Choiseul-Gouffier [1].
« Je magnétisai une fois la bouche et les yeux d'un juif,
qui alors, sans s'en douter, se mit à manger de la *viande
impure* de cochon, en place d'un hareng qu'il avait cru
voir, et pour se désaltérer je lui fis boire un demi-seau

[1] *Journal du magnétisme*, tome XVI, page 249.

d'eau, qui lui parut de la bière... Une femme de charge
vint un jour me demander ses gages, je lui donnai trois
sous ou pièces de cuivre que j'avais magnétisées ; elle les
prit pour des écus d'argent. Le lendemain je vis qu'elle
pleurait, car, disait-elle, on m'a volé mes trois écus d'argent, et j'ai trouvé trois gros sous de cuivre à leur place.
Je mis plusieurs femmes en état de catalepsie ou de paralysie en leur magnétisant successivement tous les membres,
qui devenaient complétement roides, et puis, au seul son
de ma voix, le charme disparaissait. J'essayai aussi mon
pouvoir magnétique sur le régisseur de notre terre,
homme d'une grande taille, mais dont le système nerveux
était très-affaibli, et se prêtait par conséquent aux expériences du magnétisme. Je lui donnai une grande envie de
priser du tabac qui lui parut si délicieux, qu'il vida et remplit plusieurs fois sa tabatière, toutefois en me suppliant de
le délivrer de cette envie, qui le tourmentait horriblement ;
mais, voyant que cela ne finissait pas, il prit le parti de briser sa tabatière. Le lendemain, rougissant d'avoir subi
la puissance du magnétisme, il prétendit avoir feint d'avoir
eu envie de prendre du tabac. Pour le punir de son mensonge, je l'invitai deux jours plus tard à manger des bonbons. Lui ayant fait rapidement, et presque à son insu,
quelques passes devant les yeux, je lui donnai une poignée
de poivre et de sel, qu'il avala avec le plus grand plaisir ;
mais lui ayant enlevé aussitôt le fluide fascinateur, le malheureux régisseur, toussant et crachant et tout confus,
dut rendre hommage à la puissance du magnétisme. Je le
trompai encore une fois en lui faisant apparaître une jeune
fille qu'il aimait et voulait épouser. Un sale marmiton
barbu s'assit sur une chaise, le régisseur fut appelé, je lui
fis de nouveau des passes devant les yeux, en lui annonçant

15.

l'arrivée de la jeune fille, et bien qu'incrédule d'abord, il
finit par s'approcher insensiblement du marmiton métamor-
phosé en sirène, et sur mon invitation, aidée de passes
dans le dos, il se mit à genoux et baisa avec transport la
main sale que lui tendait le marmiton. Je le tirai à l'instant
même de sa douce illusion, et, entendant retentir de nombreux éclats de rire, le malheureux régisseur, honteux et
confus, s'enfuit en jurant, *mais un peu tard, qu'on ne
l'y prendrait plus.* Un jour, une de mes somnambules
ne voulant pas se laisser magnétiser, je lui dis alors d'une
voix forte : A genoux ; et je m'éloignai sans la regarder.
Au bout d'une demi-heure, je la retrouvai agenouillée et
faisant de vains efforts pour se relever. Une autre fois,
étant derrière elle, je lui fis, à son insu, quelques passes
dans le dos, avec l'intention de l'irriter, et lui montrai un
domestique qui passait. Aussitôt cette fille, naturellement
très-tranquille, s'élance et frappe cet homme ; je la calme
aussitôt, et elle se confond en excuses pour faire oublier sa
fureur. Étant à Varsovie, le comte U..., mon parent, me
pria de faire quelques expériences de magnétisme devant
plusieurs personnes qui devaient se réunir chez lui. La
somnambule en question refusa de se montrer en public ;
mais, lui ayant magnétisé les yeux, je l'emmenai en
voiture au palais du comte U..., lui persuadant que je
la faisais marcher dans sa chambre. Je l'introduisis dans
un beau salon plein de monde ; elle ne vit rien. Plusieurs
personnes s'approchèrent de la jeune fille, et, lui voyant
les yeux ouverts, crurent que c'était une supercherie. Pour
leur prouver le contraire, je lui promenai sous le nez la
flamme d'une bougie, je la piquai avec une aiguille, je lui
passai entre les paupières la lame d'un couteau ; elle ne
bougea pas. Je lui donnai ensuite des charbons éteints à

manger en guise de gâteaux; elle fuma un cigare, croyant
sucer un caramel. Une chaise magnétisée fut placée sur
une table, elle s'élança immédiatement dessus. Elle voulut
s'enfuir du salon; mais les portes ayant été magnétisées,
elle ne put les franchir. Je lui touchai légèrement le cou,
en lui disant qu'elle avait la tête coupée. Elle poussa aussitôt un cri de terreur, croyant la voir sur la table et sentir
son sang couler. En passant la main devant la tête d'une
personne, je la lui faisais voir, le reste du corps restant
invisible. Pour un instant, je lui enlevai le voile du brouil-
lard magnétique qui lui couvrait la vue; elle fut bien
surprise de voir où elle était; mais je lui fis de nouveau une passe devant les yeux, et elle ne vit que sa
chambre. En la renvoyant seule en voiture, elle faillit se
tuer, voulant sauter par la portière, qu'elle prenait pour
une porte. »

§ IX.

EFFETS DUS AU MIROIR MAGIQUE. — ATTRACTION. — RÉPULSION.
— VISION. — FEMME SE SOUDANT AU DOS DU MAGNÉTISEUR ET
EMPORTÉE PAR LUI SANS QU'ELLE S'EN DOUTE.

M. Dupotet raconte ainsi une de ses expériences [1] :

« Le mardi 29 mars (1853), une réunion nombreuse
et choisie, composée de plus de cent personnes, avait lieu
chez le prince de la Moskowa. Cette réunion avait un
attrait tout nouveau : il s'agissait de *magie*. Par amitié
pour le Prince, j'avais consenti à faire quelques expériences sur des personnes de l'assemblée. On était dans
l'attente; et chacun se demandait peut-être comment il
me serait possible de sortir d'une situation aussi délicate.

[1] *Journal du magnétisme,* tome II, page 153.

En effet, pour le grand nombre, la magie n'est qu'un art
mensonger qui ne se produit qu'à l'aide de compères; qui
donc, aujourd'hui, peut croire à la sorcellerie et à la magie?
Parfaitement tranquille en présence du doute de l'assemblée, je disais au Prince : « Tout à l'heure vous aurez des
émotions; vos convives croiront; si je le veux même, je
les remplirai tous de terreur et d'effroi. » Il était dix heures
du soir lorsque les expériences commencèrent. J'eus
d'abord quelque peine à déterminer une personne à tenter
l'épreuve; enfin une dame se prêta résolûment à mes
essais. Au grand étonnement de l'assemblée, cette dame
fut à l'instant même clouée sur son siége; je jetai alors à
six ou sept pieds d'elle le miroir magique, et on la vit
sortir de son immobilité. Par des efforts saccadés, se levant
de son siége, elle avança dans l'attitude d'un cadavre que
l'on ferait mouvoir avec difficulté. Ce fut une scène émou-
vante au dernier point, un spectacle sans pareil, surtout
lorsque, plongeant son étrange regard dans le disque, on
la vit comme rejetée au loin par une force invisible, puis
enfin ramenée en avant et rapprochée du signe magique
par la même puissance. Elle fut bientôt en proie à une
sorte de transport sibyllin, et, comme une prophétesse
antique sur le trépied sacré, l'oracle allait se faire entendre.
La bouche s'ouvrit, mais avec difficulté, et l'on n'entendit
que des sons gutturaux; les choses vues ne purent être
décrites par la *voyante*....

» J'offris pourtant à l'assemblée de produire sur l'heure
un autre exemple de cet immense pouvoir qui enchaîne
pour un instant le corps et l'âme, et fait bientôt communiquer celle-ci avec les immortels. Une jeune dame, que
la crainte n'agitait point (elle se croyait invulnérable), se
soumet à l'épreuve nouvelle. A peine deux minutes s'étaient-

elles écoulées, que l'on vit ses membres se roidir et tomber dans une immobilité complète : c'était une statue de marbre. Cet état ne dura que quelques instants. A la vue du signe magique, elle se leva comme la première expérimentée; mais son visage n'avait point la même expression; il était plus animé, plus inspiré; elle était belle, et quelque chose de divin semblait l'animer et la dominer. Plongeant son regard dans le miroir que je tenais à quelque distance de ses yeux, elle me suivait dans une sorte de transport lorsque je m'éloignais, cherchant à assurer sa vision, à la rendre complète. A moi seul il appartenait de lui ouvrir le vaste champ de l'avenir.... Je ne voulus point prolonger cette vision; je cachai le miroir.... Je reçus les félicitations de cette assemblée choisie; car les faits n'avaient rien laissé à désirer dans leur production et dans leur instantanéité. Cependant, voulant encore justifier mon pouvoir, je fis, dans un autre ordre de faits, de curieuses expériences. J'attirai une dame à reculons; elle vint, par une force attractive, se souder à mon dos; me baissant alors, je l'emportai sans qu'elle pût se détacher de moi. »

§ X.

EFFETS DUS AU MIROIR MAGIQUE. — TERREUR. — PROSTRATION. — RETOUR DES FORCES. — ÉVANOUISSEMENT. — IGNORANCE DU PASSÉ AU SORTIR DE LA CRISE.

« Ma main, raconte M. Dupotet[1], tient le miroir fatidique; elle tremble malgré moi, comme si une force secrète la secouait; je me fais violence pour résister à ce choc inconnu, et, présentant la surface du disque à une femme forte d'intelligence et de volonté, dont le doute

[1] *Journal du magnétisme,* tome V, page 297.

provocateur a, malgré moi, donné lieu à cette épreuve,
les effets commencent aussitôt. La lumière que reflète
une glace ne se transporte pas plus vite, car ici l'action
est instantanée. On voit les yeux de madame N... devenir
ternes, une couleur bilieuse se répandre sur ses traits; son
corps a peine à se-maintenir debout, car ses membres
fléchissent; la mâchoire inférieure exécute des mouvements sans que la voix se fasse entendre, bien que tout.
indique que madame N... veut parler. A cette prostration
évidente succède rapidement une réaction terrible; les
yeux deviennent brillants, les traits se contractent, et des
sons gutturaux inarticulés, accompagnés de gestes indi-
cibles, jettent la crainte au cœur de toutes les personnes
présentes. Je veux arrêter l'expérience, et, dans ce but,
je m'éloigne de sept à huit pas; mais les effets continuent;
les yeux de madame N... se fixent alternativement sur
moi et sur le miroir magique où elle semble poursuivre de
ses recherches les images qui y sont peintes ; elle fait même
des efforts pour se rapprocher de moi; mais ses pieds
semblent avoir pris racine dans le sol : elle ne peut approcher d'un pas! La pythonisse n'était pas plus animée, ni
son visage empreint de plus sombre terreur! Madame N...
a vu, on ne peut en douter, et la communication avec des
intelligences spirituelles avait commencé d'exister. Voulant mettre un terme à cette scène, je romps le charme
en cachant le miroir. Il était temps; nous n'avions plus
alors sous les yeux qu'une femme évanouie : il fallut la
soutenir et l'emporter. On s'empresse autour d'elle, on
l'interroge : sa bouche reste muette et comme saisie
d'épouvante. Elle regarde à droite et à gauche, semblant
chercher les ombres qu'elle a vues; efforts vains de son
esprit! Tout en éprouvant de profondes secousses, elle ne

peut plus rien saisir : la communication spirituelle a été rompue; elle n'a plus qu'un vague souvenir, une terreur secrète. Elle est toujours semblable à un spectre qui sort d'un tombeau.... Bien que cette expérience n'eût duré que quelques minutes, les suites s'en firent sentir plus de quatre heures. Un tremblement convulsif, une voix mal assurée, une faiblesse extrême, qu'il me fut impossible de détruire, nous laissèrent à tous un souvenir ineffable de cette épreuve. »

§ XI.

UN ENFANT MAGNÉTISÉ DÉCLARE QUE C'EST LE MAUVAIS ESPRIT QUI LE FAIT PARLER.

« L'enfant dormait; je demandai au père la permission de l'interroger : il y consentit. Alors, plein du désir de connaître et faire connaître la vérité, je fis un signe de croix sur la tête de l'enfant, et je lui dis : « Au nom de Jésus-Christ, réponds-moi. Est-ce le bon ou le mauvais esprit qui te fait parler ? — *Le mauvais esprit,* répond l'enfant. — Quel est son but? repris-je. Ne serait-ce pas, en opérant des choses merveilleuses, de tâcher d'infirmer les miracles de Jésus-Christ? — *Oui,* me dit-il [1]. »

§ XII.

SCÈNE DE MAGNÉTISME EN 1825. — INTERLOCUTEUR INVISIBLE DIALOGUANT AU MOYEN DU GENOU ET DU DOIGT D'UNE MALADE. — VOIX INTÉRIEURE. — DISPARITION D'OBJET. — FEU ALLUMÉ ET ÉTEINT PAR UN AGENT OU UNE FORCE INVISIBLE.

Le docteur Billot rapporte les curieuses observations suivantes : Une fille nommée Marie Mathieu, de Cucuron (Vaucluse), ayant fait une chute pendant son état

[1] *L'Antimagnétisme animal,* page 92.

critique, eut une suppression subite. « Depuis ce moment, dit M. Billot [1], l'articulation du genou droit se gonfla au point que le genou présentait le volume de la tête d'un enfant de quatre à six mois, et la malheureuse fille ne pouvait plus se mouvoir qu'à l'aide de potences sur lesquelles elle appuyait les bras ; sa jambe, retirée et à demi fléchie, ne permettait plus au pied de porter à terre. »

Soumise sans succès à un traitement par l'électricité, en 1819, elle est perdue de vue par le docteur Billot, et ce n'est qu'en 1825 qu'il provoqua chez elle le somnambulisme, *afin qu'elle pût s'indiquer elle-même les moyens curatifs convenables* à son infirmité [2]. Mais le sommeil magnétique ne venant point, M. Billot se borna aux passes et frictions sur le membre souffrant, lorsque tout à coup il suscita dans le genou malade un mouvement singulier qui, de prime abord, lui parut être galvanique, ou, mieux, électro-magnétique. Ici laissons parler l'auteur [3] :

« Ayant appliqué le pouce de la main droite sur la rotule, je mis celui de la gauche au-dessus du genou, à quelques doigts de distance de l'autre. Dans le même instant, je sentis s'opérer un mouvement interne et sensible à l'œil, partant d'un pouce à l'autre. Ce mouvement se soutint tout le temps que je tins les pouces dans cette position. Le pouce de la main droite toujours appuyé sur la rotule, je change de position du gauche, et je le place sur la partie médiane antérieure de la cuisse, à cinq à six pouces loin de l'autre. A l'instant même, mouvement ondulatoire allant de l'un à l'autre doigt, et se soutenant

---

[1] Tome I, p. 42.
[2] *Id.*, p. 44.
[3] *Id.*, p. 46.

tout le temps que les doigts sont en place. — Je change la position de mes doigts ; je les dirige dans tous les sens sur la jambe et sur partie de la cuisse, à distance plus ou moins éloignée l'un de l'autre. Même mouvement. — Je ne place plus qu'un doigt. Le mouvement a lieu de même sur la partie touchée. Il ressemble à celui d'un gros vaisseau artériel, ou aux pulsations du cœur, sous la main qui le presse. — Je ne place plus le doigt, mais j'applique une clef sur la cuisse ; même mouvement. J'enlève la clef, il cesse. Je la remets, mouvement. Je l'ôte, repos. — Je soupçonne un moteur particulier. Je ne touche plus, mais je demande à *haute voix* : Le mouvement ? et le voilà rétabli. Cessez, m'écriai-je ; il a cessé. Mouvement ? le voilà. Repos ? le voilà. »

Sûr de l'existence d'un moteur, le docteur veut savoir si *cette puissance* est séparée de la malade et comment elle agit sur elle. « Résistez, lui dit-il [1], de toute votre volonté à ce mouvement quand je l'ordonnerai. — J'ordonne, elle résiste ; mais le mouvement a lieu malgré elle. Dès ce moment, ajoute-t-il, il s'établit entre le membre atrophié et moi un dialogue singulier que je vais rapporter fidèlement... — *D.* Qui que tu sois qui fais mouvoir cette jambe, veux-tu répondre aux questions que je vais te faire ? — *R.* Ici le membre fait trois fois de suite un mouvement rectiligne de devant en arrière. Le genou paraît décrire la figure *lll.* »

Le docteur convient avec son occulte interlocuteur que le signe rectiligne signifiera *oui,* et horizontal *non* (tome Iᵉʳ, page 50). Cet interlocuteur prétend être l'ange gardien de Marie (page 52), et promet aide et assistance au médecin et à la malade pour redonner aux muscles de celle-ci

[1] Tome I, p. 48.

le ton qu'ils ont perdu (page 56). « Mais comment agis-tu
sur elle? poursuit M. Billot; as-tu pouvoir sur tous ses
organes malgré sa volonté [1]? — *R. lll,* Oui. — *D.* Puisque
cela est ainsi, tu vois qu'il n'est pas décent que Marie
reste en séance avec le genou découvert pour m'entretenir avec toi; il me paraît bien plus naturel de faire mouvoir la tête à la manière accoutumée pour exprimer le *oui*
ou le *non;* peux-tu le faire? — *R. lll,* Oui. — *D.* Eh
bien! fais donc faire à la tête le signe de *oui?* — *R.* Signe
trois fois en avant, baissant et relevant la tête. — *D.* Fais-
lui faire le signe du *non.* — *R.* Signe trois fois, tournant la tête de gauche à droite. — *D.* A merveille; mais
je vois ici quelque chose d'un peu louche : c'est la difficulté de ne pouvoir connaître si Marie fait d'elle-même
ces signes, ou bien si elle y est forcée par une puissance
qui agit sur elle. Cherchons donc un autre moyen plus
sensible, je veux dire moins douteux pour moi. Ainsi,
puisque tu as pouvoir sur tous les organes de Marie, pourquoi ne pas agir sur sa langue? Fais-la donc parler; mais
que le *son de sa voix soit changé,* afin que je comprenne
que ce n'est pas elle qui répond à mes questions; consens-
tu à me répondre par sa bouche? — *R.* Ici Marie est
vivement secouée. La tête et le tronc paraissent saisis de
tremblements convulsifs par un rapide mouvement de vibration, et la bouche, s'ouvrant en même temps, prononce
d'une voix dont le timbre fortement élevé est très-différent
de celui de la voix de Marie : *Oui, oui, oui.* »

« NOTA. — Cette secousse violente, à laquelle cette fille
ne s'attendait point, la met de mauvaise humeur. Elle me
pric de ne plus la soumettre à cette rude épreuve. Je la
rassure, et je dis au moteur que le ton et la manière dont

[1] Tome I, p. 56 et 58.

il a fait cette réponse décéleraient plutôt un ange de ténèbres qu'un ange de lumière. Tout à coup la scène change.
Marie me présente la main droite pour se mettre en rapport avec moi. J'avance la mienne. Mais à peine nos pouces
sont-ils en contact qu'un mouvement subit s'établit dans
la phalange du sien. Ce mouvement est comme saccadé.
La phalangette inclinée à angle droit, imitant un marteau,
frappe sur la mienne à coups répétés, et lorsque le mouvement doit cesser, elle la presse fortement avec l'ongle
pour en désigner la fin.... Ce mouvement s'opère sans la
volonté de Marie..., malgré elle, dès que son doigt touche
celui du docteur. » En même temps cette fille « dit entendre
résonner dans son gosier une petite voix dont elle compare
le timbre au tintoin ou bourdonnement d'un cousin qui
accompagnerait les mouvements de son doigt, c'est-à-dire
que chaque syllabe de la voix est exprimée par un mouvement de la phalangette, comme ferait un enfant qui, en
épelant un mot, frapperait à chaque syllabe sur quelque
chose avec son doigt. » (*Id.*, page 58.)

Le guide spirituel de Marie lui avait prescrit un régime
alimentaire d'où toutes les crudités étaient exclues. Or,
un jour elle prit une gousse d'ail pour en frotter son pain.
« Mais à mesure que, ayant épluché son ail [1], elle se dispose à l'approcher de son pain, tout à coup, comme si
quelqu'un eût tapé fort sous sa main, la gousse d'ail saute
jusqu'au plancher *et ne se retrouve plus*... Ce fait s'est
passé sous mes yeux, dit le docteur Billot, et en présence
des gens de la maison. »

Le même médecin cite encore le fait suivant dont il a
été le *témoin* [2].

---

[1] Tome I, p. 89.
[2] *Id.*, p. 221.

« L'exercice, dit-il [1], fatiguait et échauffait beaucoup Marie; elle avait besoin de repos et de rafraîchir son sang. Le petit Raphaël [2] ordonne la tisane suivante : orge et réglisse. Marie met dans un pot convenable l'orge mondé, un petit morceau de racine de réglisse fendu en quatre et l'eau suffisante. Elle s'avance de la cheminée, le pot à la main, pour faire la tisane; mais il n'y a pas de feu; à peine aperçoit-on sous la cendre un globe lumineux gros comme un *petit pois*. En outre, il n'y a pas de petit bois, ni de copeaux, ni de sarment pour faire prendre feu à deux grosses bûches qui se trouvent dans l'âtre. Bien plus, Marie manque en ce moment d'allumettes, et, pour tout soufflet, on n'a dans la maison qu'un roseau ou canne percée d'outre en outre. Quelle main secourable viendra donc l'aider à allumer son feu?.... « *Ne t'inquiète pas*, lui dit la petite voix, *la tisane se fera*. Place sur le globule de feu quelques feuilles de chêne vert qui tiennent encore aux bûches, et qu'il faut détacher; mets les bûches par-dessus, et sois tranquille, le feu va s'allumer; tu placeras ensuite le pot, et tu pourras faire le travail ordinaire du ménage. » Marie obéit à la voix, et le tout bien préparé et disposé selon l'ordonnance, elle se met à observer ce qui va se passer, en fixant les yeux sur le globule lumineux. Quel est son étonnement lorsqu'elle aperçoit sur ce globule un petit mouvement tel que celui que pourrait opérer le souffle du plus doux zéphir, ou celui à peine sensible sortant du chalumeau d'un metteur en œuvre ou d'un joaillier ! A peine quelques minutes se sont écoulées, que les brins de feuilles commencent à donner de la fumée, l'impression du soufre se renforce, quelques étin-

---

[1] Tome I, p. 224.

[2] M. Billot désignait ainsi la *voix intérieure* qui parlait dans Marie.

celles petillent, et voilà que la flamme a jeté son éclat. Les
bûches sont attaquées par le feu; le foyer ressemble à
celui d'une petite forge d'orfévre, et Marie, ravie d'étonnement, place son pot près du feu, en louant Dieu et
remerciant son messager. L'eau s'échauffe, bientôt le bouil-
lonnement commence; le feu est ménagé de telle sorte
qu'on ne voit qu'un petit frémissement à l'aide duquel
la tisane se confectionne lentement. Marie quittait son
travail de temps en temps pour surveiller la décoction,
lorsque la petite voix lui dit : « Ne te dérange plus, la
tisane sera faite; je saurai bien diminuer l'ardeur du feu et
même l'éteindre, s'il est nécessaire. » En effet, Marie vit
diminuer le feu insensiblement, et lorsqu'elle prit le pot,
la tisane était un peu plus que tiède, c'est-à-dire qu'elle
était au degré de chaleur convenable pour être bue... La
première fois que ce phénomène a eu lieu, je n'ai point vu
les préliminaires de la combustion; mais le lendemain, je
désirai en être témoin, et tout se passa comme le jour
d'auparavant, et tel que je l'ai décrit ci-dessus. »

Le récit que l'on vient de lire renferme des particularités fort curieuses, et nous demandons, pour terminer ce
qui concerne le magnétisme, à faire, dès à présent, quelques réflexions qui se rattachent aux phénomènes des tables
tournantes et des Esprits frappeurs. Si l'on veut bien
remarquer que les observations du docteur Billot appartiennent à une époque où il n'était nullement question de
spiritisme, mais seulement de magnétisme, on conviendra
que la fille Marie Mathieu a provoqué une série d'expériences qui ont la plus entière conformité avec celles qui
ont lieu de nos jours[1]. En effet, si d'une part Marie,
comme les convulsionnaires jansénistes, prête ses organes,

---

[1] Voir ci-après livre V, section deuxième.

sans pouvoir s'en empêcher [1], à un agent invisible, si elle
entend une voix parler en elle, comme cela a été observé
chez les sectateurs du diacre Pâris [2]; d'un autre côté, son
genou, la phalangette de son doigt, servant de *médium*, à
l'instar de nos tables aujourd'hui, mettait en communication l'interlocuteur occulte et l'interrogateur visible. D'un
autre côté encore, la disparition de la gousse d'ail sert de
pendant à la fève qui s'envole chez M. Benezet (voir
ci-après, livre V, section deuxième). Quant au phénomène
du feu s'allumant et s'éteignant sous la direction d'un *moteur*
occulte, selon l'expression du docteur Billot, n'appartient-il
pas à la catégorie des phénomènes ignés produits actuellement par le spiritisme?

De ces simples rapprochements, il résulte que les phénomènes observés chez la fille Marie et attribués au magnétisme sont d'un ordre entièrement identiques avec ceux
qui s'observent dans le spiritisme moderne. Le mode
d'explosion peut paraître différent; mais les faits sont les
mêmes, ce qui implique une identité dans la cause.

SECTION TROISIÈME.

Preuves de la réalité des effets attribués
au magnétisme.

On pourrait se contenter, pour établir la réalité des phénomènes magnétiques, d'en appeler au témoignage univer-
sel : car il n'est pas permis d'admettre qu'aujourd'hui personne n'ait été témoin, ou peut-être même provocateur,

[1] Voir plus haut page 45.
[2] Voir plus haut page 45.

d'expériences magnétiques. Mais, puisque nous nous sommes placé sur le terrain scientifique, nous pouvons constater les faits magnétiques par les savants eux-mêmes.

Nous invoquerons donc, par ordre de date :

1° Le rapport de Bailly, présenté au roi en 1784, pour l'examen du magnétisme animal, et dans lequel on lit ce qui suit [1] : « Rien n'est plus étonnant que le spectacle de ces convulsions; quand on ne l'a point vu, on ne peut s'en faire une idée; en le voyant, on est également surpris et du repos profond d'une partie de ces malades et de l'agitation qui anime les autres, des accidents variés qui se répètent, des sympathies qui s'établissent.... Tous sont soumis à celui qui magnétise; ils ont beau être dans un assoupissement apparent, sa voix, un regard, un signe les en retire. On ne peut s'empêcher de reconnaître à ces *effets constants* une GRANDE PUISSANCE qui agite les malades, les maîtrise, et dont celui qui magnétise semble être le dépositaire. »

2° Le rapport [2] des commissaires de la Société royale de médecine du 16 août 1784, dans lequel on lit ce singulier aveu, au sujet précisément des faits qu'ils étaient chargés d'examiner. « Nous avons négligé les *faits* rares, *insolites, merveilleux,* tels que le renouvellement des mouvements convulsifs par la direction du doigt ou d'un conducteur à travers le dos d'un siége fortement rembourré, à travers une porte, un mur; les sensations éprouvées à l'approche d'un arbre, d'un bassin, d'un corps ou d'un terrain que l'on avait auparavant magnétisés..... Nous avons cru enfin ne pas devoir fixer notre attention sur des cas rares, insolites, extraordinaires, *qui paraissent contredire toutes les lois de la physique....* »

[1] Cité par Bertrand, page 74.
[2] *Id.,* page 496.

3° Les expériences médicales faites en 1820 et pendant les années suivantes dans les principaux hôpitaux de Paris par MM. Dupotet, Robouan, Georget, Foissac, Récamier, etc., expériences, ne l'oublions pas, qui ont permis de constater, entre autres phénomènes, les dons de prédiction, de clairvoyance, d'intelligence pendant le sommeil magnétique.

Ces trois citations nous dispenseront de réunir d'autres preuves qui n'auraient après elles aucune utilité à se produire ici. En effet, si les savants eux-mêmes, si hostiles au magnétisme, ont cependant constaté ses effets *constants extraordinaires* qui *contredisent toutes les lois de la physique*, que peut-on demander de plus pour établir la réalité des faits ?

CHAPITRE DEUXIÈME.

En ce qui touche le magnétisme, nous n'avons pas à discuter les théories individuelles émises jusqu'ici pour expliquer scientifiquement les phénomènes attribués à cet agent mystérieux. Deux fois, en effet, la science officielle s'est prononcée; la première fois en 1784, par la commission que nomma Louis XVI; la seconde, par l'organe de la commission désignée par l'Académie de médecine en 1826, et qui déposa son rapport, comme nous l'avons déjà dit, en 1831.

Ces deux documents, ayant un caractère d'autorité que ne peuvent atteindre les systèmes individuels, serviront seuls dès lors de base à notre discussion.

Il s'agit d'expliquer, nous le rappelons [1] :

Le don de l'intelligence;

Celui de divination ou de prédiction;

La lucidité et la clairvoyance dans l'état de somnambulisme;

L'attraction vers un objet magnétisé;

L'ignorance du passé au sortir de la crise;

L'état cataleptique provoqué à volonté;

Le sommeil magnétique provoqué sur l'homme, même à distance;

---

[1] Nous n'avons pas besoin de faire remarquer que nous ne nous attachons ici qu'aux phénomènes *constatés officiellement* par les savants.

L'anéantissement de la volonté du magnétisé par le magnétiseur.

Voyons d'abord comment s'est expliquée la commission de 1784 dans son rapport [1] fait à l'Académie des sciences.

« Les commissaires ayant reconnu que le fluide magnétique animal ne peut être aperçu par aucun de nos sens ; qu'il n'a eu aucune action ni sur eux-mêmes ni sur les malades qu'ils lui ont soumis ; s'étant assurés que les pressions et les attouchements occasionnent des changements rarement favorables dans l'économie animale, et des ébranlements toujours fâcheux dans l'imagination ; ayant enfin démontré, par des expériences décisives, que l'imagination sans magnétisme produit des convulsions, et que le magnétisme sans l'imagination ne produit rien, ils ont conclu d'une voix unanime, sur la question de l'existence et de l'utilité du magnétisme, que rien ne prouve l'existence du fluide magnétique animal ; que ce fluide, sans existence, est par conséquent sans utilité ; que les violents effets que l'on observe au traitement public appartiennent à l'attouchement, à l'imagination mise en action, et à cette imitation machinale qui nous porte malgré nous à répéter ce qui frappe nos sens. En même temps, ils se croient obligés d'ajouter, comme une observation importante, que les attouchements, l'action répétée de l'imagination pour produire des crises, peuvent être nuisibles ; que le spectacle de ces crises est également dangereux, à cause de cette imitation dont la nature semble nous avoir fait une loi, et que par conséquent tout traitement public où les moyens du magnétisme sont employés ne peut avoir, à la longue, que des effets funestes.

» A Paris, ce 11 août 1784. — *Signé :* FRANKLIN, MAJAULT, LEROY, SALLIN, BAILLY, D'ARCET, DE BORY, GUILLOTIN, LAVOISIER. »

Laissons parler maintenant la commission de 1826, qui, par l'organe de son rapporteur, M. Husson, formula de la manière suivante ses conclusions dans le rapport présenté

---

[1] Ce rapport, daté du 11 août 1784, a été rédigé par Bailly.

à l'Académie de médecine, en 1831 (séances des 21 et 28 juin).

« 1° Le contact des pouces ou des mains, des frictions, ou certains gestes que l'on fait, à peu de distance du corps, et appelés *passes,* sont les moyens employés pour se mettre en rapport, ou, en d'autres termes, pour transmettre l'action du magnétiseur au magnétisé.

» 2° Les moyens qui sont extérieurs et visibles ne sont pas toujours nécessaires, puisque, 'dans plusieurs occasions, la volonté, la fixité du regard ont suffi pour produire les phénomènes magnétiques, même à l'insu des magnétisés.

» 3° Le magnétisme a agi sur des personnes de sexe et d'âge différents.

» 4° Le temps nécessaire pour transmettre et faire éprouver l'action magnétique a varié depuis une demi-heure jusqu'à une minute.

» 5° Le magnétisme n'agit pas, en général, sur les personnes bien portantes.

» 6° Il n'agit pas non plus sur tous les malades.

» 7° Il se déclare quelquefois, pendant qu'on magnétise, des effets insignifiants et fugaces que nous n'attribuons pas au magnétisme seul, tels qu'un peu d'oppression, de chaleur ou de froid, et quelques autres phénomènes nerveux dont on peut se rendre compte sans l'intervention d'un agent particulier, savoir : par l'espérance ou la crainte, la prévention et l'attente d'une chose inconnue et nouvelle, l'ennui qui résulte de la monotonie des gestes, le silence et le repos observés dans les expériences; enfin par l'imagination qui exerce un si grand empire sur certains esprits et sur certaines organisations.

» 8° Un certain nombre des effets observés nous ont paru dépendre du magnétisme seul et ne se sont pas reproduits sans lui. Ce sont des phénomènes physiologiques et thérapeutiques bien constatés.

» 9° Les effets réels produits par le magnétisme sont très-variés. Il agite les uns, calme les autres. Le plus ordinairement il cause l'accélération momentanée de la respiration et de la circulation, des mouvements convulsifs fibrillaires passagers ressemblant à des secousses électriques, un engourdissement plus ou moins profond, de l'assoupissement, de la som-

nolence, et dans un petit nombre de cas ce que les magnétiseurs appellent somnambulisme.

» 10° L'existence d'un caractère unique propre à faire reconnaître dans tous les cas la réalité de l'état de somnambulisme n'a pas été constatée.

» 11° Cependant on peut conclure avec certitude que cet
état existe quand il donne lieu au développement des facultés
nouvelles qui ont été désignées sous les noms de *clairvoyance*,
d'*intuition*, de *prévision intérieure*, ou qu'il produit de grands
changements dans l'état physiologique, comme l'*insensibilité*,
un *accroissement subit et considérable de forces*, et que cet effet
ne peut être rapporté à une autre cause.

» 12° Comme parmi les effets attribués au somnambulisme,
il en est qui peuvent être simulés, le somnambulisme lui-même
peut quelquefois être simulé, et fournir au charlatanisme des
moyens de déception.

» Aussi, dans l'observation de ces phénomènes, qui ne se
présentent encore que comme des faits isolés· qu'on ne peut
rattacher à aucune théorie, ce n'est que par l'examen le plus
attentif, les précautions les plus sévères, par des épreuves
nombreuses et variées qu'on peut échapper à l'illusion.

» 13° Le sommeil provoqué avec plus ou moins de promptitude
et établi à un degré plus ou moins profond est un effet
réel, mais non constant, du magnétisme.

» 14° Il nous est démontré qu'il a été provoqué dans des
circonstances où les magnétisés n'ont pu voir et ont ignoré les
moyens employés pour le déterminer.

» 15° Lorsqu'on fait tomber une fois une personne dans le
sommeil magnétique, on n'a pas toujours besoin de recourir
au contact et aux passes pour la magnétiser de nouveau. Le regard du magnétiseur, sa volonté seule ont sur elle la même
influence. On peut non-seulement agir sur le magnétisé, mais
encore le mettre complétement en somnambulisme, et l'en
faire sortir à son insu, hors de sa vue, à une certaine distance, et au travers des portes.

» 16° Il s'opère ordinairement des changements plus ou moins
remarquables dans les perceptions et les facultés des individus
qui tombent en somnambulisme par l'effet du magnétisme.

» A. Quelques-uns, au milieu du bruit de conversations con-
fuses, n'entendent que la voix de leur magnétiseur; plusieurs
répondent d'une manière précise aux questions que celui-ci ou

que les personnes avec lesquelles on les a mis en rapport leur adressent; d'autres entretiennent des conversations avec toutes les personnes qui les entourent.

» Toutefois il est rare qu'ils entendent ce qui se passe autour d'eux. La plupart du temps, ils sont complétement étrangers au bruit extérieur et inopiné fait à leur oreille, tel que le retentissement de vases de cuivre vivement frappés près d'eux, la chute d'un meuble, etc.

» B. Les yeux sont fermés : les paupières cèdent difficilement aux efforts qu'on fait avec la main pour les ouvrir; cette opération, qui n'est pas sans douleur, laisse voir le globe de l'œil convulsé et porté vers le haut, et quelquefois vers le bas de l'orbite.

» C. Quelquefois l'odorat est comme anéanti. On peut leur faire respirer l'acide muriatique ou l'ammoniaque sans qu'ils en soient incommodés, sans même qu'ils s'en doutent. Le contraire a lieu dans certains cas, et ils sont sensibles aux odeurs.

» D. La plupart des somnambules que nous avons vus étaient complétement insensibles. On a pu leur chatouiller les pieds, les narines et l'angle des yeux par l'approche d'une plume, leur pincer la peau de manière à l'ecchymoser, la piquer sous l'ongle avec des épingles enfoncées à l'improviste et à une assez grande profondeur, sans qu'ils aient témoigné de la douleur, sans qu'ils s'en soient aperçus. Enfin on en a vu une qui a été insensible à une des opérations les plus douloureuses de la chirurgie, et dont ni la figure, ni le pouls, ni la respiration n'ont dénoté la plus légère émotion.

» 17° Le magnétisme a la même intensité, il est aussi promptement ressenti à une distance de six pieds que de six pouces; et les phénomènes qu'il développe sont les mêmes dans les deux cas.

» 18° L'action à distance ne paraît pouvoir s'exercer avec succès que sur des individus qui ont été déjà soumis au magnétisme.

» 19° Nous n'avons pas vu qu'une personne magnétisée pour la première fois tombât en somnambulisme. Ce n'a été quelquefois qu'à la huitième ou dixième séance que le somnambulisme s'est déclaré.

» 20° Nous avons constamment vu le sommeil ordinaire, qui est le repos des organes des sens, des facultés intellec-

tuelles et des mouvements volontaires, précéder et terminer
l'état de somnambulisme.

» 21° Pendant qu'ils sont en somnambulisme, les magnétisés que nous avons observés conservent l'exercice des facultés
qu'ils ont pendant la veille. Leur mémoire même paraît plus
fidèle et plus étendue, puisqu'ils se souviennent de ce qui s'est
passé pendant tout le temps, et toutes les fois qu'ils ont été en
somnambulisme.

» 22° A leur réveil, ils disent avoir oublié totalement toutes
les circonstances de l'état de somnambulisme, et ne s'en res-
souvenir jamais. Nous ne pouvons avoir à cet égard d'autre
garantie que leurs déclarations.

» 23° Les forces musculaires des somnambules sont quelquefois engourdies et paralysées. D'autres fois les mouvements
ne sont que gênés, et les somnambules marchent ou chan-
cellent à la manière des hommes ivres, et sans éviter, quelquefois aussi en évitant les obstacles qu'ils rencontrent sur leur
passage. Il y a des somnambules qui conservent intact l'exercice de leurs mouvements; on en voit même qui sont plus forts
et plus agiles que dans l'état de veille.

» 24° Nous avons vu deux somnambules distinguer, les yeux
fermés, les objets que l'on a placés devant eux; ils ont désigné
sans les toucher la couleur et la valeur des cartes; ils ont lu
des mots tracés à la main, ou quelques lignes de livres que
l'on a ouverts au hasard. Ce phénomène a eu lieu alors même
qu'avec les doigts on fermait exactement l'ouverture des
paupières.

» 25° Nous avons rencontré chez deux somnambules la faculté de prévoir des actes de l'organisme plus ou moins éloignés, plus ou moins compliqués. L'un d'eux a annoncé plusieurs jours, plusieurs mois d'avance, le jour, l'heure et la
minute de l'invasion et du retour d'accès épileptiques. L'autre
a indiqué l'époque de sa guérison. Leurs prévisions se sont réalisées avec une exactitude remarquable. Elles ne nous ont paru
s'appliquer qu'à des actes ou des lésions de leur organisme.

» 26° Nous n'avons rencontré qu'une seule somnambule qui
ait indiqué les symptômes de la maladie de trois personnes
avec lesquelles on l'avait mise en rapport. Nous avions cependant fait des recherches sur un assez grand nombre.

» 27° Pour établir avec quelque justesse les rapports du magnétisme avec la thérapeutique, il faudrait en avoir observé

les effets sur un grand nombre d'individus, et avoir fait longtemps et tous les jours des expériences sur les mêmes malades.
Cela n'ayant pas eu lieu, la commission a dû se borner à dire
ce qu'elle a vu dans un trop petit nombre de cas pour oser
rien prononcer.

» 28° Quelques-uns des malades magnétisés n'ont ressenti
aucun bien. D'autres ont éprouvé un soulagement plus ou
moins marqué, savoir : l'un la suspension de douleurs habituelles, l'autre le retour des forces; un troisième un retard de
plusieurs mois dans l'apparition des accès épileptiques, et un
quatrième la guérison complète d'une paralysie grave et
ancienne.

» 29° Considéré comme agent de phénomènes physiologiques, ou comme moyen thérapeutique, le magnétisme devrait trouver sa place dans le cadre des connaissances médicales, et par conséquent les médecins seuls devraient en faire
ou surveiller l'emploi, ainsi que cela se pratique dans les pays
du Nord.

» 30° La commission n'a pu vérifier, parce qu'elle n'en a
pas eu l'occasion, d'autres facultés que les magnétiseurs
avaient annoncé exister chez les somnambules. Mais elle a recueilli et elle communique des faits assez importants pour
qu'elle pense que l'Académie devrait encourager les recherches
sur le magnétisme, comme une branche très-curieuse de physiologie et d'histoire naturelle.

» *Ont signé* : Bourdois de la Motte, *président;* Fouquier,
Guéneau de Mussy, Guersant, Itard, J.-J. Leroux,
Marc, Thillaye, Husson, *rapporteur.*

» *Nota.* — MM. Double et Magendie, n'ayant point assisté
aux expériences, n'ont pas cru devoir signer le rapport. »

Après avoir lu les conclusions du rapport de M. Husson,
il est facile de reconnaître que le rapport de Bailly prouve
une seule chose : le mauvais vouloir de la commission dont
il était l'organe, puisque la commission de 1826 constate
la réalité des effets attribués au magnétisme que Bailly
taxait de fluide *sans existence.* Au surplus, Bailly sentait
bien qu'il niait par suite d'un parti pris d'avance, puisqu'au
même instant où il prétendait que le magnétisme n'existait

pas, sa main écrivait ce qui suit dans le passage suivant de son *Rapport secret,* que nous avons déjà cité :

« Rien n'est plus étonnant que le spectacle de ces convulsions; quand on ne l'a point vu, on ne peut s'en faire une idée, et, en le voyant, on est également surpris et du repos profond d'une partie de ces malades, et de l'agitation qui anime les autres; des accidents variés qui se répètent, des sympathies qui s'établissent........ On ne peut s'empêcher de reconnaître à ces EFFETS CONSTANTS une GRANDE PUISSANCE qui agite les malades, les MAÎTRISE, et dont celui qui magnétise semble être le DÉPOSITAIRE [1]. » S'il y avait des *effets,* donc il y avait une cause; et c'est la seule conclusion à tirer du double langage de l'honnête Bailly. En d'autres termes, la commission a VU et très-bien vu les phénomènes, seulement elle n'a pas voulu se prononcer sur leur cause.

Reste donc le travail fait au nom de la commission dont M. Husson a été le rapporteur. Ce travail, constatant la réalité de la plupart des phénomènes attribués au magnétisme, est une des pièces les plus importantes du procès engagé entre les magnétiseurs et l'Académie de médecine, qui n'a pas voulu se prononcer jusqu'ici sur la question du magnétisme. Pourquoi ce procès n'a-t-il pas été vidé? L'exclamation poussée par un des adversaires du magnétisme au sein de la commission après la lecture du rapport de M. Husson autoriserait à le soupçonner. Le docteur Castel s'opposa de toutes ses forces à l'impression du rapport de M. Husson, alléguant que si la plupart de ces faits étaient vrais, *ils détruiraient la moitié des connaissances physiologiques.* (Voir M. Figuier, *Hist. du merveilleux,* tome III, page 305.)

[1] Cité par Bertrand, page 74.

Il est donc vraisemblable que la discussion eût amené
l'Académie à formuler une théorie qui, cette fois, aurait
répondu à toutes lès exigences. Malheureusement l'Académie écarta cette discussion, et les ténèbres ne se sont
point dissipées, officiellement du moins. Mais cette abstention de l'Académie empêche-t-elle de préjuger quelle serait
sa réponse le jour où elle serait franchement déterminée à
la donner? Nous ne le pensons pas. En effet, parmi les
faits observés et constatés par la commission de 1826, le
don de prédiction, chez une somnambule, est un des plus
curieux. Or, un corps savant est-il en mesure d'expliquer
scientifiquement le don de prédiction? Nous en dirons
autant du don des langues, de l'intelligence, de lucidité, etc., etc. Donc, l'Académie serait incapable de
donner la raison d'être des phénomènes attribués·au magnétisme, et c'est sans doute pour ce motif qu'elle ne
veut pas se prononcer.

LIVRE TROISIÈME.

MÉTHODISTES ET BAPTISTES AMÉRICAINS.

CHAPITRE PREMIER.

Phénomènes observés chez les méthodistes. — Ce qu'on entend
par *camp-meeting*. — Les camp-meetings en 1806.

Le méthodisme, importé d'Angleterre en Amérique, y
a produit, au commencement de ce siècle, des fruits analogues à ceux que l'*inspiration* fit naître autrefois chez
les trembleurs des Cévennes. C'est aux États-Unis que se
sont passés les faits dont on va lire le récit.

Suivant Perrin du Lac[1], lorsque les plus zélés ont fait
la prière à haute voix, « la congrégation, entrant dans le
sens de celui qui prie, témoigne l'impression qu'il lui fait
partager ; assez ordinairement cette impression est graduelle. Les soupirs succèdent à de légers élans du cœur,
les sanglots succèdent aux soupirs, les cris aux sanglots,
après lesquels chacun s'abandonne sans réserve à tout ce
que le délire peut lui suggérer. Dans le même instant,
l'assemblée est agitée de vingt sensations différentes : ici
l'on chante, là on crie; celui-ci se frappe la tête ou la
poitrine, celui-là se roule par terre avec des hurlements
affreux. Enfin, lorsque l'orateur est pathétique, les contorsions deviennent tellement extravagantes, que tout
homme raisonnable est obligé de quitter la place, l'esprit

---

[1] *Voyage dans les Deux-Louisianes,* page 63.

rempli de réflexions peu honorables pour l'espèce humaine et particulièrement pour cette secte. Je ne puis résister à l'envie de décrire une de leurs cérémonies, par laquelle on pourra juger du degré d'exaltation auquel se laisse entraîner l'esprit de l'homme poussé par l'enthousiasme religieux. Cette cérémonie, qui a lieu tous les trois mois, est destinée à recevoir au nombre des membres de la congrégation les personnes qui se sont convaincues de la supériorité de la doctrine des méthodistes sur celles qu'elles avaient ci-devant professées. Douze femmes et deux garçons de quatorze à quinze ans s'étant présentés pour être admis, tous les membres de la société se mirent en prière pour implorer le Saint-Esprit et l'engager à venir les éclairer de ses lumières. Entouré d'abord des plus zélés prosélytes de la secte, chaque néophyte dut entendre séparément leurs vœux, qu'ils exprimèrent convenablement à leur piété. Les uns criaient à leurs oreilles et s'agitaient de la manière la plus affreuse. D'autres chantaient à gorge déployée; quelques-uns sautaient en étendant les mains au ciel; d'autres, croyant être assurés de la présence de l'Esprit-Saint, lui témoignaient leur reconnaissance par des éclats de rire immodérés. Bientôt les nouveaux convertis, partageant leur délire, s'abandonnèrent à toutes sortes d'extravagances. Celui-ci se pâme à l'approche de la grâce divine, qu'il sent se répandre dans son cœur; celui-là se roule par terre avec d'affreuses contorsions; un autre reste dans une extase dont rien ne peut le tirer; enfin, une jeune personne se porta à des excès qui, dans tout autre cas, auraient été réputés de la plus grande immodestie. Le cœur navré et l'esprit fatigué de tant d'extravagances, je ne pus prendre sur moi d'attendre la fin de cette cérémonie, qui ne se termina qu'à cinq heures du matin. Il se commet quelquefois des indécences telles, que le ministre exige ordinairement que les personnes qui pourraient en être les témoins évacuent les tribunes. » Le même auteur ajoute plus loin [1] : « Il y a peu d'années, quelques prétendus ministres méthodistes, ayant jugé à propos de parcourir les parties les moins habitées de la Pensylvanie, firent un si grand nombre de prosélytes, que le gouvernement, effrayé pour le bon ordre et pour les mœurs des suites de ces courses religieuses, leur ordonna de cesser leurs fonctions. Le nombre des personnes qui les suivaient était tel, qu'elles ne pouvaient trouver à subsister. Les hommes et les femmes abandonnaient leurs maisons et leurs enfants pour courir après ces fanatiques, qui prêchaient au milieu des champs et des forêts. Leurs actes de démence surpassaient encore ceux dont j'ai parlé ci-dessus. »

Grégoire, dans son *Histoire des sectes religieuses* [2], entre dans quelques développements sur ces réunions :

« Une lettre particulière, dit-il, donne des détails authentiques sur un *camp-meeting* de méthodistes, ou assemblée au milieu des champs, en 1806, pendant quatre ou cinq jours, dans le comté de la Duchesse (*Dutches-county*), État de New-York. Elle commença un lundi, par quelques centaines de personnes. D'un côté, on prêchait, on chantait; de l'autre, on entendait le bruit confus d'enfants, de femmes, d'hommes, qui déployaient leur bagage et dressaient leurs tentes. Bientôt on vit un assez grand nombre des assistants trembler, entrer en convulsions, s'agiter comme des forcenés, se rouler, écumer et tomber en poussant des cris aigus et des hurlements. Toutes les folies ont une teinte de ressemblance. Celles-ci se

---

[1] Page 128.
[2] Tome IV, p. 492.

nomment, en Amérique, l'Œuvre (*the work*), comme chez les convulsionnaires de France. L'Œuvre continuait une partie des nuits..... L'enthousiasme s'accrut journellement par l'arrivée de nouveaux inspirés, dont le nombre s'éleva à quatre mille; ils se formèrent en groupes de quarante ou cinquante personnes, au milieu desquels des hommes, des femmes surtout et même des enfants de six à sept ans retraçaient le spectacle qu'on vient de décrire et tombaient évanouis. L'auteur de la lettre pense que le chaos de la tour de Babel devait être un modèle d'ordre et d'harmonie comparativement à la confusion et au tapage de ces assemblées. Il est impossible, dit-il, de s'imaginer à quels excès on s'y livre. Il cite une jeune femme qui, dans son extase pieuse, se déshabille, se jette à la rivière et se noie. Une autre est tellement pénétrée de joie d'être régénérée, qu'à l'instant elle avorte. Les frères et les sœurs se séparent en s'embrassant de la manière la plus tendre et en pensant que c'est peut-être pour la dernière fois. Dans ce culte bizarre, non-seulement le narrateur ne voit rien d'utile; mais, à côté de ces traits de délire, il découvre l'immoralité des *sœurs régénérées,* partageant la nuit leur asile avec des *frères* qui ne le sont pas..... Michaud fils, dans son premier voyage, parle comme témoin oculaire de ces rassemblements dans les bois, où l'on se rend de très-loin pour entendre des prédications pendant plusieurs jours de suite. Il est remarquable que ces réunions ont lieu surtout dans les États de Kentucky, Tennessee, Virginie et Caroline du Nord, qui sont des contrées peu morales. »

Voici ce qu'on lit à ce sujet dans l'ouvrage de Michaud [1] : « Chacun apporte ses provisions et passe la nuit autour du feu. Les ministres mettent beaucoup de

---

[1] *Voyage à l'ouest des monts Alleghanys,* p. 243.

véhémence dans leurs discours. Souvent, au milieu des sermons, les têtes se montent, les imaginations s'exaltent, et des inspirés tombent à la renverse en criant : *Glory, glory !* (Gloire, gloire !) C'est surtout chez les femmes que se manifeste cette espèce d'inspiration : alors on les emporte hors de la foule et on les met sous un arbre, où elles restent longtemps étendues en poussant de profonds soupirs. Il est de ces assemblées où il tombe ainsi jusqu'à deux cents personnes, de manière qu'une partie des assistants est occupée à les secourir. Pendant que j'étais à Lexington, j'ai assisté à un de ces sermons. Les personnes les plus instruites ne partagent pas l'opinion de la multitude sur cet état d'extase ; c'est ce qui leur attire souvent la qualification de *bad folkes,* mauvaises gens. » Grégoire apprit de Michaud, lorsqu'il revint, en 1808, de son troisième voyage en Amérique, que ces assemblées de méthodistes illuminés étaient devenues plus fréquentes et plus nombreuses. « Par leurs contorsions d'énergumènes, continue l'auteur de l'*Histoire des sectes religieuses* [1], on peut se faire une idée de ce qu'étaient les danses des ménades et des corybantes. Leur délire a pris des accroissements tels que Bedlam, Saint-Luc et Charenton, mis en parallèle, pourraient être des asiles du bon sens. Les uns, à la suite d'un sermon, semblent écrire en l'air avec les doigts, tracer des lignes vers le firmament ; d'autres se roulent, se lamentent, beuglent, rient, s'embrassent, se serrent affectueusement la main, les yeux élevés vers le ciel en criant : *Nous y serons, nous nous verrons !* » Le Canada fut à son tour le théâtre de scènes pareilles. « Melish, dit Grégoire [2], et des écrivains plus récents donnent de nou-

[1] Tome IV, p. 495.
[2] Tome IV, p. 501.

veaux détails sur les orgies diaboliques dont le Canada est aussi le théâtre. Ordinairement elles ont lieu en automne. Des familles entières arrivent quelquefois d'une distance de cent milles et forment des campements réguliers pour le bonheur inappréciable d'entendre pendant huit à dix jours un tapage semblable à celui du tonnerre. Le voyageur Lambert décrit une de ces réunions à laquelle il assistait. Au lever du soleil, une fille de dix-huit ans fut conduite par deux hommes qui criaient de toutes leurs forces : *Viens, ô Dieu! sauve-nous, ou nous sommes perdus!* Leurs vociférations furent répétées par une multitude de femmes qui hurlaient, claquaient et sautaient jusqu'à ce que, épuisées par ces exercices violents, elles tombaient évanouies; ces extravagances, où la pudeur n'est pas toujours respectée, étaient des signes de régénération. »

Un autre témoin oculaire [1] dit de son côté : « Voyageant dans le comté de Talbot, sur la côte nord du lac Érié, à la fin de 1818, je m'arrêtai à une taverne, fatigué d'une longue journée de voyage dans un désert aride, et dans l'intention d'y passer la nuit. Au moment où j'y entrai, quelques-uns des habitants de la maison se préparaient à aller entendre prêcher un méthodiste... Je témoignai le désir de les accompagner. J'appris que l'assemblée devait se tenir à quatre milles; nous y arrivâmes environ une heure avant le coucher du soleil..... Tous ceux qui étaient déjà assemblés fumaient du tabac, causaient entre eux et faisaient fréquemment entendre des éclats de rire très-déplacés en pareil lieu. Je fus très-surpris de ce que je voyais et entendais; je regardai autour de moi sans pouvoir découvrir aucun individu qui ressemblât le moins du monde à un membre du clergé. A la fin, un homme

[1] Talbot, tome II, p. 148.

vêtu d'un habit brun et d'un pantalon gris se plaça derrière un fauteuil et entonna une hymne ; les chants commencèrent immédiatement...... Le ministre commença
ensuite la prière, et tous les assistants se joignirent à lui.
D'abord le ton de leur voix ne fut que médiocrement élevé ;
mais il devint graduellement plus fort par l'effet de l'ému-
lation générale. Après que cinq minutes se furent écoulées,
le bruit s'accrut à l'excès. Bientôt la moitié des auditeurs
parut être dans un accès de rage. Les yeux étaient fixement dirigés vers le toit de la maison, et ils s'écriaient d'une
voix de Stentor : *Le voilà qui vient ! le voilà qui vient !*
L'extérieur de ceux qui criaient de cette manière mani-
festait un tel effroi, que je commençai à partager la terreur
générale et à craindre quelque apparition surnaturelle :
je dirigeai donc aussi mes yeux vers le ciel ; mais ne
découvrant pas d'ouverture par laquelle une descente pût
s'effectuer, je me tournai naturellement vers la cheminée, m'attendant à chaque instant à jouir de la noire
présence de sa majesté satanique. Nous fûmes tous également trompés, ou si un émissaire de Pluton fut réellement sur le point de nous rendre sa visite, il en aura été
certainement détourné par l'extrême confusion qui régnait
dans l'assemblée : car une semblable apparition n'eut pas
lieu, du moins sous la forme mortelle. Les assistants qui
s'étaient mis à genoux se relevèrent, et, prenant leurs
chaises par le dos, ils les lancèrent contre le plancher avec
la fureur de véritables maniaques. Dans le nombre, une
femme surtout se montra réellement frénétique : elle arrachait alternativement ses cheveux et frappait contre la terre
son malheureux corps, comme si elle eût cherché à découvrir par ces expériences le plus cruel mode de châtiment
qu'elle pût s'infliger : tantôt on la voyait étendue sur

le plancher, tordant ses mains et s'arrachant les cheveux ;
puis elle se relevait et jetait les bras autour d'une de ses
voisines, la renversait avec violence, et, la retenant dans
cette posture, elle lui demandait pourquoi elle ne criait
pas. Ces interpellations avaient quelquefois lieu, *ex post
facto*, car la pauvre femme criait déjà assez fortement,
par suite des contusions douloureuses qu'elle avait reçues
dans sa chute. L'assemblée se prolongea pendant plus
d'une heure avec le même tumulte..... De retour à
la taverne, avec les jeunes gens que j'avais accompagnés,
je demandai quels étaient les motifs qui avaient pu induire
ceux qui composaient cette réunion à se conduire d'une
manière si irrespectueuse et si extraordinaire : ils me
répondirent avec beaucoup de gravité que leurs assemblées
se tenaient toujours de la même manière, et qu'ils ne s'y
plaisaient que quand l'Esprit agissait sur eux aussi puis-
samment. »

L'exposé de ces premiers faits démontre que les convulsionnaires méthodistes et les convulsionnaires jansénistes
ont entre eux les traits de ressemblance les plus frappants.
Les hurlements, les contorsions, les sauts violents, la
transmission des convulsions [1] se trouvent des deux côtés.
Mais cette ressemblance prend un caractère plus complet
encore lorsqu'on arrive aux phénomènes dont nous allons
parler et qui ont été observés chez les baptistes *secoueurs*
ou *aboyeurs*.

[1] Voir plus haut page 37.

CHAPITRE DEUXIÈME.

PHÉNOMÈNES OBSERVÉS CHEZ LES BAPTISTES AMÉRI-
CAINS. — JERKERS ET BARKERS OU *SECOUEURS*
ET *ABOYEURS*. — JUMPERS OU *SAUTEURS*.

Les méthodistes ne furent pas les seuls à être saisis
par la fièvre spirituelle; les baptistes en furent particulièrement atteints de 1799 à 1803, à l'occasion de ce
que les protestants sont convenus d'appeler un *réveil*
religieux, réveil qui éclata à cette époque dans les États
du sud et de l'ouest des États-Unis. Ce sont encore des
camp-meetings qui réunissaient la foule autour des prédicateurs, mais cette fois le *Saint-Esprit* se manifesta
chez les inspirés par des phénomènes si caractéristiques,
qu'ils en reçurent le nom de *secoueurs* et d'*aboyeurs*.
« De toutes parts, raconte Grégoire [1], affluent des curieux
pour voir ces parades religieuses, composées quelquefois
de dix à douze mille personnes de tout âge, de toute couleur, des deux sexes, qui sautent, chantent, dansent,
crient, rient, pleurent, écument, se roulent, s'évanouis-
sent par centaines; dans une seule de ces assemblées,
le nombre de maniaques tombés en pâmoison s'est élevé à
huit cents. L'enthousiasme se prolonge par le rapprochement des individus. Les *rollings-exercises* consistent à
tourner rapidement comme les derviches, jusqu'à ce que,
couverts de sueur, les figurants tombent par terre, quelquefois dans l'eau ou dans la boue. Alors on les porte dans

[1] Tome IV, p. 496.

un lieu convenable ; on prie, on chante autour d'eux. Ces personnes tombées en pâmoison perdent la parole. En reprenant leurs sens, les uns se disent grands pécheurs et désespèrent d'obtenir leur pardon, par la grâce de Jésus-Christ; d'autres prétendent l'avoir obtenu. A ces explosions se distinguent les *jerkers* ou *secoueurs*. Ils commencent par des branlements de tête, en avant et en arrière, ou de gauche à droite, qui s'exécutent avec une inconcevable rapidité; bientôt le mouvement se communique à tous les membres, et les *secoueurs* bondissent dans toutes les directions. Les grimaces sont telles, que la figure est méconnaissable, surtout parmi les femmes, qui n'offrent plus que l'aspect hideux d'un costume en désordre. Plusieurs fois on a remarqué que ces transports se communiquaient sympathiquement et prenaient le caractère d'une affection nerveuse. On cite un ministre presbytérien qui, en haranguant sa congrégation contre cette manie, en fut atteint subitement et devint lui-même *jerker*. Dans les tavernes, on a vu des joueurs, des buveurs, jeter tout à coup les verres, les bouteilles, se livrer aux folies qu'on vient de décrire, et qui ne sont pas encore le dernier terme de dégradation auquel soient descendus des êtres à figure humaine; car la prime est due sans doute aux *barkers* ou *aboyeurs,* qui, marchant à quatre pattes, comme les chiens, grincent des dents, grognent, hurlent et aboient. »

Quant aux *jumpers* ou *sauteurs,* voici ce qu'on lit dans Grégoire [1] : « Sur la tige du méthodisme naquirent, vers l'an 1760, dans le pays de Galles et le comté de Cornouailles, les *jumpers* ou *sauteurs,* sectateurs de Harris Rowland et de William Williams, surnommé le *poëte gallois.* Ce dernier publia un pamphlet pour justifier la singularité de leur

[1] Tome IV, pages 484 à 487.

dévotion et l'usage de sauter, grogner, hurler..... Les *ischours* ou *écumeurs* du Caire, du ton le plus bas, s'élèvent graduellement aux cris les plus aigus, auxquels ils associent des extravagances inouïes. Il en est de même des jumpers, qui se croient mus par une impulsion divine. Tel débute en prononçant des sentences détachées d'un ton de voix presque sourde, qu'il pousse jusqu'au beuglement avec des gestes violents, et finit par des sanglots; un autre lui succède et se borne à des exclamations; un troisième gambade de toutes ses forces et entrecoupe ses bonds par quelques mots dont le plus usité est *gogoniant* (gloire); un quatrième tire dé son gosier des cris qui imitent ceux de l'instrument d'un scieur de pierre. L'enthousiasme se communique à la foule, qui, hommes et femmes, ayant les cheveux, les habits en désordre, crient, chantent, battent des pieds, des mains, et sautent comme des maniaques; ce qui ressemble plus à une orgie qu'à un service religieux. En sortant de là, ils continuent leurs grimaces à trois ou quatre milles de distance; mais il en est, surtout parmi les femmes, qu'on est obligé d'emporter dans un état d'insensibilité. Évans assista, en 1785, à une scène de ce genre, près Newport, en Montmouthshire. Le prédicant finit son sermon en recommandant de sauter, parce que David dansa devant l'arche..... Il accompagnait son discours d'une agitation qui semblait préluder à la danse. Alors neuf hommes et sept femmes, en gémissant, commencèrent à sauter çà et là; une partie de l'auditoire leva la séance; mais les jumpers continuèrent leurs gambades depuis huit heures du soir jusqu'à onze...... William Sampson, étant, vers 1804, sur la côte nord du pays de Galles, y vit les jumpers, qui ont beaucoup de chapelles. Le droit d'y prêcher par inspiration appartient, dit-il, à

tout âge, à tout sexe. Parmi ceux qui étaient en convulsions, il vit des vieillards mordre et mâcher l'extrémité de
leurs bâtons en grognant comme les chats qu'on chatouille
sur le dos. Les plus jeunes s'élançaient en l'air vers
l'*Agneau invisible de Dieu ;* et une jeune fille qu'il inter-
rogea sur le motif de ces sauts lui dit qu'elle sautait en
l'*honneur de l'Agneau.* »

Ici encore, les hurlements, les sauts, les contorsions, la
communication des convulsions nous rappellent les convulsions de Saint-Médard, nous y trouvons même des points
particuliers de ressemblance. Chez les jansénistes, la dame
Lopin aboyait et fut qualifiée d'*aboyeuse ;* le chevalier
Folard avait des mouvements qui étaient véritablement
ceux du *secoueur* américain, enfin ces vieillards qui
mordent le bout de leurs bâtons ne rappellent-ils pas les
jansénistes qui *mordaient* [1] ? Nous ne parlons pas de l'immoralité qui régna parmi les convulsionnaires jansénistes,
aussi bien que parmi les convulsionnaires méthodistes ou
baptistes, comme elle régna aussi parmi les trembleurs des
Cévennes [2]. L'immoralité est au fond de tous ces phénomènes ; elle devient par conséquent un signe distinctif,
spécial, de leur commune origine. En résumé, on peut
conclure des traits de ressemblance que nous venons de
rappeler, à l'identité de nature des phénomènes observés
chez les méthodistes et baptistes américains et chez les
sectateurs du diacre Pâris.

[1] Voir ci-dessus page 49.
[2] *De l'inspiration des Camisards,* p. 167.

CHAPITRE TROISIÈME.

LES REVIVALS ET CAMP-MEETINGS EN 1828 ET DE NOS JOURS.

Les scènes que nous venons de décrire n'ont rien perdu de leur étrangeté et de leur intensité à plus de vingt-cinq ans de distance, c'est-à-dire en 1828, si on en juge par les récits de mistress Trollope.

Parlons d'abord des *revivals* [1] :

« Ce fut, dit mistress Trollope [2], dans la principale des églises presbytériennes de Cincinnati que je fus deux fois témoin des hideuses scènes que je vais décrire. Chaque jour les ramène avec une parfaite uniformité. Qui connaît l'une de ces représentations les connaît toutes. Nous étions au milieu de l'été; mais le service auquel on nous avait priée d'assister ne devait pas commencer avant la nuit. Le temple était bien éclairé, et il y avait un concours de monde à n'y pas tenir. Nous aperçûmes, en entrant, trois prêtres debout et rangés côte à côte dans une espèce de

[1] On entend par *revivals* les prédications périodiques faites par les ministres protestants pour ranimer, dit mistress Trollope, le zèle et l'exaltation de leurs partisans. Tous les ans, ajoute l'auteur, à des époques fixes, les membres les plus ardents du clergé se mettent en route à cet effet et parcourent le pays. On voit ces missionnaires arriver dans les bourgs et dans les villes par douzaines et par centaines, selon l'importance du lieu, et y planter leurs tentes, tantôt pour huit jours, tantôt pour quinze, et quelquefois même, si la population est considérable, pour un mois. Durant cet intervalle, les journées tout entières, et souvent la plus grande partie des nuits, sont consacrées à des prédications et à des prières dans les différentes églises et chapelles du lieu. C'est là ce qu'on appelle un *revival*. (Mistress Trollope, tome I, page 123.)

[2] *Mœurs domestiques des Américains*, tome I, page 127.

tribune, élevée à l'endroit où se trouve ordinairement l'autel ; cette tribune, qui ressemblait aux chaires de nos temples, était ornée de draperies cramoisies ; nous prîmes place sur un banc qui se trouvait auprès de la balustrade qui l'entourait. Le prêtre qui était au milieu priait ; la prière était d'une extravagante véhémence et d'une familiarité d'expression choquante. Après la prière, il chanta une hymne, puis un autre prêtre se mit au milieu et commença à prêcher. Il déploya dans son sermon une éloquence rare, mais le sujet qu'il avait choisi était affreux. Il décrivit avec une excessive minutie les derniers et tristes moments de la vie humaine ; ensuite il peignit les changements affreux que le corps subit graduellement après la mort, et il arriva au tableau de la décomposition. Tout à coup le ton de son discours, qui jusque-là avait été celui d'une description exacte et simple, changea : il fit entendre une voix aigre et perçante, et, penchant la tête en avant comme pour fixer ses regards sur un objet qui se trouvait au-dessous de la tribune..., le prédicateur nous fit connaître ce qu'il apercevait dans les profondeurs qui semblaient ouvertes devant lui : c'était, comme on voit, une heureuse invention pour frapper les esprits faibles par la description de l'enfer. De toutes les images que peuvent fournir le feu, la flamme, le soufre, le plomb fondu, les fourches rougies faisant palpiter des nerfs, des membres, des chairs, aucune ne fut oubliée par le prédicateur. Il suait à grosses gouttes ; ses yeux roulaient avec horreur ; ses lèvres étaient couvertes d'écume, et chacun de ses traits respirait la profonde terreur qu'il aurait ressentie s'il eût réellement été témoin de la scène qu'il décrivait. Le jeu de l'acteur fut parfait. Enfin, il jeta sur ses deux assistants à droite et à gauche un regard languissant où se peignait sa faiblesse ;

il s'assit et essuya la sueur qui inondait son visage. En ce moment les deux autres prêtres se levèrent et entonnèrent une hymne. Tous les assistants, le visage couvert de la pâleur de la mort, étaient frappés de stupeur, et ce ne fut que quelques instants après qu'ils purent unir leurs voix à celles des prêtres. Lorsque les chants eurent cessé, un autre prêtre occupa la place du milieu, et, d'une voix douce et pleine d'affection, il demanda aux fidèles si ce qu'avait dit son frère était arrivé jusqu'à leur cœur, s'ils désiraient éviter l'enfer qu'il leur avait fait voir. — S'il en est ainsi, venez, continua-t-il en étendant les bras vers les assistants, venez à nous, et nous vous montrerons Jésus, le doux et bien-aimé Jésus, qui vous délivrera de l'enfer. Mais il faut que vous veniez à lui, vous ne devez point avoir honte de venir ! Cette nuit, vous direz au doux Jésus que vous ne rougissez pas de lui. Nous allons vous ouvrir le chemin. Les bancs destinés aux pécheurs inquiets vont vous être ouverts. Venez donc, venez vous asseoir sur le banc d'anxiété (*anxious bench*), et nous vous ferons voir Jésus. Venez, venez, venez ! On entonna une hymne; alors un des prêtres fit évacuer un ou deux bancs qui longeaient la balustrade, et il renvoya au fond de l'église ceux qui s'y étaient assis. Les chants ayant cessé, un des trois prêtres exhorta encore les assistants à ne point rougir de Jésus, les invita à venir prendre place sur le banc d'anxiété et reposer leurs têtes sur son sein. — Nous allons chanter encore une hymne, continua le prêtre, afin de vous donner tout le temps de vous résoudre. Et les chants recommencèrent. En ce moment, dans toutes les parties du temple, il se fit un mouvement léger d'abord, mais qui prit par degrés un caractère plus décidé. De jeunes filles se levèrent, s'assirent, puis se levèrent de nouveau. Alors les portes des bancs s'ouvrirent, et l'on vit s'avancer en chancelant plusieurs jeunes filles, les mains jointes, la tête penchée sur la poitrine, et tremblant de tous leurs membres. Les chants continuaient toujours. Ces pauvres créatures approchèrent des bancs, et leurs sanglots et leurs gémissements commencèrent à se faire entendre. Elles s'assirent sur les *bancs d'anxiété*; l'hymne fut suspendue, et deux prêtres, descendant de la tribune, s'avancèrent, l'un à droite, l'autre à gauche du banc, et murmurèrent des paroles à l'oreille des jeunes filles qui tremblaient toujours. Ces paroles n'arrivaient pas jusqu'à nous; mais en ce moment les cris et les sanglots s'accrurent d'une manière horrible. Ces faibles créatures, les traits altérés et couverts de pâleur, tombèrent à genoux sur les dalles, et bientôt leur visage alla frapper la terre. Des cris et des gémissements extraordinaires se faisaient entendre, et de temps en temps une voix s'écriait avec des accents convulsifs : — O Jésus, Jésus! mon Sauveur! venez à mon secours! Et d'autres choses semblables. Cependant les deux prêtres continuaient à parler bas aux jeunes filles; de temps en temps, ils montaient sur les bancs et ils annonçaient à l'auditoire de toute la force de leurs poumons que l'opération du salut s'accomplissait; alors, de toutes les parties de l'église s'élevaient ces cris brefs et perçants : *Amen! gloire! amen!* pendant que les pénitentes, presque étendues sur le pavé, continuaient à recevoir des exhortations murmurées à leur oreille, et de temps en temps des caresses mystiques [1]. Il faut le dire, plus d'une fois je vis le bras du prêtre passé

---

[1] Impossible de ne pas voir, dans la scène décrite par mistress Trollope, la plus entière ressemblance avec celles qui se passaient chez les trembleurs des Cévennes, pour opérer la communication de *l'esprit* : tout y est, et jusqu'au *baiser*, rien n'y manque. (Voir notre ouvrage *De l'inspiration des Camisards*, p. 22 et 47.)

autour du cou d'une jeune fille. Un grand nombre de ces créatures étaient en proie à d'*horribles convulsions,* et, quand le tumulte fut parvenu à son plus haut point, le prêtre qui était resté à la tribune entonna une hymne d'une voix forte, comme pour essayer de couvrir les cris des pénitentes. C'était un spectacle horrible de voir ces pauvres filles, à peine au matin de la vie, frappées de terreur, livrées à d'affreuses convulsions, affaiblies et énervées pour toujours. Je remarquai une de ces faibles créatures, qui ne devait pas avoir plus de quatorze ans, soutenue dans les bras de ses compagnes plus âgées; son visage était couvert de la pâleur de la mort, ses yeux hagards étaient privés de tout sentiment, et des flots d'écume ruisselaient sur son menton et sa poitrine. Sur tous ses traits étaient empreintes les apparences d'un idiotisme complet. Un prêtre s'approcha, et, prenant la main délicate de cette convulsionnaire : Jésus est avec elle! Dieu soit béni! dit-il froidement, et il passa. . . . .

. . . . . Est-il nécessaire de dire que les femmes seules obéirent à l'appel des prêtres et vinrent s'asseoir sur les bancs d'anxiété, et que la plus grande partie étaient de très-jeunes femmes? La congrégation avait revêtu ce jour-là ses habits de fête, et les dames les plus jolies et les plus élégantes de la ville assistaient à cette indigne cérémonie. »

Passons aux *camp-meetings.*

« On m'avait dit, raconte mistress Trollope [1], qu'assister à un *camp-meeting,* c'était se trouver sur la porte du ciel et le voir ouvert devant soi; on m'avait dit, d'un autre côté, que c'était avoir franchi les portes de l'enfer et en contempler toutes les horreurs : ce double renseignement avait piqué ma curiosité..... Nous atteignîmes le

[1] Tome I, p. 274 et suivantes.

lieu de la scène à onze heures du soir... Le terrain qu'on
avait choisi était situé au milieu d'une forêt vierge. C'était
une clairière d'environ vingt acres d'étendue qui semblait,
du moins en partie, avoir été ménagée pour cette cérémonie. Tout autour et le long des bords de la forêt s'élevaient, pressées les unes contre les autres, des tentes de
diverses grandeurs; derrière ces tentes, un autre cercle
était formé par les voitures et les charrettes de toute
espèce qui avaient amené les spectateurs; et derrière ces
charrettes étaient attachés les chevaux qui les avaient
traînées..... Quatre échafaudages gigantesques, construits
en forme d'autels, s'élevaient aux quatre coins de l'enceinte.... Sur un des côtés on voyait une informe estrade
préparée pour recevoir les prédicateurs. Il y en avait
quinze à la tête de ce *meeting*. Sauf les courts intervalles
réservés pour les repas et les actes de dévotion privée, ils
se succédaient sans interruption sur cette estrade, et y
prêchaient jour et nuit depuis le mardi jusqu'au samedi.
Lorsque nous arrivâmes, les prédicateurs se taisaient;
mais de toutes les tentes qui environnaient la place s'échap-
paient des sons confus, mélange bizarre de prières, de dé-
clamations, de chants et de gémissements. (L'auteur a la
curiosité de regarder dans une de ces tentes pour voir ce qui
s'y passe.) Le sol de la tente, continue-t-il, était jonché
de paille, relevée tout autour en couches plus épaisses, de
manière à former comme un divan circulaire où l'on pût
s'asseoir; mais ce divan n'était point en ce moment consacré à cet usage : il soutenait les bras et les têtes d'un
cercle pressé d'hommes et de femmes agenouillés sur le
sol. D'une trentaine de personnes ainsi placées, une demi-
douzaine peut-être étaient des hommes. Un de ces derniers, beau garçon de dix-huit à vingt ans, était précisément

agenouillé au-dessous de l'ouverture par laquelle nous regardions. Son bras était passé autour du cou d'une jeune fille à genoux à côté de lui, la chevelure éparse sur ses épaules et le visage agité de la plus vive émotion. Nous les vîmes bientôt tomber ensemble sur la paille, comme s'ils eussent été incapables de supporter dans une autre attitude la brûlante éloquence d'une grande figure habillée de noir, qui, debout au centre de la tente, débitait avec une incroyable véhémence un discours qui semblait tenir le milieu entre la prédication et la prière. Les bras de cet homme pendaient roides et immobiles à ses côtés, et il avait l'air d'un automate mal construit, mis en action par un moteur si violent, qu'il courait risque d'en être brisé, tant les mots étaient chassés de sa bouche par secousses pénibles et cependant fort rapides. Le cercle agenouillé ne cessait d'invoquer le nom de Jésus sur tous les tons, et ces invocations étaient accompagnées de sanglots, de gémissements et d'une sorte de hurlement sourd, dont l'effet sur l'oreille était inexprimable. Cependant, mon attention.... fut bientôt entièrement absorbée par une figure isolée qui était à genoux au milieu de la tente. C'était la vivante image du Mac-Briar de Walter Scott, aussi jeune, aussi sauvage, aussi terrible. Ses bras amaigris, nus jusqu'au coude, étaient étendus au-dessus de sa tête avec tant de violence, qu'ils sortaient des manches de son habit. Ses grands yeux étaient fixes et glacés. Ce singulier personnage répétait, sans un moment de relâche, le mot: *Gloire!* et c'était avec une véhémence qui gonflait ses veines de manière à les rompre. Ce spectacle était trop affreux..... Nous fîmes le tour des tentes, en nous arrêtant près de celles d'où partaient des sons plus bizarres ou plus violents, et nous réussîmes à entrevoir ce qui se passait dans plusieurs;

c'était partout la même scène..... Cependant minuit arriva ;
le son du cor retentit dans le camp, et l'on nous apprit que
c'était le signal qui rappelait le troupeau des fidèles autour
de l'estrade. En effet, nous les vîmes sortir des tentes et
accourir de tous les côtés..... Environ deux mille personnes
composaient l'assemblée. Un des prédicateurs commença
d'une voix basse et nasillarde. Il débuta, selon l'usage des
méthodistes, par s'étendre sur la dépravation profonde de
l'homme quand il sort des mains du Créateur, et sur sa
parfaite sanctification quand il a assez longtemps et assez
vigoureusement lutté avec le Seigneur pour s'emparer de
lui, etc., etc... Les cris : *Amen! amen! Jésus! Jésus!
gloire! gloire!* exprimaient à chaque instant l'admiration
de l'auditoire. Mais cette tranquillité relative ne fut pas
de longue durée. Bientôt le prédicateur, poursuivant
son discours, leur apprit « que le temps était venu pour
les pécheurs inquiets de lutter avec le Seigneur ; que cette
lutte devait avoir lieu cette nuit même » ; que lui et ses
frères « étaient là pour les aider » ; et qu'il fallait que
ceux qui avaient besoin de leur secours s'avançassent dans
le *pen*..... Le *pen* était l'espace qui s'étendait au pied de
l'estrade ; nous pûmes donc voir et entendre jusqu'aux
moindres détails de cette scène étrange. Au mot de *pen*,
la masse d'auditeurs qui étaient devant nous recula de
manière à laisser un espace libre au pied de l'estrade. Les
prédicateurs descendirent et vinrent se placer au milieu de
cet espace, chantant une hymne et appelant à eux les
pécheurs. Tout en chantant, ils parcouraient le cercle qui
les entourait, et par degrés les voix de cette multitude se
marièrent à la leur..... L'exhortation des prêtres n'avait
guère été que la répétition de ce que j'avais entendu au
revival ; mais l'effet fut tout différent. Au lieu d'un petit

nombre de femmes, je vis plus de cent personnes, presque
toutes femmes aussi, s'avancer vers le *pen*, poussant des
gémissements si affreux que je tremble encore d'y penser.
Elles semblaient se pousser mutuellement en avant; mais
au mot : *Prions!* prononcé par le prêtre, toutes tombèrent à genoux. Cependant elles quittèrent bientôt cette
posture pour d'autres qui laissassent plus de liberté aux
mouvements convulsifs de leurs membres, et bientôt je
n'eus plus sous les yeux qu'une horrible confusion de
têtes et de jambes s'agitant pêle-mêle sur le sol. Telle était
la violence de ces mouvements que je craignais à chaque
instant quelque accident sérieux. Mais comment décrire
les sons qui sortaient de cet amas confus de créatures
humaines? aucun mot de la langue ne saurait les rendre :
hoquets hystériques, sanglots convulsifs, sourds gémissements, cris inarticulés, aigus, rapides, tout se confondait
et se distinguait pourtant dans ce bruit affreux. J'étais
malade d'horreur. Et comme si la voix ne leur eût pas
suffi pour exprimer leur agitation, le bruit des mains violemment frappées l'une contre l'autre ne tarda pas à s'y
joindre...... Beaucoup de ces malheureuses créatures
étaient de jeunes et belles filles. Les prêtres circulaient au
milieu d'elles, excitant tour à tour et adoucissant leur agonie. J'entendais les mots : « Ma sœur! ma chère sœur! »
murmurés à l'oreille de ces malheureuses victimes; je
voyais des lèvres perfides toucher leurs visages; je distin-
guais les paroles à peine articulées de leurs confessions, et
la rougeur que produisaient sur leurs joues pâles les conso-
lations à voix basse de leurs bourreaux..... Les pénitentes
ne s'en tenaient pas toutes aux gémissements inarticulés
et à la confession à demi-voix; les paroles de quelques-
unes se détachaient de temps en temps, sur cette basse

confuse, en phrases sonores et distinctes; alors le comique le disputait à l'horrible. Les plaintes d'une très-
jolie fille agenouillée devant nous dans l'attitude de la
Madeleine de Canova attirèrent principalement mon attention. Après avoir débité une quantité incroyable de jargon
méthodiste, elle fondit en larmes et s'écria : « Anathème!
anathème sur les apostats! Écoute, écoute, ô Jésus! lorsque j'avais quinze ans, ma mère mourut, et j'apostasiai.
O Jésus! j'apostasiai! Réunis-moi à ma mère, ô Jésus!
réunis-moi à ma mère, car je suis fatiguée! O John
Mitchel! ô John Mitchel! » Et après avoir sangloté dans
ses mains, elle montra de nouveau sa figure charmante,
pâle comme la mort : « Oh! quand serai-je assise sur le
rivage de l'autre monde avec ma mère! ma mère! ma
chère mère! » Qui aurait pu refuser une larme à ce désir
passionné de la mort dans une créature si jeune et si belle!
Mais le lendemain, avant mon départ, je la vis la main
entrelacée dans la main, et la tête appuyée sur la poitrine
d'un homme qu'on aurait pris pour don Juan, renvoyé sur
cette terre comme un être d'une trop méchante nature
pour vivre avec les démons eux-mêmes. Une autre femme,
placée aussi près de nous, ne cessa pas une minute, pendant plus de deux heures que nous fûmes là, *d'appeler le
Seigneur* de toutes les forces de ses poumons. A la fin,
elle s'enroua horriblement, et sa figure devint si tendue et
si rouge, que nous nous attendions à la rupture de quelque
vaisseau. « Je veux m'attacher à Jésus! s'écriait-elle parmi
beaucoup d'autres folies; je veux me cramponner à lui et
ne jamais le lâcher; ils auront beau vouloir m'entraîner en
enfer, je tiendrai ferme, ferme, ferme! » Le chant des
prêtres venait de temps en temps se mêler à cet épouvantable vacarme; mais les mouvements convulsifs des

pauvres maniaques n'en devenaient que plus violents. A la fin, les choses en vinrent à un tel degré de grossièreté, que nous dûmes quitter la partie. Nous regagnâmes notre voiture vers trois heures du matin, et passâmes le reste de la nuit à écouter de loin le tumulte toujours croissant du *pen*, car il nous fut impossible de fermer l'œil..... »

Tel est le récit de mistress Trollope. Tout le monde conviendra que les scènes qu'elle vient de décrire ressemblent à celles dans lesquelles ont figuré les convulsionnaires jansénistes et les trembleurs des Cévennes : contorsions, chutes, convulsions, trouble physique, désordre moral, comme prélude d'une soi-disant inspiration divine, sont des deux parts les traits généraux qui révèlent la plus étroite parenté dans les phénomènes observés chez les protestants américains et chez les sectateurs du diacre Pâris ou les camisards.

Aujourd'hui, les mêmes succès de désordre se reproduisent encore, d'après ce que nous apprend, sur un *camp-meeting* tenu en 1863, l'un des organes quotidiens de la presse parisienne (*le Monde* du 1er janvier 1864).

« Dans le mois de septembre, lit-on dans cette feuille, lorsqu'on a recueilli les récoltes, les méthodistes ont l'habitude de tenir des réunions nocturnes qui durent pendant toute une semaine. Une annonce est faite dans les journaux afin que chaque fidèle soit dûment prévenu et puisse profiter des grâces que l'Esprit-Saint prodigue dans ces circonstances. Ce sont des espèces de missions. On choisit un vaste emplacement au milieu des forêts ; le meeting a lieu en plein air et dans le silence de la nuit. On voit arriver les sectaires par toutes les voies et sur tous les véhicules imaginables : hommes, femmes, enfants, tous accourent au rendez-vous. Le lieu du meeting est ordinairement en forme d'ovale. A une extrémité on construit l'estrade pour les prédicants ; ils sont toujours en nombre. Cette espèce ne manque malheureusement pas en Amérique. De chaque côté, en forme de fer à cheval, on dresse des tentes, et l'on place derrière les voitures et les chevaux. Tout autour, sur des poteaux, sont des lampes ou des torches qui jettent une lueur blafarde. Le centre est vide. C'est là que se tient le peuple pendant le meeting. Vers neuf ou dix heures du soir, au signal donné, les ministres montent sur l'estrade : le peuple accourt, se tient debout ou assis sur l'herbe. Un ministre commence quelques prières, puis déclame un petit *speech* : c'est le préambule ; plusieurs autres se succèdent et cherchent à réchauffer l'enthousiasme. Bientôt la scène s'anime et prend un étrange aspect. Un des ministres entonne d'une voix lente et grave un chant populaire, la foule accompagne sur tous les tons ; puis le ministre grossit la voix et va toujours *crescendo,* en accompagnant son chant des gestes les plus excentriques. La Sibylle n'était pas plus tourmentée sur son trépied. Le peuple qui assiste à ces meetings est composé presque exclusivement d'Allemands. N'est-ce pas de la Germanie que sont sortis tous les rêveurs, les idéologues, les songe-creux, d'où ils se sont répandus en France, en Angleterre et en Amérique? On chante et on déclame tour à tour, et l'excitation et l'enthousiasme augmentent. Le ton devient plus accentué, plus entraînant ; le ministre chante : *Glaube nur, und du wirst erhœrt!* (Croyez seulement, et vous serez sauvés!) Et le peuple répond : *Gott verstosst den Sünder nicht!* (Dieu ne rejette pas le pécheur!) Le ministre : *Bekehrt euch zum Herrn!* (Convertissez-vous au Seigneur!) Le peuple : Dieu ne rejette pas le pécheur. Cela dure des heures entières ; l'excitation va toujours en augmentant et finit par arriver à un point dont il est impossible de donner une idée. Entre autres exclamations qu'on entend retentir, citons celles-ci : Dans la *nouvelle Jérusalem, nous aurons du café sans argent et du vieux vin. Alleluia!* Quelle joie pour un Allemand! voilà tout ce qu'il veut avoir en paradis! Bientôt toute cette foule qui remplit l'enceinte, se mêle, se heurte, le tout au milieu des cris, des danses, des gémissements et des éclats de rire. L'esprit vient, l'esprit vient! Oui, il vient en effet, mais ce doit être un esprit infernal, à voir ces contorsions, à entendre ces hurlements; c'est alors un pêle-mêle, un tohu-bohu digne des petites-maisons : des hommes se frappent la poitrine, se balancent comme des magots chinois ou exécutent des évolutions comme des derviches; des femmes se roulent par terre, les cheveux épars; de jeunes filles se sentent soulever dans les airs *et sont en effet transportées* par une force surnaturelle. Cependant les ministres, qui semblent livrés à la même folie, continuent de chanter et de se démener comme des possédés : c'est une confusion complète, un chaos.....; au loin la pudeur, la morale, tout est pur pour ces énergumènes. *Dieu pardonne tout.* Honte et infamie sur les chefs aveugles d'un peuple aveugle!..... Les étoiles du firmament répandent une douce clarté sur cet affreux tableau; parfois le vent mugit dans la forêt, et les torches font apparaître les hommes comme des ombres. La nuit se passe de la sorte. Le matin, toute cette foule est étendue inerte, épuisée, harassée. Le jour se passe dans le repos, et la nuit suivante on recommence. »

Nous n'avons pu découvrir s'il a été donné une explication scientifique des phénomènes observés dans le méthodisme et le baptisme américains. Les médecins, les savants auraient-ils hasardé une théorie à leur sujet ? Nous l'ignorons. Mais, si cette théorie a été formulée, et si elle repose uniquement sur le *naturalisme*, sur la *physiologie*, sur un *état maladif* (ce qui, comme nous l'avons dit, est toujours la même chose sous des noms différents), cette théorie est manifestement et de tous points inacceptable.

LIVRE QUATRIÈME.

ÉPIDÉMIE DE MORZINE.

CHAPITRE PREMIER.

Exposé des faits observés dans cette épidémie. — Leur réalité, leur origine, leur nature, leur persistance.

Morzine est une petite commune du département de la Haute-Savoie qui compte environ deux mille âmes de population. Pendant tout l'hiver de 1857, les habitants s'*amusèrent* à faire tourner des tables, et, au mois de mars de la même année, les convulsions éclatèrent. Ce fut d'abord sur des enfants qu'elles s'abattirent. Dans le principe, le clergé procéda par exorcisme contre cette *maladie*, « et » les malades exorcisés en 1858 et 1859, par les » PP. Capucins de Saint-Maurice en Valais [1] », ne retombèrent pas, dit-on, dans leurs accès.

Cette *maladie* dure encore aujourd'hui ; elle n'a pas cessé ses ravages depuis son origine, malgré toutes les mesures qu'on a prises pour la combattre. C'est ce que le *Courrier des Alpes* nous apprend en ces termes : « Mgr Magnin doit être de retour sur la fin de la semaine, dit-on, de sa tournée pastorale. On s'entretient beaucoup ici d'un incident aussi douloureux qu'inattendu qui a signalé la tournée du digne prélat. Chacun connaît la triste et singulière maladie

[1] M. de Mirville, *Manif. diverses des Esprits*, I, p. 234.

qui afflige depuis bien des années la commune de Morzine,
et à laquelle on ne sait trop quel nom donner : la science s'y
perd. Certain public a caractérisé cette maladie, qui pèse
principalement sur les femmes, en appelant ceux qui en
sont atteints *des possédés;* beaucoup d'habitants de la
commune sont, en effet, dans la persuasion qu'un sort a été
jeté sur cette localité. On se rappelle aussi qu'en 1862 un
certain nombre de personnes frappées de cette étrange
maladie, qui produit tous les effets de la folie furieuse sans
en avoir le caractère, furent disséminées dans divers hôpitaux sur différents points de la France, et en revinrent
parfaitement guéries. Cette année, la maladie a gagné
d'autres personnes et a pris depuis quelque temps des proportions effrayantes. C'est dans ces circonstances que
Mgr Magnin, n'écoutant que sa charité, a fait sa tournée pastorale à Morzine, et c'est au moment où il administrait le sacrement de confirmation qu'une crise s'est
tout à coup emparée d'un certain nombre de ces malheureux qui assistaient à la cérémonie ou en faisaient
partie. Un affreux scandale a eu lieu alors dans l'église.
Les détails de cette scène sont trop affligeants pour pouvoir être relatés. » (Cité par le journal *le Monde* du
22 mai 1864.)

La lettre suivante, publiée par *l'Union médicale*
(numéro du 2 juillet 1864, page 15), peut suppléer
à la retenue du *Courrier des Alpes.* Ajoutons que des
renseignements particuliers, qui nous sont arrivés de
source sûre, concordent entièrement avec ce qu'on va
lire : « X..., le 22 mai 1864. — Cher ami, j'ai donc été,
le 1er mai, voir les fameux possédés de Morzine, et je puis
t'assurer que je n'ai pas perdu mon temps. Jamais l'idée
d'un si horrible spectacle ne serait tombée dans mon esprit

ni dans mon imagination. J'étais à Morzine à six heures et demie du matin. La cérémonie a commencé à sept heures. Il n'y avait pas cinq minutes que j'étais à l'église qu'une malheureuse jeune fille est tombée à mes pieds, dans des convulsions horribles; quatre hommes ne suffisaient pas à la contenir; elle frappait le plancher des pieds, des mains et de la tête avec une telle rapidité qu'on aurait dit le roulement d'un tambour. Après cela une autre, et puis une autre. Bientôt l'église est devenue un enfer : on n'entendait partout que cris, bousculades, jurements et blasphèmes à faire dresser les cheveux sur la tête : « Sacré nom! sacrée charogne! etc. » L'entrée de l'évêque a surtout mis tout ce monde en branle; des coups de poing et de pied, des crachats, des contorsions abominables, des cheveux voltigeant en l'air avec les bonnets, des habillements déchirés, des mains ensanglantées; c'était si affreux que tout le monde pleurait. L'élévation à la messe et la bénédiction du saint sacrement, après les vêpres, ont, avec l'entrée de l'évêque, été les moments les plus effrayants. Toutes ces victimes, au nombre de plus de cent, entraient à la fois et soudainement en convulsions, et c'était un vacarme de l'autre monde. J'en ai compté onze autour de moi, dans un rayon de deux mètres au plus. Le plus grand nombre se compose de jeunes filles ou de femmes de quinze à trente ans. J'en ai vu une de dix ans, cinq ou six vieilles et deux hommes. L'évêque a donné, bon gré mal gré, la confirmation à quelques-unes. Aussitôt qu'il arrivait devant elles, elles entraient en crise, et au moyen des gendarmes et d'hommes qui aidaient ceux-ci, il les confirmait quand même au milieu des plus horribles malédictions. « S....ch..... d'évêque! disaient-elles, pourquoi viens-tu nous tourmenter? » Elles cherchaient à le frapper, à le mordre, à lui arracher son anneau; elles lui crachaient au visage; seulement, quand elles avaient reçu le soufflet, elles se laissaient aller et tombaient dans un assoupissement qui ressemblait à un profond sommeil. De même, pendant le sermon, lorsque quelqu'un tombait en crise, il s'arrêtait et, faisant le signe de la croix, il disait : *In nomine Christi tace et obmutesce;* ce qui produisait presque toujours son effet. Il y avait près de moi une jeune et jolie femme de dix-huit ans, mariée depuis un an et mère depuis deux mois. Après avoir été confirmée, couchée sur les bras de son père, de son frère et de son mari, qui pleuraient à chaudes larmes, elle s'est écriée : « Ah! s.... ch..... d'évêque! tu me forces à partir, moi qui étais si bien dans ce corps sur la terre; être forcé de retourner en enfer, quel malheur! » Puis, après une pause : « Et moi aussi, il faut que je parte, que je quitte ce joli corps où j'étais si bien! Mais, en partant, j'en laisse encore cinq, et un vieux, entre autres, et ce n'est pas aujourd'hui que ceux-là partiront! » J'ai pris cette femme par la main, je l'ai interrogée en latin et en d'autres langues, mais elle ne m'a pas répondu. Le brigadier des gendarmes s'étant avancé pour la faire taire : « Ah! ch..... de brigadier, s'est-elle écriée, je te connais, tu es un incrédule, tu es un p...., tu es à moi! » Le brigadier pâlit et s'en alla. Les pauvres gendarmes étaient eux-mêmes si effrayés qu'ils faisaient à chaque instant des signes de croix. Je suis resté à Morzine jusqu'au départ de monseigneur, c'est-à-dire jusqu'à six heures et demie du soir. Le pauvre évêque était dans un accablement profond. On lui en a amené de force une ou deux dans la sacristie, mais il n'a rien pu. En m'en revenant, j'en ai trouvé une sur le bord de la route : je l'ai aussi interrogée en langues exotiques, mais elle s'est fâchée et elle m'a répondu par une poignée de gravier qu'elle m'a jetée à la figure en me disant que je n'allais qu'une fois à la messe par an et que j'étais un curieux. »

L'état pathologique que présente la population de Morzine a été étudié par le docteur Constans. Pour ne pas sortir du cadre que nous nous sommes tracé, nous nous bornerons à puiser dans sa *Relation* les détails qui vont suivre. Après avoir indiqué que deux petites filles furent les premières atteintes par les convulsions, M. Constans continue ainsi [1] :

« Le récit suivant, fait par le sieur G. P..., père de l'une de ces enfants, et confirmé par un grand nombre de personnes, reproduit fidèlement ce qu'elles éprouvèrent. La petite Perronne T..., âgée de dix ans, fille de mon voisin, devait faire prochainement sa première communion, ce qui lui causait une grande joie; elle ne parlait que de son bonheur; un jour, en sortant de l'église, où elle venait de se confesser, c'était le 14 mars, elle vit retirer de la rivière une petite fille qui avait failli se noyer. Cet accident parut l'impressionner, lui faire peur; elle se rendit néanmoins en classe chez les Sœurs, mais, quelques heures après, elle tomba comme morte dans son banc; on la rapporta chez elle, et cet état dura plusieurs heures. Trois ou quatre jours après, elle éprouva la même chose à l'église, puis, au bout de quatre ou cinq jours, encore chez elle, et enfin de temps en temps par la suite.

» Vers le commencement de mai, ma seconde fille, du même âge qu'elle, et devant aussi faire sa première communion, était allée garder les chèvres avec Perronne, qui fut prise de son mal ordinaire; ma fille tomba dans le même état; on les trouva étendues par terre, serrées l'une

[1] *Relation, etc.*, p. 24.

contre l'autre, et on les rapporta sans qu'elles parussent
s'en apercevoir. Après une heure environ, ma fille se
réveilla et dit qu'elle avait faim; on lui donna du pain,
mais elle ne put manger.

» Le lendemain elles retournèrent ensemble faire paître
leurs chèvres au même endroit, et elles furent encore prises
du même accident; averti, j'allai chercher la mienne et
l'emportai; en reprenant connaissance, elle paraissait n'a-
voir aucun souvenir de ce qui lui était arrivé et disait :
« Comment se fait-il que je sois ici? j'étais avec mes
chèvres..... » A partir de cette époque, le mal la prit
cinq et six fois par jour; il en fut de même de sa cama-
rade; mais pour l'une et l'autre, ce ne fut plus de la même
manière. Elles restaient immobiles, tournaient les yeux
vers le ciel, puis tendaient les bras en haut, avaient l'air
de recevoir quelque chose, faisaient les mouvements de
quelqu'un qui ouvre et lit une lettre; cette prétendue
lettre paraissait leur faire tantôt un grand plaisir, tantôt
leur inspirer un profond dégoût; après cela, elles faisaient
comme si elles reployaient le papier et le rendaient au
messager invisible qui l'avait apporté; bientôt après, revenant à elles, elles racontaient qu'elles avaient reçu une
lettre de la sainte Vierge, qui leur disait des choses bien
aimables; que sur son invitation elles avaient été dans le
paradis, que c'était bien beau. Quand la lettre avait déplu,
elles disaient qu'elle venait de l'enfer; ma fille manquait
rarement dans ces occasions de dire qu'elle avait des serpents sur son chapeau, ce qui lui causait une grande
frayeur, et elle demandait vivement qu'on l'en délivrât.
Peu à peu les crises changèrent encore de forme; les
enfants se mirent à gesticuler, à tourner rapidement leurs
mains l'une autour de l'autre, à parler, à crier, jurer et

faire toutes sortes de contorsions. Je demandai à ma fille
si personne ne l'avait *touchée*, elle me répondit qu'un jour,
en se rendant à l'école, une vieille femme des Gest (commune voisine) l'avait touchée à l'épaule. Perronne T... a
déclaré la même chose, mais elle a dit plus tard que c'était
Chauplanaz (un des habitants) qui lui avait donné son mal.
Toutes deux commencèrent à faire des prédictions. Perronne disait que mes deux autres filles auraient la même
maladie dans trois semaines. Ma fille dit à son tour que le
père de Perronne l'aurait aussi et qu'il en mourrait. Ces
prédictions se sont réalisées. »

Alors la contagion éclata. « Ce n'était d'abord, dit
l'auteur de la *Relation* [1], que des enfants de dix à quinze
ans, mais bientôt aucun âge ne parut exempt; les jeunes
filles fournirent toujours cependant le plus fort contingent. »
A la fin de 1860, le nombre total des individus atteints de
l'épidémie avait été de cent dix; en 1861, c'est-à-dire
au bout de quatre ans, il s'éleva à cent vingt [2].

En quoi consistent ces phénomènes ? Écoutons toujours
M. Constans [3] :

« Au milieu du calme le plus complet, rarement la nuit,
il survient tout à coup des bâillements, des pandicula-
tions, quelques tressaillements, de petits mouvements
saccadés et d'aspect choréique dans les bras; peu à peu et
dans un très-court espace de temps, comme par l'effet de
décharges successives, ces mouvements deviennent plus
rapides, ensuite plus amples, et ne paraissent bientôt plus
qu'une exagération des mouvements physiologiques; la
pupille se dilate et se resserre tour à tour, et les yeux

[1] Page 28.
[2] *Id.*, p. 35 et 36.
[3] *Id.*, p. 44 et 47.

participent aux mouvements généraux. A ce moment, les
malades, dont l'aspect avait d'abord paru exprimer la
frayeur, entrent dans un état de fureur qui va toujours
croissant, comme si l'idée qui les domine produisait deux
effets presque simultanés : de la dépression et de l'excitation tout aussitôt. Elles frappent sur les meubles avec
force et vivacité, commencent à parler ou plutôt à vocifé-
rer; ce qu'elles disent toutes à peu près, quand on ne les
surexcite pas par des questions, se réduit à ces mots,
indéfiniment répétés : s.... nom! s.... ch...gne; s.... rouge
(elles appellent rouges ceux à la piété desquels elles ne
croient pas); quelques-unes ajoutent des jurements. Si près
d'elles ne se trouve aucun spectateur étranger, s'il ne leur
est pas fait de questions, elles répètent sans cesse la même
chose, sans rien ajouter ; si c'est le contraire, elles
répondent à ce que dit le spectateur, et même aux pensées
qu'elles lui prêtent, aux objections qu'elles prévoient, mais
sans s'écarter de leur idée dominante, ou y rapportant
tout ce qu'elles disent : ainsi c'est souvent : « Ah ! tu crois,
b... d'incrédule, que nous sommes des folles, que nous
n'avons qu'un mal d'imagination ! nous sommes des dam-
nées, s.... n... de D...! nous sommes des diables de
l'enfer !..... » Devant moi elles ajoutaient invariablement :
« Ce ne sont pas tes s.... médecines qui nous guériront!
nous nous f.... bien de tes médecines ! Tu peux bien les
faire prendre à la fille [1]; elles la tourmenteront, elles la
feront souffrir; quant à nous, elles ne nous feront rien, car
nous sommes des diables... Ce sont de saints prêtres, des

---

[1] On a remarqué que pendant la crise, quand on interroge le personnage, il y a toujours invariablement dans ses réponses la distinction de plusieurs personnages : *la fille et lui, le démon et le damné.*
(Observation de M. Constans, p. 19.)

évêques qu'il nous faut, etc., etc. » Ce qui ne les empêche point d'insulter les prêtres quand il s'en présente, sous prétexte qu'ils ne sont pas assez saints pour avoir action sur les démons. Devant le maire et des magistrats, c'était toujours la même idée, mais avec d'autres paroles. A mesure qu'elles parlent, toujours avec la plus grande véhémence, toute leur physionomie n'a d'autre caractère que celui de la fureur ; quelquefois le cou se gonfle, la face s'injecte ; chez d'autres, elle pâlit, tout comme il arrive aux personnes ordinaires qui, selon leur constitution, rougissent ou pâlissent pendant un violent accès de colère ; les lèvres sont souvent souillées de salive, ce qui a fait dire que les malades écumaient. Les mouvements, bornés d'abord aux parties supérieures, gagnent successivement le tronc et les membres inférieurs ; la respiration devient haletante ; les malades redoublent de fureur, deviennent agressives, déplacent les meubles, et lancent chaises, tabourets, tout ce qui leur tombe sous la main, sur les assistants ; se précipitent sur eux pour les frapper, aussi bien leurs parents que les étrangers ; elles se jettent à terre, toujours continuant les mêmes cris ; se roulent, frappent des mains sur le sol, se frappent elles-mêmes sur la poitrine, le ventre, sur la partie antérieure du cou, et cherchent à arracher quelque chose qui semble les gêner en ce point ; elles se retournent d'un bond ; j'en ai vu deux qui, se relevant comme par la détente d'un ressort, se renversaient en arrière, de manière que leur tête reposait sur le sol en même temps que leurs pieds. Cette crise dure plus ou moins, dix, vingt minutes, une demi-heure, selon la cause qui l'a provoquée ; si c'est la présence d'un étranger, d'un prêtre surtout, il est très-rare qu'elle finisse avant que la personne se soit éloignée ; dans ce cas, les mouvements

convulsifs ne sont cependant pas continus; après avoir
été très-violents, ils s'affaiblissent et s'arrêtent pour recommencer immédiatement, comme si la force nerveuse épuisée prenait un moment de repos pour se réparer. Pendant
la crise, le pouls, les battements du cœur, ne sont nullement accélérés, c'est même le plus ordinairement le contraire; le pouls se concentre, devient petit, lent, et les
extrémités se refroidissent; malgré la violence de l'agitation, les coups furieux frappés de tous côtés, les mains
se refroidissent. Contrairement à ce qui s'est vu souvent
dans des cas analogues, aucune idée érotique ne se mêle
ou ne paraît s'ajouter à l'idée démoniaque; j'ai même été
frappé de cette particularité, parce qu'elle est commune à
tous les malades : aucune ne dit le moindre mot ou ne fait
le moindre geste obscène; dans leurs mouvements les plus
désordonnés, jamais elles ne se découvrent, et si leurs
vêtements se relèvent un peu quand elles se roulent à
terre, il est très-rare qu'elles ne les rabattent presque
aussitôt. Il ne paraît donc point qu'il y ait ici lésion de la
sensibilité génitale; aussi il n'a jamais été question d'in-
cubes, de succubes ou de scènes du sabbat; toutes les
malades appartiennent, comme démonomanes, au second
des quatre groupes indiqués par M. Macario; quelques-
unes entendent la voix des diables, beaucoup plus généralement ils parlent par leur bouche. Après le grand désordre,
les mouvements deviennent peu à peu moins rapides, quelques gaz s'échappent par la bouche et la crise est finie. La
malade regarde autour d'elle d'un air un peu étonné, arrange
ses cheveux, ramasse et replace son bonnet, boit quelques
gorgées d'eau, et reprend son ouvrage, si elle en tenait
un quand la crise a commencé; presque toutes disent
n'éprouver aucune lassitude et ne pas se souvenir de ce

qu'elles ont dit ou fait. Cette dernière assertion n'est pas toujours sincère, j'en ai surpris quelques-unes se souvenant très-bien, seulement elles ajoutaient : « Je sais bien qu'*il* (le diable) a dit ou fait telle chose, mais ce n'est pas moi; si ma bouche a parlé, si mes mains ont frappé, c'était *lui* qui les faisait parler et frapper; j'aurais bien voulu rester tranquille, mais *il* est plus fort que moi, » etc. Il a été généralement remarqué que, dès qu'elles sont hors de la commune, les malades n'ont que très-rarement des crises [1]. » L'auteur de la Relation ajoute encore plus loin, page 54, qu'il a « pu pincer, piquer avec une épingle, les malades (pendant les convulsions), enfoncer cette épingle sous les ongles, ou de toute sa longueur dans les bras, les jambes ou sur toute autre partie, sans provoquer l'apparence d'une sensation douloureuse. »

Telle est l'analyse que M. Constans donne de la *maladie* de Morzine. Mais pour la compléter il est nécessaire de rapporter les observations faites par le docteur Arthaud, et que M. Constans cite lui-même dans sa Relation.

M. Arthaud a pu s'assurer :

1° Que les enfants « en état de crises..... sont dans l'état de santé *le plus parfait* [2] »;

2° Que « ces enfants parlent la langue française, pendant leurs crises, avec une facilité étonnante, même celles qui, hors de là, n'en savent que quelques mots [3] »;

3° Que « pendant les crises une insolence inouïe, qui passe toute expression, se remarque dans des enfants qui, hors de là, sont douces et timides [4] »;

---

[1] *Relation, etc.*, page 54.
[2] *Id.*, page 17.
[3] *Id.*, *ibid.*
[4] *Id.*, page 18.

4° « Pendant la crise, il y a dans toutes ces enfants un caractère d'impiété permanent porté au delà de toutes les limites, dirigé contre tout ce qui rappelle Dieu, les mystères de la religion, Marie, les saints, les sacrements, la prière, etc.; le caractère dominant dans ces moments affreux, c'est la haine de Dieu et de tout ce qui s'y rapporte [1] »;

5° « Ces enfants révèlent des choses qui arrivent au loin, ainsi que des faits passés dont elles n'avaient aucune connaissance; elles ont aussi révélé à plusieurs personnes leurs pensées [2] »;

6° « Elles annoncent quelquefois le commencement, la durée et la fin des crises; elles ont donné des réponses exactes à des questions à elles adressées en langues à elles inconnues : allemand, latin, etc. [3] »;

7° « Ces enfants ont, dans l'état de crise, une force qui n'est pas proportionnée à leur âge, puisqu'il faut trois ou quatre hommes pour tenir, pendant les exorcismes, des petites filles de dix ans [4] »;

8° « Pendant les crises, les enfants ne se font aucun mal, ni par les contorsions qui semblent de nature à disloquer leurs membres, ni par les chutes, ni par les coups qu'elles se donnent en frappant avec violence [5] »;

9° « Plusieurs de ces enfants ont fait des choses qui paraissent évidemment contre les lois de la nature, par exemple : grimper avec une facilité et une rapidité sans exemple au-dessus de l'extrême pointe du rameau d'arbres de quarante à cinquante mètres de hauteur, d'y faire la

---

[1] *Relation, etc.*, page 48.
[2] *Id., ibid.*
[3] *Id., ibid.*
[4] *Id., ibid.*
[5] *Id.,* page 49.

culbute, ou bien de sauter de là à un autre arbre *éloigné de plusieurs mètres*, de descendre la tête en bas, de se tenir d'un pied sur l'extrême pointe d'un arbre, et de l'autre sur celle d'un autre arbre [1] ».

A la suite de cet exposé du caractère de l'épidémie de Morzine, citons quelques-uns des faits observés.

Convulsionnaire grimpant sur un arbre et en descendant la tête en bas. — Aboiement. — Convulsionnaire injuriant un prêtre, ne pouvant boire de l'eau bénite, ni rester au lit. — Sensibilité suspendue pendant les convulsions.

« La plus jeune de mes filles, âgée de neuf ans, a été prise au milieu de mai; elle est tombée d'abord sans connaissance, comme sa sœur, au commencement; les crises sont venues peu après; quand elles la prenaient, elle criait, ses yeux se tournaient sans cesse, elle se sauvait de la maison et allait grimper sur les arbres. Elle a été malade dix-huit mois, et c'est moi qui l'ai guérie. Un jour qu'elle était sur les plus hautes branches d'un prunier, je suis monté après elle en feignant d'être bien en colère et disant : Il y en a assez de ces filles malades, je veux débarrasser le pays de celle-ci; il faut que je la tue ! Aussitôt elle me répondit, ou le diable par sa bouche : « Je me f.... bien de toi, s.... ch...gne! » Je la saisis par un pied et la tirai comme si je voulais la précipiter en bas; alors elle reprit : « Ne fais pas de mal à la fille; je vais la *déprendre*, je ne la tourmenterai plus, et elle ne montera plus sur les arbres. » Depuis, elle a été guérie [2]. »

« T. Joseph, douze ans, d'une bonne santé, très-intelligent, commença à avoir des crises..... En revenant de

---

[1] *Relation, etc.*, page 18.
[2] *Id.*; page 23.

l'enterrement de son père, il en eut une, pendant laquelle il monta sur un énorme sapin..... Arrivé à la cime, il en cassa l'extrémité la plus déliée, la flèche, *et se plaça la tête en bas sur le sommet,* en chantant et gesticulant..... Son frère... lui intima l'ordre de se taire et de descendre, en lui disant que ce n'était pas le moment de s'amuser quand on venait d'enterrer son père. A cette injonction, l'enfant sembla se réveiller ; en voyant où il était, il fut pris d'une grande frayeur et, éperdu, appelait à son secours. Le frère, se ravisant alors, s'écria : « Diable, *reprends* vite cet enfant pour qu'il puisse descendre. » La crise recommença, et aussitôt l'enfant cessa de crier, d'avoir peur, et descendit la tête en bas avec la rapidité d'un écureuil [1]. »

« La femme B. Nicolas, trente-huit ans, malade depuis trois ans, aboie pendant ses crises [2]. »

« V. Victoire, vingt ans, devient malade, l'une des premières, à l'âge de seize ans ; elle n'avait jamais rien senti, quand le mal la prit un jour à la messe ; pendant les deux ou trois premiers jours, elle ne faisait que sauter un peu ; un jour elle m'apportait mon dîner à la cure, où je travaillais ; l'*Angelus* sonna comme elle arrivait sur le pont ; elle se mit aussitôt à sauter et se jeta par terre en criant et gesticulant, jurant après le sonneur. Le curé de Montriond se trouvait là par hasard ; elle l'injuria, l'appela s.... ch... de Montriond. M. le curé de Morzine vint aussi près d'elle au moment où la crise *finissait* ; mais elle recommença aussitôt, parce qu'il lui fit un signe de croix sur le front. Une autre fois, je travaillais encore à la cure, on a voulu lui donner un verre de vin, elle n'a pu le porter à ses lèvres, il a fallu la faire boire ; elle n'était pourtant

---

[1] *Relation,* etc., page 25.
[2] *Id.,* page 48.

pas en crise en ce moment ; on lui en présenta un second, mais elle le trouva si mauvais qu'elle le cracha. M. l'abbé F... m'a dit après que c'était parce qu'il y avait ajouté quelques gouttes d'eau bénite. Pendant un an le mal la prit tous les jours, et plusieurs fois par jour, depuis l'*Angelus* du matin jusqu'à dix heures du soir ; dès que dix heures sonnaient, elle allait se coucher tranquillement. Une fois, j'ai voulu l'obliger de se coucher à neuf heures, elle ne le voulait pas, disant que le diable le lui avait défendu et qu'il ne la laisserait pas dans son lit ; j'insistai, et elle obéit en me disant : *Tu vas voir !...* Elle ne put, en effet, rester au lit ; elle y eut une crise très-violente qui la jeta en bas..... Alors sa crise cessa, et, à dix heures, elle se remit dans son lit aussi tranquillement que d'habitude [1]. »

« Une malade à laquelle j'avais prescrit des lotions froides sur le dos, et qui les trouvait fort désagréables, partit de chez elle pendant une crise en disant que ses diables se moquaient bien de l'eau, qu'on allait bien le voir, et elle se précipita dans une auge pleine d'eau très-froide ; quand elle en sortit, elle ne paraissait pas s'apercevoir qu'elle était mouillée ; ce ne fut que quand la crise finit qu'elle sentit le froid et se montra fort étonnée de se trouver en pareil état [2]. »

Cet exposé des faits observés à Morzine les range dans la catégorie de ceux que nous étudions. Il y a identité entre eux, puisqu'ici encore les convulsions, les sauts, même l'aboiement, sont le signe extérieur d'un état dans lequel les prétendus malades sont ornés, *ipso facto*, de dons spirituels particuliers, tels que celui des langues ou de révélation. En outre, et comme chez les convulsionnaires

---

[1] *Relation, etc.*, p. 49.
[2] *Id.*, p. 55.

jansénistes ou des Cévennes, les convulsionnaires de Morzine [1] n'éprouvent *aucune lassitude* à la suite de leur crise; coïncidence qui suffit à elle seule pour exclure le caractère de *maladie* qu'on veut y voir et pour ranger les convulsions de Morzine dans cette catégorie de convulsions *spéciales* qui n'appartiennent qu'aux épidémies nées au tombeau du diacre Pâris, parmi les camisards, ou aux autres épidémies de même nature.

[1] *Presque toutes*, dit M. Constans, p. 47. — On nous assure qu'on a vu des filles à Morzine « qui se traînaient en sifflant comme des » serpents, et d'autres dont la poitrine doublait de volume en un » instant ». Ce phénomène de grossissement, s'il est réel, rappelle ce que nous avons dit des opérations de M. Regazzoni. Voir page 52, note.

CHAPITRE DEUXIÈME.

Examen de la théorie émise pour expliquer les faits merveilleux observés à Morzine.

On a vu ce que l'explication des convulsions des sectateurs du diacre Pâris a provoqué de naïvetés de la part des *savants* qui ont tenté de les interpréter. Dans notre ouvrage sur *l'Inspiration des Camisards* [1], nous avons constaté aussi, au sujet des trembleurs des Cévennes, que la médecine, malgré les prétentions des médecins, reste muette devant des phénomènes où l'on ne peut voir nulle relation de cause à effet. Faudra-t-il s'arrêter, en ce qui touche les phénomènes de Morzine, à discuter longuement l'opinion de M. le docteur Constans, lorsqu'il dit que « tout ce qui s'est vu à Morzine..... est très-certainement le signe de cette maladie complexe qui a reçu le nom d'hystéro-démonomanie [2] »? Nous connaissons la valeur de cette thèse. Mais M. Constans est-il bien assuré de son mérite, lorsqu'il se demande : « Quand bien même quelques faits seraient réels de tout point et échapperaient à toute interprétation, serait-ce un motif suffisant pour chercher une explication au delà des lois naturelles [3] ? » Vraiment! expliquer, par exemple, le don des langues par les *lois de la physiologie!* Nous nous trom-

[1] Page 145.
[2] Page 85.
[3] Page 84.

pons fort, ou M. Constans serait un peu embarrassé si on le priait de pousser jusqu'au bout sa démonstration. Est-il mieux fondé, en se retranchant derrière l'opinion de M. Calmeil, à considérer les *malades* de Morzine comme des *aliénés*[1] ? Nous savons que penser de cette théorie[2], dans laquelle M. Constans renferme son mode d'explication[3].

Nous parlions du don des langues : M. Constans ne voit aucune difficulté à donner sa raison d'être. « Il suffisait tout simplement, dit-il[4], que les malades eussent entendu les mots allemands ou latins pour se les rappeler pendant un accès, » et pouvoir répondre aux questions qui leur étaient adressées en langue allemande ou en langue latine. Quelle mémoire ! Mais est-ce bien de la part des filles de Morzine ne faire acte *que* de mémoire qu'employer ces mots allemands ou latins à répondre *exactement* aux questions de leurs interrogateurs ? Si M. Constans ne voit pas ici la preuve d'une intelligence qui réfléchit, où la trouvera-t-il ? Elle est péremptoire, et néanmoins M. Constans n'y a pas pris garde, puisqu'il donne comme pendant du don des langues à Morzine l'exemple de « la servante d'un ministre anglican qui, devenue hystérique, répéta, dans un accès, des sentences grecques, qu'elle avait une fois entendues lire par son maître[5] ». Y a-t-il, en effet,

---

[1] Page 88.

[2] Voir ci-dessus page 149 et suivantes. Voir aussi *de l'Inspiration des Camisards*, p. 131 et suivantes.

[3] « MM. Esquirol et Calmeil, dit-il (*Relation*, etc., p. 88), dans les descriptions qu'ils ont faites des épidémies de même nature, observées dans les siècles passés, n'ont point hésité à considérer les malades de ce temps-là comme des aliénés. Les malades de Morzine peuvent-elles être autrement classées ? Je ne le pense pas, puisque chez elles on retrouve tous les caractères principaux de la maladie décrite par les hommes éminents que je viens de nommer. »

[4] *Relation*, etc., page 79.

[5] *Id., ibid.*

l'ombre de la plus mince analogie entre cette servante, qui *répète* des sentences grecques sans les comprendre, et les filles de Morzine, qui, répondant avec PRÉCISION à des questions [1], témoignent qu'elles entendent la langue dans laquelle on les interroge? Aucune similitude n'existe entre ces deux exemples.

Concluons que M. Constans n'est pas plus heureux pour expliquer scientifiquement les faits de Morzine que ses confrères ne l'ont été pour expliquer les autres épidémies, et que, malgré son travail, l'explication *scientifique* est encore à trouver.

---

[1] Voir ci-dessus, page 290, le § 6 du rapport de M. Arthaud.

LIVRE CINQUIÈME.

CHAPITRE PREMIER.

Origine des faits observés de nos jours. — Les Esprits frappeurs. — Les tables parlantes. — Exposé des faits. — Preuves de la réalité des phénomènes.

SECTION PREMIÈRE.

*Les Esprits frappeurs. — Les tables parlantes. —
Origine des faits observés de nos jours.*

La forme actuelle du spiritisme, car le spiritisme date de loin, on peut le reconnaître d'après ce qui précède, sa forme actuelle, disons-nous, est de provenance américaine. En 1846, les esprits *frappeurs* se firent entendre aux demoiselles Fox, qui habitaient Hydesville, dans l'État de New-York (États-Unis). Ils annonçaient leur présence par de petits coups frappés sur les murs, *knockings*, par des grattements effectués sur les meubles, *rappings*. Les demoiselles Fox convinrent avec leurs invisibles visiteurs d'un langage conventionnel pour pouvoir converser, et la conversation s'établit entre eux. Bientôt aux phénomènes des coups et des grattements se joignit celui du déplacement des meubles sans moteur apparent, et celui de l'exécution de morceaux de musique sur un piano sans le secours d'aucun artiste *palpable*.

De quelle manière passa-t-on de ces premiers prodiges à la rotation et à l'interrogation des tables? on l'ignore; mais peu importe. Ce qu'il y a de certain, c'est que les faveurs dont jouissaient les demoiselles Fox auprès des habitants du monde occulte excitèrent l'ambition de leurs concitoyens; chacun prétendit aux mêmes avantages, si bien que, dès 1853, cinq cent mille sectateurs, suivant leur exemple, eurent eux aussi, dit-on, le privilége d'être en rapport avec les Esprits. Des clubs spirites s'organisèrent, et chaque jour accrut le nombre des adhérents.

Cette épidémie ne borna pas ses ravages à l'Amérique. Elle passa en Europe vers la fin de 1852, et de l'Écosse, où elle se manifesta d'abord, elle gagna Londres. Puis, en juin 1853, le navire de New-York *le Washington* l'importa à Brême, d'où elle se répandit avec la rapidité de l'éclair en Allemagne et en France. Partout les tables, les guéridons, les corbeilles, les chapeaux, les assiettes furent mis en réquisition pour servir d'instruments, c'est-à-dire de conducteurs de l'interrogateur visible à l'habitant occulte de la table, et *vice versa*. Dans le principe, voici comment l'expérience se pratiquait : plusieurs personnes, réunies autour d'une table, posaient leurs mains sur le bord en faisant toucher l'une à l'autre l'extrémité de leurs petits doigts de manière à former une chaîne, et au bout d'un certain temps, la table tournait, se soulevait, marchait au gré des assistants. Le succès ne couronnait pas toujours les désirs des expérimentateurs, car l'inconstance, répétons-le sans cesse, est un caractère distinctif de tous les faits qui nous occupent. Quoi qu'il en soit, la curiosité piquée au jeu, sans être satisfaite, conduisit à l'interrogation des tables. On convint généralement que tel nombre

de coups répondrait à telle lettre de l'alphabet, au moyen
de quoi l'on put dialoguer, et les tables parlèrent. Mais on
remarqua bientôt que la chaîne était inutile : il suffisait
qu'un individu, devenu *médium,* posât, par exemple, la
main sur la table pour que celle-ci manifestât ses qualités
intellectuelles; plus tard même, le simple frôlement de la
robe d'une femme *médium* ayant mis une table en mouvement, on comprit que toute la mise en scène primitive
était inutile.

C'était d'ailleurs un mode de communication trop lent.
L'*écriture* et la *parole* permettaient seules la transmission
plus complète *de la pensée des Esprits et la précision
des réponses* [1]. Elles furent adoptées. On attacha d'abord
à la corbeille, à la planchette, à la table interrogée, un
crayon, et le crayon traça les réponses des Esprits; mais
plus tard le *médium* humain prit lui-même le crayon dans
ses doigts, et il écrivit sous l'impulsion des Esprits. Toutefois, ces derniers ne se bornent pas à correspondre par
intermédiaire, ils transmettent aussi leurs communications
directement : « Les caractères, dans ce cas, dit *la Revue
spirite* [2], sont tracés spontanément par une puissance
extra-humaine, visible ou invisible. » Ce phénomène de
l'écriture directe était déjà en usage en Amérique [3] lorsque
M. le baron de Guldenstubbe le fit connaître à Paris dans
ces dernières années. Enfin, un autre mode de communication entre les Esprits et les hommes a lieu au moyen de
la parole. « Certaines personnes subissent dans les organes
de la voix l'influence de la puissance occulte qui se fait
sentir dans la main de celles qui écrivent. Elles trans-

---

[1] *Revue spirite,* première année, p. 10.
[2] *Id., ibid.,* p. 9 et 10.
[3] *Id.,* deuxième année, p. 205, 207 et 208.

mettent par la parole tout ce que d'autres transmettent
par l'écriture [1]. »

Ces trois moyens de communication, dont l'emploi a été
successif, sont comme trois degrés qui indiquent les développements du spiritisme. D'abord de simples coups, de
légers grattements, annoncent la présence d'un être occulte,
et l'amusement se borne à demander que les coups constatent cette présence; puis, la curiosité aidant, on s'essaye à faire connaissance avec ce visiteur, et un langage
conventionnel, en quelque sorte rudimentaire, est d'abord
usité; enfin, lorsque cette connaissance, ces relations ont
captivé les âmes, le langage rudimentaire devient insuf-
fisant, le besoin de correspondre d'intelligence à intelligence exige un moyen de communication prompt et
complet, et l'écriture ou la parole sont définitivement
adoptées.

Le spiritisme n'a pas été un objet de mode ou de
caprice. Au début, la curiosité a bien pu entrer pour beaucoup dans la *fièvre* qui portait à s'en occuper; mais depuis
il a jeté de profondes racines; le nombre de ses adeptes a
augmenté, et, bien que plusieurs parmi eux, effrayés ou
surpris des résultats auxquels ils étaient arrivés, l'aient
abandonné, le spiritisme, disons-nous, paraît être en voie
de progrès. Le doute n'est guère permis sur ce point en
présence de la vivacité de la polémique engagée par ses
partisans avec les défenseurs de la doctrine catholique :
car la lutte est circonscrite entre eux seulement, phénomène d'antagonisme qui n'a pas lieu de surprendre, puisqu'il se reproduit chaque fois que surgissent des épidémies
d'une nature analogue à celle du spiritisme. Depuis plusieurs années les publications se succèdent et se multiplient

[1] *Revue spirite*, première année, p. 9 et 10.

de part et d'autre. Tout le monde a lu les ouvrages de
M. de Mirville et de M. des Mousseaux, qu'ont suivis dans
l'arène nombre d'écrivains. Dans le camp opposé l'ardeur
de la propagande est extrême. Un des plus fervents apôtres
du spiritisme en est en même temps le principal publiciste,
sous le pseudonyme d'Allan-Kardec, et deux Revues ont
été fondées pour servir d'organe et de lien entre les nouveaux croyants. Tous ces faits, malgré le dédain avec lequel
le monde savant officiel a traité le spiritisme à l'origine,
n'attestent pas, tant s'en faut, qu'il soit en décadence.
Nul n'ignore d'ailleurs qu'au moment où nous écrivons le
spiritisme s'adresse avec persistance aux différentes classes
de la société pour les enrôler sous sa bannière. L'armée
elle-même lui payerait aujourd'hui un large tribut si l'on
en croit la *Revue spirite* [1]. Il n'est donc pas indifférent de
l'étudier avec soin et d'examiner ce que valent les prétendues explications scientifiques qu'on en a données.

[1] On lit dans le numéro de juin 1864, p. 191 : « Le spiritisme
compte de nombreux représentants dans l'armée, parmi les officiers
de tous grades, qui en constatent la bienfaisante influence sur eux-
mêmes et sur leurs inférieurs. Dans quelques régiments, cependant,
il trouve parmi les chefs supérieurs, non des négateurs, mais des
adversaires déclarés qui interdisent formellement à leurs subordon-
nés de s'en occuper. Nous connaissons un officier qui a été rayé du
tableau des proposés pour la Légion d'honneur, et d'autres qui ont
été mis aux arrêts forcés pour cause de spiritisme. »

SECTION DEUXIÈME.

Exposé des faits observés dans le spiritisme.

§ 1er.

PÉTITION DE QUINZE MILLE CITOYENS DES ÉTATS-UNIS AU CONGRÈS
SUR LES MANIFESTATIONS SPIRITUELLES. — SOULÈVEMENT DE CORPS
PESANTS. — ÉCLAIRS. — LUEURS. — BRUITS. — MUSIQUE. —
SUSPENSION DES FONCTIONS VITALES. — GUÉRISON.

Le spiritisme a eu les honneurs de la séance du
17 avril 1854 dans le sénat de Washington. M. Shieles
fut le rapporteur de la pétition suivante que nous reproduisons [1] : « Les soussignés, citoyens des États-Unis d'Amérique, exposent respectueusement à votre honorable corps
que certains phénomènes physiques et intellectuels, d'origine douteuse et de tendance mystérieuse, se sont manifestés depuis peu en ce pays et dans presque toutes les
parties de l'Europe. Ces phénomènes sont devenus si
multipliés dans le nord, le centre et l'ouest des États-Unis
qu'ils préoccupent vivement l'attention publique. La nature
particulière du sujet peut être appréciée par une analyse
rapide des différents ordres de manifestations, et nous en
donnons ci-dessous un résumé imparfait :

» 1° Une force occulte, s'appliquant à remuer, soulever
ou retenir un grand nombre de corps pesants; le tout en
contradiction directe avec les lois reconnues de la nature,
et dépassant totalement les pouvoirs de compréhension de
l'entendement humain;

» 2° Des éclairs ou lueurs de formes et de couleurs
variées apparaissant dans des salles obscures, où il n'existe
ni substance capable de développer une action chimique

---

[1] *La Table parlante*, p. 242.

ou illumination phosphorescente, ni appareil ou instrument susceptible d'engendrer l'électricité ou de produire la combustion ;

» 3° Des bruits extrêmement fréquents dans leurs répétitions, étrangement variés dans leur caractère et plus ou moins significatifs dans leur importance. Ce sont tantôt des coups mystérieux (*rappings*) qui paraissent indiquer la présence d'une intelligence invisible ; tantôt des sons analogues à ceux qui retentissent dans les ateliers de différentes professions mécaniques, ou aux voix stridentes des vents et des vagues, et aux craquements de la mâture et de la coque d'un vaisseau luttant contre une violente tempête ; parfois d'éclatantes détonations semblables aux grondements du tonnerre ou à des décharges d'artillerie, et accompagnées d'un mouvement oscillatoire dans les objets environnants, ou d'une forte vibration dans la maison où se passent les phénomènes.

» Dans d'autres circonstances, des sons harmonieux viennent charmer l'oreille, comme des voix humaines, et plus souvent, comme les accords de plusieurs instruments de musique, tels que le fifre, le tambour, la trompette, la guitare, la harpe et le piano. Tous ces sons ont été mystérieusement produits, soit ensemble, soit séparément, tantôt sans aucune intervention ou présence d'instruments, tantôt par des instruments qui vibraient ou retentissaient d'eux-mêmes, et, dans tous les cas, sans aucune apparence de concours humain ou autre agent visible ; mais, pour ce qui a rapport à leur émission, suivant les procédés et les principes reconnus de l'acoustique : il y a évidemment des mouvements ondulatoires dans l'air qui viennent frapper les nerfs auditifs et le siége de la sensation de l'ouïe, quoique l'origine de ces ondulations atmosphériques ne reçoive pas d'explication satisfaisante de la part des plus sévères observateurs. .

» 4° Toutes les fonctions du corps et de l'esprit humain sont souvent étrangement influencées, de manière à amener un état du système entièrement anormal, et cela par des causes qui n'ont été ni comprises ni définies d'une manière concluante. Le pouvoir invisible interrompt fréquemment ce que nous sommes accoutumés à regarder comme l'opération normale de nos facultés, suspendant la sensation, arrêtant le mouvement volontaire, ainsi que la circulation des fluides animaux, faisant baisser la température des membres et de quelques portions du corps jusqu'au froid et à la rigidité cadavériques. Parfois la respiration a été suspendue complétement pendant des heures et des journées entières, après lesquelles les facultés de l'esprit et les fonctions du corps ont repris leur cours régulier. Ces phénomènes ont été suivis, dans des cas nombreux, de dérangements d'esprit et de maladies, et il n'est pas moins certain que beaucoup de personnes qui souffraient de défauts organiques ou de maladies invétérées et en apparence incurables, ont été subitement soulagées ou entièrement guéries par ce même agent mystérieux.

» Il n'est pas hors de propos de mentionner à ce sujet les deux hypothèses générales par lesquelles on parvient à expliquer ces remarquables phénomènes. L'une d'elles les attribue au pouvoir et à l'intelligence des esprits des morts, agissant par le moyen et à travers les éléments subtils et impondérables qui parcourent et pénètrent toutes les formes matérielles. Et il est important de faire observer que cette explication concorde avec les prétentions mises en avant par l'agent mystérieux des manifestations elles-mêmes. Parmi ceux qui acceptent cette hypothèse se remarquent

un grand nombre de nos concitoyens également distingués par leur valeur morale, leur éducation, leur puissance
intellectuelle, et par l'éminence de leur position sociale et
de leur influence politique. D'autres, non moins distingués,
rejettent cette conclusion et soutiennent l'opinion que les
principes reconnus de la physique et de la métaphysique
suffiront pour rendre compte de tous les faits d'une manière satisfaisante et rationnelle. Quoique nous ne puis-
sions tomber d'accord avec ces derniers sur ce sujet, et
quoique nous soyons arrivés honnêtement à des conclusions
fort différentes des leurs relativement aux causes probables
des phénomènes ci-dessus décrits, nous affirmons respectueusement à votre honorable corps que ces phénomènes
existent bien réellement, et que leur origine mystérieuse,
leur nature particulière réclament une investigation patiente, scientifique et approfondie. Ils peuvent être destinés à modifier les conditions de notre existence, la foi et
la philosophie de notre époque, ainsi que le gouvernement
du monde. Il est dans l'esprit de nos institutions de soumettre aux représentants du peuple toutes les questions que
l'on présume devoir conduire à de nouveaux principes et
entraîner des conséquences importantes pour le genre
humain. En conséquence, nous, vos concitoyens, pétition-
nons respectueusement auprès de votre honorable corps
afin qu'une commission scientifique soit nommée pour procéder à l'étude complète de la question et afin qu'un
crédit soit alloué pour permettre aux membres de la commission de poursuivre leurs investigations jusqu'à leur
terme. Nous croyons que les progrès de la science et les
vrais intérêts de l'humanité retireront un grand profit des
résultats des recherches que nous provoquons, et nous
avons la confiante espérance que notre prière sera approu-

vée et sanctionnée par les honorables chambres du congrès fédéral. »

§ II.

EXPÉRIENCES DE TABLES TOURNANTES FAITES A VALLEYRES PAR M. DE GASPARIN. — ROTATION DE TABLES. — LEUR SOULÈVEMENT A DISTANCE. — DANSE DE MEUBLES. — POIDS SOULEVÉS. — DIVINATION DE LA PENSÉE.

Si jamais des expériences de cette nature ont été faites avec bonne foi, avec le désir sincère de s'éclairer, avec les précautions les plus minutieuses pour prévenir l'erreur ou la fraude, ce sont, à coup sûr, celles auxquelles M. le comte de Gasparin s'est livré en personne. A ce titre on leur doit une mention spéciale, et nous reproduisons le récit des séances consigné dans son ouvrage[1] :

Séance du 20 septembre.

« Et d'abord je dirai que la table qui nous a servi le plus souvent se compose d'un plateau en frêne dont le diamètre a quatre-vingts centimètres, d'une lourde colonne et de trois pieds distants entre eux de cinquante-cinq centimètres. Une autre table, dont le plateau est un peu plus grand et dont la colonne est moins lourde, a été employée aussi. Enfin, nous avons mis quelquefois en mouvement des tables à quatre pieds, rondes ou carrées, l'une, entre autres, d'une dimension respectable. Le nombre des expérimentateurs formant à la fois la chaîne est ordinairement de dix ; il a varié entre deux extrêmes, huit et douze. La rotation se manifeste habituellement après cinq ou dix

---

[1] *Des tables tournantes*, etc., t. Ier, p. 27 à 38. — On trouvera à l'appendice (pièce D) l'exposé de la méthode employée par M. de Gasparin pour obtenir les phénomènes de rotation et d'interrogation des tables.

minutes. Dans certains cas très-rares, nous avons attendu près d'une demi-heure. Le 20 septembre donc, nous désirions mettre à l'épreuve les prétendues facultés divinatrices des tables; à cet effet, nous avons soumis à la nôtre, qui fonctionnait à merveille, la question la plus élémentaire assurément qu'on puisse poser à un *Esprit*.... nous avons placé trois noisettes dans la poche d'un des expérimentateurs; la table, interrogée sur le nombre des noisettes, a bravement frappé neuf coups! La même personne, après avoir fait exécuter plusieurs nombres pensés parmi lesquels se trouvait un zéro, a été mise aux prises avec son vis-à-vis. Ceci constituait une expérience particulièrement intéressante, que nous appelons *la balance des forces*. On ne peut pas dire, dans ce cas, que le mouvement soit imprimé par le vis-à-vis, lequel ferait levier; car les intérêts sont opposés, les vis-à-vis sont en lutte; l'un veut faire prévaloir un chiffre pensé plus considérable, l'autre un chiffre pensé moins considérable. Le champion du petit chiffre s'arrangera sans doute pour ne plus fournir de balancement dès que son nombre a été frappé, il appuiera même de manière à obtenir un arrêt! Eh bien, non! l'opérateur le plus puissant l'emporte; et s'il est chargé du nombre élevé, le nombre élevé est atteint. On remarque seulement qu'à partir du moment où la limite de son adversaire est dépassée et où les volontés ont cessé de coïncider, les coups sont frappés moins fortement; le pied, qui obéissait tout à l'heure à deux pensées, n'est plus soutenu maintenant que par une seule. Nous avons changé alors les conditions de la lutte; une coalition a été formée au profit des petits nombres; ils ont été confiés à deux membres de la chaîne, puis à trois, et c'est alors seulement que le chevalier des grands nombres a été vaincu et

que le pied placé devant lui (pied sur lequel il était
dépourvu de toute action mécanique) a cessé de suivre
jusqu'au bout l'impulsion de sa volonté, en dépit des expérimentateurs placés en face, qui seuls auraient pu le mettre
et le maintenir en mouvement. Il va sans dire que des
combinaisons différentes ont été essayées et qu'elles ont
produit des résultats non moins décisifs. Nous avons fait
varier le pied qui devait frapper, nous avons changé les
rôles : l'expérimentateur le plus puissant a été chargé, à
son tour, des petits nombres, et il est parvenu à couper
régulièrement ses adversaires, quel que fût le pied désigné
pour l'opération. On a proposé enfin de tenter la contre-
épreuve d'une de nos expériences les plus concluantes, de
celle qui consiste à faire tourner et frapper la table lorsqu'elle porte un homme pesant quatre-vingt-sept kilogrammes. Cet homme s'est placé sur elle ; les douze expérimentateurs, ayant soin de ne pas former la chaîne, y ont
appliqué leurs doigts et se sont efforcés d'obtenir, par la
tension de leurs muscles, ce qu'ils avaient obtenu quelques
jours auparavant sans tension et sans efforts. Il fallait voir
l'énergie de leur travail ! les jointures de leurs mains blan-
chissaient, et cependant rien. La rotation seule a eu lieu dans
une faible mesure, un demi-tour à peine, et avec un frémissement du pauvre meuble, qui semblait près de se rompre.
Quant au soulèvement, tout a été vain ; aucun pied n'a voulu
donner le moindre signe de docilité. Inutile d'ajouter qu'à
plus forte raison il n'a pas été question de ce renversement
complet que nos simples ordres avaient opéré naguère. »

Séance du 22 septembre.

« Nous n'avons constaté aucun fait nouveau et qui soit
digne d'être mentionné ici ; mais parmi les faits anciens

que nous avons reproduits, je crois utile de signaler les
mouvements de la table portant la même personne qui s'y
était placée trois jours auparavant. On avait vu alors l'inu-
tilité des efforts musculaires; on va voir la puissance du
fluide ou de l'agent physique quelconque dont les opérateurs disposent lorsqu'ils forment la chaîne et lorsqu'ils
commandent avec une ferme volonté. Nous étions bien
aises nous-mêmes de faire ce rapprochement. Habitués à
contrôler nos expériences et à ne pas tenir pour certain ce
que nous n'avons observé qu'une ou deux fois, nous avions
hâte de recommencer en nous plaçant dans des conditions
identiques; or, le succès a été complet. La table a tourné;
elle a frappé plusieurs coups, elle s'est dressée entièrement
de façon à renverser la personne qu'elle portait. Qu'il me
soit permis de consigner ici en passant une remarque
générale. Nous avions eu déjà de nombreuses réunions;
nos expérimentateurs, parmi lesquels se trouvent plusieurs
jeunes femmes délicates, avaient agi avec une persévérance et une énergie peu communes; leur fatigue physique
à la fin de chaque séance était naturellement très-grande;
il semble qu'on aurait dû s'attendre par conséquent à voir
se manifester, au milieu de nous, quelques accidents nerveux plus ou moins graves. Si les explications basées sur
les actes involontairement accomplis dans un état d'excitation extraordinaire avaient le moindre fondement, nous
aurions eu des extases, presque des possessions, et en tout
cas des attaques de nerfs. Or, il n'est pas arrivé en cinq
mois de temps, malgré le caractère animé et bruyant de
nos expériences, qu'aucun de nous ait éprouvé un seul
moment le moindre malaise. Il y a mieux ; lorsqu'on est
dans un état de tension nerveuse, on devient absolument
impropre à agir sur la table ; elle veut être prise gaiement,

lestement, avec confiance et autorité, mais sans passion.
Cela est si vrai, qu'aussitôt que j'y mettais trop d'intérêt,
je cessais de me faire obéir. S'il m'arrivait, à cause des
discussions publiques où j'étais engagé, de désirer trop
fortement le succès et de m'impatienter en cas de retard,
je n'avais plus aucune action sur la table. »

Séance du 26 septembre..

'« Nous avions assez mal débuté, et nous pensions
presque que le produit net de la journée se bornerait aux
deux observations suivantes, qui ont bien leur prix, en
effet, et que notre pratique n'a fait que confirmer : —
D'abord il y a des jours où l'on ne peut rien faire, quoiqu'on soit aussi nombreux, aussi forts et aussi exacts; ce
qui prouve que les mouvements de la table ne sont obtenus ni par la fraude, ni par la pression involontaire des
muscles. Ensuite il y a des personnes (celles entre autres
qui sont maladives ou fatiguées) dont la présence dans la
chaîne n'est pas seulement sans utilité, mais nuisible;
dépourvues de fluide, elles semblent en outre empêcher la
circulation et sa transmission; leur bonne volonté, leur foi
à la table n'y font rien, tant qu'elles sont là les relations
sont faibles, les soulèvements sont languissants, les commandements ne s'achèvent pas, le pied placé devant elles
est particulièrement atteint de paralysie; priez-les de se
retirer, et aussitôt la vie apparaîtra et tout réussira comme
par enchantement. Ce n'est, en effet, qu'après avoir pris
ce parti que nous avons enfin retrouvé les mouvements
francs et énergiques auxquels nous étions accoutumés. Auparavant, nous avions eu plusieurs échecs, et notamment
lorsqu'il s'agissait d'ébranler un homme placé sur la table.
En vain avions-nous commandé avec beaucoup d'insistance

et d'ardeur, point de rotation, point de soulèvement; nous avions été forcés de substituer un enfant à l'homme, et alors seulement nous étions parvenus à agir. Nous étions donc assez découragés, lorsque enfin l'épuration dont je parlais tout à l'heure a été essayée; et aussitôt, quelle métamorphose! Rien ne nous semble difficile; ceux mêmes qui, comme moi, réussissent médiocrement d'ordinaire, *font frapper des nombres pensés avec un entier succès* ou avec la légère imperfection assez fréquente d'un coup de trop tenant au retard dans l'ordre mental qui doit arrêter les coups. Voyant que tout allait à souhait et décidés à tenter l'impossibilité, nous entreprenons alors une expérience qui marque notre entrée dans une phase toute nouvelle et qui met nos démonstrations antérieures sous la garantie d'une démonstration irréfutable. Nous allions quitter ces probabilités pour l'évidence, nous allions faire mouvoir la table *sans la toucher.* Voici comment nous y sommes parvenus cette première fois : au moment où la table était emportée par une rotation énergique et véritablement entraînante, nous avons tous soulevé nos doigts à un signal donné; puis, maintenant nos mains unies au moyen des petits doigts et continuant à former la chaîne à quelques lignes au-dessus de la table, nous avons poursuivi notre course; et, à notre grande surprise, la table a poursuivi également la sienne, elle a fait ainsi trois ou quatre tours! Nous avions peine à croire à un tel succès; les témoins de l'expérience ne pouvaient s'empêcher de battre des mains; et, ce qui n'était pas moins remarquable que la rotation sans contact, c'était la manière dont elle s'était opérée. Une ou deux fois la table avait cessé de nous suivre, parce que les accidents de la marche avaient écarté nos doigts de leur position au-dessus des bords; une ou deux fois la table avait repris vie, si j'ose m'exprimer ainsi, dès que la chaîne tournante s'était retrouvée dans un rapport convenable avec elle. Nous avions tous le sentiment que chaque main avait emporté par une sorte d'attraction la portion de la table placée au-dessous d'elle. »

Séance du 29 septembre.

« Nous étions naturellement impatients de soumettre à une nouvelle épreuve la rotation sans contact. Dans le trouble du premier succès, nous n'avions songé ni à renouveler ni à varier cette expérience décisive. Depuis, nous y avons réfléchi; nous avions senti qu'il importait de refaire la chose avec plus de soins et en présence de témoins nouveaux, qu'il importait surtout de produire le mouvement au lieu de le continuer, et de le produire sous la forme de soulèvement au lieu de se borner aux rotations. Tel était le programme de la réunion du 29 septembre. Jamais programme n'a été plus exactement suivi. Avant tout, nous avons recommencé ce qui avait été obtenu le 26. La table était en grande rotation, les mains s'en sont séparées et ont continué à tourner au-dessus d'elle en formant la chaîne. La table a suivi tantôt un ou deux tours, tantôt un demi-tour ou un quart de tour seulement. La réussite plus ou moins prolongée était certaine; nous l'avons constatée plusieurs fois. Mais on pouvait dire que, la table étant déjà lancée, elle conservait une certaine impulsion à laquelle elle obéissait mécaniquement, tandis que nous nous imaginions qu'elle obéissait à notre puissance fluidique. L'objection était absurde, et nous aurions défié qui que ce fût d'obtenir un seul quart de tour sans former la chaîne, quelle que fût la vitesse de la rotation imprimée; nous

aurions défié surtout qu'on parvînt à renouveler la course
un moment suspendue. Cependant il est bon en pareille
matière de prévenir les objections même absurdes, pour
peu qu'elles soient plausibles; et celle-ci devait paraître
telle aux yeux de tout homme inattentif. Il fallait donc arriver à produire la rotation en partant du complet repos.
C'est ce que nous avons fait. La table étant immobile ainsi
que nous, la chaîne des mains s'en est séparée et a commencé à tourner lentement à quelques lignes au-dessus de
ses bords. Au bout d'un moment la table a fait un léger
mouvement; et chacun s'attachant à attirer par sa volonté
la portion placée sous ses doigts, nous avons entraîné le
plateau à notre suite. Les choses se passaient ensuite comme
dans le cas précédent; il y a une telle difficulté à maintenir
la chaîne en l'air sans la rompre, sans l'écarter des bords
de la table, sans aller trop vite et supprimer ainsi le rapport établi, qu'il arrive souvent que la rotation s'arrête
après un tour ou un demi-tour. Néanmoins elle s'est prolongée parfois pendant trois tours ou même quatre. Nous
nous attendions à rencontrer plus d'obstacles encore lorsqu'il s'agirait du soulèvement sans contact. Or, il en a été
tout autrement, et cela s'explique, parce qu'il n'y a pas
ici de marche circulaire, et il est beaucoup plus aisé de
maintenir la position normale des mains au-dessus de la
table. La chaîne étant donc formée à quelques lignes du
plateau, nous avons ordonné à l'un des pieds de se soulever, et il l'a fait. Nous étions dans le ravissement. Cette
belle expérience a été maintes fois renouvelée; nous avons
ordonné à la table, également sans la toucher, de se *dresser* et de *résister* aux témoins, qui avaient besoin de faire
un effort pour la ramener à terre. Nous lui avons ordonné
de *se renverser entièrement, et elle est tombée les pieds*

en *l'air*, bien que nos *doigts* s'en fussent toujours tenus
séparés et l'eussent précédée à la distance convenue. Tels
ont été les résultats essentiels de cette réunion. Ils sont
tels que j'hésite à mentionner à côté d'eux des incidents
d'une importance secondaire. Je dirai seulement en passant
que la séance avait été très-décourageante au début; que
non-seulement il avait été nécessaire d'écarter quelques
opérateurs nouveaux, mais que plusieurs des anciens étaient
dépourvus de leur entrain habituel. La table obéissait mal;
les coups étaient frappés mollement et comme à regret;
les nombres pensés ne s'achevaient pas. Alors nous avons
pris un parti dont nous nous sommes bien trouvés : nous
avons persévéré, et persévéré gaiement; nous avons chanté,
nous avons *fait danser* la table, nous avons écarté la pensée
des tentatives nouvelles, et insisté sur les opérations aisées
et amusantes. Après un certain temps les dispositions étaient
changées, la table *bondissait* et attendait *à peine* nos
commandements; nous étions en mesure d'aborder les
choses sérieuses. »

Séance du 6 octobre.

« .....*Nombres pensés*, balance des forces, soulèvement et résistance de la table, *tout a été renouvelé*. Quant
à la résistance en particulier, elle a été mesurée. Un poids
de quarante kilogrammes n'a pas suffi pour déterminer
l'abaissement de la table sur laquelle on faisait la chaîne,
lorsqu'elle formait avec le parquet un angle de trente-cinq
degrés. La même table, formant le même angle, est tombée
lourdement sous l'effort d'un poids de trente kilogrammes...
Nous avons encore essayé de mettre en mouvement la
table portant un homme fort lourd. La rotation a été
impossible cette fois; mais les pieds ont frappé plusieurs

coups.. Passant ensuite à la contre-épreuve, nous avons observé que lorsqu'on agit mécaniquement, c'est précisément le contraire qui se passe. Par d'énergiques efforts musculaires on obtient un peu de rotation, le soulèvement des pieds est impossible. Enfin, nous avons repris la grande expérience, celle des mouvements sans contact..... Ils ont été opérés mainte fois avec énergie. La table, que dominaient nos mains étendues à quelques lignes au-dessus d'elle, s'est *dressée*, a *résisté* et s'est *renversée à plusieurs reprises*. »

Séance du 9 novembre.

« Avant d'entrer dans le récit de cette séance remarquable entre toutes, je dirai que ni le thermomètre ni la boussole n'ont fourni la moindre indication intéressante. J'ai cru devoir le noter en passant, pour montrer au lecteur que nous n'avons pas négligé l'emploi des instruments qui sembleraient pouvoir mettre sur la voie d'une explication scientifique. En général, je passe cela sous silence, ainsi que les divers essais qui sont demeurés à l'état d'essai et n'ont conduit à rien de positif. Notre premier soin a été de renouveler l'expérience du soulèvement d'un poids inerte. Cette fois, il était convenu qu'on partirait toujours de l'immobilité absolue ; il s'agissait de produire le mouvement et non de le continuer. Le centre de la table ayant donc été fixé avec précision, un premier baquet plein de sable, et pesant vingt et un kilogrammes, y a été placé. Les pieds se sont soulevés aisément dès que l'ordre leur en a été donné. On a posé ensuite un second baquet pesant dix-neuf kilogrammes au centre du premier. Ils ont été soulevés, moins aisément, mais très-nettement l'un et l'autre. Alors un troisième baquet plus petit, et

pesant treize kilogrammes, a été ajouté au-dessus des
deux premiers. Les soulèvements ont eu lieu. Nous avions
encore préparé d'énormes pierres pesant ensemble vingt-
deux kilogrammes. Elles ont été mises sur le troisième
baquet. Après d'assez longues hésitations, la table a levé
successivement à plusieurs reprises chacun de ses trois
pieds ; elle les a levés avec une force, une *décision* et un
entrain qui nous ont surpris. Mais sa solidité, déjà mise
à tant d'épreuves, n'a pu résister à celle-ci. Fléchissant
sous le balancement énergique imprimé à cette masse totale
de soixante-quinze kilogrammes, elle s'est brisée tout à
coup, et sa massive colonne s'est fendue du haut en bas,
au grand péril des opérateurs, du côté desquels la charge
entière a croulé. Je ne m'arrête pas à commenter une
telle expérience ; elle répond à tout. Notre force musculaire n'aurait pas suffi pour déterminer les mouvements
qui ont eu lieu. Un poids inerte et sans complaisance aucune avait remplacé la personne dont on avait craint la
complicité. Enfin, les trois pieds s'étant dressés chacun à
son tour, on n'a pas la ressource d'insinuer que nous avions
fait porter le poids d'un côté plus que de l'autre. Notre
pauvre table ayant été blessée au champ d'honneur et ne
pouvant être guérie à l'instant même, nous en avons pris
une nouvelle qui lui ressemblait beaucoup. Elle était cependant un peu plus grande et un peu plus légère. Restait à
savoir si nous allions être obligés d'attendre qu'elle fût
chargée de fluide ; l'occasion était belle pour résoudre un
problème important : où réside le fluide ? dans les opérateurs ou dans le meuble ? La solution a été aussi prompte
que décisive. A peine nos mains formant la chaîne étaient-
elles posées sur la seconde table, qu'elle tournait avec la
rapidité la plus imprévue et la plus comique. Évidemment

le fluide était en nous, et nous étions libres de l'appliquer successivement à diverses tables. Nous n'avons pas perdu de temps. Dans les dispositions où nous nous trouvions, les mouvements sans contact devaient réussir mieux que jamais. Nous ne nous trompions pas en le supposant. Les rotations sans contact ont d'abord été opérées au nombre de cinq ou six. L'entraînement sous les doigts ou sous la volonté qui s'attachait à tel ou tel point particulier des bords du plateau était lent au début, et s'accélérait ensuite jusqu'à la *course*; plusieurs rotations avaient duré pendant l'espace de trois ou quatre tours. Quant *aux soulèvements sans contact*, nous avons trouvé un procédé qui en rend le succès plus facile. La chaîne formée à quelques lignes au-dessus du plateau s'arrange pour marcher dans le sens où le mouvement doit avoir lieu, les mains les plus rapprochées du pied appelé à se dresser sont en dehors du plateau, s'en rapprochent et le dépassent graduellement, tandis que les mains placées vis-à-vis, et qui s'étaient avancées d'abord vers le même pied, s'en écartent en l'attirant. C'est pendant cette progression de la chaîne, pendant que toutes les volontés sont fixées sur une tache particulière du bois et que les ordres de soulèvement sont proférés avec force, que le pied quitte le sol et que le plateau suit les mains au point de se renverser si on ne le retient. Ceci n'a pas été un résultat isolé; nous l'avons reproduit *trente* fois environ. Nous l'avons exécuté successivement par chacun des trois pieds, afin d'ôter tout prétexte à la critique. Nous avons de plus surveillé les mains avec une attention scrupuleuse; et quand on voudra bien observer que cette surveillance s'est exercée sur trente opérations sans surprendre le moindre contact, on en conclura, je pense, que la réalité du phénomène est désormais placée au-dessus de toute contestation raisonnable; surtout si l'on ajoute que, pendant les derniers soulèvements, un surveillant agenouillé avait appliqué son œil au plateau de manière à s'assurer qu'il ne cessait jamais d'être libre. »

§ III.

DANSE D'UNE TABLE.

M. Thury [1] rapporte le fait suivant : « Dans une autre occasion, la table tournait au contact des mains sur trois pieds, sur deux, sur un seul, et, dans cette dernière position, changeait de pied en se jetant de l'un sur l'autre sans embarras, sans rien de brusque ni de saccadé. Jamais les expérimentateurs ni leurs plus grands contradicteurs ne purent imiter mécaniquement cette danse de la table, et surtout les pirouettes et les changements de pied. »

§ IV.

COUP FRAPPÉ DANS LE TISSU D'UNE TABLE. — RACLEMENT IMITANT LE BRUIT DE LA SCIE. — TABLE BATTANT LA RETRAITE. — LUEUR PHOSPHORESCENTE. — CANNE JOUANT A L'ÉCARTÉ ET AU DOMINO, FAISANT LE MOULINET.

Expériences faites le 19 mai 1854 chez un médecin de Paris [2] : « Douze personnes étaient réunies chez ce docteur; parmi elles se trouvaient deux membres de l'Académie des sciences morales de l'Institut de France, un professeur agrégé de la faculté de médecine de Paris, un médecin en chef d'un des hôpitaux, un substitut du procureur général, le fameux baron Dupotet, deux autres messieurs et quatre dames. La fille du maître de la maison

[1] Page 39, note.
[2] *La Table parlante*, tome I, p. 74.

servait de *médium*. Il lui suffit de poser une main sur une grande table de salle à manger soutenue par six pieds pour qu'à l'instant même l'esprit qui animait cette table lui répondît. Cet esprit s'appelle *Dormont*. Il prétend être l'âme d'une personne vivante encore aujourd'hui, mais qu'il ne nomme pas. A la question : Dormont, es-tu là ? on entend de suite des coups frappés dans la table sans qu'on puisse apercevoir le moindre mouvement de ce meuble. Ces coups sont forts ou faibles et accompagnés d'un léger frémissement des fibres ligneuses; ils paraissent avoir leur siége dans la texture même du bois. Cette demoiselle tient un crayon dans la main droite, qui paraît écrire, sous l'impulsion de l'esprit, les réponses et les idées spontanées de cet être. On lui demande s'il peut indiquer la pagination d'un livre ouvert au hasard, il répond qu'il essayera; mais il se trompe deux fois : il ne peut pas lire non plus un numéro de voiture que tenait un des assistants.

» Un des spectateurs dit à Dormont d'imiter ce qu'il fait. Il se met alors à gratter la table avec ses ongles en décrivant des zigzags; un bruit tout à fait semblable se fait entendre au milieu de la table, *dans la texture même du meuble*. La même personne modifie ce grattement de diverses manières, et toujours celui-ci est imité de la manière la plus parfaite. Sur le désir exprimé par d'autres spectateurs, l'esprit fait entendre un bruit de scie; il bat la retraite en frappant en mesure des coups de plus en plus faibles, qui ensuite deviennent de plus en plus forts. On lui demande de frapper hors de la table; alors le médium se rapproche du mur, et on entend des coups frappés à ce mur, à une porte d'armoire et au bois d'un canapé sur lequel plusieurs personnes étaient assises. A la de-

mande s'il ne pourrait pas faire mouvoir la table, on voit
celle ci s'agiter vivement et s'avancer d'un pied environ
vers la croisée comme si elle avait été poussée par une
main étrangère, et cependant personne n'y avait touché,
excepté deux doigts du médium qui étaient légèrement
imposés à sa surface. Ce mouvement se reproduit à plusieurs reprises et souvent d'une manière spontanée et sans
provocation de la part des assistants. Aussi une grande
lampe, qui était posée dessus, aurait-elle été plusieurs
fois renversée, si l'on ne s'était hâté de la retenir.

» Lorsqu'on appuie l'oreille sur la table on entend,
lors même qu'il n'y a pas de coups frappés, un bruit sourd
et un murmure particulier, comme si quelque animal se
remuait et s'agitait dans un tiroir qui aurait été placé sous
la planche de la table; et cependant cette table, examinée
avec soin, n'était munie d'aucune espèce de tiroir.

» Dans les séances précédentes, on avait demandé à
Dormont s'il pourrait se montrer sous une forme quelconque; il avait répondu affirmativement si les assistants
se plaçaient dans l'obscurité. Plusieurs minutes après avoir
enlevé les lumières, on avait aperçu de petites flammes
jaunâtres qui voltigeaient sur le parquet et sur les murs
du salon, et dont l'apparition était précédée par un siffle-
ment particulier. Lorsqu'on touchait ces flammes avec le
doigt et qu'on flairait celui-ci, on sentait une odeur de
phosphore très-prononcée.

» Nous passons sous silence les autres circonstances de
cette séance pour dire un mot d'un autre fait extraordinaire qui s'est passé chez l'un des honorables académiciens [1]
qui étaient présents et qu'il a raconté au milieu de ce

[1] M. de Saulcy, membre de l'Académie des inscriptions et belles-
lettres, sénateur.

cercle. Ce savant se livrait depuis plus de six mois, dans sa famille, à des expériences de table parlante et avait obtenu les phénomènes les plus merveilleux; il résolut enfin de renoncer à des expériences personnelles, à cause de leur danger et parce qu'il avait acquis la preuve que le plus souvent le démon était l'agent des phénomènes. Un des faits les plus remarquables qu'il ait vus est celui-ci : L'esprit avec lequel il était en rapport demanda un jour au fils et au neveu de ce monsieur de tenir par le même bout une canne et d'attacher un crayon à l'autre bout. La canne ainsi tenue écrivait les demandes de l'esprit. Celui-ci proposa à un colonel qui assistait à la séance de faire avec lui une partie d'écarté. On répandit des cartes sur une table; la canne, toujours soutenue par les deux jeunes gens, choisit dans le jeu les cartes qui étaient pour elle; c'étaient des atouts, et elle fit la vole. Trois fois de suite le résultat fut le même; alors le colonel lui dit : « Jouons » au domino, je serai plus heureux. » La canne se choisit toujours le double blanc et les bons numéros, et donna le double six et les mauvais numéros à son partenaire, qui perdait toujours. Celui-ci lui dit alors : « Tu as toujours » le double blanc. — Le veux-tu ? dit l'esprit. — Oui. » Alors la canne poussa de suite un domino qui, ayant été retourné, se trouva être le double blanc. Un autre jour, la même canne, soutenue également par un seul bout, se mit à faire le moulinet au-dessus de la tête de M. de S., et avec une telle rapidité qu'il craignait à tout instant d'en être grièvement blessé; mais elle s'arrêta après avoir fait sauter un cigare que ce monsieur avait à la bouche et sans l'avoir touché d'aucune manière. »

§ V.

DESSINS ET RÉPONSES OBSCÈNES DUS A UNE CORBEILLE.

La corbeille d'abord interrogée avait répondu qu'elle contenait l'esprit du maréchal Saint-Arnaud, commandant en Crimée. « Nous avions la preuve, poursuit M. Salgues[1], que l'être qui avait usurpé le nom du maréchal était mauvais. De ce moment, il nous a tracé un dessin qui nous a paru quelque chose d'obscène; il était mal fait et peu distinct. Après lui avoir demandé sa nationalité et obtenu le mot *Espagnol*, je lui dis qu'il était un esprit faux et menteur. Nous laissions négligemment la corbeille sur le papier, lorsque nous la sentîmes partir et écrire avec vivacité. Quel ne fut pas notre étonnement en trouvant dessous : *M.... pour toi, cochon!* Ces injures grossières m'ont donné la conviction que le dessin, digne du discours, avait été fait dans une idée d'érotisme. Cependant j'attache beaucoup de prix à la manière brutale dont s'est terminée cette séance, parce qu'il reste évident que ces derniers produits d'une intelligence malheureuse n'ont pas été influencés par ma pensée ni celle de deux jeunes dames bien élevées ou du mari de l'une d'elles (les uns et les autres présents à l'expérience) aussi surpris que moi d'une pareille clôture de séance. »

§ VI.

COUPS FRAPPÉS EN CADENCE. — FLAMMES. — PIANO JOUANT SEUL.

Nous donnerons en passant le récit d'une des scènes qui eurent lieu à New-York le 24 mai 1852 : « Une assemblée avait lieu dans la maison d'un M. Partridge; vingt personnes environ s'y trouvaient avec lui. Des coups

---

[1] *La Table tournante*, tome I, page 266.

furent bientôt entendus, et les esprits firent savoir qu'on devait jouer d'un piano qui se trouvait au milieu du salon. On obéit, et pendant l'exécution les coups battirent exactement la mesure, mais ils furent suivis des plus étranges soubresauts, dans toutes les tables et chaises, dont plusieurs furent transportées et bientôt remises à la place qu'elles occupaient d'abord. Toutefois ces démonstrations ordinaires, et maintenant habituelles et fréquentes, n'étaient que le prélude de manifestations d'un caractère plus stupéfiant. Quelqu'un ayant proposé de plonger dans l'obscurité la pièce dans laquelle on se trouvait, des lumières jaillirent des différents points de l'appartement, quelques-unes ressemblant à des flammes phosphorescentes, quelques autres formant des nuages lumineux et mobiles, d'autres prenant la forme d'étoiles brillantes, de cristaux, de diamants. Ces démonstrations physiques augmentèrent de plus en plus d'éclat et d'intensité, et se prolongèrent pendant trois heures. La soirée s'acheva d'une manière ravissante, car plusieurs instruments de musique, placés dans les chambres contiguës, s'étant mis à jouer, séparément d'abord, puis tous ensemble, soit par terre, soit dans les airs, ce fut un concert admirable, pendant lequel la mesure fut battue comme par la main du plus habile des chefs d'orchestre [1]. »

§ VII.

CORBEILLE ÉCRIVANT SOUS L'INFLUENCE D'UN MÉDIUM QUI NE SAIT NI LIRE NI ÉCRIRE.

« Les tables tournantes, raconte l'auteur, nous avaient laissées dans le doute, nous voulûmes entendre les esprits

---

[1] Fait observé par M. Edmonds, ancien président du sénat de New-York, et rapporté dans la Table parlante, p. 93.

frappeurs, nous voulûmes les voir écrire; nous nous adressâmes à une bonne femme renommée pour le pouvoir qu'elle a sur les esprits; nous lui donnâmes rendez-vous chez une modiste. C'était le soir à la lueur d'une faible bougie : une élégante corbeille noire, à laquelle un crayon rouge était attaché par une faveur cramoisie, se trouvait placée sur une feuille de papier. La sibylle, pâle, les cheveux épars, nous fascinait de son regard sombre ; l'assemblée, muette d'attention et presque de terreur, était dans l'attente. M. le curé de la ville lui demande : *Où est maintenant M. J...?* La corbeille, qui touchait à peine la sibylle, écrivit : *Il est dans sa chemise la tête lui sort, m....* La réponse n'était pas spirituelle, cependant elle fut goûtée. Un cœur tendre lui demanda : *M'aimes-tu?* — *Non, j... f.....* — *Est-ce le diable qui écrit ?* — *Oui, et je ne suis pas le seul ici.* Il annonça à une personne qu'il était sûr de l'avoir un jour. La corbeille écrivait, écrivait, écrivait, et cependant notre médium, connu de la ville entière, ne sait ni lire ni écrire. Ce n'était donc pas elle qui traçait les lettres [1]. »

§ VIII.

PIANO SE SOULEVANT SEUL, SE DÉPLAÇANT, FAISANT L'EFFET DE N'AVOIR PLUS AUCUN POIDS, RENDANT UN BRUIT MUSICAL SANS ÊTRE JOUÉ[2].

« Une semaine s'était à peine écoulée depuis la fin de ces choses (conversation avec les tables), lorsqu'un enfant de la maison, celui qui auparavant réussissait le mieux dans les expériences des tables, devint l'acteur ou l'instrument de phénomènes étranges. Cet enfant recevait une

---

[1] *La Table parlante,* vol. I, p. 192.
[2] Thury, p. 24.

leçon de piano lorsqu'un bruit sourd retentit dans l'instrument qui s'ébranla et fut déplacé, tellement que l'élève et la maîtresse le fermèrent en toute hâte et quittèrent le salon. Le lendemain M. N..., prévenu de ce qui s'était passé, assiste à la leçon qui se donne à la même heure, à la tombée de la nuit. Au bout de cinq à dix minutes, il entend, de l'intérieur du piano, sortir un bruit difficile à définir, mais qui était bien tel que devait le produire un instrument de musique : il avait quelque chose de musical et de métallique. Bientôt après, le piano, d'un poids supérieur à 300 kilogrammes, se soulève quelque peu de ses deux pieds antérieurs. M. N... se place à l'une des extrémités de l'instrument qu'il essaye de soulever; tantôt il avait sa pesanteur ordinaire, qui dépasse la mesure des forces de M. N..., tantôt il faisait l'effet de n'avoir plus aucun poids, et n'opposait plus la moindre résistance. Comme les bruits intérieurs devenaient de plus en plus intenses, on mit fin à cette leçon, dans la crainte que le piano ne souffrît quelque dommage. On transporta la leçon au matin et dans un autre salon, au rez-de-chaussée; les mêmes phénomènes se reproduisirent, et le piano, qui était plus léger que l'autre, se soulevait beaucoup plus haut (c'est-à-dire de quelques pouces). M. N... et un jeune homme de 19 ans essayèrent de peser ensemble de toutes leurs forces aux deux angles qui se soulevaient : ou bien leur résistance était vaine, et l'instrument se soulevait encore, ou bien le tabouret sur lequel l'enfant était assis reculait avec une grande vitesse. Si des faits pareils ne s'étaient produits qu'une seule fois, on pourrait croire à quelque illusion de l'enfant ou des personnes alors présentes; mais ils se renouvellent un grand nombre de fois, et pendant quinze jours de suite, en présence de témoins divers. Puis, un certain jour, une manifestation violente se produit ; dès lors, aucun fait extraordinaire n'a plus lieu dans la maison. C'est d'abord le matin et le soir que ces perturbations ont lieu ; puis à toutes les heures, et constamment, chaque fois que l'enfant se met au piano, après cinq ou dix minutes de jeu. Cela n'arrive qu'à cet enfant, bien qu'il y ait là d'autres personnes musiciennes, et cela lui arrive indifféremment aux deux pianos de la maison. Nous avons vu ces instruments : le plus petit est un piano rectangulaire horizontal. D'après nos mesures, une force d'environ 75 kilogrammes appliquée au bord de la caisse, au-dessous du clavier, est nécessaire pour opérer le soulèvement qui avait lieu. L'autre instrument est un lourd piano d'Érard, à cinq barres, pesant avec la caisse, dans laquelle il fut envoyé, 370 kilogrammes, selon la lettre de voiture que nous avons eue sous les yeux. D'après nos mesures approximatives, un effort de 199 kilogrammes 8/10 est nécessaire pour soulever ce piano dans les mêmes conditions que le premier. Nous ne pensons pas que l'on soit tenté d'attribuer à l'effort musculaire direct d'un enfant de onze ans le soulèvement d'un poids de 200 kilogrammes. Une dame qui avait expliqué l'effet produit par l'action des genoux passa elle-même la main entre le bord du piano et les genoux de l'enfant, et put ainsi se convaincre que son explication n'était pas fondée ; l'enfant lui-même, se plaçant pour jouer à genoux sur le tabouret, ne voyait point cesser les perturbations qu'il redoutait. »

§ IX.

« Un guéridon à trois pieds, dit M. Benezet[1], fut apporté au milieu d'un cercle d'incrédules dont je faisais partie. L'un des pieds de ce guéridon avait été revêtu d'un morceau de papier blanc. Deux personnes ayant appuyé les mains sur le guéridon en se touchant, il se leva comme pour dire qu'il était aux ordres de l'assemblée. Une pièce d'argent fut placée à une extrémité de la chambre, et aussitôt, sur l'ordre qui lui en fut donné, le guéridon se dirigea vers cette pièce en mettant un pied devant l'autre comme le compas de l'arpenteur, et la couvrit de celui qui avait été marqué de blanc. Cette opération fut répétée et réussit parfaitement après qu'on eut bandé les yeux aux deux expérimentateurs. On fit même plus : les flambeaux furent emportés, une pièce de billon remplaça la pièce d'argent. Toujours la table docile et intelligente alla trouver et frapper du pied la pièce cachée. Un jour on l'avait placée sur une sorte de petite marche en brique qui était sous la cheminée, afin d'exhausser le foyer. La pièce se trouvait ainsi isolée. La table sembla un instant déconcertée. Elle se dressa tantôt sur un pied tantôt sur l'autre et se mit à faire le tour de la chambre, allant de droite à gauche, de gauche à droite ; après

---

[1] *La Table tournante,* page 36. — M. Benezet était rédacteur en chef de *la Gazette du Languedoc.*

ces évolutions, elle s'arrêta comme pour réfléchir, puis
partant avec une certaine vitesse, elle marcha droit
devant elle, leva son pied blanc, de manière à se pencher
considérablement et demeura ainsi appliquée sur la pièce,
au grand étonnement des expérimentateurs, qui, ayant les
yeux bandés, ne comprenaient pas pourquoi elle demeurait ainsi penchée. »

(M. Benezet cite ici une expérience où l'on interroge
la table sur ce qu'elle était, esprit, ange ou démon, etc.)

« Deux personnes à qui je suis uni par le lien du sang,
les époux L..., faisaient chez eux des expériences semblables et nous avaient dépassés dans les résultats. C'était
tantôt un de leurs parents éloignés qui était mort depuis
peu, tantôt leur fille qui n'avait vécu que deux jours, qui
répondaient; le premier déclarait être en purgatoire pour
expier un péché mortel et demandait instamment des
prières. La seconde n'avait besoin de rien; elle était
heureuse au ciel et ne venait que pour voir ses parents,
qu'elle aimait beaucoup. Ce n'étaient donc encore
que des morts qui s'entretenaient avec nous; mais un jour
un de mes enfants, interrogeant l'esprit, ne put obtenir
de réponse à une question qu'il lui faisait sur les choses de
l'autre monde. Il lui demanda pourquoi il ne lui répondait
pas. — Parce que le diable m'en empêche. — Où est-il?
— Ici. — Il nous entend? — Oui. — Et si je lui parle,
répondra-t-il? — Oui. — Satan, es-tu ici? — Oui. —
Veux-tu répondre? — Oui. — Pourquoi empêches-tu
l'esprit de Benezet de me dire ce que je demande? — Je
ne veux pas le dire. — Si je te jette de l'eau bénite,
partiras-tu? — Non. — Si je fais exorciser la table? —
Non. — Si je te l'ordonne? — Oui. — Eh bien! va-t'en
en enfer, je ne veux pas de toi... »

(Au lieu de guéridons, dont il s'était servi jusqu'alors, M. Benezet continua ensuite ses expériences avec une grande table à quatre pieds et à dessus mobile.)

« Nous étions douze, dit-il, autour de cette table, et les époux L... étaient avec nous. Quelqu'un eut l'idée, au milieu du repas, de former la chaîne magnétique pour la mettre en mouvement. Elle nous obéit bientôt, et se dressant sur deux pieds, elle frappa comme le guéridon pour répondre aux questions adressées. Un autre jour, sur l'ordre qui lui en était donné, elle s'agita convulsivement à plusieurs reprises et aurait renversé les bouteilles et les plats, si nous ne l'avions pas retenue. Nous nous aperçûmes cependant que notre influence sur la table diminuait d'une manière sensible, tandis que celle de M. L... et de sa femme augmentait dans une proportion analogue. Bientôt elle cessa complétement de nous obéir; mais alors il suffisait aux époux L... d'y déposer chacun une main pour qu'elle opérât des prodiges.

» Un jour, elle se pressa contre moi et semblait vouloir me pousser contre le mur. J'essayai de lutter en l'écartant de mes mains et de mes genoux, que j'appuyais contre un de ses pieds; il me fut impossible de la faire reculer d'une ligne, et sur l'ordre qu'on lui en donna, elle reprit seule sa première place.

» Le moment vint où il suffisait du contact de la robe de madame L... pour la faire mouvoir, et si quelqu'un se mettait à chanter, elle battait la mesure d'une manière très-bruyante en secouant les verres et les plats. L'esprit avait choisi ses *médiums*, comme on dit en Amérique.

» Quelque étonnants et décidés que fussent ces mouvements de la grande table, le petit guéridon était beaucoup plus leste, beaucoup plus animé... J'ai vu ce guéridon

s'élever sous la pression des mains et ne plus toucher le
sol ! Dans les premiers jours de ce phénomène nouveau,
il avait besoin, pour perdre terre, de s'appuyer contre le
mur ou contre quelqu'un de nous. Je l'ai vu plusieurs fois
grimper par petites secousses le long de ma poitrine et s'y
arrêter quelques instants pour retomber avec fracas; plus
tard, il bondissait en quelque sorte sous nos doigts, cherchant à atteindre les objets que nous lui présentions, à une
certaine hauteur. Un soir, les croisées étant ouvertes à
cause de la chaleur, un papillon de nuit entra dans le
salon pendant que nous faisions la conversation avec
l'esprit. — Attrape ce papillon, lui dit quelqu'un. Le
guéridon se mit aussitôt à gambader à droite, à gauche,
suivant exactement tous les mouvements du papillon et
sautant parfois pour l'atteindre; quand nous voulûmes
faire cesser ce jeu pour continuer les expériences, il
fallut chasser le papillon. Il en vint au point de se soutenir
deux ou trois minutes en l'air, se détachant de la main
et s'y rattachant, donnant de petits coups sur nos doigts
comme pour nous caresser...

» Pendant que le guéridon était en train de courir et
de sauter, une des personnes présentes alla chercher de
l'eau bénite et en versa sur lui. Il entra aussitôt dans de
terribles convulsions, frappant avec colère et se secouant
vivement. Il finit par se renverser, et, dans cette situation,
il donnait de la tête contre le parquet comme pour faire
tomber l'eau bénite. Il se releva enfin, et la porte du
balcon se trouvant ouverte, il s'y précipita et sembla
vouloir sauter par-dessus la rampe...

» L'épithète de bête se trouvait souvent, je ne puis
pas dire sur sa langue, mais sous son pied, puisqu'il ne
parlait qu'en frappant. Ce n'était pas la seule, et il nous a

dit parfois certains mots que la politesse et la pudeur nous défendent de répéter. »

(Ici M. Benezet raconte que la table avait dit un jour qu'elle était Astaroth en personne; il résolut de cesser tout commerce avec la table.)

« Je décidai donc, continue-t-il, que ni moi ni les miens ne prendrions désormais aucune part à de telles expériences, et que je ne permettrais plus qu'elles eussent lieu chez moi, sous quelque prétexte que ce fût. Les époux L..., à qui je fis part de mes impressions, prirent une résolution semblable... Trois jours se passèrent ainsi. Lorsque les époux L... s'asseyaient pour dîner, la table s'agitait et frappait légèrement pour les provoquer ; mais ils persistèrent dans leur bonne résolution et ne l'interrogèrent pas. (Cependant les premiers coups avaient eu lieu à la demande de M. L...)

» Le troisième jour, pendant qu'ils dînaient, ils entendirent un coup sec frappé sur la table, sans que celle-ci fît aucun mouvement. Ils se regardèrent avec une sorte de stupeur et se demandèrent s'ils n'avaient pas frappé avec le pied ni la main. Bientôt les coups furent répétés et ne laissèrent aucun doute sur leur origine mystérieuse. La table ayant été promptement enlevée, les époux L... se croyaient délivrés de ce bruit importun, lorsqu'ils l'entendirent sur le parquet, sur les portes, sur les meubles. Ils quittèrent cette pièce pour aller dans leur chambre; mais ce bruit les suivit partout. Saisis de frayeur, ils sortirent précipitamment et vinrent me raconter ce qui leur était arrivé. Je les écoutais avec un sourire où se peignait l'incrédulité que j'avais de la peine à dissimuler, quand j'entendis deux coups bien distincts sous le fauteuil sur lequel j'étais assis. J'éprouvai, je dois l'avouer, une sorte de frisson ; car ces coups étaient *d'une nature particulière,* et je sentais qu'un agent physique n'aurait pu produire cet effet. Deux autres coups moins décidés se firent encore entendre dans la cloison. Je me donnai du courage, et, quand les époux L... voulurent rentrer, je les accompagnai dans leur appartement. J'y restai un quart d'heure, et, rien ne s'étant passé, je me retirai, bien persuadé que la nuit serait paisible pour eux. Il n'en fut pas ainsi. Ils étaient assis vers onze heures auprès de leur petit guéridon et lisaient. Madame L... avait mis de l'eau bénite à sa portée, espérant se préserver ainsi de toute frayeur nocturne. Ils étaient là depuis une demi-heure, lorsque les mêmes coups se firent entendre de nouveau, et, comme ils avaient lieu surtout sous la chaise où était assise madame L..., celle-ci trempa ses doigts dans l'eau bénite et les secoua sous la chaise. Sa main fut aussitôt saisie *et mordue au-dessous de la deuxième phalange du pouce,* et elle eut de la peine à la retirer. Son mari ne comprenait pas d'abord la cause des cris qu'elle poussait; mais il fut bien plus surpris en voyant sur la chair rouge et enflée *l'empreinte d'une double rangée de dents.* Madame L... n'était pas encore remise de l'émotion causée par cette attaque inattendue, qu'elle poussa de nouveaux cris en portant la main à l'épaule et tomba en syncope. Son mari avait beau regarder, il ne voyait rien; la robe même n'éprouvait aucun froissement. Il découvrit l'épaule et y trouva comme une sorte de contusion de la grandeur d'une pièce de cinq francs; il vit même quelques gouttes de sang couler. Quand elle eut recouvré ses sens, madame L... *se sentit mordre encore à l'avant-bras et ensuite aux reins,* quoique d'une façon moins sensible. Le reste de la nuit se passa sans nouvel incident, mais dans une insomnie complète, comme on peut le présumer. J'ai vu le

-lendemain, seize heures après l'événement, les traces des morsures. L'avant-bras présentait comme l'empreinte de deux dents canines. Les époux L... acceptèrent le soir même une chambre chez moi et dormirent tranquillement. Seulement, le matin, ils entendirent au plafond, puis en descendant sur la cloison, et enfin dans le matelas, de petits coups semblables à ceux de l'avant-veille. Le bruit qui se faisait dans le matelas, et que j'ai pu constater moi-même plus d'une fois, était semblable à celui de deux noisettes qui sont brisées l'une contre l'autre. Quelques instants auparavant, deux de mes enfants, âgés l'un de seize et l'autre de quatorze ans, et qui se rendaient au petit séminaire à cinq heures, virent une vieille femme accoudée à la croisée de l'appartement abandonné. Cette apparition se montra encore une seconde fois. Le troisième jour, elle cessa.....

La semaine se passa sans événements nouveaux ; seulement les coups que les époux L... avaient entendus le premier jour continuèrent toute la semaine partout où ils se transportèrent, et mes deux fils, qui leur avaient cédé leur chambre, et qui couchaient dans une autre pièce, furent tellement tourmentés, qu'il fallut se décider à leur dresser un lit dans ma chambre. Le dimanche suivant fut signalé par une manifestation d'une autre espèce. Les époux L..., étaient assis dans leur chambre à une heure de l'après-midi, et comme la chaleur était grande, ils s'assoupirent pendant quelques minutes. A son réveil, madame L... ne retrouva plus le peigne qui relevait ses cheveux. On le chercha vainement dans tous les coins de la chambre, dans tous les tiroirs... Mais après avoir renoncé à toute recherche, ils le virent sur le fauteuil qu'ils avaient inutilement retourné en tout sens. Le lendemain, lundi, fut signalé par des accidents nombreux et variés..: M. L... avait, selon sa

coutume, placé sa montre sur une table de nuit à côté de
son lit. Il la regarda le matin pour voir l'heure et s'habilla ;
mais quand il voulut la prendre pour sortir, il ne la trouva
plus... Après de minutieuses recherches, la montre fut
retrouvée au fond du lit sous le matelas... En rentrant chez
lui, M. L... la posa sur une table devant laquelle il s'assit
pour travailler ; à huit heures, il se disposait à partir ;
mais... la montre où il venait de voir l'heure n'y était plus.
Il appela sa femme pour lui faire part de ce nouvel incident. Tout à coup celle-ci pousse un cri ; elle sentait quelque chose de froid passer *sous sa robe ;* c'était la montre
qui avait glissé sur le dos, s'était arrêtée à la ceinture...,
d'où elle remonta sous l'aisselle... Après l'avoir bien con-
solidée dans son gousset, M. L... alla prendre deux livres
qu'il avait laissés sur cette même table. Hélas ! ils s'étaient
enfuis à leur tour. Il fit tomber l'un de ces livres d'une
robe qu'il froissa en passant ; l'autre ne fut retrouvé que le
soir dans les rayons de la bibliothèque. Il partit enfin, et
sa femme quitta l'appartement en même temps que lui.
Ils y rentrèrent ensemble vers dix heures ; là première
chose qui frappa leurs regards fut une tasse à café qui
n'était plus sur le plateau avec les autres et qui avait été
portée sur un meuble de la chambre et recouverte de sa
soucoupe. Ils la découvrirent et n'eurent pas besoin d'un
examen attentif pour savoir de quoi elle était remplie ;
l'odeur qui s'en répandait leur disait assez le contenu. Ils
remirent promptement la soucoupe sur la tasse ; mais tout
à coup ils la virent se soulever, et, comme elle était près
de tomber, ils l'enlevèrent de nouveau. Une petite carotte
blanche et bien propre était plantée au milieu de... la tasse.
Après cette sale espièglerie, l'Esprit leur devait une com-
pensation : elle ne manqua pas. Au bout de quelques heures,

ils trouvèrent à la même place un grand cornet de dragées,
qu'ils vinrent me montrer immédiatement. Il y en avait
de toutes les formes et de toutes les couleurs. J'y remarquai des fèves, des pois, des haricots, des glands, des
noisettes, etc., le tout parfaitement imité, d'un coloris et
d'une fraîcheur charmants. Celles que nous écrasâmes contenaient de la liqueur. Ce qui s'était passé par rapport à
la tasse avait fait craindre d'autres mauvaises plaisanteries
de la part de l'esprit, et les époux L... avaient accepté
avec empressement une place à ma table, jusqu'à ce que
ces manifestations eussent cessé. Pendant le dîner, on
parla naturellement du paquet de dragées qui était devant
nous, mais auquel personne n'osait toucher. On se demanda
si c'était bien l'esprit qui les avait apportées. La table se
dressa aussitôt sur deux pieds et se mit à frapper à plusieurs
reprises, comme elle avait coutume de le faire quand elle
répondait affirmativement à nos questions. Plusieurs personnes, et notamment deux ecclésiastiques qui vinrent
voir les dragées, pendant que nous étions encore à dîner,
conseillèrent à madame L... de visiter les confiseurs et
marchands de dragées de la ville pour voir s'ils en avaient
de pareilles. La proposition fut acceptée. Elle mit donc le
cornet dans sa poche et sortit avec ma femme pour procéder à cette enquête d'un nouveau genre. Il s'agissait de surprendre le diable en flagrant délit de vol; mais le diable
était trop fin pour se laisser prendre. — Oh! que ces dragées me pèsent, dit madame L... après avoir fait quelques
pas. — Tu plaisantes sans doute : il y en a au plus un
demi-kilogramme.... En arrivant chez le confiseur, la
poche était vide, les dragées s'étaient envolées.....

» Dans la même soirée, les époux L..., rentrant dans
leur appartement, virent quelques dragées sur une table,

puis sur les chaises, sur le lit, par terre, et, à mesure qu'ils les ramassaient, ils en trouvaient d'autres à l'endroit même où ils venaient de les prendre. Ce n'est pas tout : l'un d'eux fit remarquer qu'il n'y avait pas de fèves comme dans le cornet du matin, et aussitôt ils virent une poignée de fèves sur la table. Il n'y a pas de haricots, dit l'autre : des haricots parurent sur le lit... Quand ils descendirent, ils rencontrèrent des dragées sur tous les degrés de l'escalier, et il en tomba quelques-unes sur la terre. J'ai dit que nous n'avions pas osé toucher à ces bonbons, mais quelques personnes à qui nous en avons donné se sont montrées moins craintives et les ont trouvés délicieux. J'ai su depuis qu'on en fabrique d'absolument semblables dans notre ville. Ils avaient été probablement volés dans quelque magasin. Le jeu des dragées continua encore plusieurs jours, mais à d'assez longs intervalles et à petites quantités. Il en tomba même dans ma maison, sur la tête de ma mère et sur celle de ma femme. Un jour que les époux L... étaient avec ma mère, ma femme et plusieurs de mes enfants, dans la chambre que je leur avais cédée, un bonbon parut tout à coup sur la table; il avait la forme d'une fève. Il fut convenu qu'on n'y toucherait pas, car on était las des prévenances de l'esprit et l'on voulait essayer de les faire cesser en les méprisant. Après quelques minutes, la fève s'envola, à la grande satisfaction de tous. Ils n'y pensaient déjà plus, lorsqu'ils la virent, non pas tomber, mais descendre assez lentement du plafond. Une jeune enfant qui était là courut la ramasser et la rejeta aussitôt en s'écriant : Oh! le sale! On l'examina; elle était gluante comme si elle venait d'être sucée.

» Cependant l'esprit continuait à frapper, soit pour répondre à M. L..., quand il parlait, soit pour compter les heures quand l'horloge les sonnait, soit pour marquer la mesure, le soir, quand on battait la retraite. Il faisait aussi des espiègleries d'une autre espèce : il imitait le chien qui trotte dans un appartement ou bien encore un porc qui grogne. Il leur faisait aussi de petits cadeaux. Il prit une fois mon canif et le porta sur la table de M. L... pendant qu'il travaillait. La continuité de ces manifestations commençait à nous inquiéter, et je m'aperçus que les époux L... en étaient assez vivement frappés. Ce fut au point que j'en conçus des alarmes pour leur santé. Une dame pieuse, à qui je fis part de la peine que j'en ressentais, me donna quatre médailles de saint Benoît, employées, me dit-elle, avec succès contre toute espèce de maléfices. J'en donnai deux à ceux de mes enfants qui avaient été tourmentés la nuit; mais je n'étais pas sûr que M. L... acceptât celle qui lui était destinée. Les faits multipliés dont il avait été, on peut le dire, la victime, avaient modifié ses idées. Il prit la médaille, ainsi que sa femme, et ils la gardèrent précieusement. Dès le lendemain, toutes les manifestations cessèrent... Huit jours s'étaient à peine écoulés qu'elles recommencèrent avec un caractère plus prononcé encore qu'auparavant. Je dois ajouter cependant que mes enfants n'ont plus été tourmentés depuis, et que l'esprit frappeur les a laissés dormir tranquilles. Les plaisanteries de l'esprit malin ayant cessé, comme je viens de le dire, les époux L... voulurent rentrer dans leur appartement. Ce fut peut-être une imprudence : car, bien que l'esprit les eût suivis chez moi, les manifestations y furent toujours plus rares et, si je puis m'exprimer ainsi, plus timides que chez eux.

C'est désormais dans leur appartement que se passent toutes les scènes. M. L... se disposait à sortir. Il quitte

ses pantoufles et s'assied pour mettre ses souliers. Un cri
de sa femme éveille son attention; il lève la tête et voit
son chapeau passer assez lentement dans la chambre
voisine et de là dans la garde-robe, porté sur l'aile des
zéphirs, comme les dieux d'Homère... Après beaucoup de
recherches, on le trouve sur une armoire, entouré d'un
ruban bien attaché qui retenait plusieurs plumes d'oie.
Tout n'était pas fini. Il a le chapeau, c'est vrai; mais les
souliers n'y sont plus. On les cherche dans la chambre,
dans la cuisine, dans la garde-robe; il restait à visiter un
réduit obscur. Madame L... allume une bougie et s'y
dirige avec son mari; mais cette bougie est arrachée du
chandelier et enlevée... Elle ne leur fut rendue que le
soir à l'entrée de la nuit. — Il devrait bien nous rendre la
bougie, dit l'un des époux. Presque aussitôt la bougie
tomba à leurs pieds, mais il en manquait plus de la moitié.
M. L... prit une autre paire de souliers et il se mettait en
devoir de les chausser... lorsque ceux qu'il avait inutilement cherchés tombèrent devant lui... Toutes les scènes
n'étaient pas aussi gaies : l'esprit jetait assez souvent aux
époux L..., au moment où ils se tournaient, les objets
qu'il trouvait dans la cuisine, des pommes de terre, des
oignons, des fruits, etc. Je vis un jour tomber, à quelque
distance de la place où nous étions, une gousse d'ail qui
était venue du plafond et dont tous les grains, sans exception, s'éparpillèrent sur le parquet. Or, je certifie que
rien ne pouvait expliquer naturellement ce fait. La gousse
d'ail avait été prise dans la cuisine pour être jetée dans la
chambre où nous étions, et aucun de ceux qui étaient
présents n'avait pu la lancer, j'en suis sûr. Une autre fois,
un couteau de cuisine passa entre ma femme et les époux
L..., qui causaient debout, et s'implanta dans le parquet.

Il est arrivé plusieurs fois à l'esprit de leur jeter de gros
sous rouillés et couverts de terre, et à trois ou quatre
reprises, des pièces d'argent d'un et de deux francs.
M. L..., ayant ramassé une de ces pièces, la donna à un
pauvre en sortant. Quand il rentra, une pièce tomba à ses
pieds ; c'était la même. Une des espiègleries les plus
bizarres fut celle-ci : M. L... s'était levé de grand matin
et lisait attentivement auprès du lit où sa femme était
endormie. Quand celle-ci s'éveilla, elle se trouva cousue
dans le drap du lit, et ses mains, qu'elle tenait en dormant
au-dessus de sa tête, étaient attachées avec des fils de
soie assez forts qui avaient été pris dans les tiroirs d'une
commode. — Je ne conçois pas, lui dit le mari, que tu te
laisses ainsi coudre et lier sans le sentir. Mais, comme il
sortait, madame L... le rappela vivement. Un paquet de
rubans de diverses couleurs avait été attaché à son paletot,
et l'on eut de la peine à le délier... Ces phénomènes,
après s'être ralentis insensiblement, ont cessé tout à fait
au commencement du mois de septembre. »

§ X.

MÉDIUM PEINTRE. — MÉDIUM MÉCANIQUE.

« Lyon a plusieurs médiums dessinateurs remarquables;
un médium peintre à l'huile qui n'a jamais appris le
dessin ni la peinture. A Saint-Jean d'Angely, nous avons
vu un médium mécanique qu'on peut regarder comme
exceptionnel : c'est une dame qui écrit de longues et
belles communications tout en lisant son journal ou en
faisant la conversation et sans regarder sa main. Il lui arrive
même quelquefois de ne pas s'apercevoir quand elle a fini [1].»

---

[1] *Voyage spirite en* 1862, p. 5. Cité par *la Revue des sciences ecclésiastiques*, numéro d'avril 1863, p. 339.

§ XI.

ESPRIT PARLANT EN LANGUE ÉTRANGÈRE.

Nous lisons le récit suivant dans l'ouvrage dé M. Figuier[1], qui, lui-même, le rapporte *parce qu'il renferme*,
dit-il, *des particularités intéressantes.*

La scène se passe à New-York, chez madame Brown,
sœur aînée des demoiselles Fox, en présence d'une dizaine
de personnes. Après avoir raconté que l'assistance vient
d'entendre les bruits ou coups frappés par les esprits, soit
dans des meubles, soit sur les vitres des fenêtres, le
narrateur continue ainsi :

« Dans l'incertitude sur la manière de s'y prendre pour
questionner les esprits, nous laissons le vieux maniaque
(un des assistants) nous donner l'exemple, et il s'empresse
d'entrer en dialogue avec ce qu'il croit être l'esprit de sa
fille, soit en obtenant des réponses par *oui* ou par *non*
(trois chocs veulent dire *oui*, dans le langage de madame
Brown, un choc, *non ;* deux chocs, réponse douteuse);
soit en épelant rapidement l'alphabet, et formant ainsi de
longues phrases, qui toutes parlent du bonheur de l'âme
dans l'autre monde, et du désir qu'elle a de voir son père
l'y rejoindre. Puis, nous nous hasardons nous-mêmes à
poser les questions suivantes en *français.* Les esprits sont
réputés polyglottes, et répondent à toutes les langues
connues.

» *Est-ce que l'esprit de quelqu'un de mes parents
décédés est ici présent ?* Trois coups affirmatifs se font
entendre. *Est-ce l'esprit de mon père ?* Trois coups
encore. *Ma mère est-elle aussi près de moi ?* Trois

[1] *Histoire du merveilleux*, tome IV, p. 238 et 239.

coups légers paraissent venir d'une autre partie de l'appartement. *Ma mère, vous ai-je connue?* Un coup négatif. *Etes-vous heureuse dans l'autre monde?* Trois coups. *Avez-vous été heureuse sur la terre?* Trois coups.

» Ce singulier dialogue ne laisse pas de nous causer un certain trouble, et nous gardons un instant le silence... »

§ XII.

ÉVOCATION DES MORTS. — TABLE CAPRICIEUSE EXIGEANT QU'ON LUI PARLE EN VERS.

M. A. Vacquerie raconte dans son ouvrage intitulé *les Miettes de l'histoire*[1], page 403 et suivantes, les expériences de tables tournantes faites par madame Émile de Girardin et par lui.

« Madame de Girardin, dit-il, était très-préoccupée des tables parlantes. Son premier mot fut si j'y croyais. Elle y croyait fermement, quant à elle, et passait ses soirées à évoquer les morts. Sa préoccupation se reflétait, à son insu, jusque dans son travail : le sujet de *la Joie fait peur*, n'est-ce pas un mort qui revient? Elle voulait absolument qu'on crût avec elle, et le jour même de son arrivée à Jersey, on eut de la peine à lui faire attendre la fin du dîner, elle se leva dès le dessert et entraîna un des convives dans le *parloir*, où ils tourmentèrent une table qui resta muette. Elle rejeta la faute sur la table, dont la forme carrée contrariait le fluide, Le lendemain elle alla acheter elle-même, dans un magasin de jouets d'enfants, une petite table ronde à un seul pied terminé par trois griffes, qu'elle mit sur la grande, et qui ne s'anima pas plus que la grande. Elle ne se découragea pas, et dit que

[1] In-8°, Paris, Pagnerre, 1863.

les esprits n'étaient pas des chevaux de fiacre qui attendaient patiemment le bourgeois, mais des êtres libres et
volontaires qui ne venaient qu'à leur heure. Le lendemain,
même expérience et même silence. Elle s'obstina, la table
s'entêta. Elle avait une telle ardeur de propagande qu'un
jour, dînant chez des Jersiais, elle leur fit interroger un
guéridon, qui prouva son intelligence en ne répondant pas
à des Jersiais. Ces insuccès répétés ne l'ébranlèrent pas,
elle resta calme, confiante, souriante, indulgente à l'incrédulité; l'avant-veille de son départ, elle nous pria de
lui accorder, pour son adieu, une dernière tentative...

» Madame de Girardin et un des assistants, celui qui
voulut, mirent leur main sur la petite table. Pendant un
quart d'heure, rien, mais nous avions promis d'être
patients; cinq minutes après, on entendit un léger craquement du bois; ce pouvait être l'effet d'une pression involontaire des mains fatiguées; mais bientôt ce craquement
se répéta, et puis ce fut une sorte de tressaillement
électrique, puis une agitation fébrile. Tout à coup, une
des griffes du pied se soulève. Madame de Girardin dit :
— Y a-t-il quelqu'un? S'il y a quelqu'un et qu'il veuille
nous parler, qu'il frappe un coup. La griffe retomba avec
un bruit sec. — Il y a quelqu'un! s'écria madame de
Girardin, faites vos questions.

» On fit des questions, et la table répondit. La réponse
était brève, un ou deux mots au plus, hésitante, indécise,
quelquefois inintelligible. Était-ce nous qui ne la compre-
nions pas? Le mode de traduction prêtait à l'erreur;
voici comment on procédait : on nommait une lettre de
l'alphabet, *a, b, c,* etc., à chaque coup de pied de la
table; quand la table s'arrêtait on marquait la dernière
lettre nommée. Mais souvent la table ne s'arrêtait pas

nettement sur une lettre; on se trompait, on notait la
précédente ou la suivante; l'inexpérience s'en mêlant, et
madame de Girardin intervenant le moins possible pour
que le résultat fût moins suspect, tout s'embrouillait.
A Paris, madame de Girardin employait, nous avait-elle
dit, un procédé plus sûr et plus expéditif; elle avait fait
faire exprès une table avec un alphabet à cadran et une
aiguille qui désignait elle-même la lettre. — Malgré l'imperfection du moyen, la table, parmi des réponses troubles,
en fit qui me frappèrent.

» Je n'avais encore été que témoin; il fallut être acteur
à son tour; j'étais si peu convaincu que je traitai le miracle
comme un âne savant à qui l'on fait deviner « la fille la
plus sage de la société »; je dis à la table : Devine le
mot que je pense. Pour surveiller la réponse de plus près,
je me mis à la table moi-même avec madame de Girardin.
La table dit un mot; c'était le mien. Ma coriacité n'en
fut pas entamée. Je me dis que le hasard avait pu
souffler le mot à madame de Girardin, et madame de
Girardin le souffler à la table... Je recommençai l'épreuve;
mais pour être certain de ne trahir le passage des lettres
ni par une pression machinale ni par un regard involontaire, je quittai la table, et je lui demandai, non le mot
que je pensais, mais sa traduction. La table dit : « Tu
veux dire *souffrance*. » Je pensais *amour*.

» Je ne fus pas encore persuadé. En supposant qu'on
aidât la table, la souffrance est tellement le fond de tout
que la traduction pouvait s'appliquer à n'importe quel mot
que j'aurais pensé... Je pouvais donc encore être dupe,
— à la seule condition que madame de Girardin, si
sérieuse, si généreuse, si amie, en deuil, mourante, eût
passé la mer pour mystifier l'exil.

» Bien des impossibles étaient croyables avant celui-là ;
mais j'étais déterminé à douter jusqu'à l'injure. D'autres
interrogèrent la table et lui firent deviner leurs pensées ou
des incidents connus d'eux seuls ; soudain elle sembla s'impatienter de ces questions puériles ; elle refusa de répondre,
et cependant elle continua de s'agiter comme si elle avait
quelque chose à dire. Son mouvement devint brusque et
volontaire comme un ordre. — Est-ce toujours le même
esprit qui est là? demanda madame de Girardin. La table
frappa deux coups, ce qui, dans le langage convenu, signifiait
non. — Qui es-tu, toi? La table répondit le nom d'une
morte, vivante dans tous ceux qui étaient là.

» Ici la défiance renonçait : personne n'aurait eu le cœur
ni le front de se faire devant nous un tréteau de cette tombe.
Une mystification était déjà bien difficile à admettre, mais
une infamie! Le soupçon se serait méprisé lui-même. Le
frère questionna la sœur qui sortait de la mort pour
consoler l'exil ; la mère pleurait ; une inexprimable émotion
étreignait toutes les poitrines ; je sentais distinctement la
présence de celle qu'avait arrachée le dur coup de vent.
Où était-elle? nous aimait-elle toujours ? était-elle heureuse? Elle répondait à toutes les questions, ou répondait
qu'il lui était interdit de répondre. La nuit s'écoulait, et
nous restions là, l'âme clouée sur l'invisible apparition.
Enfin, elle nous dit : Adieu! et la table ne bougea plus.

» Le jour se levait, je montai dans ma chambre, et,
avant de me coucher, j'écrivis ce qui venait de se passer,
comme si ces choses-là pouvaient être oubliées ! — Le
lendemain, madame de Girardin n'eut plus besoin de me
solliciter, c'est moi qui l'entraînai vers la table. La nuit
encore y passa. Madame de Girardin partait au jour...

» Elle revint en France faire son reste de vie terrestre.

Depuis quelques années, son salon était bien différent de ce qu'il avait été. Ses vrais amis n'étaient plus là... Elle remplaçait mieux les absents en restant seule, avec un ou deux amis et sa table. Les morts accouraient à son évocation, elle avait ainsi des soirées qui valaient bien ses meilleures d'autrefois et où les génies étaient suppléés par les esprits. Ses invités de maintenant étaient Sedaine, madame de Sévigné, Sapho, Molière, Shakespeare. C'est parmi eux qu'elle est morte...

» Le départ de madame de Girardin ne ralentit pas mon élan vers les tables. Je me précipitai éperdument dans cette grande curiosité de la mort entr'ouverte.

» Je n'attendais plus le soir; dès midi, je commençais, et je ne finissais que le matin; je m'interrompais tout au plus pour dîner. Personnellement, je n'avais aucune action sur la table, et je ne la touchais pas; mais je l'interrogeais. Le mode de communication était toujours le même; je m'y étais fait. Madame de Girardin m'envoya de Paris deux tables : une petite dont un pied était un crayon qui devait écrire et dessiner ; elle fut essayée une ou deux fois, dessina médiocrement et écrivit mal; l'autre était plus grande; c'était cette table à cadran d'alphabet dont une aiguille marquait les lettres ; elle fut rejetée également après un essai qui n'avait pas réussi, et je m'en tins définitivement au procédé primitif, lequel, simplifié par l'habitude et par quelques abréviations convenues, eut bientôt toute la rapidité désirable. Je causais couramment avec la table; le bruit de la mer se mêlait à ces dialogues, dont le mystère s'augmentait de l'hiver, de la nuit, de la tempête, de l'isolement. Ce n'étaient plus des mots que répondait la table, mais des phrases et des pages. Elle était, le plus souvent, grave et magistrale, mais, par moments, spiri-

tuelle et même comique. Elle avait des accès de colère ; je
me suis fait insulter plus d'une fois pour lui avoir parlé
avec irrévérence, et j'avance que je n'étais pas très-tranquille avant d'avoir obtenu mon pardon. Elle avait des
exigences, elle choisissait son interlocuteur, elle voulait
être interrogée en vers, et on lui obéissait, et alors elle
répondait elle-même en vers. Toutes ces conversations ont
été recueillies, non plus au sortir de la séance, mais sur
place et sous la dictée de la table ; elles seront publiées
un jour, et proposeront un problème impérieux à toutes
les intelligences avides de vérités nouvelles.

» Si l'on me demandait ma solution, j'hésiterais. Je
n'aurais pas hésité à Jersey, j'aurais affirmé la présence
des esprits. Ce n'est pas le regard de Paris qui me retient ;
je sais tout le respect qu'on doit à l'opinion du Paris
actuel, de ce Paris si sensé, si pratique et si positif qui
ne croit, lui, qu'au maillot des danseuses et au carnet des
agents de change. Mais son haussement d'épaules ne me
ferait pas baisser la voix. Je suis même heureux d'avoir à
lui dire que, quant à l'existence de ce qu'on appelle les
esprits, je n'en doute pas ; je n'ai jamais eu cette fatuité
de race qui décrète que l'échelle des êtres s'arrête à
l'homme, je suis persuadé que nous avons au moins autant
d'échelons sur le front que sous les pieds, et je crois aussi
fermement aux esprits qu'aux onagres. Leur existence
admise, leur intervention n'est plus qu'un détail ; pourquoi
ne pourraient-ils pas communiquer avec l'homme par un
moyen quelconque, et pourquoi ce moyen ne serait-il pas
une table ? Des êtres immatériels ne peuvent faire mouvoir la matière ? Mais qui vous dit que ce soient des êtres
immatériels ? ils peuvent avoir un corps aussi, plus subtil
que le nôtre et insaisissable à notre regard comme la

lumière l'est au toucher. Il est vraisemblable qu'entre l'état humain et l'état immatériel, s'il existe, il y a des transitions. Le mort succède au vivant comme l'homme à l'animal. L'animal est un homme avec moins d'âme, l'homme est un animal en équilibre, le mort est un homme avec moins de matière, mais il lui en reste. Je n'ai donc pas d'objection raisonnée contre la réalité du phénomène des tables.

» Mais neuf ans ont passé sur cela. J'interrompis, après quelques mois, ma conversation quotidienne, à cause d'un ami dont la raison mal solide ne résista pas à ces souffles de l'inconnu. Je n'ai pas relu depuis ces cahiers où dorment ces paroles qui m'ont si profondément remué...»

§ XIII.

CONSULTATIONS D'OUTRE-TOMBE.

Dans les réunions spirites, on évoque les âmes de tous les grands ou saints personnages, et on les consulte ou l'on reçoit leurs conseils sur les affaires ordinaires, ou sur les problèmes sociaux, etc., etc. Saint Louis est un des personnages le plus fréquemment évoqués. Toutes sortes de questions lui sont posées, on en jugera par l'exemple suivant[1] : « Est-ce que des blancs se réincarnent quelquefois dans les corps nègres? — *R.* Oui, quand, par exemple, un maître a maltraité un esclave, il se peut qu'il demande, par expiation, à vivre dans un corps de nègre pour souffrir à son tour les souffrances qu'il a fait endurer, et par ce moyen avancer et se faire pardonner par Dieu. »

Dans une autre séance, saint Louis, interrogé sur la possibilité d'une évocation, répond : « Vous le pouvez

---

[1] *Revue spirite,* deuxième année, p. 163.

parfaitement; cependant, je vous ferai remarquer, mes amis, que cette évocation requiert une grande tranquillité d'esprit; ce soir, vous avez longuement discuté les affaires administratives, et je crois qu'il serait bon de la remettre à une autre séance, attendu qu'elle peut être très-instructive [1]. »

Du reste, la familiarité la plus complète règne entre les interrogateurs et les esprits. En voici un exemple : « Au nom de Dieu tout-puissant, je prie l'esprit de Méhémet-Ali de vouloir bien se communiquer à nous. — *R.* Oui, je sais pourquoi. — Vous avez promis de revenir parmi nous pour nous instruire : serez-vous assez bon pour nous écouter et nous répondre? — *R.* Non, pas promis; je ne me suis pas engagé. — Soit : au lieu de *promis*, mettons que vous nous avez fait espérer. — *R.* C'est-à-dire pour contenter votre curiosité; n'importe! je m'y prêterai un peu [2], » etc., etc.

§ XIV.

EXPÉRIENCES D'ÉCRITURE DIRECTE.

Dès 1856, les spirites proclamèrent qu'il ne leur était plus nécessaire de recourir à l'intervention matérielle du médium pour transcrire les révélations d'outre-tombe, les réponses aux questions étant fixées sur le papier sans le concours d'aucun être humain et visible. C'était l'*écriture directe*. M. le baron de Guldenstubbe publia même un ouvrage pour constater le résultat des expériences auxquelles il s'était livré, mais ces expériences étaient-elles concluantes? Nous laisserons répondre M. Morin, puis nous

---

[1] *Revue spirite,* deuxième année, p. 353.
[2] *Id.,* première année, p. 303.

indiquerons les résultats plus récents annoncés par les spirites dans les deux revues.

« En 1856, dit M. Morin [1], j'entendis parler de l'écriture directe des esprits, obtenue par M. le baron de Guldenstubbe. Voici quel est son mode de procéder : il pose des papiers blancs sous les socles des statues ou sur les pierres des tombeaux ; peu de temps après, il retire ces papiers, où se trouve de l'écriture qui n'est l'œuvre d'aucune main humaine, et qui est attribuée aux personnages auxquels sont consacrés ces monuments. Désireux d'être témoin de phénomènes aussi extraordinaires, je priai M. le baron de vouloir bien m'admettre à quelques séances. Il y consentit volontiers, et me donna rendez-vous au Louvre, dans une des galeries du rez-de-chaussée. Il me fit voir les écritures qu'il avait obtenues de divers personnages et qui étaient en grec, en latin et en plusieurs autres langues. On se mit à l'œuvre. J'avais apporté un cahier de papier blanc. On posa des feuilles sur divers monuments ; puis nous passâmes dans la salle voisine, où nous fîmes de même, et ainsi de suite, de sorte qu'après avoir parcouru toutes les salles du rez-de-chaussée, nous nous retrouvâmes au point de départ. Avant de continuer, je fis observer que ce mode de procéder était défectueux ; qu'en effet, pendant notre circuit, il pouvait se faire qu'une personne retirât nos papiers, profitât de notre absence pour les couvrir d'écriture, puis les remît en place ; que, pour plus de garantie, il serait nécessaire de ne poser qu'un papier et de ne pas le perdre de vue. L'initiateur me répondit que, pour avoir plus de chances d'obtenir des réponses, il fallait s'adresser à un plus grand nombre d'esprits. Mon objection n'en subsistait pas moins. Ces réserves étant faites, on

[1] Cité par M. Figuier, tome IV, p. 364.

reprit successivement les papiers, qui se trouvèrent dans le même état qu'on les avait mis. M. le baron me fit observer que, comme c'était la première fois que j'assistais à ces expériences, il n'était pas étonnant que ma présence augmentât la difficulté; qu'il fallait un certain nombre de séances pour réussir. Je répondis que j'étais disposé à suivre les épreuves, si multipliées qu'elles fussent, et que j'y mettrais toute la persévérance désirable. Le lendemain, nous recommençâmes en opérant de même, et cette fois un seul des papiers portait des traces d'écriture au crayon; c'étaient deux lignes droites formant ensemble un angle de près de cent quatre-vingts degrés. M. le baron prétendit que ce résultat, bien qu'inférieur à ceux qu'il avait l'habitude d'obtenir, était probant, et que deux traits de crayon, tracés sans aucun agent visible, prouvaient l'intervention des esprits tout aussi bien qu'un long discours. Ce raisonnement aurait été juste si le papier fût resté constamment sous nos yeux; mais, depuis le moment où nous avions posé ce papier, il s'était écoulé environ une heure, pendant laquelle nous avions parcouru toutes les salles, et il aurait été très-facile à une personne quelconque de tracer sur le papier tout ce qu'elle aurait voulu. Avec la meilleure volonté du monde, on ne pouvait voir là rien de merveilleux, rien qui autorisât à proclamer l'action des esprits.

» Je proposai de nouvelles séances, et comme M. le baron m'assurait que, quand il était seul avec mademoiselle sa sœur, il obtenait des effets beaucoup plus considérables, je l'avais prié de consulter les esprits sur les meilleurs moyens de me rendre témoin de quelques faits significatifs. Il me dit qu'il était autorisé à m'annoncer pour le lendemain un fait d'écriture directe par l'esprit de Pascal, et il me donna rendez-vous au tombeau de ce grand homme, à

l'église Saint-Étienne du Mont. Je fus exact au rendez-
vous, mais mon nécromancien n'y vint pas. Après avoir
attendu une heure en vain, comptant sur la parole de
Pascal, je posai moi-même un papier sous la pierre tumu-
laire; j'attendis une demi-heure, ayant constamment l'œil
fixé sur le monument, puis je retirai le papier... que je
trouvai vierge de toute écriture. C'était une déception de
plus; il faut en prendre l'habitude quand on s'adresse aux
thaumaturges.

» Quelques mois après ces malheureux essais, M. de Guldenstubbe publie son livre intitulé *la Réalité des Esprits*
et le phénomène merveilleux de leur écriture directe,
démontré par le baron de Guldenstubbe. Il donne le
fac-simile d'une foule d'écritures obtenues par le moyen
que je viens de décrire. Je remarquai dans l'introduction
ce passage : « La découverte de l'écriture directement
» surnaturelle est d'autant plus précieuse, qu'elle peut
» *être constatée par des expériences répétées à volonté*
» *par l'auteur en présence des incrédules* qui doivent
» fournir eux-mêmes le papier. » En lisant une pareille
offre, comment ne pas croire que le premier venu n'a qu'à
se présenter pour être témoin du phénomène? Comment
les étrangers ne se figureraient-ils pas qu'à Paris tout le
monde peut voir l'écriture des Esprits? Comment n'envie-
raient-ils pas le bonheur de cette ville privilégiée, où de
si grandes merveilles sont à la disposition de tout le
monde?... Prenant au sérieux les paroles de l'auteur, je
lui écrivis pour lui rappeler nos épreuves interrompues et
lui demander si, conformément à l'engagement qu'il avait
pris envers le public, il voudrait bien m'admettre à quelque manifestation. Il me répondit qu'il avait reçu plus de
deux cents demandes pareilles à la mienne, qu'il était im-

possible de démontrer le phénomène à tout le monde, qu'il fallait désormais se contenter du témoignage de deux cent cinquante personnes dont les attestations avaient été publiées..... C'est bien là une reculade. Quand on promet de répéter à volonté des expériences devant les incrédules, on ne peut s'acquitter en offrant des attestations..... Nous ne savons de quelles attestations a voulu parler M. de Guldenstubbe : son livre n'en contient aucune; il cite une douzaine de personnes comme ayant assisté à ses séances; mais il ne donne pas de relation certifiée par elles. Il suffirait que ces personnes eussent assisté à un essai quelconque pour qu'elles ne jugent pas à propos de réclamer. Nous ne savons au juste ce qu'elles ont vu, ni comment on a opéré en leur présence. Si, par exemple, elles n'ont vu obtenir des écritures que comme je suis censé avoir vu obtenir deux traits de crayon, leur témoignage ne nous apprendrait rien, et tout ce qui se fait dans de telles conditions n'a pas de valeur. Qu'on nous montre des relations constatant que les papiers sont demeurés constamment surveillés par les opérateurs. Mais de pareilles attestations se feront encore longtemps attendre, et, en tout cas, elles ne dispenseraient pas de la reproduction des faits qu'on se vante d'avoir à sa disposition et que ne peuvent jamais obtenir ceux qui les demandent. »

Mais, depuis l'époque dont parle M. Morin, le spiritisme, en matière d'écriture directe, a fait de grands progrès, si on en juge par les faits suivants, que nous empruntons à la *Revue spirite :*

« M. le général russe comte de B... nous a montré une strophe de dix vers allemands qu'il a obtenus de cette manière, par l'entremise de la sœur du baron de Güldenstubbe, en mettant tout simplement une feuille de papier *détachée de son propre carnet* sous le socle de la pendule de la cheminée. L'ayant retirée au bout de quelques minutes, il y trouva ces vers en caractères typographiques allemands assez fins et d'une parfaite pureté. Par l'intermédiaire d'un médium écrivain, l'Esprit lui dit de brûler ce papier; comme il hésitait, regrettant de sacrifier ce précieux spécimen, l'Esprit ajouta : « Ne crains rien, je t'en donnerai un autre. » Sur cette assurance, il jeta le papier au feu, puis plaça un second feuillet également tiré de son portefeuille, sur lequel les vers se trouvèrent reproduits exactement de la même manière. C'est cette seconde édition que nous avons vue et examinée avec le plus grand soin, et, chose bizarre, les caractères présentaient un relief comme s'ils sortaient de la presse. Ce n'est donc plus seulement du crayon que peuvent faire les Esprits, *mais de l'encre et des caractères d'imprimerie.* Un de nos honorables collègues, M. Didier, a obtenu ces jours-ci les résultats suivants, que nous avons été à même de constater, et dont nous pouvons garantir la parfaite authenticité: S'étant rendu avec madame Huet, qui depuis peu a réussi dans des essais de ce genre, *à l'église de Notre-Dame des Victoires,* il prit une feuille de papier à lettre portant l'entête de sa maison de commerce, la plia en quatre et la déposa sur les marches *d'un autel* en priant au nom de Dieu un bon Esprit *quelconque* de vouloir bien écrire quelque chose; *au bout de dix minutes* de recueillement, il trouva dans l'intérieur et sur l'un des feuillets le mot *foi,* et sur un autre feuillet le mot *Dieu.* Ayant ensuite prié l'Esprit de dire par qui ces mots avaient été écrits, il replaça le papier, et après *dix autres minutes,* il trouva ces mots : *par Fénelon.* Huit jours plus tard, le 12 juillet, il voulut renouveler l'expérience et se rendit à cet effet au Louvre, dans la salle Coyzevox, située sous le pavillon de l'horloge. Sur le pied du buste de Bossuet, il plaça une feuille de papier à lettre pliée comme la première fois, mais il n'obtint rien. Un petit garçon de cinq ans l'accompagnait, et l'on avait déposé la casquette de l'enfant sur le piédestal de la statue de Louis XIV qui se trouve à quelques pas. Croyant l'expérience manquée, il se disposait à se retirer, lorsque en prenant la casquette il trouva dessous, et comme écrits au crayon sur le marbre, les mots *aimez Dieu,* accompagnés de la lettre *B.* La première pensée des assistants fut que ces mots avaient pu être écrits antérieurement par une main étrangère, et qu'ils ne les avaient point remarqués; néanmoins on voulut tenter l'épreuve : on mit la feuille pliée sur ces mots, et le tout fut recouvert de la casquette. *Au bout de quelques minutes,* on trouva sur l'un des feuillets ces trois lettres : *a, i, m;* le papier replacé avec prière d'achever, on obtint *aimez Dieu,* c'est-à-dire ce qui était écrit sur le marbre, moins le *B.* Il demeurait évident, d'après cela, que les premiers mots tracés étaient dus à l'écriture directe. Il en ressortait encore ce fait curieux, c'est que les lettres avaient été tracées successivement et non d'un seul coup, et que, lors de la première inspection, les mots n'avaient pas eu le temps d'être achevés. En sortant du Louvre, M. D... se rendit à *Saint-Germain l'Auxerrois*[1], où il obtint, par le même procédé, les mots *Soyez humble. Fénelon,* écrits d'une manière très-nette et très-lisible. On peut voir encore les mots ci-dessus écrits sur le marbre de la statue dont nous venons de parler. La substance dont ces caractères sont formés a toutes

---

[1] Nous ne pouvons omettre de faire ressortir la prédilection des phénomènes pour les lieux *saints,* dont la profanation semble constituer un puissant auxiliaire.

les apparences de la mine de plomb, et s'efface facilement avec la gomme; nous l'avons examinée au microscope, et nous avons constaté qu'elle n'est point incorporée au papier, mais simplement déposée à la surface, d'une manière irrégulière, sur les aspérités, formant des arborescences assez semblables à celles de certaines cristallisations. La partie effacée par la gomme laisse apercevoir des couches de matière noire introduites dans les petites cavités des rugosités du papier. Ces couches détachées et enlevées avec soin sont la matière elle-même qui s'est produite pendant l'opération [1]. »

Une autre revue, *la Revue spiritualiste* (tome II, pages 145 à 153), cite deux faits analogues qui se sont passés *dans les églises* Notre-Dame des Victoires et Notre-Dame de Lorette, à Paris. Dans l'expérience qui eut lieu à Notre-Dame des Victoires, le papier plié en quatre fut placé par le médium, mademoiselle Huet, sur une des marches de la chapelle Saint-Joseph. Mademoiselle Huet, « se penchant un peu à droite, tint pendant une minute environ le bout des doigts sur la feuille; sa main étant restée gantée, tout en récitant une courte prière dont un Esprit avait, quelques jours auparavant, tracé la formule sous sa main, car mademoiselle Huet est également médium *écrivain*. Cela fait, elle retira la feuille et me la remit. » Le mot *foi* était écrit « comme au crayon », et l'expérience étant prolongée, on obtint ces trois mots : *foi en Dieu. (Loc. cit., pages 147 et 148.)*

Qu'on nous permette quelques mots à l'occasion de ces épreuves de l'écriture directe. D'un côté, M. Morin nie; de l'autre, M. Didier affirme. M. Morin raconte que *deux lignes* formant un angle de près de cent quatre-vingts

---

[1] *Revue spirite,* deuxième année, page 208.

degrés ont été tracées sur un papier blanc, mais que ce papier n'ayant pas été constamment surveillé par lui, les lignes ont pu être tracées par un être vivant : on ne saurait donc voir là *rien qui autorisât*, dit-il, *à proclamer l'action des Esprits*. M. Didier, lui, place un papier sur les marches de l'autel Saint-Joseph, dans l'église Notre-Dame des Victoires, à Paris, ne le perd pas de vue, et l'en retire au bout de dix minutes avec les mots *foi, Dieu, par Fénelon*. Or, on a les mêmes raisons pour ajouter autant de foi au témoignage de M. Didier qu'à celui de M. Morin. Dès lors, que prouve la différence des résultats de leurs épreuves ? L'inconstance des phénomènes, pas autre chose.

Ceci soit dit non pour prendre parti, mais uniquement pour poser la question sur son véritable terrain.

§ XV.

DANGER RÉSULTANT POUR LES MŒURS DES PRATIQUES SPIRITES.

On trouve dans la *Revue spiritualiste* [1] un récit qui montre si les expériences spirites renferment des dangers au point de vue moral : « Une autre fois, raconte le narrateur, nous fûmes témoins de choses bien plus extraordinaires. Mais ici, je ne sais si je dois tout dire. Les esprits étroits m'accuseront ou de coupable indiscrétion ou de mensonge. Les faits sont étranges et d'une nature délicate : quelques-uns les croiront propres au spiritualisme. Mais est-ce nuire au spiritualisme que de dire la vérité, le bien comme le mal, afin que la lumière se fasse, que chacun puisse se mettre en garde contre les dangers de communications qui ne sont pas nouvelles,

[1] Tome II, 1859, page 254.

qu'on a révoquées en doute, mais dont toute l'antiquité et le moyen âge ont retenti?

Voici donc les faits dans toute leur vérité; sauf quelques réticences que les devoirs de la publicité m'imposent :

» Un soir, nous eûmes des attouchements inusités, tels, par exemple, que ceux de personnes qui se heurteraient contre nous par mégarde en courant. Les dames étaient touchées *très-indécemment*. Une d'elles, d'ailleurs très-respectable, manqua de tomber à la renverse par un attouchement très-saisissant *au-dessus des genoux et sous ses vêtements*. Très-courageuse, elle ne voulut pas finir la séance, comme nous en avions l'intention. Après cet incident, la dame se remit à sa place et demanda à l'Esprit ce qu'il exigeait d'elle. Il répondit : — Vous embrasser. — Eh bien ! embrassez-moi, lui dit-elle. — Non, dit-il, pas ici, mais au lit. Pour prévenir d'autres scandales, nous levâmes la séance.

» L'hiver passé, dans une de nos séances, nous avons eu la visite, d'abord, de quelques Esprits très-honnêtes. Mais bientôt nous fîmes une pause, et, pendant que nous prenions un verre de vin, quelques-uns de nous se mirent à raconter des histoires assez scabreuses de leur jeunesse. Ce manque de recueillement et de sérieux, paraît-il, changea la nature de nos manifestations. Lorsque nous remîmes les mains sur la table, arrivèrent des Esprits *femmes,* et ce fut une suite de scandales. A notre demande avec quoi nous pourrions leur être agréables, on répondit: « En vous mettant en costumes de paradis. » Il n'y avait pas de dames à cette séance. Sur notre refus (nous étions six amis), elles commencèrent à nous faire des caresses non équivoques, nous touchant d'abord les mains avec leurs mains, qui avaient toutes les qualités de mains en chair et en os et d'une température chaude comme les nôtres. A ma demande si celle qui s'était accrochée à moi m'avait connu pendant sa vie, elle me répondit par l'alphabet : « Oui, » et à cela ajouta d'autres paroles curieuses. Pendant cette conversation deux autres Esprits féminins prenaient plaisir à faire à deux des assistants des caresses telles que je m'abstiens de les indiquer ici. L'un d'eux se sentit tellement étreint dans des bras invisibles et accablé de caresses, que, pour y couper court, il courut reprendre et rapporter sur la table la lampe que nous avions posée dans un coin, attendu qu'une trop grande lumière affaiblit l'intensité des manifestations.

» Lorsque nous n'avions plus les mains sur la table, la scène finissait. »

On voit que l'*Esprit* de saint Louis et celui de saint Vincent de Paul se trouvent chez les spirites en singulière compagnie.

§ XVI.

DIVORCE ET SUICIDE ORDONNÉS PAR LES ESPRITS. — MEURTRE ET SUICIDE PROVOQUÉS PAR EUX.

L'intimité qui s'établit entre les Esprits et leurs clients de ce monde ne tarde pas à se traduire par une obéissance servile, irrésistible, de ces derniers aux ordres ou prescriptions de leurs occultes oracles.

Madame Brown, sœur aînée des demoiselles Fox, était mariée en premières noces avec un certain M. Fish ; mais un beau jour les Esprits disent à madame Fish que son mari ne lui convient plus et qu'elle doit divorcer. Sitôt dit, sitôt fait, et madame Fish épouse M. Brown [1].

---

[1] Figuier, *Histoire du merveilleux*, tome IV, page 238.

Dernièrement un fait d'une tout autre nature, mais qui n'en témoigne pas moins l'empire absolu des Esprits sur ceux qui entrent en relation avec eux, vient de s'accomplir dans la ville de Tours, où il a causé une profonde impression. Il s'agit du suicide de deux vieillards, les époux F.....d, accompli sur l'ordre *des Esprits,* et pour *aller jouir de leur bonheur*[1]. Depuis longtemps ces deux vieillards s'occupaient de spiritisme. Ils recevaient des communications sous le nom de l'*ange Gabriel* et de la *Vierge Marie,* communications dans lesquelles ce dernier interlocuteur invisible *attaquait les dogmes de l'immaculée conception et de la virginité de la mère de Dieu*[2]. Ajoutons que les détails qui suivent, extraits du journal *le Monde* du 15 février 1863, nous sont garantis comme rigoureusement exacts par un habitant de Tours en position de bien savoir :

« Dans la journée du 11 février 1863, s'est accompli à Tours un fait qui renferme de graves enseignements. Deux époux fort avancés en âge, M. et madame ***, encore bien portants et jouissant d'un revenu qui leur permettait de vivre à l'aise, se livraient, depuis bientôt deux ans, aux opérations du spiritisme. Presque chaque soir, ils réunissaient chez eux un certain nombre d'ouvriers, hommes et femmes, et des jeunes gens des deux sexes, devant lesquels nos deux spirites faisaient leurs évocations; du moins, ils prétendaient en faire. Nous ne parlerons pas des questions de toute espèce dont on demandait la solution aux esprits dans cette maison. Ceux qui connaissaient de vieille date ces deux

---

[1] Expressions tirées d'un rapport fait sur cet événement, et qu'on a bien voulu nous communiquer.

[2] *Id., ibid.*

personnes et leurs sentiments sur la religion n'ont jamais
été surpris des scènes qui pouvaient se produire chez elles.
Étrangères à toute idée chrétienne, elles s'étaient jetées
dans la magie, où elles passaient pour des maîtres habiles
et consommés. Leur foi ou leur croyance aux communications des Esprits ne connaissait point de bornes : fallût-il
sacrifier leur vie pour suivre les oracles venus de ces êtres
incorporels, ils n'auraient point hésité. L'expérience, du
reste, est venue démontrer ce fanatisme diabolique.

» L'un et l'autre étaient convaincus depuis peu de
temps que les Esprits les engageaient vivement à quitter
la terre, afin de jouir dans un autre monde, le monde
supra-terrestre, d'une plus grande somme de bonheur...
Ne doutant pas, en effet, qu'il en serait ainsi, ils ont, avec
le plus grand sang-froid, consommé un double suicide,
qui fait aujourd'hui un très-grand scandale dans la ville de
Tours.

» Voici un ou deux détails qui ont trait à cette abomi-
nable action. Après avoir pris, le 11 février au matin, du
lait, comme à l'ordinaire, ils avertirent la laitière que le
lendemain elle ne les trouverait peut-être pas, parce qu'ils
avaient l'intention d'entreprendre un petit voyage. Donnant suite au projet bien arrêté, sur l'ordre des Esprits, de
se donner la mort, ils employèrent toute la journée à
mettre leurs affaires en ordre. Ils choisirent eux-mêmes
les draps qui leur devaient servir de suaire, et les placèrent
dans un lieu qu'ils désignèrent dans le testament qu'ils
écrivirent ce même jour. C'est dans cette pièce qu'ils
ont consigné de leur propre main et hautement manifesté
la nature des motifs qui les faisaient renoncer à la vie.
Plusieurs voisins, qui avaient soupçonné que les deux
époux avaient pu s'abandonner à quelque acte extraor-

dinaire et dangereux pour leur vie, s'avisèrent de frapper à leur porte en les appelant. Comme on n'obtenait aucune réponse, on prévint la police, et quand on entra dans le logement de nos deux spirites, après en avoir brisé la porte, qui se trouvait fermée en dedans, on vit deux cadavres étendus sans mouvement sur le plancher. Le mari seul était mort; la femme donnait quelques signes de vie, et grâce à des soins empressés, elle vivait encore au moment où l'on nous écrivait. Mais on ne conservait aucun espoir de la sauver. — Le corps du mari a été porté au cimetière sous la surveillance d'un agent de la police, n'ayant pour l'accompagner que deux ou trois spirites.

» Ainsi, c'est aujourd'hui le suicide que l'on a à constater comme résultat du spiritisme et de sa doctrine; hier c'étaient des cas de folie, sans parler des discordes domestiques et des autres désordres auxquels le spiritisme a si souvent donné occasion; cela ne suffit-il pas pour faire comprendre aux hommes qui ne veulent pas écouter la voix de la religion à quels dangers ils s'exposent en se livrant à ces ténébreuses et stupides pratiques? »

Le suicide accompli à Tours rappelle la fin malheureuse de M. et madame Victor Hennequin. On sait qu'après s'être longtemps livrés aux pratiques spirites, ils ont été contraints l'un et l'autre d'entrer dans une maison de santé, où ils n'ont pas tardé à succomber. L'un d'eux prétendait être en communication avec l'*âme de la terre*, et provoqué par elle à l'aller rejoindre au plus tôt; il aurait essayé, si nous sommes bien informé, d'attenter à ses jours pour répondre à ce désir.

Enfin le *Moniteur* enregistrait dernièrement (4 juillet 1864) ce fait épouvantable d'une jeune mère qui, entraînée par les théories spirites, avait égorgé ses deux enfants

et s'était ensuite donné la mort sur leurs cadavres, « résolue
» qu'elle était à aller dans le monde des Esprits vivre
» avec ce qu'elle aimait le plus tendrement ».

§ XVII.

EXPÉRIENCES DE M. HOME.

A. — *Frémissement d'une maison. Accordéon jouant
seul. Apparition de mains. Sonnette se promenant
et sonnant en l'air. M. Home enlevé en l'air*[1].

M. Home a acquis dans ces dernières années une célébrité qui ne permet pas de passer sous silence les phénomènes rapportés dans son ouvrage. Plus d'un de nos
lecteurs ayant peut-être assisté aux expériences nombreuses données par lui soit à Londres, soit à Paris, dans
les premiers salons de ces deux capitales, sera à même de
contrôler la vérité de narrations dont nous ne sommes que
le rapporteur. Forcé de choisir au milieu des nombreux faits
cités par l'auteur, nous avons tenu à donner un aperçu des
résultats variés auxquels il dit être arrivé. Le narrateur auquel
M. Home laisse la parole dans son livre les rapporte ainsi :

« A cette seconde soirée, nous étions huit encore : un
avocat distingué et fort connu, un homme de lettres,
auteur d'une réputation établie, et d'autres personnes,
tous croyants, excepté l'auteur.

» Le tremblement qui se produisit la soirée précédente dans les murs et le plancher se répéta bientôt : la
table s'agita et tourna plus violemment que la veille, et
s'éleva perpendiculairement à trois ou quatre pieds du sol,
où elle resta suspendue environ une minute, puis descendit
doucement et graduellement à sa première place, comme

[1] *Révélations*, page 212.

un large flocon de neige. Un accordéon joua sous la
pression de doigts invisibles, pendant qu'une personne du
cercle le tenait dans sa main; il joua ensuite dans la
mienne : je le tenais au-dessus du dos de la chaise où
j'étais assis, mon bras appuyé sur le sommet de celle-ci en
laissant pendre l'instrument derrière la chaise. En face de
moi, de l'autre côté de la table, étaient assis M. Home et
la dame de la maison. L'accordéon joua également pendant qu'il était sur le parquet, ainsi que sur la table, où
d'invisibles agents le transportèrent. La musique était d'un
caractère impressionnant et solennel.

» Une petite main d'enfant, chaude et douce, toucha
la mienne et y plaça une petite clochette, puis, à ma prière,
la reprit et alla, par-dessous la table, la donner à la dame
de la maison, qui était sa mère. Elle paraissait parfaitement convaincue que c'était la main spirituelle de son
petit garçon qu'elle avait perdu depuis trois ou quatre
ans, à l'âge de huit ans, et elle reçut, à la faveur de
l'alphabet, maintes réponses, telles que l'esprit d'un
enfant décédé peut en adresser à sa mère.

» La sonnette fut apportée à plusieurs personnes du
cercle et placée dans leurs mains; enfin elle s'éleva au-
dessus de nos têtes, et carillonna dans l'air en tournant
sur elle-même et en touchant nos têtes sans oublier la
mienne. Je pus la voir quand elle fit le tour de ma
tête, en face de la croisée, et chaque fois aussi quand elle
passait entre moi et la fenêtre, dont les rideaux avaient
été baissés par un agent invisible. Des morceaux de
géranium et de *mignonnette* furent placés dans mes mains
et en dedans de mon gilet. Je vis distinctement une de ces
mains d'Esprit au moment où elle passait entre la croisée
et moi : la clarté d'une soirée d'été et celle des becs de

gaz de la rue l'avaient rendue parfaitement visible, en dépit du store baissé de la fenêtre.

« Les rideaux de la croisée furent enfin tirés, et M. Home nous annonça qu'il allait être élevé en l'air : un instant après, en effet, il traversait la table, par-dessus la tête des personnes du cercle. Je le priai de faire une marque au plafond avec un crayon ; mais il nous répondit qu'il n'en avait pas ; je me levai en lui disant que j'allais lui prêter le mien, et ce ne fut pas sans user de toute la longueur de ma taille et de mon bras que je pus atteindre sa main, *qui était bien à sept pieds du sol ;* j'y glissai le crayon, et sa main tint quelque temps dans la mienne, me soumettant aux caprices des pérégrinations aériennes ; jusqu'à ce que je fus obligé de la laisser, m'étant heurté contre un tabouret. Pendant son voyage M. Home ne cessa de sonner de la clochette, pour désigner sa position dans la chambre, qui avait bien quarante pieds de long sur trente de large, et je vis son corps éclipser, en passant, deux rayons de lumière tamisés par les peintures supérieures d'une porte s'ouvrant sur une pièce brillamment éclairée : M. Home nous apprit ensuite qu'il avait été replacé sur sa chaise avec toutes les délicatesses possibles ; quant à ceci, je ne le vis pas. »

B. — *Sensation de froid. Engourdissement.*

La sensation du froid semble jouer un rôle important dans les manifestations dont M. Home est le médium. Il raconte que, pendant une de ses expériences, il éprouva, « durant tout le temps, une sensation de frisson et d'engourdissement répandue sur tout son corps[1] » ;

----

1 *Révélations,* page 59.

ailleurs « plusieurs fois, durant une séance, les assistants
sentirent des courants d'air froid soufflant sur la table [1] » :
Enfin il est dit, à propos d'une autre expérience : « Je
dois mentionner que, pendant nombre de jours précédents,
j'avais souffert d'un froid perçant, qui n'avait aucun rapport
avec l'air atmosphérique, mais qui me glaçait le corps et
surtout les jambes; cette sensation ne me quittait plus, et
tout moyen artificiel employé pour la détruire avait été
sans succès. Ce même air était maintenant senti à la fois
par ma sœur et par M. Home, à un degré tel qu'il éveillait
en eux une impression également pénible. J'ai depuis
reconnu que c'est là souvent le précurseur des manifestations [2]. »

C. — *Illumination.*

« Des lumières sont produites dans des chambres obscures. Quelquefois, c'est une illumination graduelle suffisante pour la perception des plus minutieux objets, tantôt
une clarté phosphorescente se glissant, tremblante, le long
des murs, ou bien encore des émanations lumineuses
s'exhalant de corps humains, ou filant comme des météores
à travers l'appartement... J'ai vu ces lumières dans toutes
leurs variétés. Un jour, pendant qu'un grand nombre
d'amis étaient assemblés chez moi, il se manifesta une
illumination graduelle de l'appartement. Elle apparut
comme le crépuscule, une demi-heure après le lever du
jour. La lumière continua à grandir pendant un quart
d'heure environ, puis diminua graduellement. Le 30 mars,
j'eus le bonheur de me trouver au nombre des invités

[1] *Révélations*, page 266.
[2] *Id.*, page 122.

réunis à la maison de M. Elmer, à Springfield. M. Home se trouvait là quand on fit l'obscurité dans l'appartement, pour voir si l'illumination mystérieuse se produirait. Immédiatement la nuit intense commença à se dissiper, et en quelques minutes, toutes les personnes de l'appartement devinrent distinctement visibles. Sans dévoiler son dessein à personne, madame Elmer pria mentalement les Esprits de faire revenir les ténèbres; presque instantanément le changement s'opéra aux yeux de toute la société, et, de nouveau, les formes individuelles disparurent dans l'obscurité croissante[1]. »

D. — *Rigidité musculaire. Imitation de la tempête. Soulèvement de meuble et d'une personne. Sons musicaux rendus par une table. Tapage effroyable. M. Home élevé en l'air*[2].

« Le 8 courant, en compagnie de trois messieurs de cette ville, j'allai rendre visite à M. Wardcheney, demeurant à Manchester, chez qui M. D. Home résidait temporairement. Un cercle fut bientôt formé... M. Home tomba alors dans un état de magnétisme spirite que révélèrent tout à coup une grande rigidité musculaire et les phénomènes ordinaires d'une condition psycho-magnétique; ses mâchoires, fermées par une contraction nerveuse, donnaient à la tension des muscles une apparence de fils d'acier.

» Il toucha alors avec ses mains, les yeux bandés, l'alphabet, et ainsi furent adressées à une ou deux personnes de la société des communications intéressantes.....

---

[1] *Révélations*, page 34.
[2] *Id.*, page 48.

Parmi les remarquables messages qui furent lus, il y en
eut un qui venait de deux matelots perdus en mer et
parents d'un des assistants.... Ces esprits annoncèrent
leur présence d'une façon quelque peu inattendue, en
remuant la massive et lourde table et en la roulant comme
un vaisseau secoué par la tempête. Pour accompagner cette
démonstration, il se joignit un craquement violent pareil
à celui des cordages tourmentés par les rafales; puis ce fut
le tour de gémissements sourds et prolongés; on entendait
distinctement les plaintes aiguës du vent, le bruit sinistre
des agrès entrechoqués dans la tempête, et le craquement
des mâts et de la membrure d'un navire qui roule d'une
vague à l'autre. Vint après le sombre et régulier choc des
lames contre l'avant du vaisseau perdu. Jusqu'alors la
table s'était maintenue dans un état de vascillation constante; mais à présent elle était renversée sens dessus
dessous sur le plancher! Tout ceci s'était passé sans que
personne touchât la table.....

» Les démonstrations augmentèrent ensuite en pouvoir
et en nombre. Plusieurs tons furent rendus par le balancement de la table, que nul alors ne touchait... L'oscillation
la portait, à chaque élévation, à trois pieds au moins au-
dessus du sol, et le ton néanmoins était maintenu avec une
singulière fidélité...

» La table fut ensuite soulevée en l'air, sans l'aide du
pied ou de la main. Une table pesant environ cent livres
s'éleva à un pied au-dessus du parquet, ses pieds pendant
dans le vide. Je sautai sur elle, et elle s'éleva de nouveau.
Elle se mit ensuite à se balancer, moi sur elle, sans cependant me faire glisser par terre, quoique son oscillation attei-
gnît au moins un angle de quarante-cinq degrés. Enfin,
une inclinaison presque perpendiculaire me fit perdre ma

position, et je fus remplacé par un autre qui eut le même sort. Tout cela se passait dans une salle assez éclairée pour qu'il nous fût permis de voir dessus et dessous la table, que nous entourions tous, et que nul ne toucha, excepté les deux personnes qui, à tour de rôle, montèrent sur elle pour la faire descendre.

» Nous entrâmes ensuite dans une chambre obscure, pour voir les éclairs de lumières spirituelles dont on avait gratifié précédemment quelques investigateurs. Mais au lieu de ces illuminations, ce fut un tonnerre de *coups effroyables* qui retentit autour de nous. Quelques-uns venant des murs, du parquet et des tables, à trois pouces de moi, étaient vraiment *étonnants...* Les murs mêmes en étaient ébranlés...

» Tout à coup, à la grande surprise de l'assemblée, M. Home fut élevé en l'air! J'avais alors sa main dans la mienne, et je sentis, ainsi que d'autres, ses pieds suspendus à douze pouces du sol. Il tressaillait de la tête aux pieds, en proie évidemment aux émotions contraires de joie et de crainte, qui étouffaient sa voix. Deux fois encore son pied quitta le parquet; à la dernière, il atteignit le haut plafond de l'appartement, où sa main et sa tête allèrent frapper doucement. »

Ailleurs M. Home raconte que son ascension se fit une seule fois *en plein jour*, et qu'il fut *soulevé* une autre fois dans un appartement où brillaient *quatre becs de gaz* [1].

§ XVIII.

QUELQUES SCÈNES DE LA VIE DU CURÉ D'ARS.

Il ne sera pas hors de propos de citer ici les faits qui, dans la vie de M. Vianney, curé d'Ars, ont l'identité la

---

[1] *Révélations*, p. 53.

plus complète avec la plupart des phénomènes spirites. Les phénomènes d'Ars ont été constatés par des témoins, ils ne sont donc pas dus à l'imagination de M. Vianney; de plus, M. Vianney ne les a pas provoqués : au rebours de ce qui se passe dans le spiritisme, ils sont venus à lui et malgré lui. Enfin M. Vianney était un catholique fervent, mieux que cela : un saint. Donc, si les phénomènes qui se sont produits à Ars sont les mêmes que ceux du spiritisme, il faut bien, en dépit des savants, conclure que tous ces phénomènes ont une cause commune, intelligente, et ajoutons, indépendante, puisqu'elle agit souvent en dehors de toute provocation. Ceci dit pour bien préciser encore une fois la nature des faits qui nous occupent, laissons la parole à l'historien de M. le curé d'Ars[1].

Tintamarre effroyable. — Voix. — Imitation du chant des oiseaux. — Déplacement de meubles et d'objets. — Taquineries de toute sorte. — Molestations. — Soulèvement du corps humain.

« Ordinairement, à minuit, trois grands coups contre la porte extérieure de la cure avertissaient le curé d'Ars de la présence de son ennemi; et, suivant que son sommeil était profond ou léger, d'autres coups plus ou moins rudes se succédaient en approchant; après s'être donné le divertissement d'un horrible tintamarre dans l'escalier, le démon entrait... Il se prenait aux rideaux du lit, s'y cramponnait, les secouait avec fureur, comme s'il avait voulu les arracher... Le pauvre patient ne pouvait comprendre qu'il en restât un lambeau, et, cependant, le matin, les rideaux n'avaient point de mal.

[1] *Le curé d'Ars*, etc., par M. l'abbé Alfred Monnier. Deux volumes in-48, Paris; Douniol, 4864. — Le passage est extrait du tome 1er, pages 390 et 424.

» Il arrivait souvent que l'esprit malin heurtait comme quelqu'un qui veut entrer; un instant après, sans que la porte se fût ouverte, il était dans la chambre, remuant les chaises, dérangeant les meubles, furetant partout, appelant M. le curé d'une voix moqueuse : « Vianney! Vianney! » et ajoutant à son nom des menaces et des qualifications outrageantes : *« mangeur de truffes!* Oh! nous t'aurons bien!... nous te tenons! nous te tenons!...» D'autres fois, sans se donner la peine de monter, il le hélait du milieu de la cour, et, après avoir longtemps vociféré, il imitait une charge de cavalerie ou le bruit d'une armée en marche. Tantôt il enfonçait des clous dans le plancher, à grands coups de marteau; tantôt il fendait du bois, rabotait des planches, sciait des lambris, comme un charpentier activement occupé dans l'intérieur de la maison; ou bien il taraudait toute la nuit, et il semblait à M. Vianney qu'il allait, le matin, trouver son plafond criblé de trous; ou bien encore il battait la générale sur la table, sur la cheminée et principalement sur le pot à eau, cherchant de préférence les objets les plus sonores.

» Quelquefois le curé d'Ars entendait dans la salle basse au-dessous de lui bondir comme un grand cheval échappé, qui s'élevait jusqu'au plafond et retombait lourdement, des quatre fers, sur le carreau. D'autres fois, c'était comme si un gendarme, chaussé de grosses bottes, en eût fait résonner le talon sur les dalles de l'escalier. D'autres fois encore, c'était le bruit d'un grand troupeau de moutons qui paissait au-dessus de sa tête. Impossible de dormir avec ce piétinement monotone. Une nuit que M. Vianney était plus agacé que de coutume, il dit : « Mon Dieu, je vous fais volontiers le sacrifice de quel-

qués heures de sommeil pour la conversion des pécheurs. »
Sur-le-champ l'infernal troupeau s'en alla, le silence se
fit, et le pauvre curé put reposer un instant. .

» Pendant plusieurs nuits consécutives il entendit dans
la cour des clameurs si fortes et si menaçantes qu'il en
tremblait d'effroi. Ces voix parlaient dans une langue
inconnue et avec la plus grande confusion, en sorte
qu'elles réveillaient en lui le souvenir encore récent de
l'invasion. Il comparait leur tumulte au bruit qu'aurait fait
une armée, ou bien il se servait d'un autre mot non moins
caractéristique, disant que des troupes de démons avaient
tenu leur *parlement* dans sa cour[1]... »

Ici l'historien emprunte la parole de personnes auxquelles M. Vianney racontait les scènes qui se passaient
chez lui :

« 2 *juillet* 1825. — M. le curé nous a dit : Je ne
sais si les rats chantent; mais il y en a un qui chante toujours par ma chambre; il grimpe sur mon lit, la nuit, en
chantant.

» 18 *août*. — M. le curé nous a dit hier que le démon
chantait dans sa cheminée comme un rossignol...

» *Septembre*. — J'ai senti cette nuit, nous a raconté
M. le curé, comme le frôlement d'une petite bête qui me
passait sur la figure; j'ai porté vivement la main, et je
n'ai rien pu saisir.

» *Octobre*. — M. le curé nous a recommandé d'élargir
sa paillasse, parce que le démon le jetait hors de son lit.
« Je n'ai pas vu le *grappin*[2], a-t-il ajouté, mais plusieurs fois il m'a saisi et m'a précipité de mon lit... »

---

[1] Il est bon de faire remarquer que « ces choses ne se passèrent
pas une fois, mais cent et cent fois par an pendant trente ans ».
(*Le curé d'Ars*, tome I, p. 393.)

[2] « Nom de guerre que M. Vianney donnait au démon dans ses

» Un soir, M. le curé était venu chez nous voir un
malade. A mon retour de l'église, il me dit : « Vous
aimez les nouvelles; eh bien! en voici une toute fraîche :
écoutez ce qui m'est arrivé ce matin. J'avais quelque chose
sur ma table; vous savez ce que c'est? » — c'était sa
discipline... « Elle s'est mise à marcher sur ma table
comme un serpent, continua-t-il,... cela m'a un peu
effrayé. Vous savez qu'il y a une corde au bout : j'ai pris
cette corde; elle était aussi roide qu'un morceau de bois:
je l'ai remise sur ma table; elle a recommencé à marcher
jusqu'à trois fois. — Vous faisiez peut-être branler votre
table, objecta une des personnes présentes à la conversation? — Non, reprit M. le curé, je ne la touchais
pas... »

» L'esprit du mal variait ses moyens d'attaque : il ne
se contentait plus de frapper aux portes et de troubler le
repos de M. Vianney par des bruits effrayants; il était sans
cesse à imaginer de nouveaux tours dont l'audace dégui-
sait mal la faiblesse. Souvent il se cachait sous son lit,
voire sous son chevet, et faisait, toute la nuit, retentir à
son oreille tantôt des cris aigus, tantôt des gémissements
lugubres, des plaintes étouffées, de faibles soupirs; quelquefois il l'entendait geindre bruyamment comme un
homme qui se livre à un travail pénible; d'autres fois râler
comme un malade à l'agonie...

» Une autre nuit, le diable imagina de prendre la
forme d'un coussin très-doux, très-moelleux, dans lequel
la tête du pauvre curé enfonçait voluptueusement comme
dans de la ouate; en même temps il en sortait un gémissement plaintif.

moments de belle humeur, et sous lequel il prit l'habitude de le
désigner ensuite. » (Le curé d'Ars, tome I, p. 394, note.)

» A la Providence, au dire de Catherine et des autres directrices que nous avons interrogées, on entendait, la nuit, des bruits de pas dans les escaliers et dans les dortoirs. On faisait enquête sur enquête, et l'on ne découvrait rien. Pendant quelque temps, on trouvait habituellement, les jours maigres, des morceaux de viande dans la soupe. Il arriva souvent à la cuisinière de vider le contenu de la marmite et de la remplir d'eau fraîche tirée du puits tout exprès. C'était peine perdue : la viande reparaissait au fond du vase. On recommença un jour l'expérience jusqu'à trois fois... A la fin, Marie Filliat, déconcertée, voulut en référer à M. le curé : « Servez la soupe, dit-il, et » faites-la manger *quand même*. C'est le *grappin* qui » fait ça... Moquez-vous de lui. »

» On était tellement familiarisé avec ces ruses du démon, ajoutent ces braves filles, qu'on ne s'en étonnait plus.

» A partir de cette décision à laquelle nous ne crûmes pouvoir mieux faire que de nous conformer, le même tour ne s'est plus renouvelé ; mais le diable ne s'est pas tenu pour battu, et que de fois il s'est manifesté par d'autres artifices ! »

Quelques personnes ont été témoins des manifestations dont il est ici question, nous en trouvons un exemple dans l'anecdote suivante [1] :

« En 1842, il vint à Ars un ancien militaire attaché, dans ce temps-là, à une brigade de notre gendarmerie départementale. Ce brave homme s'était levé à minuit, et, mêlé à un groupe de pieux fidèles, il attendait, à la porte de l'église, l'arrivée de M. Vianney. Comme le saint curé tardait à paraître, il avait senti le besoin de s'isoler, et,

[1] Même ouvrage, même volume, page 416.

pour vaincre le sommeil, il avait fait quelques pas autour
de la cure... Tout à coup il est arraché à sa rêverie par
un bruit étrange qui semblait partir de la fenêtre du presbytère. Il écoute... une voix forte, aigre et stridente,
comme doit être celle des damnés, répète, à plusieurs
reprises, ces mots qui arrivent très-distinctement à son
oreille : « Vianney ! Vianney ! viens donc ! viens donc !...»
Ce cri infernal le glace d'horreur. Il s'éloigne, en proie à
la plus vive agitation.... Bientôt M. le curé paraît, une
lumière à la main. Il trouve cet homme encore tout ému,
le rassure et le conduit à l'église... »

SECTION TROISIÈME.

Preuves de la réalité des phénomènes observés dans le spiritisme.

C'est presque en hésitant que nous écrivons ce titre ;
car la provocation et la production des phénomènes étant
à l'ordre du jour, il peut paraître étrange que l'on rapporte la preuve de faits de la réalité desquels chacun peut
se convaincre par ses propres yeux à tous les instants.
Non-seulement des réunions particulières nombreuses *pra-
tiquent* sans relâche les phénomènes spirites ; mais les
prodiges acquièrent un tel développement, rencontrent
tant d'accueil parmi les populations que, tout récemment,
on a sollicité l'autorisation d'ouvrir à Paris un *cours gra-
tuit de spiritisme*. Les preuves dont nous parlons ne feront
donc défaut à personne. Quant à ceux qui *n'ont pas vu* ou
qui *ne veulent pas voir*, nous invoquerons contre leur ignorance ou leur mauvaise volonté d'abord l'autorité du

témoignage de cette nuée de *pratiquants* ou de spectateurs qui ont provoqué l'explosion des phénomènes ou
assisté à leur production; ensuite, le soin mis par les
savants et les médecins à les expliquer. Si ces phénomènes
n'existaient pas, les savants et les médecins auraient-ils pris
tant de peine, comme nous allons le voir, pour attribuer
les *bruits* des esprits frappeurs, par exemple, celui-ci
au genou, celui-là au muscle long ou court péronier,
un autre à la ventriloquie? Le *nombre* et la *différence* des théories émises à ce sujet est même un argument en faveur de la réalité des phénomènes, puisqu'ils
dénotent le souci que prennent ces théoriciens pour découvrir une vérité que ne leur offrent pas les explications déjà
données par leurs confrères. On varie sur l'interprétation,
mais non sur le fait lui-même.

Enfin, si ces phénomènes n'étaient pas répétés, il faudrait supposer une hallucination universelle, puisque tous
ceux qui affirment les avoir observés n'auraient rien vu.
L'hallucination, en ce cas, gagnerait même les savants et
les médecins qui tentent de les expliquer, puisqu'ils inter-
préteraient ce qui n'existerait pas. Or, cette hallucination
universelle n'est pas admissible. Donc et par toutes
les raisons qui précèdent, la réalité des phénomènes est
incontestable.

CHAPITRE DEUXIÈME.

Examen des théories scientifiques émises sur la cause des bruits et phénomènes attribués aux esprits. — Opinion de MM. Flint, Schiff et Jobert (de Lamballe). — Théorie de M. de Gasparin. — Solution proposée par M. Babinet. — Opinion de M. Figuier. — Opinions de MM. Chevreul, Faraday et Moigno. — Conclusion.

Il s'agit d'expliquer :

1° les coups ou bruits produits dans des meubles, dans des murs sans choc apparent;

2° Le soulèvement et la propulsion des meubles par ou sans l'imposition des mains;

3° L'intelligence de ces mêmes meubles lorsqu'ils répondent aux questions de leurs interlocuteurs;

4° Les éclairs ou lueurs de formes et de couleurs variées apparaissant dans des salles obscures et en l'absence de toute substance chimique, de tout instrument ou appareil pouvant engendrer l'électricité ou produire la combustion;

5° La musique produite avec ou sans l'intervention d'instruments, mais toujours sans le concours d'un artiste humain;

6° Le dérangement ou la suspension des fonctions vitales, parfois la guérison subite de maladies invétérées et en apparence incurables.

§ Ier.

OPINION DE MM. FLINT, SCHIFF ET JOBERT (DE LAMBALLE).

M. le docteur Flint, professeur de clinique médicale à l'Université de Buffalo (Amérique), étudiait, dès l'année 1851, les bruits dont il s'agit. Ses recherches furent provoquées à l'occasion des demoiselles Fox, dont nous avons parlé, qui disaient pouvoir mettre les vivants en relation avec les morts au moyen des esprits frappeurs. M. Flint publia une brochure pour démontrer l'imposture des esprits frappeurs. La *Gazette des hôpitaux* du 10 mai 1859, en ayant publié un long extrait, c'est à ce journal que nous emprunterons ce qui suit :

M. Flint, ayant établi que « la seule source possible des bruits en question est dans les contractions musculaires volontaires agissant sur une ou plusieurs articulations mobiles du squelette », continue ainsi :

« Par une curieuse coïncidence, après avoir découvert la source des bruits par le raisonnement, nous avons été à même d'observer un cas qui a clairement prouvé le fait que des bruits précisément identiques aux *coups des esprits frappeurs* se peuvent produire dans la *jointure du genou*. Une dame parfaitement recommandable de notre ville a la faculté d'émettre des sons tout à fait semblables par leur caractère et leur force à ceux que les imposteurs de Rochester prétendent faire émaner du monde des Esprits. Nous avons été témoin de la production des bruits par cette dame, et elle nous a permis d'examiner par quel mécanisme elle les produit. Sans entrer ici dans des détails anatomiques et physiologiques minutieux, il suffit d'expliquer qu'en vertu de la relaxation des ligaments de la jointure du genou, et au moyen d'une action musculaire et d'une pression de l'extrémité inférieure contre un point d'appui, le tibia se porte latéralement sur la surface inférieure du fémur, produisant par le fait une dislocation latérale partielle. Cela s'effectue par un acte de la volonté, sans mouvement apparent du membre, et occasionne un bruit fort ; le retour de l'os à sa place est accompagné d'un second bruit. La plupart des *frappements* de Rochester sont doubles aussi. Il est possible, du reste, de ne faire qu'un seul bruit, en déplaçant l'os avec la vitesse et la force voulues, et le laissant ensuite reglisser à sa place; en ce cas, il n'y aura pas de bruit au retour. Si, pendant la production des *coups*, le membre qui les produit, ou quelque autre partie du corps de l'opérateur, se trouve en contact avec les objets environnants, il y aura des vibrations visibles dans ces objets. La force de la semi-dislocation de l'os est suffisante pour agiter bien distinctement les portes, les tables, etc., si elles sont en contact. L'intensité du son varie en proportion de la force des contractions musculaires, et la source apparente des coups peut aussi devenir plus ou moins distincte. »

Postérieurement à la découverte faite par M. Flint de l'origine des bruits attribués aux esprits frappeurs, un docteur allemand, M. Schiff, en découvrait aussi de son côté la *vraie* cause. Mais cette fois le genou était laissé de côté. L'observation et l'expérience de M. Schiff méritèrent l'honneur d'une communication à l'Académie des sciences de Paris; l'honorable M. Rayer la fit en ces termes [1] :

« On s'est beaucoup occupé, dit-il, dans ces derniers temps, de certains bruits attribués à de prétendus esprits frappeurs, et notre célèbre confrère M. Chevreul a publié sur ce sujet un travail remarquable dans le *Journal des Savants*. Mais aucune expérience directe n'avait été instituée, soit en Allemagne, soit en France, en vue de l'explication de ces bruits, avant les observations de M. le docteur Schiff, de Francfort-sur-le-Mein. Chez une jeune

[1] Compte-rendu des séances de l'Académie des sciences, numéro du 12 juin 1854, p. 1063. — Cité par la *Table tournante*, p. 115.

fille qu'il a eu occasion d'observer, et chez laquelle se
produisaient les bruits attribués aux esprits frappeurs,
M. Schiff est arrivé à reconnaître que le *frappement* avait
lieu dans le corps de cette jeune personne, et non au
dehors, et il a démontré expérimentalement qu'un tel
bruit peut être produit par le déplacement réitéré du
tendon du *muscle long péronier* de la gaîne dans laquelle
il glisse en passant derrière la malléole externe. En effet,
M. Schiff est parvenu à produire sur lui-même le phénomène absolument comme il avait lieu chez la jeune fille
sous l'influence du soi-disant *esprit frappeur*. Lorsque
la gaîne fibreuse dans laquelle le tendon du long péronier
glisse est faible ou relâchée, le frappement est plus facile
à produire. Ce frappement peut s'accomplir, du reste,
ainsi que M. Schiff m'en a rendu témoin, sans qu'on
observe un mouvement très-appréciable dans le pied.
Seulement, quand on appuie le doigt derrière la malléole
externe au moment où le bruit se produit, on sent parfaitement et très-distinctement le déplacement alternatif et
réitéré du tendon animé d'un mouvement d'élévation et
d'abaissement très-brusque. Cette expérience de M. Schiff
m'a paru offrir un véritable intérêt au point de vue physiologique. »

M. Schiff répéta sur lui-même, devant l'Académie,
cette expérience, « et ce frappement, lit-on dans un
journal du temps [1], était assez distinct pour pouvoir être
entendu à plusieurs mètres de distance, quoique le silence
n'ait pas été absolu, et, chose remarquable, les pieds bien
placés en évidence ne semblaient animés d'aucun mouvement. »

Mais voilà que, cinq ans plus tard, le long péronier est

---

[1] *Messager de Paris* du 6 juin 1859, article signé D^r AD. BÉRIGNY.

reconnu n'avoir aucune part à ce *bruit;* M. Jobert (de
Lamballe) découvre que tout l'honneur en doit *revenir au
court péronier latéral droit. L'Abeille médicale* du
2 mai 1859 rend compte de la manière suivante de la communication faite sur ce point à l'Académie des sciences
par M. Jobert :

« *Séance du* 18 *avril* 1859. — *De la contraction
rhythmique musculaire involontaire.* — Mademoiselle X..., âgée de quatorze ans, forte, bien constituée,
est affectée depuis six ans de mouvements involontaires
réguliers du muscle court péronier latéral droit et de
battements qui se font entendre derrière la malléole
externe droite, offrant la régularité du pouls. Ils se sont
déclarés pour la première fois à la jambe droite, pendant la nuit, en même temps qu'une douleur assez vive.
Depuis peu de temps, le court péronier latéral gauche est
atteint d'une affection de même nature, mais de moindre intensité. L'effet de ces battements est de provoquer de la
douleur, de produire des hésitations dans la marche et même
de déterminer des chutes. La jeune malade nous déclare
que l'extension du pied et la compression exercée sur certains points du pied et de la jambe suffisent pour les arrêter, mais qu'elle continue alors à éprouver de la douleur
et de la fatigue dans le membre. Lorsque cette intéressante personne se présenta à nous, voici dans quel état
nous la trouvâmes : au niveau de la malléole externe
droite, il était facile de constater, vers le bord postérieur de
cette saillie osseuse, un battement régulier, accompagné
d'une saillie passagère et d'un soulèvement des parties
molles de cette région, lesquels étaient suivis d'un bruit
sec succédant à chaque contraction musculaire. Ce bruit
se faisait entendre dans le lit, hors du lit, et à une dis-

tance assez considérable du lieu où la jeune personne
reposait. Remarquable par sa régularité et son éclat, ce
bruit l'accompagnait partout. En appliquant l'oreille sur la
jambe, sur le pied ou sur la malléole, on distinguait un choc
incommode qui gagnait toute la largeur du trajet parcouru
par le muscle, absolument comme un coup qui s'est transmis d'une extrémité d'une poutre à l'autre. Le bruit ressemblait quelquefois à un frottement, à un grattement, et
cela lorsque les contractions offraient moins d'intensité.
Ces mêmes phénomènes se sont toujours reproduits, que
la malade fût debout, assise ou couchée, quelle que fût
l'heure du jour ou de la nuit où nous l'ayons examinée. Si
nous étudions le mécanisme des battements produits, et si,
pour plus de clarté, nous décomposons chaque battement
en deux temps, nous verrons que, dans le premier temps,
le tendon du court péronier latéral se déplace, en sortant
de la gouttière, et nécessairement en soulevant le long
péronier latéral et la peau; que, dans le deuxième temps,
le phénomène de contraction étant accompli, son tendon
se relâche, se replace dans la gouttière; et produit, en
frappant contre celui-ci, le bruit sec et sonore dont nous
avons parlé. Il se renouvelait, pour ainsi dire, à chaque
seconde, et chaque fois le petit orteil éprouvait une secousse
et la peau qui recouvre le cinquième métatarsien était soulevée par le tendon. Il cessait lorsque le pied était fortement étendu. Il cessait encore lorsqu'une pression était
exercée sur le muscle ou la gaîne des péroniers. Dans ces
dernières années, les journaux français et étrangers ont
beaucoup parlé de bruits semblables à des *coups de marteau*, tantôt se succédant régulièrement, tantôt affectant un
rhythme particulier, qui se produisaient autour de certaines
personnes couchées dans leur lit. Les charlatans se sont

emparés de ces phénomènes singuliers, dont la réalité est
d'ailleurs attestée par des témoins dignes de foi. Ils ont
essayé de les rapporter à l'intervention d'une cause surnaturelle, et s'en sont servis pour exploiter la crédulité publique. L'observation de mademoiselle X... montre comment, sous l'influence de la contraction musculaire, les
tendons déplacés peuvent, au moment où ils retombent
dans leurs gouttières osseuses, produire des battements qui,
pour certaines personnes, annoncent la présence d'*esprits
frappeurs*. En s'exerçant, tout homme peut acquérir la
faculté de produire à volonté de semblables déplacements
des tendons et des battements secs qui sont entendus à
distance. Repoussant toute idée d'intervention surnaturelle
et remarquant que ces battements et ces bruits étranges
se passaient toujours au pied du lit des individus agités
par les Esprits, M. Schiff s'est demandé si le siége de ces
bruits n'était pas en eux plutôt que hors d'eux. Ses connaissances anatomiques lui ont donné à penser qu'il pouvait bien être à la jambe, dans la région péronière, où se
trouvent placés une surface osseuse, des tendons et une
coulisse commune. Cette manière de voir étant bien
arrêtée dans son esprit, il a fait des expériences et des
essais sur lui-même, qui ne lui ont pas permis de douter
que le bruit n'eût son siége derrière la malléole externe et
dans la coulisse des tendons des péroniers. Bientôt
M. Schiff a été à même d'exécuter des bruits volontaires,
réguliers, harmonieux, et a pu, devant un grand nombre
de personnes (une cinquantaine d'auditeurs), imiter les
prodiges des esprits frappeurs avec ou sans chaussure,
debout ou couché. M. Schiff établit que tous ces bruits ont
pour origine le tendon du long péronier, lorsqu'il passe
dans la gouttière péronière, et il ajoute qu'ils coexistent

avec un amincissement ou l'absence de la gaîne commune au long et au court péronier. Quant à nous, admettant d'abord que tous ces battements sont produits par la chute d'un tendon contre la surface osseuse péronière, nous pensons cependant qu'il n'est pas besoin d'une anomalie de la gaîne pour s'en rendre compte. Il suffit de la contraction du muscle, du déplacement du tendon et de son retour dans la gouttière pour que le bruit ait lieu. De plus, le court péronier seul est l'agent du bruit en question. En effet, il affecte une direction plus droite que le long péronier, qui subit plusieurs déviations dans son trajet ; il est profondément situé dans la gouttière ; il recouvre tout à fait la gouttière osseuse, d'où il est naturel de conclure que le bruit est produit par le choc de ce tendon sur les parties solides de la gouttière ; il présente des fibres musculaires jusqu'à l'entrée du tendon dans la gouttière commune, tandis que c'est tout le contraire pour le long péronier. Le bruit est variable dans son intensité, et l'on peut en effet y distinguer diverses nuances. C'est ainsi que, depuis le bruit éclatant et qui se distingue au loin, on retrouve des variétés de bruit, de frottement, de scie, etc. Nous avons successivement, par la méthode sous-cutanée, incisé en travers le corps du court péronier latéral droit et le corps du même muscle du côté gauche chez notre malade ; et nous avons maintenu les membres dans l'immobilité à l'aide d'un appareil. La réunion s'est faite et les fonctions des deux membres ont été recouvrées sans aucune trace de cette singulière et rare affection.

» M. Velpeau. Les bruits dont M. Jobert vient de traiter dans son intéressante notice me semblent se rattacher à une question assez vaste. On observe, en effet, de ces bruits dans une foule de régions. La hanche, l'épaule,

le côté interne du pied en deviennent assez souvent le
siége. J'ai vu, entre autres, une dame qui, à l'aide de
certains mouvements de rotation de la cuisse, produisait
ainsi une sorte de musique assez manifeste pour être
entendue d'un côté à l'autre du salon. Le tendon de la
longue portion du biceps brachial en engendre facilement
en sortant de sa coulisse, quand les brides fibreuses qui
le retiennent naturellement viennent à se relâcher ou
à se rompre: Il en est de même du jambier postérieur ou
du fléchisseur du gros orteil, derrière la malléole interne.
De tels bruits s'expliquent, ainsi que MM. Schiff et Jobert
l'ont bien compris, par le frottement ou les soubresauts des
tendons dans les rainures ou contre des bords à surfaces
synoviales. Ils sont, par conséquent, possibles dans une
infinité de régions ou au voisinage d'une foule d'organes.
Tantôt clairs ou éclatants, tantôt sourds ou obscurs, parfois humides et d'autres fois secs, ils varient d'ailleurs
extrêmement d'intensité. Espérons que l'exemple donné à ce
sujet par MM. Schiff et Jobert portera les physiologistes
à s'occuper sérieusement de ces divers bruits, et qu'ils
donneront un jour l'explication rationnelle de phénomènes
incompris ou attribués jusqu'ici à des causes occultes et
surnaturelles.

» M. JULES CLOQUET, à l'appui des observations de
M. Velpeau sur les bruits anormaux que les tendons peuvent
produire dans diverses régions du corps, cite l'exemple
d'une jeune fille de seize à dix-huit ans, qui lui fut pré-
sentée à l'hôpital Saint-Louis, à une époque où MM. Velpeau et Jobert étaient attachés à ce même établissement.
Le père de cette jeune personne, qui s'intitulait *père d'un
phénomène,* espèce de saltimbanque, comptait tirer profit
de son enfant pour la livrer à une exhibition publique; il

annonça que sa fille avait dans le ventre un mouvement
de pendule. Cette fille était parfaitement conformée. Par
un léger mouvement de rotation dans la région lombaire
de la colonne vertébrale, elle produisait des craquements
très-forts, plus ou moins réguliers, suivant le rhythme des
légers mouvements qu'elle imprimait à la partie inférieure
de son torse. Ces bruits anormaux pouvaient s'entendre
très-distinctement à plus de vingt-cinq pieds de distance,
et ressemblaient au bruit d'un vieux tournebroche; ils
étaient suspendus à la volonté de la jeune fille, et paraissaient avoir leur siége dans les muscles de la région
lombo-dorsale de la colonne vertébrale. »

Le journal le *Messager de Paris* complète les détails
qu'on vient de lire en ajoutant dans l'article que nous
citions plus haut :

« Surexcité par ces faits intéressants auxquels d'ailleurs
prenaient part toutes les personnes qui assistaient à cette
séance, ce qui n'est pas commun à l'Académie, M. Jobert
a complété sa communication en disant que des individus,
par un exercice soutenu, ont pu exécuter des airs mélo-
dieux, *la Marseillaise, la Marche bavaroise, la Marche
française,* avec une régularité parfaite, par la seule action
des péroniers, et il a terminé en disant que les dispositions
anatomiques de ces muscles étaient plus favorables à ces
résultats que celles des régions du corps indiquées par
MM. Velpeau et J. Cloquet. »

Les observations de MM. Flint, Schiff et Jobert (de
Lamballe) prouvent que des bruits peuvent être produits
dans le corps humain par certains muscles et sous l'impulsion de la volonté, qui irait jusqu'à leur faire battre la mesure
de *la Marseillaise.* Quel rapport y a-t-il entre ce bruit et
celui que produisent les tables ? Analogie de son matériel,

pas davantage; puisque la table en *dialoguant* fait acte
d'une intelligence complétement *indépendante* de celle de
l'interlocuteur, tandis que le muscle ne peut agir *que si
son propriétaire* le veut. Il n'y a rien de commun entre
un meuble *obéissant* au commandement du premier individu venu, *prévoyant* ses soupçons, répondant en *langue
étrangère* à ses questions, et le bruit d'un muscle qui
résonne comme une sonnerie sous le doigt de l'horloger.
L'action du meuble affirme une intelligence, l'action du
muscle le jeu d'une mécanique. Y a-t-il identité entre
ces deux ordres de faits ? Pas la moindre : concluons donc
à une différence d'origine nettement tranchée pour ces
deux phénomènes, différence qui exclut toute possibilité
de similitude et de rapprochement entre eux. Il est vraisemblable qu'un homme de la valeur de M. Jobert (de Lamballe) ne s'est pas fait cette objection, ou il aurait cherché
ailleurs que dans le court péronier le véritable esprit frappeur
qu'il croit avoir surpris. Nous en dirons autant à ses deux
collègues qui n'ont pas vu, plus que lui, que l'intelligence
manifestée par les tables assigne à leurs bruits une *origine*
radicalement autre que celle des bruits du genou ou du
péronier. Les dissertations des trois médecins nous laissent
donc dans la plus entière obscurité sur le mystère scientifique des tables parlantes.

§ II.

THÉORIE DE M. DE GASPARIN.

M. de Gasparin attribue les phénomènes à l'action d'un
fluide mis en mouvement par la volonté des opérateurs.
Après avoir admis que ces derniers *donnent naissance à*

un *fluide ou à une force particulière*[1], il ajoute :
« Maintenant, faisons un pas de plus. La volonté dispose
de ce fluide. Il ne donne l'impulsion aux objets extérieurs
que lorsque nous le voulons, et dans les parties que nous
voulons [2] »... « Je ne dis pas : les tables tournent parce
que mon fluide est rotatif; je dis : les tables tournent parce
que, recevant une impulsion ou subissant une attraction,
elles ne peuvent pas ne pas tourner [3] »... « L'hypothèse
du fluide est donc soutenable, elle s'accorde avec la nature
des choses et avec la nature de l'homme. Je n'ai pas la
prétention d'aller plus loin et d'apporter dès aujourd'hui
une explication définitive. Mais je suis tranquille. Que les
faits soient admis, et les explications ne manqueront pas.
Ce qui paraît impossible paraîtra très-simple alors [4]. »

Rappelons d'abord que l'auteur a obtenu comme résultat
de ses expériences : 1° la rotation et le soulèvement des
tables; 2° leur soulèvement à distance; 3° enfin des
nombres pensés ont été devinés par les tables. Ces phénomènes, d'après M. de Gasparin, seraient dus à un *fluide*
émanant de l'opérateur (voir séance du 9 novembre), mis
en mouvement par sa volonté et conducteur de sa pensée.
Cette théorie est-elle en harmonie avec les faits? M. de
Gasparin nous dit [5] que la table, PRÉVOYANT les soupçons de
quiconque supposerait dans les soulèvements la fraude des
opérateurs, ne se soulève précisément que quand toute
fraude est impossible et alors que le phénomène est mécaniquement en raison inverse des influences qui devraient
le provoquer. Cette prévoyance fort extraordinaire et si

[1] *Des tables tournantes*, deuxième édition, t. Ier, p. 92.
[2] *Id., ibid.*, p. 92.
[3] *Id., ibid.*, p. 95.
[4] *Id., ibid.*, p. 97.
[5] Voir ci-après, p. 429 (Appendice, pièce D).

bien constatée par l'auteur dénote donc, au moins pour lui, un calcul, un jugement *personnels* à la table s'exerçant en dehors et indépendamment du *fluide* que l'opérateur est censé lui injecter. Mais alors, et toujours pour M. de Gasparin, quel est le rôle de ce fluide dans la rotation ou le soulèvement du meuble? Autre objection encore : si la table ne peut jamais énoncer dans son langage que ce qui est dans notre esprit (car c'est bien ce que prétend M. de Gasparin), comment répond-elle *catégoriquement* à l'interrogateur dans une langue qui est tout à fait inconnue à celui-ci? (Voir plus haut page 342.) En ce qui touche les nombres pensés et DEVINÉS, comment M. de Gasparin entend-il que ce phénomène s'opère *à cause de la puissance physique développée et appliquée hors de nous par l'effet de notre volonté*[1] ? Dans tous les pays, chez tous les peuples, DEVINER est l'acte d'une intelligence *étrangère* à celle de l'individu qui interroge; donc, la table ne peut pas deviner parce que le fluide de l'opérateur passe dans elle, car sans cela l'intelligence de l'opérateur étant *seule* en jeu, l'action de deviner n'existerait pas, puisque l'opérateur se répondrait à lui-même. Le prétendu *fluide* n'a donc rien à voir dans ce phénomène, et M. de Gasparin, affirmant que la table a maintes fois deviné, affirme du même coup l'intervention d'une intelligence étrangère et supérieure à celle de l'opérateur. Explication par le surnaturel, s'il en fut, du mystère des tables tournantes ! Toutefois, M. de Gasparin répète à plusieurs reprises qu'il n'y a absolument rien de surnaturel dans ces phénomènes; mais alors, nous venons de le voir, l'explication par le fluide étant inacceptable, à quelle théorie se rattache l'auteur?

[1] Voir ci-après, p. 424 (Appendice, pièce D).

M. Thury a donc eu raison, en parlant des explications de M. de Gasparin, de dire (page 10) : « Soufflez dessus, et je crois qu'il n'en restera pas grand'chose debout. »

§ III.

SOLUTION PROPOSÉE PAR M. BABINET.

M. Babinet, membre de l'Institut, a entrepris de donner une explication des tables tournantes au point de vue de la mécanique et de la physiologie [1]. Il explique ainsi l'effet qui se produit dans l'action des mains posées sur la table : « Au moment où, après une attente plus ou moins longue, il s'est établi une trépidation nerveuse dans les mains et un accord général dans les petites impulsions individuelles de tous les opérateurs, alors la table reçoit un effort suffisant et commence à s'ébranler [2]... S'il y a quelque chose d'établi en mécanique et en physiologie, c'est que les mouvements naissants sont peu étendus, mais irrésistibles. Alors, si nous considérons plusieurs personnes appuyant les mains sur le pourtour d'une table, au moment où il sera établi de petits mouvements de pression des doigts sur la table pour chaque individu, au moment où tous ces mouvements agiront de concert, il en naîtra une force considérable, surtout si les trépidations musculaires des mains sont renforcées par une excitation nerveuse qui en centuple la force. On voit par là combien l'*imagination* peut avoir de puissance dans le développement de ces actions, et combien la présence d'un spectateur supposé mentalement hostile à la manifestation du phénomène peut influer fâcheusement sur les résultats. Le contact des doigts extrêmes

---

[1] *Revue des Deux-Mondes*, janvier 1854, p. 408 à 419.
[2] *Id.*, page 410.

peut aussi faciliter l'établissement de cette espèce de sym-
pathie mécanique, je veux dire l'établissement de l'accord
entre toutes les actions des opérateurs. — On s'est étonné
de voir une table soumise à l'action de plusieurs personnes bien disposées et en bonne voie de mouvement
vaincre de puissants obstacles, briser même ses pieds
quand on les arrêtait brusquement : ceci est tout simple
d'après la force des petites actions concordantes. Il en
est de même des efforts faits pour empêcher une table
de se soulever d'un bord en s'abaissant du côté opposé.
L'explication physique de tout cela n'offre aucune difficulté. — On doit reléguer dans les fictions tout ce qui a
été dit d'actions exercées à distance et de mouvements
communiqués à la table *sans la toucher*. C'est tout bonnement impossible, aussi impossible que le *mouvement
perpétuel*. »

Tel est le *mode* de production des phénomènes suivant M. Babinet. Quant à leur *origine*, voici sa thèse :
« S'il était besoin d'une expérience de plus pour connaître combien le cœur humain est accessible à l'ascendant
du merveilleux, il suffirait de jeter un coup d'œil sur
l'effet qu'a produit dans les vastes provinces de l'Union
américaine une manifestation dont l'origine a été *le
jeu d'une enfant ventriloque qui s'amusait*, par des
coups en apparence frappés au mur, à la porte, à la
vitre de la chambre, au bois de lit, à répondre aux
battements de mains de sa sœur et aux siens propres,
en *feignant* d'ordonner à l'esprit de suivre ses indications [1]. »

Et M. Babinet tient tellement à la ventriloquie qu'il
ajoute : « Cette supposition (d'attribuer les sons perçus

[1] *Revue des Deux-Mondes*, mai 1854, p. 527.

des coups frappés par les esprits au bruit de la grêle et de la pluie qui fouettent les vitres), trop difficile à admettre, sera facilement écartée si on hasarde le mot de *ventriloquie* timidement prononcé en Angleterre et aux États-Unis [1]. »

Plus loin, il dit encore : « Que dire, en définitive, de tous ces faits observés? Y a-t-il des coups frappés? oui. — Ces coups répondent-ils à des questions? oui. — Quand on passe le bout du doigt ou la pointe d'un crayon sur un alphabet, les coups frappés correspondent-ils à des lettres choisies par l'intelligence qui répond à l'interrogateur par le moyen du sujet ou *médium?* oui. — Ces lettres forment-elles un sens? oui, presque toujours; mais la portée de ces morceaux d'éloquence surnaturelle n'est jamais très-élevée. — Qui est-ce qui *produit ces sons?* le *médium*. — Par quel procédé? par le procédé ordinaire de l'acoustique des *ventriloques*. — Mais on avait supposé que les craquements des doigts ou des orteils pouvaient donner ces sons? non, car ils partiraient en apparence toujours du même point, ce qui n'est pas [2]. »

S'il était vrai, comme l'écrit M. Babinet, que les *mouvements naissants* soient le véritable propulseur des tables, attendu que ces mouvements sont irrésistibles, pourquoi se fait-il qu'avec un moyen aussi simple de soulever ou d'entraîner des poids considérables (n'oublions pas qu'il s'agit de pianos *soulevés* pesant trois cents kilogrammes [3]), pourquoi se fait-il, disons-nous, que les savants de l'Institut ne laissent appliquer un moteur aussi puissant qu'à la

---

[1] *Revue des Deux-Mondes*, mai 1854, p. 529.
[2] *Id., ibid.*, p. 530.
[3] Voir ci-dessus, p. 327.

rotation des tables? Dans un siècle où la mécanique fait chaque jour de nouveaux progrès, où tous les efforts de l'industrie sont exclusivement dirigés vers la production à bon marché, vous ne songez pas à remplacer la coûteuse vapeur par les *mouvements naissants* des doigts qui ne coûtent rien et qui produisent de si grands résultats? Avouez que si vous aviez foi dans vos propres affirmations, vous vous hâteriez de faire une révolution en mécanique, en substituant à tous les moteurs usités les mouvements naissants IRRÉSISTIBLES des doigts des mains; ou plutôt avouez que, si vous ne faites pas cette révolution, c'est que vous savez parfaitement que votre théorie ne serait pas de plus d'efficacité en mécanique que vous ne lui en connaissez, *in petto*, pour la rotation des tables.

Quant à la *ventriloquie,* nous prierons M. Babinet de remarquer que MM. Flint, Schiff et Jobert (de Lamballe), ayant DÉMONTRÉ que le muscle péronier, que le genou, produisent les bruits dont tant de *charlatans se sont emparés*[1] pour faire croire aux esprits frappeurs, il en résulte, d'après sa théorie, que le genou et le péronier sont *ventriloques.* C'est une conclusion forcée à laquelle M. Babinet ne peut échapper. Un muscle, une articulation VENTRILOQUES!..... Est-ce bien l'opinion de M. Babinet, membre de l'Institut?

Enfin, quand ce spirituel savant nie le soulèvement des tables à distance parce que ce prodige est scientifiquement inexplicable[2], et qu'il taxe d'*erreur* ou d'*imposture* les

---

[1] Voir plus haut, p. 383.

[2] *Revue des Deux-Mondes,* mai 1854, p. 519. — Voici le passage : « Or, on vient me dire que les sujets ou *médiums,* dans les manifestations américaines, font mouvoir les objets sans les toucher et main-

narrateurs de pareils faits, nous lui ferons modestement
remarquer qu'il aurait mauvaise grâce à soutenir cette
thèse. Que M. Babinet veuille bien, en effet, se le rappeler :
jusque vers l'année 1800, les savants (même ceux des
académies) niaient obstinément la chute des aérolithes, par
la raison que ce phénomène, comme celui des tables, était
scientifiquement inexplicable. A l'époque dont nous parlons, les académies et les savants se convertirent sur cette
question, que le dernier paysan était apte à résoudre, puisqu'il suffisait d'avoir des yeux ; mais leur conversion tar-
dive avait-elle empêché jusqu'alors la chute des aérolithes ?
Non. Nous conseillerons donc à M. Babinet de ne pas
déduire l'impossibilité du phénomène des tables dansantes
et parlantes de ce que l'explication de ce phénomène met
aujourd'hui la science aux abois, et nous serons cette fois
du moins entièrement d'accord avec M. Figuier, lorsqu'il
dit que la théorie de M. Babinet *reste tout à fait à côté de
la question* [1].

§ IV.

OPINION DE M. FIGUIER.

C'est par la *supercherie*, par les *suggestions*, par
le *demi-sommeil nerveux* que M. Figuier entend donner la raison d'être de la rotation des tables, de l'action des médiums et des bruits produits par des agents
occultes.

« L'explication du fait des tables tournantes, dit-il,
(tome 4, pages 317 et 319), considéré dans sa plus

tiennent en l'air, et sans support, des corps matériels immobiles. Dès
lors, je reconnais l'impossibilité du fait énoncé et l'erreur ou l'imposture du narrateur. »

[1] *Histoire du merveilleux*, tome IV, p. 343.

grande simplicité, nous semble être fournie par ces phénomènes dont le nom a beaucoup varié jusqu'ici, mais
dont la nature est, au fond, identique, c'est-à-dire par ce
que l'on a tour à tour appelé *hypnotisme* avec le docteur
Braid, *biologisme* avec M. Philips, *suggestion* avec
M. Carpenter.... Ce principe des *suggestions*, sous l'influence du sommeil nerveux, nous paraît fournir l'explication du phénomène de la rotation des tables, pris dans
sa plus grande simplicité. Considérons ce qui se passe
dans la chaîne des personnes qui se livrent à une expérience de ce genre. Ces personnes sont attentives; préoc-
cupées, fortement émues de l'attente du phénomène qui
doit se produire. Une grande attention, un recueillement
complet d'esprit leur est recommandé[1]. A mesure que
cette attente se prolonge et que la contention morale reste
longtemps entretenue chez les expérimentateurs, leur
cerveau se fatigue de plus en plus, leurs idées éprouvent
un léger trouble... Le cerveau humain ne peut résister
longtemps à cette excessive tension, à cette accumulation
anormale de l'influx nerveux. Sur les dix ou douze personnes qui sont livrées à cette opération, la plupart aban-
donnent l'expérience, forcées d'y renoncer par la fatigue
nerveuse qu'elles éprouvent... Dans cette réunion de
personnes, fixement attachées pendant vingt minutes ou
une demi-heure à former la chaîne, les mains posées à
plat sur une table, sans avoir la liberté de distraire un
instant leur attention de l'opération à laquelle elles prennent
part, le plus grand nombre n'éprouve aucun effet particulier. Mais il est bien difficile que l'une d'elles, une seule si
l'on veut, ne tombe pas, pour un moment, en proie à

---

[1] Il est inutile de faire remarquer que si, dans le principe, il en
fut ainsi, M. Figuier a le tort de laisser croire que cela a continué.

l'état hypnotique ou biologique. Il ne faut peut-être qu'une seconde de durée de cet état, pour que le phénomène attendu se réalise. Le membre de la chaîne tombé dans ce demi-sommeil nerveux, n'ayant plus conscience de ses actes, et n'ayant d'autre pensée que l'idée fixe de la rotation de la table, imprime à son insu le mouvement au meuble; il peut, en ce moment, déployer une force musculaire considérable, et la table s'élance. Cette impulsion donnée, cet acte *inconscient* accompli, il n'en faut pas davantage. »

Remarquons que M. Figuier ne dit pas un mot de la propulsion ou danse des tables provoquées lorsqu'un *seul* opérateur impose *la* main sur le meuble. Nous ne parlons pas du soulèvement à distance si honnêtement raconté par M. de Gasparin; M. Figuier le nie, ce qui est plus commode que de l'expliquer. En outre, il nous dit que le membre de la chaîne tombé dans le demi-sommeil nerveux donne, sans s'en douter, l'impulsion à la table, et la table s'élance..... Il n'en faut pas davantage. Fort bien. Mais voyons la suite. Il faut alors admettre que, TOUJOURS et partout, TOUS les opérateurs ne s'aperçoivent pas de la *force musculaire considérable* qui est déployée par l'individu au demi-sommeil nerveux, c'est-à-dire que *tous* sont *toujours* et *partout* aveugles, ou complaisants. Si tel avait été, en effet, le caractère de grossière supercherie des phénomènes dont il s'agit, nous aimons à croire qu'un savant comme M. Figuier ne se fût pas arrêté à leur accorder un instant d'attention; mais s'il s'en est occupé, ne serait-ce pas parce qu'il leur a, en réalité, reconnu quelque chose de sérieux ?

Quant à l'explication des *mouvements de la table*

répondant à des questions[1], M. Figuier la trouve toujours
dans son individu au demi-sommeil nerveux qui « répond
aux questions et aux ordres qui lui sont donnés, en
inclinant la table, ou en lui faisant frapper des coups,
conformément aux demandes »[2]. Et comment répond-il
aux questions mentales, ce personnage à demi endormi ?
Son état de demi-sommeil nerveux lui fait-il lire dans la
pensée de l'interrogateur, puisqu'il est avéré que la table
devine des *nombres pensés ?* Pourquoi M. Figuier n'a-t-il
pas résolu ce cas ?

C'est encore à l'aide du demi-sommeil nerveux que
M. Figuier *se rend compte des actions des médiums*[3].
Mais il ne s'est pas borné à exposer sa thèse, il a entendu
ruiner celle des personnes qui croient ici à l'intervention
des esprits, et il leur pose cette objection : « que les
esprits, interrogés par un médium, savent tout juste, et ni
plus ni moins, ce que sait le médium. « Demandez,
ajoute-t-il, à un esprit de répondre à une question faite en
anglais, l'esprit répondra parfaitement dans cette langue
si le médium connaît la langue anglaise ; mais si le médium
est étranger à cet idiome, l'esprit se taira[4] ». M. Figuier
nous prouve une fois de plus encore son penchant pour
esquiver toute difficulté chaque fois qu'il s'en dresse une
sur la route. A-t-il donc oublié qu'il a cité LUI-MÊME,
parce que le *fait présentait des particularités intéressantes*, l'expérience d'un *esprit américain* consulté à
New-York en *langue française* et répondant *ad rem*
sans l'intermédiaire d'un médium[5] ? Voilà donc un esprit

---

[1] *Histoire du merveilleux*, tome IV, p. 321.
[2] *Id., ibid.*
[3] *Id., ibid.*, p. 328.
[4] *Id., ibid.*, p. 332.
[5] Voir plus haut, p. 342.

répondant sans le secours d'un médium et dans une langue
étrangère à sa *nationalité*. Que signifie alors tout ce que
vient de dire M. Figuier, puisqu'il n'y a ici aucun médium
et que cette absence de médium détruit tout l'échafaudage
de son système? Système malheureux qui l'entraîne à
affirmer « que les esprits sont religieux et croyants dans un
cercle de dévots, mécréants ou athées dans une réunion
de sceptiques [1] », ce qui est parfaitement faux, puisque
nous avons vu des réponses obscènes se produire dans une
assemblée respectable [2].

Enfin c'est par la *supercherie* (tome IV, page 334), et
toujours par le *sommeil nerveux* (ibid.), qu'il essaye d'expliquer les *toc-toc mystérieux* entendus par les demoiselles
Fox et les croyants de l'Amérique. « Comme dans cet
état physiologique (de sommeil nerveux), dit-il, l'individu
n'a aucune conscience des actes qu'il accomplit, rien
n'empêche de croire (voilà qui est bien scientifique!...)
qu'il soit lui-même l'auteur de ces coups mystérieux, et
qu'après la séance dans laquelle ce phénomène s'est produit, le médium puisse attester en toute sincérité son
innocence sur ce point. » (Ibid.) C'est-à-dire qu'un
homme plus ou moins endormi frappe sur un mur ou
sur un meuble, et tous les assistants, qui ont pu et dû voir,
d'assurer que ce n'est pas lui qui en est l'auteur, mais
un être invisible!... Quand on sait que ces *bruits* ont
entraîné en Amérique plus de cinq cent mille personnes
dans le spiritisme, il faut faire une singulière part à la
niaiserie humaine et à celle de ses lecteurs pour admettre
que les premiers aient pu être victimes d'un si stupide
mensonge et que les seconds y voient la clef du mystère à

---

[1] *Histoire du merveilleux*, tome IV, p. 333.
[2] Voir plus haut, p. 324.

découvrir. On nous permettra de ne pas discuter de pareilles allégations.

Au surplus, ne soyons pas difficile : M. Figuier, qui n'a pas une grande confiance dans ses interprétations, se hâte d'ajouter « qu'à ceux qui ne seraient point satisfaits de cette *conjecture*[1], il peut offrir un autre système[2] ». Or, ce système est celui de MM. Flint, Schiff, Jobert (de Lamballe), etc.; nous croyons en avoir fait justice.

Faudra-t-il s'arrêter maintenant à discuter la théorie de M. Chevreul, de l'Institut, de l'*action inconsciente des mouvements musculaires*, théorie dont M. Thury a démontré le vide, puisqu'elle « ne suffit pas à expliquer les mouvements sans contact, ni ceux qui s'accomplissent dans un sens où l'action musculaire ne saurait les produire[3] » ?

Faudra-t-il discuter la théorie de M. Faraday, le célèbre physicien anglais, dont l'explication, d'après ce que rapporte M. Figuier[4], n'a *paru satisfaire complétement personne?*

Faudra-t-il discuter la théorie de M. l'abbé Moigno, qui ne voit dans le phénomène de la rotation des tables « que le résultat facile à prévoir de mouvements musculaires produits par la volonté et l'imagination, sans que notre âme ait la conscience et le sentiment de l'impulsion donnée par elle à nos organes, sous l'influence d'une préoccupation qui

---

[1] Conjecture!!!... On le voit, pas de solution, toujours un faux-fuyant.

[2] *Histoire du merveilleux,* tome IV; p. 334.

[3] Thury, p. 39.

[4] *Histoire du merveilleux,* tome IV, p. 313.

l'absorbe ou d'un entraînement qui la fascine et l'éblouit [1] » ?
Opinion qui est, on le voit, le mélange de celles de
MM. de Gasparin, Figuier et Babinet.

Faudra-t-il, en un mot, discuter une à une toutes les
autres théories qui ont pu se produire en prenant pour base
le *naturalisme* déguisé sous les noms de *physiologie* ou
de *physique,* ou sous tout autre nom?

Ce soin serait inutile et superflu, puisque ces théories
seraient manifestement et de tout point inacceptables.

Nous conclurons, dès lors, en ce qui concerne les
phénomènes du spiritisme moderne, ainsi que nous l'avons
fait pour les prodiges opérés par les convulsionnaires jansénistes, que *l'ingénuité de l'interprétation* est le caractère distinctif des prétendues explications qu'en ont données
les savants.

[1] *Cosmos,* tome II, p. 584; Paris, 1853.

LIVRE SIXIÈME.

RAPPROCHEMENTS ENTRE TOUS LES FAITS SIGNALÉS DANS
LE PRÉSENT OUVRAGE. RÉSUMÉ ET CONCLUSION.

Il n'échappera à personne que le caractère fondamental
des phénomènes dont il est ici question est la *perte de la
volonté* chez celui en qui ils se produisent. Qu'il s'agisse
des convulsionnaires jansénistes, des convulsionnaires de
Morzine, des méthodistes ou baptistes américains, des
magnétisés, l'absorption de la volonté est constante chez
tous durant la crise. Spectacle fort digne d'attention en
ce qu'il dénote que l'individu *prêtant* ses organes *sans
pouvoir s'en empêcher* [1], se trouve sous une pression
supérieure qui le maîtrise à son gré. On conviendra qu'une
particularité aussi grave commandait l'examen. Qu'ont fait
les savants? Cette particularité les a si peu touchés, que
l'un d'eux n'a pas même hésité à *arranger* dans une des
histoires qu'il considère comme très-intéressante en ce
genre plusieurs des passages concernant la perte de la
volonté chez la patiente.

Et quant au spiritisme, niera-t-on que ses pratiques ne
fascinent, n'ébranlent la volonté de ceux qui s'y livrent,

[1] Voir ci-dessus, p. 45 et 65.

au point de les pousser à des actes qu'ils n'auraient pas accomplis sans cette excitation ? N'avons-nous pas vu deux personnes se suicider à Tours sur la provocation des esprits ; Victor Hennequin tenter de se suicider pour être plus tôt réuni à l'*âme de la terre qui l'appelle;* madame Browne divorcer sur l'injonction des esprits ? N'avons-nous pas vu encore madame de Girardin ne pouvoir se séparer de sa table ; M. Vacquerie se *précipiter éperdument dans cette grande curiosité de la mort entr'ouverte?* Qui est-ce qui rend ces désirs si irrésistibles ? Qui est-ce qui rend la volonté si soumise aux ordres d'un agent occulte ? n'est-ce pas la pratique du spiritisme ? Ces pratiques renferment donc un *charme* qui entraîne ÉPERDU- MENT, comme le dit si bien M. Vacquerie. (Voir page 347.)

On aura remarqué également ce qui paraît être le cachet distinctif de l'intelligence d'emprunt acquise aux convulsionnaires ou aux tables ; nous voulons parler de l'affectation que cette intelligence met, dans tous les âges, à se poser en hostilité avec les dogmes, les pratiques d'une Église : l'Église catholique romaine. En effet, tandis que le convulsionnaire janséniste faisait sentir dans des « discours » véhéments l'importance des vérités condamnées par la » bulle *Unigenitus* » (voir page 44), c'est-à-dire répudiait les décisions prises à Rome contre le jansénisme, l'enfant de Morzine se signale « par un caractère d'impiété » dirigé contre tout ce qui rappelle Dieu, les mystères, » la religion, Marie, les saints, les sacrements, la prière [1] » ; et, de leur côté, les consultations spirites du monde occulte proclament faux les dogmes reçus dans l'Église romaine

---

[1] Voir page 290. — Dans notre ouvrage sur l'*Inspiration des Camisards,* nous avions constaté (page 66) que le trembleur des Cévennes éprouvait une *véritable haine* pour le culte des *papistes.* C'est bien la même école.

(voir page 361)., et les enfants magnétisés déclarent
être l'organe du *mauvais esprit* (voir page 233). C'est-
à-dire que, sur ce point, il y a conformité absolue de
pensée dans les manifestations spirituelles de tous les
temps. Conformité d'autant plus surprenante que les convulsionnaires jansénistes, les protestants des Cévennes
(voir la note précédente), les pauvres habitants de Morzine
en Savoie, les magnétisés et les consultants de toutes les
écoles spirites n'ont pas poursuivi et ne poursuivent pas
le même but, se sont trouvés ou se trouvent les uns et
les autres dans des conditions politiques, sociales et religieuses entièrement différentes. C'est-à-dire qu'il faut
reconnaître dans cette *hostilité permanente* une des faces
les plus curieuses de la question, et elle devait fournir
matière à une intéressante étude psychologique. Qu'en ont
dit les savants? Rien.

Notons enfin un troisième point de rapprochement : l'inconstance dans la production des phénomènes. Tantôt, en
effet, ces phénomènes éclatent alors que tout semble
conspirer contre eux ; d'autres fois, au contraire, on ne
peut les obtenir, malgré les meilleures dispositions des
sujets, les plus minutieuses précautions chez les opérateurs. Pourquoi la science a-t-elle dédaigné de nous
éclairer sur cette singularité? Pourquoi ne nous a-t-elle
pas dit s'il ne fallait voir dans cette inconstance qu'une
suite d'incidents fortuits, ou bien si elle ne révélait pas
un calcul, voire même un caprice? La question en valait
la peine : car, lorsqu'on prétend expliquer, encore ne faudrait-il pas laisser de côté les traits généraux qui donnent
un air de famille aux physionomies qu'on étudie.

De cette identité dans le caractère fondamental des phénomènes, dans le calcul ou le caprice qui préside à leur explo-

sion, et dans l'expression de la pensée de l'intelligence mise par eux en lumière, il est impossible de ne pas conclure que tous ne sont que les rameaux d'un même tronc. Jamais communauté d'origine ne fut mieux accusée, et les savants l'auraient reconnue s'ils eussent procédé avec une méthode logique à l'analyse de leurs observations. Malheureusement, au lieu de tirer les conséquences des faits, nous les avons vus, on s'en souvient, écourter, arranger les textes de manière à ramener les faits à une théorie préconçue. Système bizarre et déplorable, qui devait les jeter hors de la vérité. Aussi que d'opinions! Les uns se sont prononcés pour la supercherie, d'autres pour l'énergie de la volonté, d'autres encore pour l'hystérie, pour la ventriloquie, pour l'hallucination, pour la suggestion, etc., comme si la supercherie, l'hystérie, l'hallucination, la ventriloquie, pouvaient conférer le don des langues aux idiots, l'intelligence à des meubles, l'invulnérabilité au corps humain!

Il est donc avéré que les TROIS TRAITS SAILLANTS, CARACTÉRISTIQUES, des manifestations du merveilleux que nous avons étudiées, savoir : la communauté de leur origine, l'inconstance de leur explosion, la fixité, dans tous les âges, de la pensée de l'intelligence qu'ils révèlent, il est avéré, disons-nous, que les savants n'ont pas voulu ou n'ont pas pu les voir.

Maintenant, résumons l'ensemble de nos recherches et concluons :

1° En ce qui touche les convulsionnaires jansénistes, nous avons reconnu que lorsqu'ils étaient en convulsions, et seulement alors, ils ont eu le don de l'intelligence, de l'éloquence, de révélation et des langues [1], qu'ils ont supporté des macérations effrayantes [2], que leur corps a par-

---

[1] Voir pages 43 et 61.
[2] Id., p. 46 et 119.

fois été revêtu d'une invulnérabilité à toute épreuve [1] ;
mais leur santé n'était nullement altérée par les accidents
physiques ou par les supplices que nous avons rapportés.
En outre, au sortir de la *crise,* ils ont ignoré le plus souvent ce qu'ils avaient dit ou fait pendant sa durée. Les
enfants et les femmes, les femmes surtout ; ont joué
dans les scènes de convulsions le rôle le plus important.
Enfin la débauche a constamment accompagné les convulsions.

2° Au sujet du magnétisme ; nous avons vu que le don
de prophétie ou de divination, le don des langues, la lucidité sont le partage des magnétisés, mais seulement pendant la durée du sommeil somnambulique. D'autres phénomènes, tels que la catalepsie totale ou partielle du corps ;
l'insensibilité ; peuvent être provoqués pendant ce même
sommeil. Mais la santé des magnétisés n'est point altérée
par ces accidents. Au sortir du sommeil ; les magnétisés
ignorent ce qu'ils ont dit ou fait pendant sa durée.
Les femmes se font remarquer par leur *aptitude* pour
les expériences de magnétisme. Enfin, le magnétisme ;
de l'aveu même des savants ou de ses plus fervents
apôtres ; ne sert que trop à faciliter le désordre des
mœurs.

3° Pour les méthodistes et les baptistes américains, les
hurlements, les sauts, les contorsions ; les aboiements ; les
convulsions les plus horribles sont le signe de la communication du *Saint-Esprit* aux fidèles ; et l'envahissement
de l'individu par cet esprit est de telle nature qu'il faut le
subir sans résistance. On ne signale jamais que la chute
du corps par terre pendant les convulsions soit la cause
de blessures. L'*inspiration* se manifeste surtout chez

[1] Voir pages 54 à 56 et 83 à 96.

les femmes, et les *sœurs régénérées* brillent par l'immoralité.

4° A Morzine, lorsque les convulsionnaires sont dans la crise, et seulement alors, elles ont le don de l'intelligence, des langues, de révélation. L'impiété et le dévergondage sont au fond de tous leurs discours, sans que les plus pieuses filles mêmes puissent, sur ces deux points, retenir leur langue. La santé des convulsionnaires de Morzine, pas plus que celle des convulsionnaires jansénistes, n'est altérée par leurs convulsions. Enfin, au sortir de la crise, ces convulsionnaires ignorent ce qu'elles ont dit ou fait pendant sa durée.

.5° En ce qui touche le spiritisme moderne, nous avons vu que des meubles acquièrent le don d'intelligence au point de pouvoir dialoguer avec quiconque provoque leurs réponses, qu'ils ont aussi le don des langues et de divination, qu'ils se soulèvent du sol au commandement de l'opérateur, qu'ils *dansent* si l'on veut, ou bien présentent une résistance telle qu'on les dirait soudés au plancher. Nous avons constaté l'*entraînement* dangereux que la pratique du spiritisme exerce sur la volonté humaine, et nous avons remarqué que les meilleurs médiums sont toujours des femmes. Au point de vue moral, le dévergondage, la luxure, sont en étroite alliance avec *certaines* manifestations spirites. Enfin,. nous avons pu établir l'identité la plus entière entre les phénomènes attribués au spiritisme et les faits étranges qui se sont passés au presbytère d'Ars, et qui ont eu pour *sujet* ou pour *objet* M. le curé d'Ars lui-même, qui ne s'occupait certes pas de spiritisme.

Tels sont les phénomènes. Quant à leur réalité, elle est hors de discussion. Nous ne rappellerons pas ici les preuves que nous en avons données; il nous suffira de remarquer que, par cela même que la science a prétendu les expliquer, elle a consacré, elle-aussi, leur certitude. Répétons-le, en effet, à outrance : on est d'accord sur les faits, c'est sur leur interprétation seulement qu'on varie.

La preuve des phénomènes rapportée, nous avons passé à l'examen des théories émises pour les expliquer, et nous avons reconnu l'insuffisance de tous les systèmes scientifiques : insuffisance qui se laissait deviner *a priori*, puisque, la science ne pouvant se prononcer qu'alors qu'il y a relation de cause à effet, le sens commun enseigne qu'il ne saurait y avoir relation de cause à effet dans les prodiges dont il s'agit; par exemple : dans le fait d'incombustibilité observé chez les jansénistes, ou dans le fait d'intelligence, de divination, de don des langues, manifesté par les tables *spiritisées* aujourd'hui.

Tel est le résumé de notre travail; or, que voulions-nous savoir en commençant? nous voulions nous assurer si des phénomènes extraordinaires avaient été observés parmi les convulsionnaires jansénistes, chez les magnétisés, les méthodistes et les baptistes américains, dans l'épidémie de Morzine et enfin parmi les spirites modernes; — savoir en quoi consistaient ces phénomènes; — établir la certitude de leur réalité; — déterminer leurs points de ressemblance; apprendre enfin quelles explications la science prétend donner des uns et des autres. Nous croyons avoir rempli ce programme, et nous pouvons dès lors conclure :

1° Que des phénomènes prodigieux se sont produits chez les convulsionnaires jansénistes, chez les méthodistes et les baptistes américains, et se produisent aujourd'hui dans l'épidémie de Morzine, au sein du magnétisme et parmi les spirites;

2° Que ces phénomènes sont certains ;

3° Que leur identité accuse une origine commune ;

4° Que la physique et la physiologie sont impuissantes à les expliquer.

APPENDICE.

A. — *Épidémie de convulsions observée parmi les enfants
en Hollande*[1].

« Vers l'année 1566, c'est-à-dire environ douze ans avant
que la religion romaine fût bannie d'Amsterdam, quelques-
uns des orphelins de cette ville, qu'on ne manqua pas de
considérer comme des possédés, tombèrent dans des accidents
convulsifs : ils faisaient, disent les historiens, des grimaces et
des postures épouvantables ; ils grimpaient comme des chats
sur les murs et sur les toits ; ils parlaient des langues étrangères et savaient ce qui se passait ailleurs. Comme ils mangeaient,
jouaient et couchaient ensemble, il y en eut jusqu'à soixante-
dix qui gagnèrent le mal dont ils eurent des ressentiments
toute leur vie, quoiqu'ils en eussent été guéris.

» En 1673, on vit un semblable événement parmi les orphelins de la ville de Hoorn ; plusieurs d'entre eux, tant garçons que filles, au-dessus de douze ans, furent saisis, dit
François Kuiper, d'un mal fort pesant. On appela plusieurs
médecins qui parurent tous au bout de leur science, ne sachant
quel remède leur apporter. Ils tombaient subitement en
pâmoison, et au même moment ils étaient comme hors d'eux-
mêmes ; ils se tiraillaient et se déchiraient, frappaient de
leurs jambes, de leurs bras et de leur tête contre terre, criant,
hurlant et aboyant comme des chiens. Aux uns le ventre
battait si épouvantablement que l'on eût dit qu'il y avait
dedans une créature vivante qui s'y remuait, en sorte qu'on
était obligé quelquefois de les tenir à trois, quatre, cinq ou six
personnes, et même davantage : l'un tenait la tête, deux
autres les mains ; un autre se mettait sur ses jambes, et

[1] *Examen critique, physique et théologique des convulsions*, in-4°, 1733,
page 73.

quelquefois il en fallait un aussi pour s'asseoir sur le ventre, afin de le tenir en son état; et quand ils ne se remuaient plus, ils étaient aussi roides qu'une barre, tellement qu'en les prenant seulement par la tête et par les pieds, on pouvait les porter où l'on voulait sans qu'ils se remuassent, ce qui durait plusieurs heures de suite. Une fille des plus âgées fut une fois dans cet état depuis le matin jusqu'à quatre heures après midi, au gré des partisans de nos convulsions... Les enfants étaient ordinairement plus tôt surpris de ce mal quand ils voyaient leurs camarades en cet état et quand ils les entendaient crier, hurler et aboyer. C'est pourquoi ils se mettaient souvent en devoir de fuir, mais inutilement, à moins qu'ils n'eussent le temps de gagner la porte de la maison pour en sortir. Tellement qu'à force d'en voir tomber et d'en entendre, il en tombait une si grande quantité qu'à peine y en avait-il assez de sains pour secourir les malades. On ne trouva pas de meilleur expédient pour remédier au mal de ces enfants que de les mettre chez les bourgeois où d'abord ils commencèrent à se mieux porter, et par ce moyen ils en furent tous quittes, les uns plus tôt, les autres plus tard, excepté deux filles qui s'en ressentaient encore quelquefois. »

B. — *Rôle des enfants dans des scènes de sorcellerie.*

On lit dans le feuilleton du journal l'*Univers* du samedi 9 octobre 1858 :

« On nous écrit de Stockholm, le 27 septembre : Les journaux suédois sont en ce moment très-occupés du résultat d'une enquête officielle faite par l'autorité ecclésiastique sur diverses pratiques de sorcellerie fort en usage depuis un certain temps dans plusieurs paroisses de la Dalécarlie, surtout dans celles de Mockfjerd et de Gagnef. Le journal intitulé *Fahlun* donne à ce sujet des détails dont voici le résumé : A une époque (dit cette feuille) qui s'appelle avec orgueil le siècle des lumières et de la civilisation, nous voyons reparaître les pratiques de la sorcellerie, les voyages dans la vallée de Joseph (*Josefsdal*, l'enfer), etc. MM. les députés du consistoire de Westeras, savoir, M. Ilvasser, curé de la cathédrale, M. Baggstedt, curé cantonal, et M. le prévôt Boethius, déclarent que le pasteur Blumenberg leur paraît lui-même atteint de cette superstition. Ce pasteur, de son côté, proteste qu'il ne considère ces pratiques que comme des obsessions de Satan, qui devraient porter à un christianisme plus pur et plus parfait que celui qui existe maintenant. C'est pourquoi il impose les mains aux obsédés pour les guérir, en faisant en même temps des prières. Ces pratiques sont en honneur dans les douze hameaux dont la paroisse de Mockfjerd est composée, et des habitants de cette paroisse ainsi que de celle de Gagnef ont présenté à MM. les députés du consistoire une pétition couverte de signatures, dans laquelle ils peignent l'état moral de ces contrées comme très-affligeant et presque désespéré. L'ivrognerie et toutes les abominations de l'impudicité sont le résultat de ces superstitions. A Bjorka, huit jeunes enfants assuraient hautement et résolûment que, pendant la nuit, régulièrement les mercredis, samedis et dimanches, ils faisaient un voyage à Blaukulla (montagne bleue, enfer) appelée également la vallée de Joseph, la vallée des Roses (*Rosendal*), la vallée de Lumière (*Gusandal*), et qu'ils y étaient conduits par certaines sorcières, vieilles femmes qu'ils désignent nominalement, dont quelques-unes sont de leur famille, d'autres inconnues. Ils font ce voyage, disent-ils, à cheval sur des bâtons, des balais, etc. Avant de partir, les sorcières mettaient autour de leur cou un serpent en forme d'anneau, et par ce moyen ils étaient changés en pies. Arrivés à Blaukulla, ils étaient, ajoutaient-ils, régalés de bœuf et de lard, et quelquefois aussi de serpents et de crapauds. On leur a demandé sous quelle figure ils avaient vu le diable; ils répondent qu'ils l'ont vu sous la forme d'un beau monsieur, en habit bleu, qui dansait avec eux, et qui leur recommandait par-dessus toutes choses de mentir le plus possible. Les vieilles qui avaient été désignées par ces enfants comme sorcières, et surtout celles qu'ils accusaient de les avoir emmenés à Blaukulla, ont, cela va sans dire, repoussé l'accusation. Pour remédier au mal, MM. les délégués ont prêché, l'un après l'autre, sur les dangers de la superstition; mais leur éloquence n'a pas convaincu leurs auditeurs, qui, en s'éloignant, s'écriaient : « Quoi qu'on puisse dire, le pasteur *Blumenberg* est « le seul vrai sauveur ». D'autres ajoutaient : « Il n'y a pas grand avantage à croire en Jésus-Christ; le pasteur Blumenberg est d'un meilleur secours !... » En somme, le clergé semble impuissant contre cette superstition. Le jour suivant

eut lieu un interrogatoire dans l'église même, et il n'y eut
pas moins de quatre-vingts à quatre-vingt-dix personnes qui
déclarèrent ouvertement avoir célébré le sabbat, avoir été à
Blaukulla et avoir vu Satan et la mer de soufre. Deux sœurs,
Brigitte et Anna Matsdotter, l'une âgée de 32 ans, l'autre de
26, prétendent qu'elles font régulièrement le voyage de Blaukulla, l'aînée depuis sa première jeunesse, l'autre depuis le
berceau. Le trajet dure généralement, disent-elles, une demi-
heure. Pour le reste, leur déposition concorde en tout avec
celle des enfants dont il a été question plus haut; ce sont les
mêmes détails sur les repas, les danses, etc. La cadette, qui,
du reste, est percluse depuis son enfance, assure avoir été
guérie par l'imposition des mains et la prière du pasteur Blumenberg. Tels sont en substance les faits rapportés par les
journaux suédois; on voit où en est la Suède protestante en
fait de religion, et notez que c'est parmi les personnes les plus
pieuses que se répandent surtout ces superstitions. »

A la suite de cette lettre, nous mettrons la relation suivante
qui est le résumé d'un récit plus étendu donné par M. le
comte de Tésie, dans son ouvrage sur les *Sciences occultes*
(livre x^e) :

« La scène que nous allons raconter se passe en l'an 1670,
en Suède, au village de Morha, dans la province de Dalécarlie. De malheureuses femmes ayant été accusées de sorcellerie,
les commissaires royaux furent envoyés avec pouvoir extraordinaire pour informer contre elles. A l'arrivée de ces commissaires, la province était en mouvement, par suite des machi-
nations infernales attribuées à celles qu'on appelait des suppôts
de Satan. Ces plaintes amenèrent l'arrestation de toutes les
personnes que la voix ou plutôt la malignité publique désignait
sous le nom abhorré de sorciers et de sorcières : le nombre en
monta bientôt à plus de cent. Quant à la procédure suivie
dans ce procès, elle consista simplement à confronter les enfants ensorcelés avec les sorcières et à prendre pour base de
l'accusation les récits que ces petits malheureux persistaient à
déclarer véritables. Les enfants entendus par le tribunal étaient
au nombre de *trois cents*. A quelques légères variations près, ils
s'accordaient dans leurs dires. Ils racontaient que les sorcières
leur avaient enseigné la manière d'évoquer les démons; que ces
anges de ténèbres leur apparaissaient sous différentes formes
qu'ils détaillaient : sous la figure d'un baladin ayant habit gris,

bas rouges et bleus, barbe rouge et chapeau pointu, etc.; puis ils étaient emportés sur la montagne de Hartz, où se tenait le grand sabbat du nord. Les uns y étaient en corps, les autres en esprit, et les mères étaient persuadées que leurs enfants étaient réellement enlevés par le diable. Ces enfants racontaient quelles étaient les diverses nourritures frugales qu'on leur donnait dans ce palais du sabbat infernal. Il se commettait là les mêmes abominations et les mêmes débauches que l'on raconte des autres sabbats, avec cela de particulier que, du commerce des démons avec les sorcières, naissaient des garçons et des filles qui se mariaient ensemble et produisaient une lignée de crapauds et de serpents. Plusieurs de ces enfants parlèrent aussi d'un ange blanc qui cherchait à les détourner de faire ce que le diable leur conseillait, en leur disant que tout cela ne durerait pas longtemps. Ils ajoutaient que cet esprit bienfaisant se plaçait quelquefois entre eux et les sorcières et les tirait en arrière pour les empêcher d'entrer au sabbat. Tous les aveux faits en présence des sorcières furent d'abord niés par elles avec la plus grande persévérance; enfin quelques-unes de ces misérables fondirent en larmes et confessèrent les horreurs qu'on leur imputait. Elles dirent que la coutume d'enlever les enfants pour les livrer au démon était devenue, depuis quelque temps, beaucoup plus commune, et confirmèrent tout ce que les témoins, entendus devant les juges, avaient rapporté contre elles. Elles ajoutèrent même à leurs récits d'autres circonstances non moins singulières. Une vieille sorcière avoua qu'elle avait un jour essayé d'enfoncer dans la tête du ministre luthérien de Morha, pendant son sommeil, un grand clou que le diable lui avait donné à cet effet. Mais ce fut en vain : le ministre avait le crâne tellement dur que le fer diabolique ne put y pénétrer, et que tous les efforts de la vieille n'aboutirent qu'à causer au ministre un léger mal de tête à son réveil. A part ce dernier épisode, on ne peut s'empêcher de convenir qu'il y a quelque chose de bien extraordinaire, nous dirons même d'*inexplicable*, dans les aveux de ces *trois cents* enfants, interrogés séparément, et racontant tous unanimement la même histoire. Nous ne doutons pas que cette unanimité n'ait dû produire une profonde impression sur l'esprit des juges. Mais les résultats de cet étrange procès font frémir d'horreur; et nous ne croyons pas qu'il ait été prononcé dans aucun siècle une condamnation plus inique et plus arbitraire que celle qui le fut, en cette occasion, par les délégués du chef couronné de l'Église luthérienne de Suède. Les accusés furent condamnés à la peine de mort. *Quatre-vingt-quatre* de ces malheureux, parmi lesquels on comptait vingt-trois femmes qui avaient avoué leur crime, furent brûlés vifs *à Falunna :* dans ce nombre étaient compris quinze enfants. Vingt-six autres des plus jeunes furent passés par les verges, et fouettés, en outre, une fois par semaine à la porte de l'église de Morha pendant une année; vingt autres, plus jeunes encore, furent cruellement fustigés au même endroit pendant trois jours seulement. Ce fut après avoir fait répandre ce déluge de sang et de larmes que les commissaires royaux, dont la conduite reçut à la cour l'approbation générale, osèrent se vanter d'avoir expulsé pour longtemps le démon des montagnes de la Dalécarlie. Des prières publiques furent ordonnées dans tous les temples protestants du royaume pour demander à Dieu de restreindre, à l'avenir, le pouvoir de Satan. Le bruit que fit cette épouvantable affaire porta le duc de Holstein-Gottorp à demander des renseignements au roi de Suède, Charles XI, dont il était le parent. Sa Majesté répondit : « Mes juges et » mes commissaires ont, il est vrai, fait brûler un assez grand » nombre d'hommes, de femmes et d'enfants, mais ils avaient » acquis la preuve des crimes dont ces misérables étaient accu- » sés; toutefois, je ne saurais dire si les faits avoués par eux » étaient réels ou s'ils étaient le fruit d'imaginations exaltées. » Dans le doute où se trouvait Sa Majesté Suédoise, il semble qu'il eût été de toute justice de suspendre au moins l'exécution des quatre-vingt-quatre victimes qui périrent dans les flammes des bûchers de Falunna, sacrifiées par l'intolérance luthé-rienne. »

C. — *Convulsion tournante observée dans le département du Haut-Rhin.*

On lit dans la *Gazette des Tribunaux* du vendredi 4 octobre 1844 : — « HAUT-RHIN. (Kuenheim). — Nous avons à trois lieues de Colmar, dans la commune de Kuenheim, une société de *convulsionnaires,* qui eût marqué même au douzième siècle. On connaît les atroces épreuves de l'*hérétication* des Vaudois, des Albigeois, des Poplicains; on sait comment se faisaient les interrogatoires de l'inquisition. Pour peu que les convulsionnaires dont nous allons parler fassent de progrès, nous pourrons voir encore remettre en honneur toutes ces affreuses scènes imaginées par le fanatisme.

» Cette société se compose de trente ou quarante membres, hommes, femmes et enfants, presque tous des journaliers, de pauvres gens. Elle se réunit trois fois par semaine, les mercredis et samedis, de huit à onze heures du soir, les dimanches de deux à onze heures, minuit. Nous tenons les détails qui suivent d'un témoin oculaire tout à fait digne de foi.

» Ces sectaires se tiennent dans une salle du rez-de-chaussée de la maison du chef; comme il n'y a pas de rideaux aux fenêtres, le soir on voit très-bien de la rue ce qui se passe dans l'intérieur; d'ailleurs l'entrée n'est défendue à personne, seulement la présence d'un étranger apporte quelque gêne dans l'exercice de ce culte bizarre. Le chef est un cultivateur peu aisé, jeune encore, et qui s'est toujours fait remarquer par son exaltation religieuse.

» Sur la table se trouve une *Bible* ouverte, dans laquelle le chef lit à haute voix aux sectaires, assis sur des bancs ou debout autour de lui. Cette lecture se fait d'un ton solennel, d'abord en allemand, seule langue que comprennent les assistants; puis arrive un jargon incompréhensible pour tout le monde, et même pour l'orateur lui-même. Si, après la séance, vous demandez au chef quelle langue il a parlé, il vous répondra que c'était tantôt du latin, tantôt de l'hébreu, qu'il ne connaît ni le latin ni l'hébreu, mais que dans ces moments-là il est inspiré de Dieu, qui, lui fait parler la langue qu'il veut. A mesure que le jargon de l'orateur devient plus rapide, plus fort et plus inintelligible, l'assemblée murmure, s'agite, parle haut, et enfin tous se mettent à rugir, à hurler d'une manière si terrible qu'on les entend dans la forêt voisine, à plus d'un quart de lieue de là. Au milieu de cette agitation, des femmes se lèvent (ce sont presque toujours les plus jeunes), agitent les bras au-dessus de la tête, tournent sur les talons en jetant des cris perçants qui dominent ce bruit sauvage; puis un mouvement convulsif s'empare de tout leur corps, et elles tombent comme épuisées de fatigue. Des filles de douze à quinze ans sont atteintes aussi de ce paroxysme d'exaltation. Lorsque ces femmes se relèvent, au bout d'une dizaine de minutes, elles se mettent à danser, à chanter et à rire, mais d'un rire nerveux, comme celui de l'ivresse ou de la folie; la danse et le chant sont incohérents, dévergondés; les yeux sont brillants, et les larmes coulent sur les joues de ces malheureuses. Ce spectacle a quelque chose de triste, de poignant. « A ce moment, j'avais envie de pleurer », nous dit la personne qui y a assisté.

» Pendant tout cet horrible vacarme, l'orateur conserve le calme d'un chef inspiré. Il s'avance au milieu de ses disciples au moment où l'agitation va se calmer; alors ceux qui sont un peu attiédis par la fatigue s'approchent de lui. Les plus proches se courbent en avant et le touchent de la tête, les autres de la main; quelques-uns parviennent seulement à le toucher du bout d'un doigt. Ainsi entouré, le chef recommence son jargon et ses gesticulations emphatiques en tournant sur place et en faisant tourner autour de lui tous ces individus. Au bout de cinq minutes, le paroxysme redouble, de nouvelles convulsions s'emparent des femmes, et ces dégoûtantes scènes, comme nous l'avons dit, durent chaque dimanche neuf à dix heures consécutives, et jusque bien avant dans la nuit.

» Beaucoup de personnes prétendent que *la décence n'est pas toujours observée dans ces réunions, surtout le soir. Des plaintes* ont même été adressées à ce sujet au parquet de Colmar, et nous savons qu'une information a eu lieu. Mais serait-il vrai qu'on renonce à donner suite à cette affaire? Nous avons peine à le croire. Au nom de la raison, au nom de la civilisation, au nom de la décence, la justice doit interdire la formation de semblables *sectes*, œuvres du charlatanisme ou de l'ignorance et du fanatisme. »

D. — *Méthode employée par M. de Gasparin pour obtenir les phénomènes de rotation et d'interrogation des tables.*

« De nombreuses séances, dit l'auteur (des *Tables tournantes,* I, p. 58 à 75), avaient précédé celles dont je viens de rendre compte. Là nous avions fait nos premiers pas en avant. Au début, immobilité absolue et obstinée en dépit de nos ordres répétés pendant plus d'une heure. Puis, un jour que la réalité du mouvement nous avait été rapportée de ma-

nière à nous convaincre, la table tourne sous nos doigts. Cela
nous avait paru admirable; ce fut bien autre chose quand nous
obtînmes des coups frappés! Les soulèvements sans contact
nous étonnent moins aujourd'hui que ces soulèvements avec
contact ne nous étonnaient alors; et cependant nous compre-
nions que jusque-là rien de probant n'avait été accompli, car
il n'y avait rien que l'action musculaire ne pût expliquer à la
rigueur. Nous entrons donc dans une nouvelle étude, celle des
nombres pensés. Nous la perfectionnons : nous y introduisons
les zéros; nous faisons varier les pieds; nous instituons la
balance des forces. En même temps nous nous attachons à
constater et à mesurer la puissance de soulèvement que pos-
sède le fluide; des poids sont suspendus à la table dressée,
un homme monte sur le plateau qui doit l'enlever en se
mouvant.

« Nous en étions là, quand l'incrédulité railleuse qui ac-
cueillit nos observations nous fit un devoir de pénétrer plus
avant. Il s'agissait désormais de découvrir une preuve sans
réplique. Nous la poursuivions, quoique nous n'osassions guère
l'espérer. Les onze séances que j'ai racontées sont consacrées
à cette recherche.

» Les phénomènes déjà observés s'y confirment et s'y développent. Les grosses tables à quatre pieds font concurrence aux
tables à trois pieds. Les poids inertes viennent s'y substituer
aux personnes qu'on soupçonnait d'être d'intelligence avec le
meuble chargé de les soulever. Enfin la grande découverte
arrive à son tour, elle arrive pour se régulariser aussi et pour
grandir. On commence par continuer sans contact les mouvements; on finit par les produire; on parvient même à créer, en
quelque sorte, leur procédé, de manière que ces faits extraordinaires se manifestent parfois en séries non interrompues de quinze
ou de trente. Les glissements achèvent de mettre en lumière un
des côtés de l'action exercée à distance; ils la montrent impuis-
sante à soulever la table et suffisante pour l'entraîner.

» Tel est l'historique rapide de nos progrès; à lui seul il
constitue une preuve solide dont je recommande l'examen aux
hommes sérieux. Ce n'est pas ainsi que procède l'erreur. Les
illusions enfantées par le hasard ne résistent pas ainsi à une
longue étude et ne traversent pas toute une longue série d'expériences en se justifiant de plus en plus.

» Quant aux autres preuves, je dois, avant de quitter

27.

l'exposition des faits, en rappeler ou en fixer brièvement la valeur.

» Je voudrais mentionner d'abord le caractère tout particulier et véritablement inconcevable des mouvements de la table ; ce départ si insensible, si doux, si étranger aux brusqueries de l'impulsion mécanique ; ces soulèvements spontanés, énergiques, qui s'élancent à l'encontre des mains et qui ne cessent pas de se produire alors même qu'on dégarnit la partie opposée de la table, celle qui pourrait remplir l'office de levier ; ces danses et ces imitations musicales qu'on tenterait vainement d'égaler au moyen de l'action combinée et volontaire des opérateurs ; les petits coups succédant aux grands dès que l'ordre en est donné, et dont rien ne saurait expliquer l'exquise délicatesse. Mais je comprends qu'il ne m'est pas permis d'insister sur de pareilles considérations. Ici la démonstration presque entière réside dans les nuances. Il faut avoir vu ; il faut surtout avoir senti, senti sous ses doigts ce que le fluide seul est capable de faire ; il faut avoir éprouvé personnellement à quel point les expérimentateurs ont la conscience nette et certaine de leur abstention musculaire. Cela n'a pas cours auprès du public. Il n'est pas tenu de nous croire sur parole. Je m'en souviens et je passe outre.

» Les nombres pensés et la balance des forces ont une tout autre portée comme preuves.

» Lorsque tous les opérateurs moins un ignorent absolument le chiffre à exécuter, l'exécution (si elle n'est pas fluidique) doit procéder ou de la personne qui sait le chiffre et qui fournit à la fois le mouvement et l'arrêt, ou d'une relation qui s'établit instinctivement entre cette personne qui fournit l'arrêt et ses vis-à-vis qui fournissent le mouvement. Examinons l'une et l'autre hypothèse.

» La première est insoutenable ; car, dans le cas où l'on choisit un pied sur lequel l'opérateur qui sait le chiffre ne peut exercer aucune action musculaire, le pied ainsi désigné ne se lève pas moins à son commandement.

» La seconde est insoutenable ; car, dans le cas où l'on indique un zéro, le mouvement qui devrait être fourni ne l'est pas. Bien plus, si l'on met aux prises deux personnes placées aux deux côtés opposés de la table et chargées de faire triompher deux chiffres différents, l'opérateur le plus puissant obtient l'exécution du grand nombre, quoique son vis-à-vis soit intéressé non-seulement à ne pas lui fournir les derniers mouvements, mais encore à les arrêter.

» Je sais que les nombres pensés n'ont pas bonne réputation ; il leur manque une certaine tournure pédante et scientifique. Cependant je n'ai pas hésité à y insister, car il y a peu d'expériences où se montre mieux le caractère mixte du phénomène, *la puissance physique développée et appliquée hors de nous par l'effet de notre volonté.* Comme c'est le grand scandale, je ne veux pas en avoir honte. Je soutiens d'ailleurs que ceci est tout aussi scientifique qu'autre chose. La vraie science n'est pas attachée à l'emploi de tel procédé ou de tel instrument. Ce qu'un fluidomètre manifesterait ne serait pas plus scientifiquement démontré que ce qui est vu par les yeux et apprécié par la raison.

» Avançons néanmoins. Nous ne sommes pas au bout de nos preuves. Il en est une qui m'a toujours particulièrement frappé : c'est celle qui résulte des insuccès.

» On prétend que les mouvements sont produits par l'action de nos muscles, par notre pression involontaire ! Or, voici les mêmes opérateurs qui, hier, obtenaient de la table l'accomplissement de tous leurs caprices ; leurs muscles sont aussi forts, leur animation est aussi grande, leur envie de réussir est plus vive peut-être ; et néanmoins rien ! absolument rien ! Une heure entière se passera sans que la moindre rotation se manifeste ; ou, s'il y a rotation, les soulèvements sont impossibles ; le peu qu'on exécute, on l'exécute mollement, misérablement et comme à regret. Encore une fois, les muscles n'ont pas changé. Pourquoi cette incapacité subite ? La cause demeurant identique, d'où vient que l'effet varie à ce point ?

» Ah ! dira-t-on, c'est que vous parlez des pressions involontaires, et vous ne parlez pas des pressions volontaires, de la fraude en un mot. Ne voyez-vous pas que les fraudeurs peuvent assister à une séance et manquer à une autre, qu'ils peuvent agir un jour et ne pas se donner tant de peine le lendemain ?

» Je répondrai bien simplement et par des faits.

» Les fraudeurs sont absents quand nous ne réussissons pas ! Mais il est arrivé maintes fois que notre personnel ne s'était modifié en aucune manière. Les mêmes personnes, absolument les mêmes, avaient passé d'une puissance remarquable à une impuissance relative. Et ce n'est pas tout. S'il n'est aucun opérateur dont la présence nous ait préservés toujours des échecs, il n'en est aucun non plus dont l'absence nous ait rendus incapables de succès. Avec et sans chacun des membres de la chaîne, nous avons réussi à exécuter toutes les expériences, toutes, sans exception.

» Les fraudeurs ne se donnent pas tant de peine chaque jour! La peine serait grande en effet, et ceux qui supposent la fraude ne s'imaginent pas à quels prodiges ils ont recours. L'accusation est d'une absurdité qui touche à la niaiserie, et sa niaiserie lui ôte son venin. On ne s'offense pas de ces choses-là. Mais enfin, admettons pour un instant que Valleyres soit peuplé de disciples de Bosco, que la prestidigitation y soit généralement pratiquée et qu'elle ait été appliquée cinq mois durant sous nos yeux, sous les yeux de nombreux et très-soupçonneux témoins, sans qu'une seule perfidie ait été signalée. Nous avons si bien caché notre jeu que nous avons inventé une télégraphie secrète pour les nombres pensés, un tour de doigt particulier pour ébranler les masses les plus énormes, une méthode pour soulever graduellement les tables que nous avons l'air de ne pas toucher. Nous sommes tous des menteurs; tous, car il y a longtemps que nous nous surveillons réciproquement et que nous ne dénonçons personne. Bien plus, la contagion de nos vices est tellement prompte, que dès que nous admettons un étranger, un témoin hostile dans notre chaîne, il devient notre complice; il ferme volontairement les yeux sur les signes transmis, sur les efforts musculaires, sur les mouvements suspects répétés et prolongés de ses voisins! A la bonne heure, accordons tout cela, nous n'en serons pas plus avancés. Il restera à expliquer pourquoi les fraudeurs se reposent parfois au moment même où ils auraient le plus d'intérêt à réussir. Il est arrivé en effet que telle séance où nous avions beaucoup de témoins et grand désir de les convaincre était une séance médiocre. Telle autre, dans les mêmes conditions, était brillante au contraire.

» Voilà donc des inégalités réelles et considérables. D'une séance à l'autre, d'une heure à l'autre, avec le même personnel, en présence des mêmes témoins, nous passons de la puissance à l'impuissance, et réciproquement. Nous avons des moments où les phénomènes les plus élémentaires se refusent à nos instances, et le moment d'après nous opérons des soulèvements sans contact.

» Je le répète, lorsque nous possédons tous nos opérateurs les mieux obéis, nous pouvons tomber dans une langueur impatiente; lorsque nous sommes privés de leur secours, nous ne devenons jamais incapables de rien, pas même des mouvements à distance. Et l'on ose parler d'action musculaire ou de fraude!

» La fraude et l'action musculaire! Voici une belle occasion de les mettre à l'épreuve. On vient de placer un poids sur la table. Ce poids est inerte, et ne peut se prêter à rien; la fraude est partout peut-être; elle n'est pas dans les baquets de sable. Ce poids est également réparti entre les trois pieds, et ils vont le prouver en se levant chacun à son tour. La charge totale est de 75 kilogrammes, et nous n'osons guère la porter plus haut, car elle a suffi pour briser un jour notre table la plus solide. Eh bien! qu'on essaye. Puisque l'action musculaire et la fraude doivent tout expliquer, il leur sera facile de mettre la masse en mouvement! Or, elles n'y parviennent pas: les doigts se crispent et les phalanges blanchissent sans obtenir un soulèvement, tandis que quelques moments après les soulèvements auront lieu sous les mêmes doigts qui effleureront doucement le plateau et ne feront aucun effort, comme il sera aisé de s'en assurer.

» Des mesures scientifiques très-ingénieuses et dont je n'ai pas le mérite nous ont mis à même de traduire en chiffres l'effort qu'exige la rotation ou le soulèvement de la table ainsi chargée. Cependant ces calculs ayant été rédigés au moment où nous y faisions monter un homme pesant 87 kilogrammes, je suis obligé d'opérer une réduction en vue du poids inerte de 75 kilogrammes seulement par lequel nous l'avons remplacé. Toujours est-il qu'avec ce dernier poids la rotation s'obtient au moyen d'une traction latérale de 8 kilogrammes environ, tandis que le soulèvement ne s'obtient que par une pression perpendiculaire de 60 kilogrammes au moins (que nous réduirons cependant à 50, si l'on veut, dans la supposition qu'elle ne serait pas absolument verticale); de là plusieurs conséquences.

» D'abord l'action musculaire peut faire tourner, mais elle ne peut pas soulever. En effet, les dix opérateurs ont cent doigts appliqués au plateau. Or, la pression verticale ou quasi verticale de chaque doigt ne saurait dépasser 300 grammes en moyenne, la chaîne étant composée comme elle l'est. Ils ne développent donc qu'une pression totale de 30,000 grammes ou de 30 kilogrammes, très-insuffisante pour opérer le soulè-. vement.

» Ensuite il arrive ceci de frappant, que le phénomène dont l'action musculaire viendrait aisément à bout est précisément celui que nous obtenons le plus rarement, le plus difficilement, et que le phénomène auquel l'action musculaire ne parvient pas est celui qui se réalise le plus habituellement lorsqu'on forme la chaine. Pourquoi notre impulsion involontaire ne ferait-elle pas toujours tourner la table? Pourquoi notre fraude ne se procurerait-elle pas toujours un tel triomphe? Pourquoi ne parvenons-nous d'ordinaire qu'à opérer ce qui est mécaniquement impossible?

» Je conseille aux gens qui tiennent à se moquer des tables de ne pas y regarder de trop près. Qu'ils n'aillent pas surtout donner leur attention à notre dernière preuve, à celle des mouvements sans contact. Elle ne laisserait pas le plus léger prétexte d'incrédulité.

» Ici encore nous devons à de savantes observations le moyen d'opposer des chiffres à ceux qui s'écrient : « Mais nous n'avons pas vu! Quelque doigt échappe peut-être à la surveillance des opérateurs et des témoins! Qui nous démontre que certains frôlements involontaires ou certaines fraudes ne fournissent pas la véritable explication du prodige? » Voici la réponse :

» Lorsqu'il s'agit de faire lever un des pieds de notre ancienne table (l'une de celles qui ont été mises en mouvement sans contact), il est nécessaire de lui appliquer ou une pression verticale de 9 kilogrammes et demi, ou un composé de pression et de traction dont la résultante suivrait un angle de 35 degrés par rapport au plateau, et qui s'élèverait à 4 kilogrammes et demi.

» C'est à cette seconde estimation qu'il convient de s'arrêter ici, parce que le soulèvement sans contact s'opère en général pendant que les mains sont en marche. Il n'est donc plus question d'une simple force perpendiculaire ou à peu près telle, comme dans le cas de la table chargée; il y a combinaison de la pression et de la traction, et si un doigt touchait alors le plateau, il agirait à la fois dans ce double sens.

» Cela posé, nous devons tenir compte en même temps de ce qu'un doigt peut faire lorsqu'il appuie et de ce qu'un doigt peut faire lorsqu'il tire, eu égard au mouvement général et à la prise que donne une surface unie.

» Ici trois hypothèses s'offrent à nous : celle du frôlement involontaire et par conséquent léger, celle de la fraude procédant avec circonspection, celle enfin de la fraude imprimant une impulsion violente. Examinons-les successivement.

» Un frôlement involontaire peut exercer une pression de 65 grammes et une traction de 30 grammes. C'est donc une force totale de 95 grammes qu'il développe. Maintenant, je croirais faire injure au lecteur si je me mettais à lui démontrer compendieusement que dans le soulèvement sans contact une cinquantaine de doigts ne sont pas en contact avec le plateau. Il n'en faudrait pas moins pour produire la force voulue de 4 kilogrammes et demi; encore faudrait-il supposer qu'ils seraient tous placés vis-à-vis du pied à soulever et dans la position la plus favorable. Cinquante doigts échappent tous à la surveillance. Cinquante ! et je ne dis pas assez, car un frôlement involontaire est nécessairement fort court, et puisqu'il s'agit de déterminer l'ascension lente et progressive de la table, il serait nécessaire que tous les doigts, sans exception, vinssent y aider successivement. Ceci est au-dessous de la réfutation sérieuse.

» La fraude circonspecte en serait-elle moins indigne? Un doigt qui fraude et qui ne va pas jusqu'à l'impulsion violente peut exercer une pression de 235 grammes et une traction de 170; c'est-à-dire que son action totale peut arriver jusqu'à 405 grammes. Onze doigts devront donc procéder en même temps! Cela est-il possible? Cela est-il même concevable? Voyons.

» Représentons-nous d'abord la manière dont les mains sont entrelacées quand elles forment la chaîne au-dessus de la table. Tous les petits doigts et tous les pouces sont occupés à maintenir la chaîne; chaque opérateur ne conserve que six doigts de libres, libres dans une bien faible mesure. Nous voilà réduits d'emblée à supposer deux fraudeurs qui emploient chacun leurs deux mains entières, ou à supposer cinq, six fraudeurs, à en supposer dix peut-être qui emploient chacun un ou deux de leurs doigts.

Mais c'est encore peu de chose. Ces fraudeurs se trouveront-ils tous en face du pied à soulever, dans la situation où ils possèdent l'action maximum que nous avons admise? S'il n'en est pas ainsi, et il est impossible qu'il en soit ainsi, nous sommes forcés d'augmenter le nombre des doigts qui fraudent, d'en supposer quinze, seize, et davantage peut-être, au lieu de onze.

» Est-ce tout? Non. Le soulèvement s'opère d'une façon soutenue; des doigts qui frauderaient en hâte et qui rentreraient ensuite à leur poste n'agiraient pas de la sorte, ils donneraient des secousses et laisseraient tomber la table. Nous sommes tenus d'aller jusqu'au bout de notre hypothèse et de nous représenter ou une quinzaine de doigts effrontément à l'œuvre depuis l'origine du mouvement jusqu'à la fin, ou d'autres quinzaines entrant en action dès que la première se retire, afin d'amener entre elles toute l'ascension progressive qui a lieu.

» Et de cette immense manœuvre, rien n'est jamais aperçu! J'aurais honte d'insister.

» Reste notre troisième hypothèse : il y a fraude violente, grossière; la fraude ne procède pas par pressions modérées et prudentes, elle procède par impulsions énergiques! Je le veux bien, ne nous lassons pas de discuter l'absurde.

» On nous fera grâce, je pense, des coups de pied et des coups de poing proprement dits[1]. Mais les impulsions énergiques en diffèrent-elles beaucoup? L'effet rappelle ordinairement la cause. Une impulsion violente amène un soulèvement violent. Or, ici nous avons un mouvement qui s'accomplit avec gravité, qui n'a rien de subit, rien d'inégal, qui se prolonge tranquillement jusqu'au renversement complet du plateau.

» Il est de la nature des fraudes, des fraudes violentes surtout, de se risquer précipitamment et de fuir avec non moins

---

[1] « Faudrait-il parler aussi, pour être complet, des pressions que pourrait opérer le corps des opérateurs? Je m'en dispense, car tout a des bornes. Il n'est pas nécessaire de rappeler d'abord que si les corps ne faisaient que toucher latéralement la table (ce qui, du reste, n'a pas lieu), ils la pousseraient en avant et ne la soulèveraient point; ensuite, que si quelqu'un avait l'impudence de presser perpendiculairement la table avec sa poitrine, afin de provoquer un soulèvement, il ne prendrait pas une posture aussi extraordinaire sans fixer l'attention générale; enfin, qu'ébranler ainsi la table ne serait pas encore un tour de force suffisant, car il s'agirait de produire le renversement complet auquel nous arrivons chaque fois que nous ne l'arrêtons pas de propos délibéré. Figurez-vous les contorsions d'un corps occupé à soulever par degrés le plateau de la table et à la renverser sur lui-même, le tout en évitant quatre-vingts fois de suite de se faire remarquer! »

de précipitation le regard des surveillants. Il y aura sans doute des tentatives avortées, des bonds vigoureux suivis de chute, des tressaillements et des contrariétés dans la marche ascensionnelle! Non, elle est parfaitement unie au contraire, et se continue comme elle a commencé.

» Ajoutez à cela que les trois pieds se dressent successivement, ce qui exige bon nombre de fraudeurs violents répandus tout autour de la table. Ajoutez que les postes attribués aux divers opérateurs changent sans cesse, ce qui n'empêche pas que les soulèvements sans contact ne s'opèrent dans les diverses combinaisons. Ajoutez que le personnel même des membres de la chaîne varie d'une séance à l'autre, ce qui n'empêche pas que chaque séance n'ait son contingent de succès en ce genre.

» En vérité, j'en reviens à dire que Valleyres entier doit s'adonner à la prestidigitation. L'habileté de nos mains doit égaler l'avilissement de nos caractères. Les hypothèses explicatrices ont besoin de nous faire très-mauvais et très-adroits. Par malheur cela ne suffit pas encore, aucune fraude ne parviendra à imiter nos mouvements sans contact.

» Veuillez en effet en supputer le nombre et demandez-vous par quel chiffre vous serez obligé de multiplier les impossibilités déjà effrayantes que présente une seule expérience. Le 26 septembre, nous avons une rotation sans contact; le 29 septembre, plusieurs rotations et plusieurs soulèvements; le 6 octobre, plusieurs rotations et plusieurs soulèvements; le 7 octobre, dix soulèvements; le 8 octobre, deux soulèvements; le 27 octobre, plusieurs soulèvements; le 9 novembre, cinq rotations et trente soulèvements; le 21 novembre, trois rotations et neuf soulèvements; le 28 novembre, cinq soulèvements; le 2 décembre, trois rotations et seize soulèvements. Voilà plus de quatre-vingts soulèvements, sans compter une vingtaine de rotations. Essayez de vous représenter vos doigts fraudeurs échappant cent fois de suite à la surveillance des témoins, à celle des expérimentateurs honnêtes! Combien d'impulsions violentes aurons-nous eu à leur dérober? à moins qu'on aime mieux admettre la fraude circonspecte et quinze cents manœuvres menées à bien par elle, quinze cents pour ne pas dire trois ou quatre mille! Ou bien préfère-t-on la supposition plus charitable des frôlements involontaires? Ces frôlements que l'on n'a pas su voir varieraient entre cinq mille et quinze ou vingt mille.

» S'il existe par hasard des hommes que de pareilles énormités ne fassent pas reculer, je me permettrai de leur soumettre deux ou trois considérations supplémentaires.

» Vous soupçonnez la fraude! D'où vient donc que nous ne réussissons plus lorsque nous sommes fatigués? La fraude alors serait aussi aisée, plus aisée même. Moins il y aura de force et de vivacité chez les opérateurs sincères, mieux les fraudeurs seront placés pour faire prévaloir leurs impulsions particulières.

» Cette question vous embarrasse! Veuillez examiner celle-ci que j'ai déjà indiquée quelque part : lorsque les soulèvements sans contact s'opèrent successivement par chacun des pieds, vous représentez-vous trois bandes de fraudeurs avantageusement placés en face des trois pieds? Et comment le déplacement, le remplacement des membres de la chaîne n'empêchent-ils pas la continuation du succès?

» Troisième question, que je vous prie de ne pas traiter d'indiscrète : auriez-vous l'obligeance de m'expliquer pourquoi les fraudeurs ne parviennent pas à opérer aussi souvent et aussi bien, ce qui est mécaniquement beaucoup plus facile? La force qu'exige la rotation est petite, et la fraude accomplit peu de rotations : la force qu'exigent les soulèvements est grande, et la fraude accomplit beaucoup de soulèvements. Ceci est d'autant plus étrange, que la même fraude tombe dans la même contradiction quand il s'agit de faire tourner ou dresser la table chargée d'un poids considérable, elle fait ce que les muscles sont inhabiles à faire, elle a de la peine à faire ce que les muscles font aisément.

» Poursuivons encore. Vous savez quel est le moment où le soulèvement sans contact s'opère. Si la pression frauduleuse en est la cause, le mouvement se produira lorsque cette pression s'exerce avec le plus d'efficacité. Voici la chaîne des mains qui est en marche. Défiez-vous de l'instant où la portion qui pousse rentre sur le plateau, car alors sans doute les doigts fraudeurs s'arrangeront pour lui imprimer une secousse; défiez-vous surtout de l'instant où la portion qui tire atteint dans sa retraite le bord opposé au pied qui doit se dresser, car alors sans doute les doigts fraudeurs agiront, ayant retrouvé toute leur puissance de levier. Or, il n'en va pas ainsi. Ces deux moments sont précisément ceux où le soulèvement ne se produira jamais. Jamais, entendez-vous, le mouvement ascen-

sionnel ne commence avant que les mains qui poussent aient
dépassé leur bord; jamais il n'attend que les mains qui tirent
se soient rapprochées du leur. Il faut que l'impulsion musculaire soit devenue impossible des deux parts pour que la table
se décide à quitter le sol. Elle PRÉVOIT VOS SOUPÇONS et j'espère
que vous rendrez justice à ses sentiments de délicatesse.

» Plaisanterie à part, il y a peu de faits plus constants dans
l'étude du phénomène des tables que la divergence entre l'intensité de l'action fluidique qui s'exerce et l'intensité de
l'action mécanique qui pourrait s'exercer. Lorsque les pressions involontaires ou les fraudes auraient beau jeu, vous
n'obtenez rien; lorsqu'elles sont devenues impraticables, vous
arrivez à tout. Ainsi, les soulèvements devraient s'obtenir plus
aisément avec la chaîne immobile au-dessus du bord de la
table qu'avec la chaîne en mouvement réduite à la forme
d'ovale allongé et dont la portion destinée à faire levier se
trouve perdue au milieu du plateau; cependant les passes
réussissent mieux que la chaîne immobile, quoique cette dernière réussisse aussi.

» Je viens de prononcer le mot de *passe*, et il aura éveillé
chez le lecteur l'idée du magnétisme animal. Rien ne ressemble
plus en effet aux opérations magnétiques que la marche de
notre chaîne, toutes les mains étendues et cherchant à déterminer le soulèvement de la table. Je signale en passant l'analogie, sauf à y revenir. Quant à présent, je ne veux que ruiner
tout doute qui s'appliquerait au fait capital des mouvements
opérés sans contact. Une dernière considération couronnera
celles que je viens de présenter sur ce point. Nos preuves ne
se laisseront pas égorger comme ces pauvres Curiaces qui se
séparaient en poursuivant l'ennemi; elles restent ensemble et
se prêtent un appui naturel. Le soulèvement des poids se tient
auprès du soulèvement sans contact; il est là pour répondre
aux accusations de fraude, car toutes les fraudes du monde
viennent expirer au bord de son plateau. Fraudez ouvertement,
fraudez de concert, fraudez en vous débarrassant des hésitations et des craintes qui affaiblissent la fraude secrète, vous
ne réussirez pas le moins du monde à faire dresser cette masse
que l'action fluidique met en mouvement. »

BIBLIOGRAPHIE.

Observations sur l'origine et les progrès des convulsions qui ont commencé au cimetière de Saint-Médard, in-4°, sans lieu ni date (du 30 décembre 1732).

Dissertation théologique contre (sur) les convulsions (en deux parties), par de Lan, in-4°, sans lieu, 1733.

Journal historique des convulsions (en deux parties), in-4°, sans lieu ni date. (La deuxième partie datée du 24 juin 1733.)

Addition au Journal historique des convulsions, in-4°, sans lieu, 1733.

Examen critique, physique et théologique des convulsions, et des caractères divins qu'on croit voir dans les accidents des convulsionnaires, in-4°, sans lieu, 1733.

Lettre d'un ecclésiastique de province à un de ses amis, où il lui donne une idée abrégée de l'œuvre des convulsions, in-4°, sans lieu, 1733.

Recherche de la vérité ou lettres sur l'œuvre des convulsions, in-4°, sans lieu, 1733.

Plan général de l'œuvre des convulsions, avec des réflexions d'un laïque, en réfutation de la Réponse que M. l'abbé de L... a faite à ce Plan, in-4°, sans lieu, 1733.

Le naturalisme des convulsions dans les maladies de l'épidémie convulsionnaire (par Hecquet), 1 vol. in-12, Soleure, Andreas Gymnicus, 1733.

*Lettre de M. D*** à M. D*** ou Addition au Journal des convulsions*, in-4°, sans lieu, 1734.

*Lettre de M. *** (l'abbé des Essarts, dit Poncet) à un de ses amis sur l'œuvre des convulsions*, in-4°, sans lieu, 1734.

Réfutation de la VIIe lettre de M. P... (Poncet) au sujet des convulsions, in-4°, sans lieu, 1734.

Suite de la réfutation de la viie *lettre de M. P...*, avec un examen de ses réflexions sur l'écrit intitulé *Deux problèmes à résoudre, etc.*, in-4°, sans lieu, 1734.

Lettre de M. le prieur de *** à un de ses amis, dans laquelle il fait voir, par les lettres de M. P... *sur l'œuvre des convulsions*, que cette œuvre n'est pas divine, in-4°, sans lieu, 1734.

Supplément à la Lettre d'un ecclésiastique de province à un de ses amis, in-4°, sans lieu ni date (de 1734).

Le système du mélange dans l'œuvre des convulsions, etc., in-4°, sans lieu, 1735.

Histoire d'un voyage littéraire fait, en 1733, *en France, en Angleterre et en Hollande, etc.*, avec une lettre fort curieuse concernant les prétendus miracles de l'abbé Pàris et les convulsions risibles du chevalier Folard (par C. E. Jordan); 1 vol. in-12, deuxième édition; la Haye, Adrien Moetjens, 1736.

La Suceuse convulsionnaire ou la Psylle moderne, 1 vol. in-12, Paris, 1736.

Vains efforts des mélangistes ou discernants dans l'œuvre des convulsions, etc., in-4°, sans lieu, 1738.

Lettres théologiques aux écrivains défenseurs des convulsions et autres prétendus miracles du temps (par dom Lataste); 2 vol. in-4°, Paris, 1740.

La Vérité des miracles opérés par l'intercession de M. Pàris et autres appelants, par Carré de Montgeron; 2 vol. in-4°, sans lieu, 1737-1741. — Tome III, troisième édition, in-4°, Cologne, 1747. (L'ouvrage de Montgeron se compose de plusieurs fascicules, savoir : *Idée de l'œuvre des convulsions, Idée de l'état des convulsionnaires*, etc.)

Vie de la reine de France Marie Leckzinska, par Proyart; 1 vol. in-12, Bruxelles, le Charlier, 1774.

Nouvelles ecclésiastiques ou Mémoires pour servir à l'histoire de la constitution Unigenitus, *depuis* 1713 *jusqu'en* 1793 *inclusivement*, 21 vol. in-4°.

Voyage à l'ouest des monts Alléghanys, etc., par Michaux; 1 vol. in-8°, Paris, Levrault, an XII (1804).

Voyage dans les Deux-Louisianes, etc., par M. Perrin du Lac; 1 vol. in-8°, Lyon, Bruyset aîné et Bruynaud, an XIII (1805).

Dictionnaire des sciences médicales, par une Société de médecins et de chirurgiens. Tome VI, 1 vol. in-8°, Paris, C. L. F. Panckoucke, 1843. — Article *Convulsionnaire*, signé DE MONTÈGRE.

Extraits d'un recueil de discours de piété sur nos derniers temps (par Silvy); 5 vol. in-12, Paris, Chassaignon, 1822.

Cinq années de résidence au Canada, par Edward Allen Talbot, traduit de l'anglais; 2 vol. in-8°, Paris, Boullaud et Cⁱᵉ, 1825.

Expériences publiques sur le magnétisme animal, faites à l'Hôtel-Dieu de Paris par J. Dupotet, et publiées d'après les procès-verbaux des séances; 1 vol. in-8°, deuxième édition, Paris; chez l'auteur; Bechet, Dentu, 1826.

Du Magnétisme en France, etc., suivi de considérations sur l'apparition de l'extase dans les traitements magnétiques, par Alexandre Bertrand; 1 vol. in-8°, Paris, J.-B. Baillière, 1826.

Des Erreurs et des préjugés répandus dans le dix-huitième et le dix-neuvième siècle, par J.-B. Salgues; 2 vol. in-8°, Paris, Dentu, 1828.

Correspondance littéraire, philosophique et critique de Grimm et de Diderot depuis 1753 jusqu'en 1790, nouvelle édition, etc.; 16 vol. in-8°, Paris, Furne et Ladrange, 1829.

Histoire philosophique de l'hypochondrie et de l'hystérie, par E. Frédéric Dubois (d'Amiens), docteur en médecine, etc., ouvrage couronné par la Société royale de médecine de Bordeaux; 1 vol. in-8°, Paris, Deville-Cavellin, 1833.

Mœurs domestiques des Américains, par mistress Trollope, ouvrage traduit de l'anglais sur la quatrième édition; 2 vol. in-8°, Paris, Charles Gosselin, 1833.

Rapports et discussions de l'Académie royale de médecine sur le magnétisme animal, par Foissac; 1 vol. in-8°, Paris, J.-B. Baillière, 1833.

Histoire physique, civile et morale de Paris, par J.-A. Dulaure, de la Société des antiquaires de France, etc.; 8 vol. in-8°, sixième édition, Paris, Furne et Cⁱᵉ, 1837.

Recherches psychologiques sur la cause des phénomènes extraordinaires observés chez les modernes voyants, improprement dits somnambules magnétiques, ou Correspondance sur le magnétisme vital, etc., par G.-P. Billot, docteur en médecine; 2 vol. in-8°, Paris, Albanel et Martin, 1839.

L'Antimagnétisme animal, etc., par le P. H. Tissot; 1 vol. in-18, Bagnols, Alban-Broche, 1841.

Histoire académique du magnétisme animal, etc., par C. Burdin jeune et F. Dubois (d'Amiens); in-8°, Paris, J.-B. Baillière, 1841.

Histoire des sectes religieuses, etc., par M. Grégoire, ancien évêque de Blois; 6 vol. in-8°, nouvelle édition, Paris, Baudouin frères, Jules Labitte, 1828-1845.

De la folie considérée sous le point de vue pathologique, philosophique, historique et judiciaire, etc., par L.-F. Calmeil; 2 vol. in-8°, Paris, J.-B. Baillière, 1845.

Traité complet de l'hystérie, par H. Landouzy, professeur adjoint à l'École de médecine de Reims, etc., ouvrage couronné par l'Académie royale de médecine; 1 vol. in-8°, Paris, J.-B. et G. Baillière; Londres, H. Baillière, 1846.

L'Art de magnétiser ou le Magnétisme animal considéré sous le point de vue théorique, pratique et thérapeutique, par Ch. Lafontaine; 1 vol. in-8°, Paris, Germer-Baillière, 1847.

Mémoires de la baronne d'Oberkirck sur la cour de Louis XVI et la société française avant 1789; 2 vol. in-18, Paris, Charpentier, 1853.

Des Esprits et de leurs manifestations fluidiques, etc., par J.-E. de Mirville; 1 vol. in-8°, troisième édition, Paris, Vrayet de Surcy, 1854.

La Table parlante, journal des faits merveilleux; 1 vol. in-8°, première année (seule parue), Paris, 1854.

Des Tables tournantes, du surnaturel en général et des esprits, par M. A. de Gasparin; 2 vol. in-12, deuxième édition, Paris, Dentu, 1854.

Mémoires pour servir à l'histoire ecclésiastique pendant le dix-huitième siècle, par Picot; 7 vol. in-8°, troisième édition, Paris, Adrien Leclère, 1853-1855.

La Mystique divine, naturelle et diabolique, par Görres, ouvrage traduit de l'allemand par M. Charles Sainte-Foi; 5 vol. in-8°, Paris, Vᵉ Poussielgue-Rusand, 1854-1855.

Les Tables tournantes considérées au point de vue de la question de physique générale qui s'y rattache, le livre de M. le comte A. de Gasparin et les expériences de Valleyres, par M. Thury; in-8°, Genève, J. Kessmann, 1855.

Chronique de la Régence et du règne de Louis XV (1718-1763), ou Journal de Barbier, avocat au parlement de Paris, etc.; 8 vol. in-18 anglais, Paris, Charpentier, 1857.

Revue spirite, journal d'études psychologiques publié sous la direction de M. Allan-Kardec; in-8°, Paris, 1858 et suiv. (En cours de publication.)

Revue spiritualiste, journal principalement consacré à l'étude des facultés de l'âme, etc., rédigé par une Société de spiritualistes et publié par Z. Piérart; in-8°, Paris, 1858 et suiv. (En cours de publication.)

Journal du magnétisme, rédigé par une Société de magnétiseurs et de médecins, sous la direction de M. le baron Dupotet; 17 vol. in-8°, Paris, 1845-1858, Palais-Royal.

De l'Inspiration des Camisards, etc., par Hippolyte Blanc; 1 vol. in-18, Paris, Henri Plon, 1859.

Histoire du merveilleux dans les temps modernes, par Louis Figuier; 4 vol. in-18 anglais, Paris, Hachette et Cie, 1860.

Revue des sciences ecclésiastiques, dirigée par M. l'abbé D. Bouix; in-8° (en cours de publication), Arras, Rousseau-Leroy (1860).

Relation sur une épidémie d'hystéro-démonopathie en 1861, par le Dr A. Constans, chevalier de la Légion d'honneur, inspecteur général du service des aliénés; in-8° de 106 pages, Paris, imprimé par E. Thunot et Cie, 26, rue Racine, 1862.

Révélations sur ma vie surnaturelle, par Daniel Dunglas Home; 1 vol. in-18, Paris, Dentu, Didier et Cie, 1863.

Les Médiateurs et les moyens de la magie, les hallucinations et les savants, le fantôme humain et le principe vital, par le chevalier Gougenot des Mousseaux; 1 vol. in-8°, Paris, Henri Plon, 1863.

Les Miettes de l'histoire, par A. Vacquerie; 1 vol. in-8°, Paris, Pagnerre, 1863.

Histoire des miraculés et des convulsionnaires de Saint-Médard, etc., par P.-F. Mathieu; 1 vol. in-18, Paris, Didier et Cie, 1864.

Des Esprits, mémoires adressés aux académies, par J.-E. de Mirville; 4 vol. in-8°, Paris, Vrayet de Surcy, 1863.

La Magie au dix-neuvième siècle, etc., par le chevalier Gougenot des Mousseaux; 1 vol. in-8°, deuxième édition, Paris, Henri Plon, 1864.

Les Hauts phénomènes de la magie, précédés du *Spiritisme antique,* par le chevalier Gougenot des Mousseaux; 1 vol. in-8°, Paris, Henri Plon, 1864.

ERRATA.

Page 63, au lieu de : B. — *Phénomènes nerveux,* lire :
B. — *Phénomènes nerveux. Phénomènes en opposition avec
les lois de la physique ou de la physiologie. Crucifiements.*

TABLE DES MATIÈRES.

CHAPITRE DEUXIÈME.

LIVRE SIXIÈME.

APPENDICE.

FIN DE LA TABLE DES MATIÈRES.

www.ingramcontent.com/pod-product-compliance
Lightning Source LLC
Chambersburg PA
CBHW060956280326
41935CB00009B/736